Inhaltsübersicht

		Seite
Vorwort		17
Abkürzungsverzeichnis		19
1	Neue Besteuerung von Einkünften aus Kapitalvermögen	23
2	Steuerabzug vom Kapitalertrag	27
3	Veranlagung zur Einkommensteuer	189
4	Bemessungsgrundlage für die Abgeltungsteuer	209
5	Berücksichtigung von Verlusten	229
6	Entlastung vom Kapitalertragsteuerabzug	251
7	Anrechnung ausländischer Quellensteuer	295
8	Kirchensteuer	299
9	Berechnung von Kapitalertragsteuer, Solidaritätszuschlag und Kirchensteuer	313
10	Anmeldung und Abführung der Kapitalertragsteuer	315
11	Steuerbescheinigung	319
12	Depotüberträge	341

Inhaltsübersicht

13	Übergangsvorschriften	369
14	Private Veräußerungsgeschäfte	377
15	ABC der Kapitalanlagen	381
16	Automatisierter Abruf von Kontoinformationen	421

Stichwortverzeichnis 427

Anhang (auf der CD-ROM)

Inhaltsverzeichnis

		Seite
Vorwort		17
Abkürzungsverzeichnis		19
1	Neue Besteuerung von Einkünften aus Kapitalvermögen	23
2	Steuerabzug vom Kapitalertrag	27
2.1	Lose Personenzusammenschlüsse	27
2.2	Vom Steuerabzug erfasste Kapitalerträge	29
2.2.1	Inländische Dividenden und ähnliche Ausschüttungen (§ 43 Abs. 1 Satz 1 Nr. 1 EStG)	32
2.2.2	Kapitalerträge aus Aktien bei Girosammel- oder Streifbandverwahrung (§ 43 Abs. 1 Satz 1 Nr. 1a EStG)	34
2.2.3	Wandelanleihen, Gewinnobligationen und zinsähnliche Genussrechte (§ 43 Abs. 1 Satz 1 Nr. 2 EStG)	35
2.2.4	Erträge aus stiller Gesellschaft oder partiarischen Darlehen (§ 43 Abs. 1 Satz 1 Nr. 3 EStG)	36
2.2.5	Erträge aus Versicherungen (§ 43 Abs. 1 Satz 1 Nr. 4 EStG)	36
2.2.6	Ausschüttungen und Vorabpauschalen auf Anteile an Investmentfonds (§ 43 Abs. 1 Satz 1 Nr. 5 EStG)	39
2.2.7	Ausländische Dividenden und ähnliche Ausschüttungen (§ 43 Abs. 1 Satz 1 Nr. 6 EStG)	40
2.2.8	Erträge aus sonstigen Kapitalforderungen – Ausdehnung der Zinsbesteuerung auf Risikoanlagen (§ 43 Abs. 1 Satz 1 Nr. 7 EStG)	40
2.2.9	Erträge aus Stillhaltergeschäften (§ 43 Abs. 1 Satz 1 Nr. 8 EStG)	44
2.2.10	Veräußerung von Anteilen an Kapitalgesellschaften und Genossenschaften, von Genussrechten und ähnlichen Beteiligungen sowie von Anteilen an Investmentfonds (§ 43 Abs. 1 Satz 1 Nr. 9 EStG)	46

Inhaltsverzeichnis

Seite

2.2.11	Veräußerung von Zinsscheinen und sonstigen Kapitalforderungen (§ 43 Abs. 1 Satz 1 Nr. 10 EStG)	47
2.2.12	Erträge aus Termingeschäften (§ 43 Abs. 1 Satz 1 Nr. 11 EStG)	50
2.2.12.1	Begriff des Termingeschäfts	50
2.2.12.2	Welche Termingeschäfte unterliegen der Abgeltungsteuer?	51
2.2.12.3	Optionsgeschäfte	51
2.2.12.4	Zinsbegrenzungsvereinbarungen	52
2.2.12.5	Financial Futures/Forwards	53
2.2.12.5.1	Auf Barausgleich gerichtete Financial Futures	53
2.2.12.5.2	Auf Lieferung gerichtete Financial Futures	54
2.2.12.6	Swaps	55
2.2.12.6.1	Zinsswaps	55
2.2.12.6.2	Aktienswaps	57
2.2.12.6.3	Cross-Currency-Swap und Commodity-Swaps	58
2.2.12.7	Abgrenzungsfragen bei Devisentermingeschäften	58
2.2.13	Investmentsteuergesetz 2018	61
2.2.13.1	Weiter Investmentbegriff	61
2.2.13.2	Partielle Körperschaftsteuerpflicht des Investmentfonds	63
2.2.13.3	Steuerbegünstigte Anleger	64
2.2.13.3.1	Abstandnahmeverfahren bei steuerbefreiten Investmentfonds und Anteilsklassen	66
2.2.13.3.2	Erstattungsverfahren	68
2.2.13.4	Besteuerung der Anlegerebene	70
2.2.13.4.1	Ausschüttungen	71
2.2.13.4.2	Vorabpauschalen	71
2.2.13.4.3	Veräußerungsgewinne	74
2.2.13.5	Teilfreistellungen	75
2.2.13.6	Verschmelzung von Investmentfonds	77
2.2.13.7	Erträge bei der Abwicklung eines Investmentfonds	77
2.2.13.8	Der Übergang zum neuen Recht im Einzelnen	78
2.2.13.8.1	Fiktiver Veräußerungsgewinn zum 31. Dezember 2017	80

Inhaltsverzeichnis

Seite

2.2.13.8.2	Besonderer Freibetrag bei im Privatvermögen gehaltenen bestandsgeschützten Alt-Anteilen	83
2.2.13.8.3	Verlustverrechnung	85
2.2.13.8.4	Fifo-Methode	86
2.2.13.8.5	Nachholender Steuereinbehalt bei ausländischen thesaurierenden Fonds	86
2.2.13.8.6	Depotübertrag	87
2.2.13.9	Spezial-Investmentfonds	87
2.2.13.10	Investmenterträge nach altem und neuem Recht	89
2.2.13.11	Investmentsteuerrecht in der bis 31. Dezember 2017 geltenden Fassung	95
2.2.13.11.1	Unterscheidung zwischen Ausschüttung und Thesaurierung	95
2.2.13.11.2	Ausschüttende Investmentvermögen	96
2.2.13.11.3	Thesaurierende Investmentvermögen	96
2.2.13.11.4	Besonderheiten bei teilausschüttenden Investmentvermögen	98
2.2.13.11.5	Besteuerung bei Veräußerung und Rückgabe des Anteils am Investmentvermögen	98
2.2.13.11.6	Besonderheiten bei ausländischen thesaurierenden Investmentvermögen	99
2.2.13.11.7	Besonderheiten bei offenen Immobilienfonds	99
2.2.13.11.8	Intransparente Investmentvermögen	100
2.2.13.11.9	Verschmelzung inländischer Investmentvermögen	102
2.2.13.11.10	Verschmelzung ausländischer Investmentvermögen	102
2.2.14	Tafelgeschäfte und Inkassovorgänge	103
2.2.14.1	Einreichung über die Tafel ab 2009	103
2.2.14.2	Bruttobesteuerung der Erträge	104
2.2.14.3	Einlösung von Dividendenscheinen	106
2.2.14.4	Einlösung zum Inkasso/Veräußerung von Wertpapieren über die Tafel	108
2.2.15	Kapitalmaßnahmen	108
2.2.15.1	Steuerneutrale Behandlung von Kapitalmaßnahmen	108
2.2.15.2	Auswirkungen bei Kapitalerhöhungen	109
2.2.15.2.1	Kapitalerhöhung aus Gesellschaftsmitteln	109
2.2.15.2.2	Kapitalerhöhung gegen Einlage	111

Inhaltsverzeichnis

Seite

2.2.15.3	Anschaffung von Aktien im Zusammenhang mit Wandel-, Umtausch-, Aktienanleihen, Discountzertifikaten u. a.	113
2.2.15.4	Kapitalerträge in unbarer Form	114
2.2.15.5	Steuerneutrale Behandlung von Anteilstauschvorgängen	117
2.2.15.6	Zeitpunkt der Kapitalmaßnahme	119
2.2.15.7	Übersicht über Kapitalmaßnahmen	120
2.2.16	Erträge aus Personengesellschaften	129
2.2.16.1	Der Investmentclub als Gesellschaft bürgerlichen Rechts	130
2.2.16.1.1	Eintritt eines neuen Mitglieds in den Investmentclub	134
2.2.16.1.2	Verrechnung von Verlusten	138
2.2.16.1.3	Ausscheiden eines Mitglieds aus dem Investmentclub	139
2.2.16.2	Der Investmentclub als Verein	141
2.2.17	Kulanz- und Schadenersatzleistungen	142
2.3	Befreiung vom Kapitalertragsteuerabzug	146
2.3.1	Freistellung betrieblicher Konten/Depots von natürlichen Personen und Personengesellschaften	149
2.3.2	Freistellung von Termingeschäften bei Vermietung und Verpachtung	153
2.3.3	Freistellung kraft Rechtsform bei Kapitalgesellschaften und Genossenschaften	154
2.3.4	Freistellung von Körperschaften i. S. d. § 1 Abs. 1 Nr. 4 und 5 KStG	155
2.3.5	Interbankenbefreiung	156
2.3.6	Befreiungsmöglichkeiten im Überblick	156
2.4	Steuerausländer	157
2.5	Fehlerhafter Steuerabzug und die Folgen	162
2.5.1	Haftungsregelungen	162
2.5.2	Grundzüge der neuen Korrekturvorschrift	163
2.5.3	Anwendung einer „Karenzzeit" für Korrekturen im Vorjahr	166
2.5.4	„Offensichtlich selbst zu vertretende Fehler" der Bank	168
2.5.5	Schematische Darstellung der neuen Korrekturregeln	170

Inhaltsverzeichnis

Seite

2.5.6	Beispielsfälle für Fehlerkorrekturen	171
2.5.7	Sonderfall: Korrektur bei Anwendung eines gemeinsamen FSA nach dem Jahr des Todes eines Ehegatten	178
2.5.8	Besonderheiten bei Korrekturen ausländischer Quellensteuern	184
2.5.9	Änderung des Kundenstatus	186
2.5.10	Verhältnis zwischen KapSt-Haftungsvorschriften und den neuen Korrekturregeln	186
2.5.11	Sonderfall: Veräußerung einer wesentlichen Beteiligung i. S. d. § 17 EStG	186
3	**Veranlagung zur Einkommensteuer**	**189**
3.1	Welche Kapitalerträge müssen auch künftig veranlagt werden?	189
3.1.1	Kapitalerträge aus einem im Ausland geführten Konto/Depot	189
3.1.2	Kapitalerträge im Inland ohne Steuerabzug	190
3.1.3	Darlehen zwischen nahestehenden Personen	190
3.1.4	Mindestens zehnprozentige Beteiligung an Kapitalgesellschaften	192
3.1.5	Back-to-back-Finanzierungen	193
3.1.6	Kapitalerträge, die nicht zu den Einkünften aus Kapitalvermögen gehören	197
3.1.7	Einkünfte aus Vermietung und Verpachtung	199
3.1.8	Verdeckte Gewinnausschüttung	199
3.2	Wahlweise Veranlagung zur Einkommensteuer	199
3.2.1	Wahlweise Veranlagung zum Abgeltungsteuersatz	200
3.2.2	Wahlveranlagung zum individuellen Steuersatz	201
3.2.2.1	Der persönliche Steuersatz liegt unterhalb von 25 Prozent	201
3.2.2.2	Gesellschafter mit hoher Beteiligung/beruflich tätige Gesellschafter	203
3.3	Beschränkung der Anrechenbarkeit der Kapitalertragsteuer (§ 36a EStG)	204
3.3.1	Grundzüge der Regelung	205

Inhaltsverzeichnis

Seite

3.3.2	Keine Auswirkungen auf das Steuerabzugverfahren..	207
3.3.3	Grundsätzlich keine Auswirkung auf Privatanleger...	207
4	**Bemessungsgrundlage für die Abgeltungsteuer**.....	**209**
4.1	Kapitalertragsteuerabzug bei regelmäßigen Erträgen.	209
4.2	Ermittlung der Erträge aus Stillhaltergeschäften.....	210
4.3	Ermittlung des Veräußerungsgewinns............	211
4.3.1	Besonderheiten bei Veräußerung und Einlösung verzinslicher Kapitalforderungen................	214
4.3.2	Keine Besonderheiten bei sog. Finanzinnovationen ..	215
4.3.3	Besonderheiten bei „Alt-Finanzinnovationen"......	215
4.3.4	Einbeziehung von Wechselkursschwankungen......	216
4.3.5	Verdeckte Einlage.........................	216
4.3.6	Entnahme aus dem Betriebsvermögen oder Betriebsaufgabe............................	217
4.3.7	Verbrauchsfolgeverfahren (Fifo-Methode).........	219
4.3.8	Teilverzicht, Nennwertreduzierung und Teilrückzahlung bei Anleihen.................	221
4.3.9	Bemessungsgrundlage beim „Bond-Stripping"......	222
4.4	Ermittlung des Veräußerungsgewinns aus der Veräußerung von Anteilen an Investmentfonds.....	223
4.5	Ermittlung der Erträge aus Termingeschäften	227
4.6	Veräußerungsgewinnermittlung bei fehlenden Anschaffungsdaten.........................	227
5	**Berücksichtigung von Verlusten**...............	**229**
5.1	Verlustverrechnung	229
5.1.1	Verlustverrechnungstöpfe mit Erstattungsmöglichkeit	230
5.1.2	Verlustvortrag auf Folgejahr/Ausstellung einer Verlustbescheinigung........................	232
5.1.3	Besonderheiten bei Gemeinschaftskonten und -depots	233
5.1.4	Besonderheiten bei Ehegatten	234
5.1.4.1	Ehegattenübergreifende Verlustverrechnung.......	234
5.1.4.2	Gemeinsamer Freistellungsauftrag als Voraussetzung für die ehegattenübergreifende Verlustverrechnung .	234

Inhaltsverzeichnis

Seite

5.1.4.3	Ehegattenübergreifender Ausgleich von Verlusten am Jahresende	236
5.1.4.4	Verrechnung von Verlusten aus Aktienveräußerungen	237
5.1.4.5	Berücksichtigung des gemeinsamen Freistellungsauftrages	238
5.1.4.6	Quellensteueranrechnung	239
5.1.4.7	Kirchensteuer	241
5.1.4.8	Unterjähriger Wechsel vom gemeinsamen Freistellungsauftrag zum Einzel-Freistellungsauftrag	241
5.1.4.9	Hinweise für die Beratung	241
5.1.4.10	Vorgehensweise bei Tod eines Ehegatten	242
5.1.5	Besonderheiten bei Treuhandkonten, Wohnungseigentümergemeinschaften u. a.	242
5.1.6	Schließen des Verlusttopfs beim Tod eines Kunden	243
5.1.7	Verrechnung von Aktienverlusten (Aktientopf)	243
5.1.8	NV-Bescheinigung und Verlusttopf	245
5.2	Einschränkung der Verlustverrechnung	245
5.3	Institutsübergreifende Verlustverrechnung	247
6	**Entlastung vom Kapitalertragsteuerabzug**	**251**
6.1	Abstandnahme vom Kapitalertragsteuerabzug	251
6.1.1	Identität von Gläubiger und Konto- bzw. Depotinhaber als Voraussetzung für die Abstandnahme	252
6.1.2	Abstandnahme für Genossenschaftsdividenden	255
6.1.3	Freistellungsauftrag	255
6.1.3.1	Nachträgliche Einreichung eines Freistellungsauftrages	257
6.1.3.2	Zeitliche Befristung und Widerruf eines Freistellungsauftrages	257
6.1.3.3	Angabe der Steueridentifikationsnummer	260
6.1.3.4	Freistellungsauftrag beim Tod des Kunden	262
6.1.4	Nichtveranlagungsbescheinigung	262
6.1.4.1	Nichtveranlagungsbescheinigung neben Freistellungsauftrag	266

Inhaltsverzeichnis

Seite

6.1.4.2	Geltungsdauer einer Nichtveranlagungsbescheinigung nach dem Tod eines Ehegatten	267
6.1.5	Übersicht über die Abstandnahme vom Kapitalertragsteuerabzug aufgrund einer NV-Bescheinigung	268
6.2	Erstattung einbehaltener Kapitalertragsteuer	280
6.2.1	Erstattung aufgrund von Kapitalrückzahlungen nach § 17 InvStG	280
6.2.2	Nachträgliche Erstattung	283
6.2.3	Vereinfachtes Erstattungsverfahren	286
6.2.3.1	Voraussetzungen für die vereinfachte Erstattung	286
6.2.3.2	Vornahme der Erstattung durch Verrechnung mit der abzuführenden Kapitalertragsteuer	287
6.2.3.3	Angabe der Erstattungsbeträge in der Steueranmeldung	288
6.2.3.4	Erstattung bei nachträglicher Einreichung von Bescheinigungen oder Nachweisen	290
6.2.3.5	Entlastung von Kapitalertragsteuer im Falle der Ausstellung von sog. Sammelsteuerbescheinigungen	290
7	**Anrechnung ausländischer Quellensteuer**	**295**
8	**Kirchensteuer**	**299**
8.1	Automatisiertes Kirchensteuerverfahren	300
8.2	Welche Kunden sind in das Abfrageverfahren einzubeziehen?	303
8.3	Besonderheiten der Anlassabfrage	307
8.4	Fehlschlagen der Abfrage	310
9	**Berechnung von Kapitalertragsteuer, Solidaritätszuschlag und Kirchensteuer**	**313**
10	**Anmeldung und Abführung der Kapitalertragsteuer**	**315**
11	**Steuerbescheinigung**	**319**
11.1	Steuerbescheinigung für Privatkonten/-depots	321
11.1.1	Erläuterungen zu einzelnen Angaben der Steuerbescheinigung	324

Inhaltsverzeichnis

Seite

11.1.2	Steuerbescheinigungen in besonderen Fällen.......	334
11.1.3	Berichtigung von fehlerhaften Steuerbescheinigungen.......................	335
11.2	Steuerbescheinigungen für betriebliche Konten und Einkünfte aus Vermietung und Verpachtung sowie für Steuerausländer..........................	336
11.2.1	Steuerbescheinigung für betriebliche Konten.......	336
11.2.2	Steuerbescheinigung für Steuerausländer.........	338
12	**Depotüberträge**............................	**341**
12.1	Depotüberträge ohne Gläubigerwechsel..........	342
12.2	Depotüberträge mit Gläubigerwechsel............	350
12.2.1	Entgeltlicher Depotübertrag...................	351
12.2.2	Unentgeltlicher Depotübertrag.................	358
13	**Übergangsvorschriften**......................	**369**
13.1	Laufende Erträge............................	369
13.2	Stillhalterprämien...........................	370
13.3	Veräußerungsgewinne.......................	370
13.3.1	Anteile an Körperschaften, festverzinsliche Wertpapiere................................	370
13.3.2	Einlösung und Veräußerung von Finanzinnovationen.	370
13.3.3	Zertifikate.................................	371
13.3.4	Isolierte Veräußerung von Dividendenscheinen und Zinsscheinen...............................	372
13.3.5	Termingeschäfte............................	372
13.3.6	Veräußerung und Rückgabe von Anteilen an Investmentvermögen........................	373
13.4	Übersicht über die Übergangsregelungen zur Abgeltungsteuer............................	374
14	**Private Veräußerungsgeschäfte**................	**377**
14.1	Veräußerung von Immobilien innerhalb der zehnjährigen Spekulationsfrist	377
14.2	Veräußerung von „anderen Wirtschaftsgütern".....	377
14.3	Realisierte Wertveränderungen auf Fremdwährungskonten/Abgrenzungsfragen........	378

Inhaltsverzeichnis

		Seite
14.4	Devisentermingeschäfte	379
14.5	Fremdwährungskredite	379
14.6	Fremdwährungsanleihen	379
15	**ABC der Kapitalanlagen**	**381**
16	**Automatisierter Abruf von Kontoinformationen**	**421**
Stichwortverzeichnis		**427**

Anhang (auf der CD-ROM)

1 Gesetzestexte mit Begründung
1.1 Einkommensteuergesetz (auszugsweise)
1.1.1 Anlage 2 zu § 43b EStG: Gesellschaften im Sinne der Richtlinie 90/435/EWG (Fundstelle: BGBl. I 2009, 3530 – 3532)
1.2 Investmentsteuergesetz (auszugsweise)
1.3 Investmentsteuergesetz (ab 1. Januar 2018 – auszugsweise)
1.4 REIT-Gesetz (auszugsweise)

2 Verwaltungsvorschriften
2.1 Einzelfragen zur Abgeltungsteuer – Neuveröffentlichung des BMF-Schreibens vom 18. Januar 2016 unter Berücksichtigung der Änderung der BMF-Schreiben vom 20.04.2016, 16.06.2016, 03.05.2017, 19.12.2017, 17.01.2018, 12.04.2018, 17.01.2019 und 10.05.2019
I. Kapitalvermögen (§ 20 EStG)
II. Private Veräußerungsgeschäfte (§ 23 EStG)
III. Gesonderter Steuertarif für Einkünfte aus Kapitalvermögen (§ 32d EStG)
IV. Kapitalerträge mit Steuerabzug (§ 43 EStG)
V. Bemessung der Kapitalertragsteuer (§ 43a EStG)
VI. Entrichtung der Kapitalertragsteuer (§ 44 EStG)
VII. Abstandnahme vom Steuerabzug (§ 44a EStG)
VIII. Erstattung der Kapitalertragsteuer in besonderen Fällen (§ 44b Absatz 5 EStG)
IX. Anmeldung und Bescheinigung von Kapitalertragsteuer (§ 45a EStG)

Inhaltsverzeichnis

X.	Sammelantragsverfahren für Freistellungsaufträge bei Warengenossenschaften etc. (§ 45b Absatz 1 EStG)
XI.	Kapitalertragsteuerabzug bei beschränkt steuerpflichtigen Einkünften aus Kapitalvermögen (§ 49 Absatz 1 Nummer 5 EStG)
XII.	Anwendungsvorschriften zur Einführung einer Abgeltungsteuer (§ 52a EStG)
XIII.	Fundstellennachweis und Anwendungsregelung
2.2	Kapitalertragsteuer; Ausstellung von Steuerbescheinigungen für Kapitalerträge nach § 45a Absatz 2 und 3 EStG – Neuveröffentlichung des BMF-Schreibens vom 15. Dezember 2017 unter Berücksichtigung der Änderung des BMF-Schreibens vom 27. Juni 2018
2.3	Investmentsteuergesetz; Anwendungsfragen zum Investmentsteuergesetz in der ab dem 1. Januar 2018 geltenden Fassung (InvStG) (BMF-Schreiben IV C 1 – S 1980-1/16/10010:001 vom 21. Mai 2019)
2.4	Zweifels- und Auslegungsfragen zum InvStG (BMF-Schreiben IV C 1 – S 1980-1/08/10019 vom 18. August 2009)
2.5	Investmentanteil-Bestandsnachweis nach § 9 Absatz 1 Nummer 3 InvStG; Amtliches Muster (BMF-Schreiben IV C 1 – S 1980-1/16/10012:009 vom 28. September 2018)
2.6	Folgen der „Umqualifizierung" von Einkünften i. S. des § 20 Absatz 2 Satz 1 Nummer 1 EStG in Einkünfte i. S. des § 17 EStG (BMF-Schreiben IV C 1 – S 2252/14/10001 :001 DOK 2014/1106737 vom 16. Dezember 2014)
2.7	§ 6 Investmentsteuergesetz (InvStG); Verfahren bis zu einer gesetzlichen Umsetzung des EuGH-Urteils vom 9. Oktober 2014 in der Rechtssache C-326/12 (van Caster und van Caster) – (BMF-Schreiben IV C 1 – S 1980-1/11/10014 :005 DOK 2015/0091921 vom 4. Februar 2015)
2.8	Abgeltungsteuer; steuerliche Behandlung der Restrukturierung von Anleihen bei Kombination von Teilverzicht, Nennwertreduktion und Teilrückzahlung nach § 20 EStG, BMF-Schreiben vom 10. Mai 2017
2.9	Kirchensteuererlasse der Länder vom Stand 10. August 2016 (zuletzt geändert 19. November 2018)

Inhaltsverzeichnis

2.10 Anwendungsfragen zur Beschränkung der Anrechenbarkeit der Kapitalertragsteuer nach § 36a EStG, BMF-Schreiben GZ IV C 1 – S 2299/16/10002, DOK 2017/0298180 vom 3. April 2017
2.11 Gesetz zur Reform der Investmentbesteuerung; Verhinderung von Gestaltungen mit Bond-Stripping im Privatvermögen, BMF-Schreiben GZ IV C 1 – S 2283-c/11/ 10001 :015, DOK 2016/1020950 vom 11. November 2016
2.12 Abstandnahme vom Kapitalertragsteuerabzug nach § 44a Absatz 10 Satz 1 Nummer 3, § 44a Absatz 7 EStG in der Fassung des Gesetzes zur Vermeidung von Umsatzsteuerausfällen beim Handel mit Waren im Internet und zur Änderung weiterer steuerlicher Vorschriften (UStAVermG)

3 Formulare/Vordrucke
3.1 Freistellungsauftrag (Art.-Nr. 301 250)
3.2 Vordruck zur Freistellung betrieblicher Kapitalerträge vom Kapitalertragsteuerabzug (Art.-Nr. 264 230)
3.3 Muster für Steuerbescheinigungen
3.3.1 Privatvermögen (Art.-Nr. 264 730)
3.3.2 Betriebsvermögen (Art.-Nr. 264 740)
3.4 Wertpapierübertragung (Art.-Nr. 265 470)
3.5 Antrag auf Anlassabfrage des Kirchensteuermerkmals (Art.-Nr. 264 620)
3.6 Anzeige an das BS-Finanzamt
3.6.1 Anzeige nach § 44 Abs. 1 Satz 10 EStG (Art.-Nr. 264 650)
3.6.2 Anzeige nach §§ 43 Abs. 1 Satz 4, 43a Abs. 2 Satz 10 EStG mit Tabelle (Art.-Nr. 264 660)

Vorwort

Seit Einführung der Abgeltungsteuer wird immer wieder über ihre Abschaffung diskutiert – insbesondere, wenn Wahlen anstehen. Die aktuelle Regierungskoalition hat sich die Abschaffung der Abgeltungsteuer „auf Zinserträge" zum Ziel gesetzt. Allerdings besteht ein Vorbehalt im Hinblick auf die Etablierung des internationalen Informationsaustausches. Der Autor „wagt" daher die Neuauflage eines Buches zur Abgeltungsteuer. Es sind mitunter nur Wenige, die sich öffentlich zu diesem Steuerkonzept bekennen. Dabei liegen die Vorteile der Abgeltungsteuer auf der Hand: Sie führt zu einer effizienten Steuererhebung und trägt mit ihrem einheitlichen Steuersatz, der breiten Bemessungsgrundlage und dem pauschalen Werbungskostenabzug zu einem einfacheren Steuerrecht bei. Auch Kritiker der Abgeltungsteuer räumen ein, dass ihre Abschaffung wohl kaum zu einem steuerlichen Mehraufkommen führen würde. Zudem dürfte der Finanzverwaltung das erforderliche Personal für die klassische Veranlagung der Kapitaleinkünfte fehlen. Und das gerne bemühte Gerechtigkeitsargument erscheint angesichts dauerhaft niedriger Zinsen und steuerlich vorbelasteter Beteiligungserträge letztlich nicht stichhaltig.

Aus Sicht der Banken dürfte zumindest eines klar sein: Die Aufgabe, den Steuerabzug auf Kapitalerträge durchzuführen, würde auch bei Abschaffung der Abgeltungsteuer nicht entfallen. Dies gilt besonders mit Blick darauf, dass die Banken den richtigen Steuereinbehalt gegenüber Finanzamt und Kunden zu verantworten haben. Richtschnur sind hierbei die gesetzlichen Vorschriften und die Verwaltungsvorgaben. Die Bindung an BMF-Schreiben wurde auch gesetzlich abgesichert: Nach § 44 Abs. 1 Satz 3 EStG haben Kreditinstitute beim Steuerabzug die „im Bundessteuerblatt veröffentlichten Auslegungsvorschriften der Finanzverwaltung" zu beachten.

Die fünfte Auflage versucht daher wieder, alle gesetzlichen und untergesetzlichen Regeln zum Kapitalertragsteuerverfahren kompakt und

Vorwort

verständlich darzustellen. Berücksichtigt wurden alle bis Mai 2019 veröffentlichten BMF-Schreiben. Soweit sich weitere Aussagen der Finanzverwaltung bis zu diesem Zeitpunkt hinreichend konkretisiert haben, erfolgen entsprechende Hinweise. Ohne Zweifel stellt den größten Einschnitt die Investmentsteuerreform zum 1. Januar 2018 dar. Diesem Thema wurde daher ein neuer Abschnitt gewidmet. Im Gegenzug wurden Themenbereiche, die keine aktuelle Relevanz mehr besitzen, aus dem Buch entfernt. Die bis Mai 2019 von der Finanzverwaltung veröffentlichten Anwendungsschreiben sind ergänzend als PDF-Dokumente auf der beigefügten CD-ROM enthalten. Ebenso enthält der Anhang des Buchs auf der CD-ROM den aktuellen Gesetzestext mit der Gesetzesbegründung. Dem Nutzer stehen damit sämtliche Materialien zur Verfügung, die für das Verständnis der neuen Vorschriften erforderlich sind.

Herr Alexander Storg hat zum 1. Mai 2015 die Leitung der Kundenbeschwerdestelle im BVR übernommen. Der Unterzeichner hat daraufhin die Aktualisierung der bisher von Herrn Storg bearbeiteten Textteile übernommen. Ein herzliches Dankeschön dem bisherigen Mitautor an dieser Stelle! Der Unterzeichner dankt zudem Frau Andrea Müller für ihre große Unterstützung und sorgfältige Arbeit bei der Erstellung des Manuskripts.

Berlin, im Mai 2019

Fabian Steinlein

Abkürzungsverzeichnis

a. F.	alte Fassung
AD	Anschaffungsdatum
ADB	Asian Development Bank
ADR	American Depositary Receipt
AEAO	Anwendungserlass zur Abgabenordnung
AG	Aktiengesellschaft
AIFM	Alternative Investment Fund Managers Directive
AK	Anschaffungskosten
AktG	Aktiengesetz
AO	Abgabenordnung
AuslInvestmentG	Auslandinvestment-Gesetz
BewG	Bewertungsgesetz
BFH	Bundesfinanzhof
BGBl	Bundesgesetzblatt
BMF	Bundesfinanzministerium
Bmgr.	Bemessungsgrundlage
BStBl	Bundessteuerblatt
BT-Drucks.	Bundestags-Drucksache
BT-FA	Bundestags-Finanzausschuss
BV	Betriebsvermögen
BVerfG	Bundesverfassungsgericht
BVI	Bundesverband Investment und Asset Management e. V.
BZSt	Bundeszentralamt für Steuern
bzw.	beziehungsweise
CBF	Clearstream Banking AG
CTA	Contractual Trust Arrangement
d. h.	das heißt

Abkürzungsverzeichnis

DAX	Deutscher Aktienindex
DBA	Doppelbesteuerungsabkommen
DepotG	Depotgesetz
DK	Die Deutsche Kreditwirtschaft (früher: ZKA)
DStR	Deutsches Steuerrecht
eG	eingetragene Genossenschaft
EK-ZwG	Einkauf-Zwischengewinn
ELStAM	Elektronisches Lohnsteuerabzugsmerkmal
EStG	Einkommensteuergesetz
ETF	Exchange Traded Funds
EU	Europäische Union
EuGH	Europäischer Gerichtshof
EUREX	European Exchange (Europäische Terminbörse)
EWR	Europäischer Wirtschaftsraum
EWU	Europäische Währungsunion
f.	folgende
FATCA	Foreign Account Tax Compliance Act
ff.	fortfolgende
Fifo	First in first out
FSA	Freistellungsauftrag
FVG	Finanzverwaltungsgesetz
GbR	Gesellschaft bürgerlichen Rechts
GDR	Global Depositary Receipt
ggf.	gegebenenfalls
GL	Geschäftsleitung
GmbH	Gesellschaft mit beschränkter Haftung
GwG	Geldwäschegesetz
HS	Halbsatz
IADB	Inter-American Development Bank
IBN	Investmentanteil-Bestandsnachweis (Investmentbesteuerung)
IBRD	International Bank for Reconstruction and Development
IdNr	(Steuer-)Identifikationsnummer (§ 139a Abgabenordnung)
IDR	International Depositary Receipt
IFC	International Finance Corporation
i. d. F.	in der Fassung

Abkürzungsverzeichnis

i. S. d.	im Sinne des
i. V. m.	in Verbindung mit
IHS	Inhaberschuldverschreibung
InvR	Investmentrecht
InvStG	Investmentsteuergesetz gültig ab 2018
InvStG 2004	Investmentsteuergesetz gültig bis 31. 12. 2017
JStG	Jahressteuergesetz
KAG	Kapitalanlagegesellschaft (jetzt: Kapitalverwaltungsgesellschaft, KVG)
KAGB	Kapitalanlagegesetzbuch
KapErhStG	Kapitalerhöhungssteuergesetz
KapSt	Kapitalertragsteuer
KGaA	Kommanditgesellschaft auf Aktien
KI	Kreditinstitut
KiSt	Kirchensteuer
KiSTAM	Kirchensteuerabzugsmerkmal
KVG	Kapitalverwaltungsgesellschaft (bisher: Kapitalanlagegesellschaft, KAG)
n. F.	neue Fassung
NV-Bescheinigung	Nichtveranlagungsbescheinigung
OECD-MA	OECD-Musterabkommen (Organisation for Economic Co-operation and Development)
OFD	Oberfinanzdirektion
OGAW	Organismen für gemeinsame Anlagen in Wertpapiere
OS	Optionsschein
p. a.	per annum (pro Jahr)
PIN	Persönliche Identifikationsnummer
PV	Privatvermögen
QSt	Quellensteuer
Rdn.	Randnummer dieses Werks
REIT	Real Estate Investment Trust
Rz.	Randziffer
SE	Societas Europaea (europäische Aktiengesellschaft)
SolZ	Solidaritätszuschlag
StDÜV	Steuerdaten-Übermittlungsverordnung
SteuerID	siehe: IdNr
StUmgBG	Steuerumgehungsbekämpfungsgesetz

Abkürzungsverzeichnis

TAN	Transaktionsnummer
TB	Tatbestand
Tz.	Textziffer
UBG	Unternehmensbeteiligungsgesellschaft (nach dem gleichnamigen Gesetz)
usw.	und so weiter
vgl.	vergleiche
VVaG	Versicherungsverein auf Gegenseitigkeit
VVT	Verlustverrechnungstopf
Vz.	Veranlagungszeitraum
WEG	Wohnungseigentümergemeinschaft
WG	Wirtschaftsgüter
WKN	Wertpapierkennnummer
WM	Wertpapier Mitteilungen
z. B.	zum Beispiel
ZerlG	Zerlegungsgesetz
ZKA	Zentraler Kreditausschuss (heute: Die Deutsche Kreditwirtschaft – DK)
zzgl.	zuzüglich

1 Neue Besteuerung von Einkünften aus Kapitalvermögen

Der Gesetzgeber hat mit dem Unternehmensteuerreformgesetz 2008 vom 14. August 2007 die Besteuerung privater Kapitalerträge und Wertpapierveräußerungsgewinne neu geregelt. Zum 1. Januar 2009 wurde eine Abgeltungsteuer auf private Kapitalerträge und Wertpapierveräußerungsgewinne eingeführt. Mit der Einführung der Abgeltungsteuer auf private Kapitalerträge und Wertpapierveräußerungsgewinne will der Gesetzgeber die Gefahr von Ausweichreaktionen privater Haushalte zur Vermeidung der Besteuerung von Kapitalerträgen im Inland – insbesondere durch Verlagerung von Steuersubstrat ins Ausland – abwenden (BT-Drucks. 16/4841, 1 und 30). Außerdem soll der Beitrag des Faktors Kapital zum gesamten Steueraufkommen durch Schaffung einer breiten Akzeptanz der Bevölkerung für das vereinfachte Besteuerungsverfahren gestärkt werden; Vorbildfunktion hat insofern laut OECD die Einführung einer Abgeltungsteuer in Österreich in den 1990er-Jahren, welche das Steueraufkommen stark erhöht habe.

Die Einkünfte aus Kapitalvermögen, aus Termingeschäften und aus Wertpapierveräußerungsgeschäften sowie die Vereinnahmung von Stillhalterprämien werden in dem einheitlichen Besteuerungstatbestand des § 20 EStG n. F. zusammengefasst und grundsätzlich einer pauschalen Abgeltungsteuer unterworfen. Dabei wird einerseits der Kapitaleinkünftebegriff hinsichtlich der laufenden Erträge aus Kapitalanlagen stark erweitert (§ 20 Abs. 1 EStG) und andererseits eine umfassende Veräußerungsgewinnbesteuerung von Kapitalanlagen unabhängig von der Haltedauer eingeführt (§ 20 Abs. 2 EStG). Die Bemessungsgrundlagen der bis Ende 2008 geltenden Kapitalertragsteuer werden somit ausgeweitet. Wertänderungen im Kapitalstamm werden grundsätzlich steuerbar und sind nicht mehr nur wie bis Ende 2008 ausnahmsweise als privates Veräußerungsgeschäft nach § 23 EStG steuerbar. Bei Vorliegen einer wesentlichen Beteiligung an einer Kapitalgesellschaft (mindestens 1 Prozent Anteil) unterliegt die Veräußerung als Einkunft aus Gewerbebetrieb jedoch auch weiterhin der tariflichen Einkommensteuer, § 17 EStG.

Neue Besteuerung von Einkünften aus Kapitalvermögen

3 Mit Einführung der Abgeltungsteuer auf private Kapitalerträge entfaltet der Kapitalertragsteuerabzug eine die Einkommensteuer auf private Kapitalerträge abgeltende Wirkung. Der neu eingeführte § 43 Abs. 5 Satz 1 EStG bildet die zentrale Vorschrift für die grundsätzliche Abgeltungswirkung der Kapitalertragsteuer. Der Steuerabzug ersetzt ab dem Veranlagungszeitraum 2009 die Einkommensteuerveranlagung durch die Finanzämter.

4 Private Kapitalerträge werden somit grundsätzlich nicht mehr in die Veranlagung zur Einkommensteuer einbezogen (Ausnahmen vgl. Rdn. 251 ff.). Soweit Kapitalerträge allerdings den Einkünften aus Land- und Forstwirtschaft (§ 13 EStG), aus Gewerbebetrieb (§§ 15, 17 EStG), aus selbstständiger Arbeit (§ 18 EStG) oder denen aus Vermietung und Verpachtung (§ 21 EStG) zuzuordnen sind, hat der gleichwohl erhobene Kapitalertragsteuerabzug keine die Einkommensteuer abgeltende Wirkung (§ 32d Abs. 1 Satz 1, § 20 Abs. 8 EStG). In diesen Fällen ist weiterhin eine Veranlagung zur Einkommensteuer notwendig, wobei die Kapitalertragsteuer auf die Einkommensteuerschuld gemäß § 36 Abs. 2 Nr. 2 EStG angerechnet wird.

Rechtslage ab 2009 zur Besteuerung der Kapitalerträge

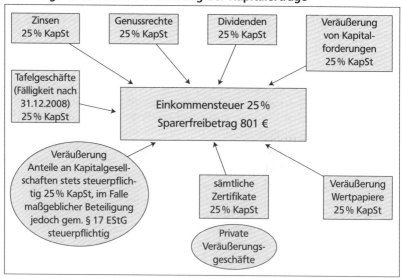

Neue Besteuerung von Einkünften aus Kapitalvermögen

Soweit die privaten Kapitalerträge der Besteuerung mit dem einheitlichen Steuersatz der Abgeltungsteuer unterliegen, werden sie im Rahmen der Einkommensteuer-Veranlagung des Kunden bei

- der Ermittlung der Einkünfte,
- der Summe der Einkünfte,
- dem Gesamtbetrag der Einkünfte,
- dem Einkommen und
- dem zu versteuernden Einkommen

nicht berücksichtigt. Hiervon gelten folgende Ausnahmen:

Aufgrund von Gesetzesänderungen durch das Steuervereinfachungsgesetz 2011 sind ab dem Veranlagungsjahr 2012 private Kapitalerträge bei der Ermittlung von einkommensbezogenen Höchstbeträgen und Ähnlichem in folgenden Fällen nicht mehr einzubeziehen: 5

- Ermittlung von Spendenhöchstbeträgen (§ 10b Abs. 1 EStG),
- Ermittlung der Berücksichtigungsfähigkeit volljähriger Kinder beim Kindergeld (§ 32 Abs. 4 Satz 2 EStG),
- Ermittlung der zumutbaren Belastung bei außergewöhnlichen Belastungen nach § 33 Abs. 3 EStG,
- Ermittlung des berücksichtigungsfähigen Unterhalts nach § 33a Abs. 1 Satz 4 EStG und des Sonderbedarfs eines volljährigen, auswärts untergebrachten Kindes in Berufsausbildung nach § 33a Abs. 2 Satz 2 EStG als außergewöhnliche Belastung.

Unterliegen die Kapitalerträge dem persönlichen Steuersatz (bei bestimmten Kapitalerträgen gemäß § 32d Abs. 2 EStG oder bei Anwendung des günstigeren persönlichen Steuersatzes auch auf die Kapitaleinkünfte, § 32d Abs. 6 EStG), sind sie dem Einkommen hinzuzurechnen. Negative Einkünfte aus Kapitalvermögen, die dem Abgeltungsteuersatz unterliegen, können mit positiven tariflich besteuerten Einkünften aus Kapitalvermögen verrechnet werden (BFH-Urteil vom 30. November 2016, VIII R 11/14, entgegen BMF-Schreiben vom 18. Januar 2016, Rz. 119a). 6

Außerdem ist eine Hinzurechnung der dem Abgeltungsteuersatz unterworfenen Kapitaleinkünfte für außersteuerliche Zwecke vorzunehmen. Der Grund liegt darin, dass für außersteuerliche Zwecke allein die Höhe der Einkünfte, nicht aber der anzuwendende Tarif, maßgebend ist.

Neue Besteuerung von Einkünften aus Kapitalvermögen

Soweit die privaten Kapitalerträge dem abgeltenden Steuerabzug unterlegen haben, entfällt für diese Einkünfte die Notwendigkeit der Veranlagung, § 25 Abs. 1 EStG.

7 Alle Bestimmungen zu Ehegatten finden ab dem Inkrafttreten des Gesetzes vom 15. Juli 2013 (Umsetzung der Entscheidung des BVerfG vom 7. Mai 2013 für Lebenspartner) auf eingetragene Lebenspartnerschaften Anwendung. Lebenspartner i. S. d. Gesetzes sind **nur eingetragene Lebenspartner**. Insbesondere die Regelungen zur ehegattenübergreifenden Verlustverrechnung (Rdn. 327) bei Erteilung eines gemeinsamen Freistellungsauftrags finden auch auf Lebenspartner Anwendung.

2 Steuerabzug vom Kapitalertrag

Die Kapitalertragsteuer stellt eine besondere Erhebungsform der Einkommensteuer dar. Die Besteuerungstatbestände, die der Kapitalertragsteuer unterliegen, sind im § 43 Abs. 1 EStG abschließend aufgezählt. Im Hinblick auf die für den privaten Kapitalanleger grundsätzlich abgeltende Wirkung ist der Steuerabzug bei diesem umfassend angelegt. Als Durchbrechung dieses Grundsatzes ist allerdings die Ausnahmeregelung für lose Personenzusammenschlüsse anzusehen (vgl. Rdn. 9).

Voraussetzung für den Steuerabzug ist die Verwahrung oder Verwaltung der Kapitalanlagen in einem inländischen Depot bzw. die Auszahlung über einen im Inland ansässigen Schuldner. Ein Steuerabzug durch im Ausland ansässige Institute (oder im Ausland ansässige Zweigstellen inländischer Institute) findet nicht statt.

Aufgrund der Systematik der Abgeltungsteuer haben die Kreditinstitute als Organe der Steuererhebung die Rechtsauffassung der Finanzverwaltung hinsichtlich des Kapitalertragsteuereinbehalts anzuwenden. Nur so kann verhindert werden, dass der Umfang der Steuererhebung davon abhängig ist, bei welchem Institut der Steuerpflichtige sein Kapital anlegt. Dies wurde zunächst durch eine Ergänzung des Abgeltungsteuererlasses Ende 2014 klargestellt (Rz. 151a, wiedergegeben im Anhang unter 2.1) und zwischenzeitlich im Gesetz verankert, vgl. § 44 Abs. 1 Satz 3 EStG.

2.1 Lose Personenzusammenschlüsse

Aus Vereinfachungsgründen beanstandet es die Finanzverwaltung nicht, wenn Kreditinstitute bei losen Personenzusammenschlüssen (z. B. Sparclubs, Schulklassen, Sportgruppen), die aus mindestens sieben Mitgliedern bestehen, vom Kapitalertragsteuerabzug Abstand nehmen, wenn

Steuerabzug vom Kapitalertrag

- die Kapitalerträge bei den einzelnen Guthaben des Personenzusammenschlusses im Kalenderjahr den Betrag von 10 Euro, vervielfältigt mit der Anzahl der Mitglieder, höchstens 300 Euro im Kalenderjahr, nicht übersteigen (BMF-Schreiben vom 18. Januar 2016, IV C 1-S 2252/10/10013, Rz. 291 bis 294, siehe Anhang Nr. 2.1),
- das Konto neben dem Namen des Kontoinhabers einen Zusatz enthält, der auf den Personenzusammenschluss hinweist (z. B. Sparclub XX, Klassenkonto der Realschule YY, Klasse 5 A),
- Änderungen der Anzahl der Mitglieder dem Kreditinstitut zu Beginn eines Kalenderjahres mitgeteilt werden. Eine Mitteilung ist also nicht mehr notwendig, wenn sich die Anzahl der Mitglieder nicht verändert hat. Nach der bis Ende 2008 geltenden Regelung musste der Kontoinhaber dem Kreditinstitut jeweils vor dem ersten Zufluss von Kapitalerträgen im Kalenderjahr eine Erklärung über die Anzahl der Mitglieder des Personenzusammenschlusses abgeben. Der Verwaltungsaufwand ließ sich durch diese Neuregelung etwas mindern.

Das Kreditinstitut hat die Erklärung (Formular des DG VERLAGES, Art.-Nr. 301 290) aufzubewahren. Die Anwendung der Vereinfachungsregelung setzt grundsätzlich voraus, dass die insgesamt – d. h. auch bei Aufsplittung des Guthabens auf mehrere Konten und auch ggf. verteilt auf mehrere Kreditinstitute – zugeflossenen Kapitalerträge die oben genannten Grenzen im Kalenderjahr nicht übersteigen.

Das einzelne Kreditinstitut kann die Einhaltung der Freigrenze nur in Bezug auf die bei ihm für den Personenzusammenschluss geführten Konten/Depots überwachen. Es liegt daher auch im Verantwortungsbereich des Personenzusammenschlusses selbst, die Einhaltung der Freigrenze zu überwachen.

Ein „loser Personenzusammenschluss" im Sinne dieser Vereinfachungsregel ist z. B. nicht gegeben bei
- Grundstücksgemeinschaften,
- Erbengemeinschaften,
- Wohnungseigentümergemeinschaften sowie
- Mietern im Hinblick auf gemeinschaftliche Mietkautionskonten.

Die auf diese Weise freigestellten Kapitalerträge sind jedoch gemäß § 32d Abs. 3 EStG in der Einkommensteuererklärung anzugeben, da sie noch nicht dem Kapitalertragsteuerabzug unterworfen wurden, jedoch materiell – auch innerhalb der Bagatellgrenzen – steuerpflichtige Kapitalerträge sind. Eine Erklärungspflicht besteht wiederum dann nicht, wenn die auf das einzelne Mitglied entfallenden Kapitalerträge zusammen mit allen übrigen Kapitalerträgen des Mitglieds durch den Sparer-Pauschbetrag bzw. durch eine NV-Bescheinigung abgedeckt sind.

Zur Vermeidung der Veranlagungspflicht können lose Personenzusammenschlüsse alternativ zur Vereinfachungsregel den Kapitalertragsteuerabzug durch Gründung eines Vereins und Erteilung eines Freistellungsauftrages vermeiden. Ein Verein kann als juristische Person des privaten Rechts einen Freistellungsauftrag erteilen und somit Kapitalerträge bis zu 801 Euro vom Kapitalertragsteuerabzug freistellen lassen. Zu berücksichtigen ist dabei jedoch, dass der Verein selbst Steuersubjekt ist und somit steuerliche Pflichten zu erfüllen hat.

2.2 Vom Steuerabzug erfasste Kapitalerträge

Der Steuereinbehalt in Form der Kapitalertragsteuer hat grundsätzlich abgeltende Wirkung, vgl. § 43 Abs. 5 Satz 1 EStG. Für welche steuerpflichtigen Kapitaleinkünfte i. S. d. § 20 EStG die Kapitalertragsteuer einzubehalten ist, regelt § 43 Abs. 1 EStG in einer abschließenden Aufzählung. **10**

Da die abgeltende Wirkung nur für private Anleger gilt, hat der Gesetzgeber für Anleger, bei denen es beim Deklarationsprinzip bleibt (insbesondere betriebliche Anleger) Befreiungsmöglichkeiten für den Steuerabzug geschaffen. Hierdurch wird erreicht, dass der sachliche Umfang des Steuerabzug – und damit die Liquiditätsbelastung für den Steuerpflichtigen – auf den Umfang der vor Einführung der Abgeltungsteuer geltenden Zinsabschlagsteuer zurückgeführt werden kann (Steuereinbehalt im Wesentlichen auf Zinserträge und inländische Beteiligungseinnahmen), vgl. Kapitel 2.3.

Der Kapitalertragsteuer unterliegen außerdem besondere Entgelte oder Vorteile, die neben den in § 20 Abs. 1 oder 2 EStG aufgezählten Kapitalerträgen gewährt werden (§ 43 Abs. 1 Satz 2 i. V. m. § 20 Abs. 3 EStG). Hierzu gehören z. B. Boni oder Sachleistungen sowie Schadenersatz- oder Kulanzleistungen einer Bank aufgrund von Beratungsfehlern, die beim Anleger zu Verlusten oder verminderten Gewinnen führen, vgl. Kapitel 2.2.17. **11**

Steuerabzug vom Kapitalertrag

12 Der Steuersatz beträgt grundsätzlich 25 Prozent (ggf. gemindert um den Sonderausgabenabzug bei Kirchensteuerpflicht). Andere Steuersätze aufgrund vor 2009 geltender Rechtslage können allerdings aufgrund des nachholenden Steuerabzugs bei effektiven Stücken im Tafel- bzw. Inkassogeschäft anzuwenden sein, da hier auf die Rechtslage im Zeitpunkt der ursprünglichen Fälligkeit der Erträge abzustellen ist, vgl. Kapitel 2.2.14. Darüber hinaus gelten in Sonderfällen abweichende Steuersätze für den Steuerabzug: Nach § 43a Abs. 1 Satz 1 Nr. 2 EStG beträgt bei Betrieben gewerblicher Art von juristischen Personen des öffentlichen Rechts (§ 43 Abs. 1 Satz 1 Nr. 7b und 7c EStG) die Kapitalertragsteuer 15 Prozent. Ebenfalls 15 Prozent (allerdings einschließlich Solidaritätszuschlag) beträgt ab 1. Januar 2018 die Eingangs-Kapitalertragsteuer auf inländische Beteiligungseinnahmen und sonstige inländische Einkünfte bei Investmentvermögen (§ 7 Abs. 1 InvStG). Das bei betrieblichen Kapitalanlagen geltende Teileinkünfteverfahren (§ 3 Nr. 40 EStG, § 8b KStG) findet im Rahmen des Kapitalertragsteuerabzugs keine Berücksichtigung.

Beispiel:

Aktionär A erhält eine Dividende von 100 Euro ausgeschüttet. Die Aktien sind dem Betriebsvermögen des A zuzurechnen.

A hat 60 Prozent der Dividenden zu versteuern, vgl. § 3 Nr. 40 d EStG.

Gleichwohl wird eine Kapitalertragsteuer i. H. v. 25 Euro (= 25 Prozent x 100 Euro) erhoben, vgl. § 43 Abs. 1 Satz 2 EStG.

13 Die nachfolgende Tabelle gibt einen Überblick darüber, welche Instanz bei den jeweiligen Kapitalerträgen zum Steuerabzug verpflichtet ist (anknüpfend an § 44 Abs. 1 Satz 3 EStG):

	KapSt-Tatbestand in § 43 Abs. 1 Nr. ... EStG	KapSt-Einbehalt durch:
1	Inländische Dividenden u. a. aus Anteilen, die nicht im Inland sammelverwahrt oder streifbandverwahrt sind	Schuldner
1a	Inländische Dividenden u. a. aus Anteilen, die im Inland sammelverwahrt oder streifbandverwahrt sind, oder wenn die Auszahlung oder Gutschrift gegen Aushändigung der Dividenden- oder Ertragnisscheine erfolgt	KI als auszahlende Stelle

Vom Steuerabzug erfasste Kapitalerträge

	KapSt-Tatbestand in § 43 Abs. 1 Nr. ... EStG	KapSt-Einbehalt durch:
2	Wandelanleihen, Gewinnobligationen, zinsähnliche Genussrechte	KI als auszahlende Stelle
3	Stille Gesellschaft/partiarische Darlehen (laufende Erträge)	Schuldner
4	Lebensversicherung (ohne Verkauf)	Schuldner
5	Ausschüttungen und Vorabpauschalen auf Anteile an Investmentfonds	KI als auszahlende Stelle
6	Ausländische Dividenden und ähnliche Ausschüttungen	KI als auszahlende Stelle
7a	Zinsen aus Schuldverschreibungen	KI als auszahlende Stelle
7b	Zinsen auf Kontenanlagen etc. bei KI	KI als auszahlende Stelle
8	Stillhalterprämien	KI als auszahlende Stelle
9	Verkauf von Anteilen an Kapitalgesellschaften/Genossenschaften/Anteile an Investmentfonds	KI als auszahlende Stelle
10	Verkauf von sonstigen Kapitalforderungen	KI als auszahlende Stelle
11	Gewinn aus Termingeschäften	KI als auszahlende Stelle
12	Übertragung/Aufgabe einer Rechtsposition § 20 Abs. 1 Nr. 9 EStG (Anteil an Körperschaft, die keine Kapitalgesellschaft ist)	KI als auszahlende Stelle

Steuerabzug vom Kapitalertrag

2.2.1 Inländische Dividenden und ähnliche Ausschüttungen (§ 43 Abs. 1 Satz 1 Nr. 1 EStG)

14 Vom Kapitalertragsteuerabzug werden inländische Erträge i. S. d. § 20 Abs. 1 Nr. 1 und 2 EStG erfasst, allerdings nur, soweit die Anteile nicht im Inland girosammel- oder streifbandverwahrt sind (in diesen Fällen greift § 43 Abs. 1 Satz 1 Nr. 1a EStG, vgl. dazu Rdn. 21). Ganz selten kann es auch vorkommen, dass die Globalurkunde der inländischen Aktiengesellschaft im Ausland verwahrt wird; in diesem Fall ist der Auffangtatbestand des § 43 Abs. 1 Satz 1 Nr. 1 EStG einschlägig.

So können dem Anteilseigner z. B. zufließen Gewinnanteile (Dividenden) und sonstige Bezüge aus:

▷ Aktien (Anteilen an AG, SE und KGaA), soweit diese nicht nachfolgend in § 43 Abs. 1 Nr. 1a genannt sind (vgl. hierzu Rdn. 21),

▷ Genussrechten, mit denen das Recht am Gewinn und Liquidationserlös einer Kapitalgesellschaft verbunden ist (beteiligungsähnlich),

▷ Anteilen an einer GmbH,

▷ Anteilen an Erwerbs- und Wirtschaftsgenossenschaften einschließlich der SCE.

15 Die Steuerabzugspflicht nach § 43 Abs. 1 Satz 1 Nr. 1 EStG erstreckt sich auch auf Beteiligungen an einer nach ausländischem Recht errichteten Gesellschaft, die ihrem Typ nach mit einer in § 20 Abs. 1 Nr. 1 EStG aufgeführten Gesellschaft vergleichbar ist (Rechtsformvergleich), sofern diese Gesellschaft ihren Sitz oder ihre Geschäftsleitung im Inland hat.

So sind Erträge aus einer **Limited Liability Company (LLC), Limited Partnership (LP)** oder einer **Master Limited Partnership (MLP),** deren Anteile als depotfähige Wertpapiere an einer Börse gehandelt werden, im Steuerabzugsverfahren als Dividenden zu behandeln – und zwar nach Ansicht der Finanzverwaltung unabhängig davon, ob eine LLC, LP oder MLP nach einem Rechtstypenvergleich als Kapitalgesellschaft einzustufen ist oder ob die Gesellschaft nach ausländischem Steuerrecht zur Besteuerung als Personengesellschaft optiert hat (vgl. BMF-Schreiben vom 18. Januar 2016, Rz. 2, siehe Anhang Nr. 2.1). Die endgültige Klassifizierung der Einkünfte erfolgt im Veranlagungsverfahren.

Nachzahlungsbeträge im Zusammenhang mit Anteilen an Kapitalgesellschaften, deren Rechtsnatur nicht eindeutig erkennbar ist, hat die Bank

Vom Steuerabzug erfasste Kapitalerträge

wie Dividenden gemäß § 43 Abs. 1 Satz 1 Nr. 1 EStG zu behandeln, vgl. BMF-Schreiben vom 18. Januar 2016, Rz. 1, siehe Anhang Nr. 2.1.

Auch die Ausschüttungen auf beteiligungsähnliche Genussrechte, d. h. auf Genussrechte, mit denen das Recht auf Beteiligung am Gewinn und Liquidationserlös einer Kapitalgesellschaft verbunden ist, werden hiervon erfasst. **16**

Schließlich sind auch verdeckte Gewinnausschüttungen steuerabzugspflichtig. Nach der Rechtsprechung liegt eine als sonstiger Bezug i. S. d. § 20 Abs. 1 Nr. 1 S. 2 EStG zu behandelnde verdeckte Gewinnausschüttung dann vor, wenn eine Kapitalgesellschaft einem Gesellschafter oder einer ihm nahestehenden Person außerhalb der gesellschaftsrechtlichen Gewinnverteilung einen Vermögensvorteil zuwendet, den sie – unter sonst gleichen Umständen – bei Anwendung der Sorgfalt eines ordentlichen und gewissenhaften Geschäftsleiters einem Nichtgesellschafter nicht gewährt hätte, die Vorteilszuwendung somit ihre wirtschaftliche Veranlassung im Gesellschaftsverhältnis hat. **17**

Ausschüttungen aus dem steuerlichen Einlagekonto i. S. d. § 27 KStG sind hingegen nicht steuerbar und unterliegen daher nicht dem Steuerabzug, § 20 Abs. 1 Nr. 1 Satz 3 EStG. Die Anschaffungskosten sind um die aus dem steuerlichen Einlagekonto finanzierten Ausschüttungen zu mindern (BFH vom 7. November 1990, BStBl. II 1991, S. 177). Die Anschaffungskosten können hierbei auch negativ werden. Nicht nur bei späteren Veräußerungen, sondern auch bei Depotüberträgen mit oder ohne Gläubigerwechsel werden die entsprechend geminderten Anschaffungskosten zugrunde gelegt. Soweit der Auskehrungsbetrag auf einen Sonderausweis nach § 28 Abs. 1 Satz 3 KStG entfällt, ist der Herabsetzungsbetrag als Einkünfte aus Kapitalvermögen nach § 20 Abs. 1 Nr. 2 EStG zu behandeln; eine Minderung der Anschaffungskosten für die Anteile an der Kapitalgesellschaft tritt insoweit nicht ein, vgl. BMF-Schreiben vom 18. Januar 2016, Rz 92, siehe Anhang Nr. 2.1.

Auch die isolierte Veräußerung von Dividendenscheinen oder die Abtretung von Dividendenansprüchen ist kapitalertragsteuerpflichtig.

Die den Verkaufsauftrag ausführende Stelle ist gemäß § 44 Abs. 1 EStG zum Kapitalertragsteuerabzug verpflichtet.

Bei inländischen Genossenschaftsdividenden ist die Kapitalertragsteuer durch die ausschüttende Genossenschaft einzubehalten. **18**

19 Erhält ein Anleger **Nachzahlungen auf einen Squeeze-out,** liegt ein Veräußerungserlös vor, der nicht von § 43 Abs. 1 Nr. 1 EStG, sondern vielmehr von § 43 Abs. 1 Nr. 9 EStG erfasst wird. Ist allerdings die Rechtsnatur der Zahlungen für das Kreditinstitut nicht eindeutig erkennbar, kann das Kreditinstitut die Nachzahlung im Zweifel als Dividendenzahlung behandeln (vgl. BMF-Schreiben vom 18. Januar 2016, Rz. 1, siehe Anhang Nr. 2.1).

20 **Weitergegebene Bestandsprovisionen,** welche für die Vermittlung von Anteilen an Investmentvermögen von den Kapitalanlagegesellschaften an die Kreditinstitute bezahlt werden und von diesen an die Kunden weitergegeben werden, sind nach Ansicht der Finanzverwaltung Kapitalerträge i. S. d. § 20 Abs. 1 Nr. 1 EStG, welche gemäß § 7 Abs. 1 InvStG 2004 dem Kapitalertragsteuerabzug zu unterwerfen sind (vgl. BMF-Schreiben vom 18. Januar 2016, Rz. 84, siehe Anhang Nr. 2.1). Ab 2018 werden diese Zahlungen als Investmenterträge i. S. d. § 16 Abs. 1 Nr. 1 InvStG 2018 qualifiziert, auf die auch die Teilfreistellungsregelung (§ 20 InvStG 2018) anzuwenden ist (vgl. Rz. 16.2 des BMF-Schreibens vom 21. Mai 2019 (vgl. Anhang 2.3)).

2.2.2 Kapitalerträge aus Aktien bei Girosammel- oder Streifbandverwahrung (§ 43 Abs. 1 Satz 1 Nr. 1a EStG)

21 Die Systematik der Kapitalertragsteuererhebung wurde für Kapitalerträge aus girosammelverwahrten oder streifbandverwahrten Aktien ab dem Jahr 2012 grundlegend umgestellt. Die Verpflichtung zum Steuereinbehalt trifft nicht mehr – wie bis 2011 – den Schuldner der Dividendenzahlung, sondern die die Kapitalerträge auszahlende Stelle, in der Regel also die depotführende Stelle, vgl. § 44 Abs. 1 Satz 4 Nr. 3 Buchst. A EStG. Demnach wird bei Dividendenausschüttungen ab 2012 die ausschüttende Aktiengesellschaft die Bruttodividende an die von ihr gewählte Hauptzahlstelle leiten. Diese wiederum leitet den Betrag an die zuständige Wertpapiersammelbank weiter. Dies ist in Deutschland die Clearstream Banking Frankfurt (CBF). Clearstream Banking leitet daraufhin den Betrag schließlich an das die Wertpapiere verwahrende Kreditinstitut weiter.

22 Die Neuregelung betrifft über den Wortlaut des Gesetzes hinaus auch American Depositary Receipts (ADRs), Global Depositary Receipts (GDRs) und International Depositary Receipts (IDRs). Auch im Falle der Einreichung von Dividendenscheinen werden ab dem Jahr 2012 die Kapitalertragsteuern durch die auszahlenden Stellen einbehalten.

Diese Umstellung (Emittentensteuer, Zahlstellensteuer) erfolgte vor dem Hintergrund missbräuchlicher Gestaltungen bei Leerverkäufen von Aktien über den Dividendenstichtag.

23

2.2.3 Wandelanleihen, Gewinnobligationen und zinsähnliche Genussrechte (§ 43 Abs. 1 Satz 1 Nr. 2 EStG)

Gemäß § 43 Abs. 1 Satz 1 Nr. 2 EStG gehören zu den steuerabzugspflichtigen Kapitalerträgen auch **Zinsen aus Teilschuldverschreibungen,** bei denen neben der festen Verzinsung

24

▷ ein Recht auf Umtausch in Gesellschaftsanteile gewährt wird **(Wandelanleihen) oder**

▷ eine Zusatzverzinsung eingeräumt ist, die sich nach der Höhe der Gewinnausschüttungen des Schuldners richtet **(Gewinnobligationen) sowie**

▷ **Zinsen aus Genussrechten,** die nicht bereits unter § 20 Abs. 1 Nr. 1 EStG fallen, d. h. Zinsen aus solchen Genussrechten, mit denen **nicht** das Recht am Gewinn und Liquidationserlös einer Kapitalgesellschaft verbunden ist. Das sind die in der Praxis üblicherweise von Kreditinstituten emittierten Genussrechte.

Soweit die Genussrechte das Recht auf Beteiligung am Gewinn **und** am Liquidationserlös der Kapitalgesellschaft verbriefen (die Ausschüttungen auf die Genussrechte somit als Gewinnverwendung zu behandeln sind und deshalb das Einkommen der ausschüttenden Körperschaft nicht mindern dürfen), gehören die Erträge zu den steuerabzugspflichtigen Kapitalerträgen i. S. d. § 43 Abs. 1 Satz 1 Nr. 1 EStG.

Da nur die inländischen Erträge i. S. d. § 43 Abs. 1 Nr. 2 EStG dem Steuerabzug unterliegen, besteht die Steuerabzugspflicht nur dann, wenn der Schuldner der Kapitalerträge Wohnsitz, Geschäftsleitung oder Sitz im Inland hat, vgl. den Einleitungssatz von § 43 Abs. 1 Satz 1 EStG. Zinszahlungen aus ausländischen Wandelanleihen bzw. Genussrechten unterliegen dem Steuerabzug nach § 43 Abs. 1 Satz 1 Nr. 7 EStG.

25

Ab 2013 wird bei girosammelverwahrten bzw. streifbandverwahrten inländischen Genussrechten und bei Tafelgeschäftsfällen (Inkassovorgängen) der Steuerabzug auf Ebene der auszahlenden Stelle vorgenommen, § 43 Abs. 1 Satz 1 Nr. 2 Satz 4 EStG. Damit ergibt sich eine Gleichbehandlung im Vergleich zu inländischen Dividendenerträgen. Siehe zum gesetzgeberischen Hintergrund auch vorstehenden Abschnitt 2.2.2.

2.2.4 Erträge aus stiller Gesellschaft oder partiarischen Darlehen (§ 43 Abs. 1 Satz 1 Nr. 3 EStG)

26 Dem Steuerabzug vom Kapitalertrag unterliegen auch die Einnahmen aus der Beteiligung an einem Handelsgewerbe als typisch stiller Gesellschafter und die Zinsen aus partiarischen Darlehen, d. h. Darlehen, bei denen sich das Entgelt für die Darlehensgewährung nach dem Gewinn oder dem Umsatz des Darlehensnehmers richtet.

Die Einnahmen unterliegen allerdings dann nicht dem Steuerabzug, wenn der stille Gesellschafter bzw. der Darlehnsgeber als Mitunternehmer anzusehen ist und insoweit Einkünfte aus Gewerbebetrieb i. S. d. § 15 Abs. 1 Satz 1 Nr. 2 EStG erzielt.

Da nur inländische Erträge i. S. d. § 43 Abs. 1 Satz 1 Nr. 3 EStG dem Steuerabzug unterliegen, müssen der Handelsgewerbetreibende oder der Darlehensnehmer gemäß § 43 Abs. 3 Satz 1 EStG Wohnsitz, Geschäftsleitung oder Sitz im Inland haben.

2.2.5 Erträge aus Versicherungen (§ 43 Abs. 1 Satz 1 Nr. 4 EStG)

27 Die Erträge aus Beitragsdepots, Parkdepots, Ablaufdepots oder Kapitalisierungsgeschäften unterliegen ab dem Kalenderjahr 2009 dem Kapitalertragsteuereinbehalt durch die Versicherungsgesellschaft. Gemäß 52 Abs. 1 EStG unterliegen diese Erträge der Verpflichtung zum Einbehalt der Kapitalertragsteuer, soweit die Kapitalanlagen mit dem Einlagengeschäft bei Kreditinstituten vergleichbar sind. Die Finanzverwaltung beanstandet es jedoch nicht, wenn bei Beitragsdepots, die vor dem 1. Januar 2007 abgeschlossen wurden, vom Steuerabzug Abstand genommen wird, BMF-Schreiben vom 18. Januar 2016, Rz. 316, siehe Anhang Nr. 2.1.

Kapital- und Rentenversicherungen, die vor dem 1. Januar 2005 abgeschlossen wurden

28 Rentenversicherungen mit Kapitalwahlrecht und Kapitalversicherungen mit Sparanteil führen in der Regel beim Versicherungsnehmer zu (ggf. anteilig) steuerfreien Erträgen, wenn die Mindestvertragslaufzeit von zwölf Jahren eingehalten wird, mindestens fünf Jahre lang Beiträge ge-

zahlt wurden und der Todesfallschutz mindestens 60 Prozent beträgt. Wird diese Frist nicht eingehalten oder sind die Erträge aus anderen Gründen steuerpflichtig, werden sie mit 25 Prozent Abgeltungsteuer zuzüglich Solidaritätszuschlag besteuert. Das ist beispielsweise der Fall, wenn die Versicherungsansprüche aus vor 2005 abgeschlossenen Verträgen steuerschädlich zur Absicherung von Darlehen eingesetzt wurden (§ 10 Abs. 2 Satz 2 EStG in der Fassung bis 31. Dezember 2004). Der Kapitalertragsteuerabzug erfolgt in allen Fällen, in denen die Erträge steuerpflichtig sind, durch die Versicherungsgesellschaft.

Kapital- und Rentenversicherungen, die nach dem 31. Dezember 2004 abgeschlossen wurden

Die Abgeltungsteuer findet keine Anwendung auf steuerbegünstigte Erträge aus Versicherungen, bei denen die Erträge nach Ablauf von zwölf Jahren und nach der Vollendung des 60. Lebensjahres des Steuerpflichtigen fällig werden. Stattdessen erfolgt eine Versteuerung der Hälfte des Unterschiedsbetrags zwischen der Versicherungsleistung und der Summe der auf sie entrichteten Versicherungsbeiträge mit dem persönlichen Steuersatz, § 32d Abs. 2 Nr. 2 EStG. Für ab dem Kalenderjahr 2012 abgeschlossene Verträge steigt diese Altersgrenze auf das vollendete 62. Lebensjahr. Wird die Frist allerdings nicht eingehalten, unterliegen die Erträge (voller Unterschiedsbetrag zwischen den Beiträgen und den Zahlungen aus dem Vertrag) der Abgeltungsteuer. Der volle Unterschiedsbetrag kommt auch dann zur Anwendung, wenn durch den Kapitallebensversicherungsvertrag die in § 20 Abs. 1 Nr. 6 Satz 6 EStG näher konkretisierten Anforderungen an die Risikoleistung nicht eingehalten werden.

Beim Kapitalertragsteuerabzug wird immer auf den vollen Unterschiedsbetrag die 25 Prozent Kapitalertragsteuer einbehalten. Der Anleger muss dann im Veranlagungsverfahren nachweisen, dass die Bemessungsgrundlage (für die Regelbesteuerung) nur die Hälfte des Unterschiedsbetrages beträgt. Der Steuerabzug hat somit keine die Einkommensteuerschuld abgeltende Wirkung, vgl. § 43 Abs. 5 Satz 2 i. V. m. § 32d Abs. 2 Satz 1 Nr. 2 EStG. Es kommt vielmehr der persönliche Steuersatz zur Anwendung. Der Gesetzgeber wollte damit eine doppelte Privilegierung der Erträge aus Lebensversicherungen vermeiden, da die Anwendung des Abgeltungsteuertarifs i. H. v. 25 Prozent im Ergebnis zu einer Besteuerung von lediglich 12,5 Prozent des Wertzuwachses geführt hätte.

Steuerabzug vom Kapitalertrag

Bei Rentenzahlungen wird der Ertragsanteil mit dem persönlichen Steuersatz besteuert (altersabhängig, z. B. 18 Prozent bei einem Renteneintrittsalter von 65 Jahren).

30 Eine Ausnahme gilt für sog. vermögensverwaltende Versicherungsverträge. Diese liegen vor, wenn eine gesonderte Verwaltung von speziell für diesen Vertrag zusammengestellten Kapitalanlagen vereinbart ist und der Versicherte – unmittelbar oder mittelbar – Einfluss auf die Anlagestrategie des Versicherungsunternehmens hat. In diesem Fall muss der Versicherte die bei der Verwaltung des Vermögens von der Versicherung erzielten Erträge mit der Abgeltungsteuer versteuern, § 20 Abs. 1 Nr. 6 Satz 5 EStG.

Kapital- und Rentenversicherungen mit Kapitalwahlrecht

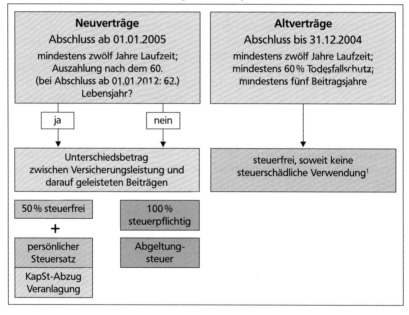

[1] Vgl. zu den Fällen steuerschädlicher Verwendung der LV-Ansprüche BVR-Bankenreihe Band 24 „Kreditsicherung durch Lebensversicherungsansprüche".

Vom Steuerabzug erfasste Kapitalerträge

Werden die Ansprüche aus dem Versicherungsvertrag entgeltlich übertragen, ist der Unterschiedsbetrag zwischen dem Veräußerungserlös und den gezahlten Beiträgen (Anschaffungskosten) steuerpflichtig. Der Erwerber muss bei Endfälligkeit der Versicherung den Unterschiedsbetrag zwischen der Versicherungsleistung und den Anschaffungskosten zzgl. der ggf. selbst gezahlten Prämie versteuern. Die Erträge gehören zu den Einkünften aus Kapitalvermögen, § 20 Abs. 2 Satz 1 Nr. 6 EStG. Sie werden mit der Abgeltungsteuer i. H. v. 25 Prozent besteuert. Ein Kapitalertragsteuereinbehalt erfolgt bei der Veräußerung selbst nicht. Die Versicherungsgesellschaft muss die Finanzbehörde über den Verkauf informieren. Auf Verlangen des Steuerpflichtigen muss sie eine Bescheinigung über die bis zur Veräußerung entrichteten Beträge erteilen. 31

Der von der Lebensversicherung vorgenommene Kapitalertragsteuerabzug bemisst sich bei Fälligkeit auch dann nach dem Unterschiedsbetrag zwischen der Versicherungsleistung einerseits und der Summe der auf sie entrichteten Beiträge, wenn bei einem entgeltlichen Erwerb der Versicherung für die Ermittlung der Erträge die Anschaffungskosten an die Stelle der vor dem Erwerb entrichteten Beiträge treten. Die in diesem Zusammenhang regelmäßig zu viel erhobene Kapitalertragsteuer ist im Rahmen der Veranlagung zur Einkommensteuer gemäß § 32d Abs. 4 oder 6 EStG vom Finanzamt zurückzuverlangen.

Bei fondsgebundenen Lebensversicherungen sind 15 Prozent des Unterschiedsbetrags steuerfrei oder dürfen nicht bei der Ermittlung der Einkünfte abgezogen werden, soweit der Unterschiedsbetrag aus Investmenterträgen stammt. Diese Regelung gilt ab dem Kalenderjahr 2018 und kompensiert die ab dann geltende steuerliche Vorbelastung auf Fondseingangsebene. 32

Riester oder Rürup und andere staatliche geförderte Altersvorsorgeprodukte
Die Abgeltungsteuer findet auf die staatlich geförderten Renten keine Anwendung. Alle Erträge aus Produkten mit staatlicher Förderung müssen zum persönlichen Steuersatz versteuert werden (nachgelagerte Besteuerung). Dementsprechend erfolgt auch kein Steuerabzug. 33

2.2.6 Ausschüttungen und Vorabpauschalen auf Anteile an Investmentfonds (§ 43 Abs. 1 Satz 1 Nr. 5 EStG)

Ab dem Jahr 2018 unterliegen Ausschüttungen und Vorabpauschalen nach dem neuen Investmentsteuerrecht (vgl. § 16 Abs. 1 Nr. 1 und 2 34

Steuerabzug vom Kapitalertrag

InvStG 2018) der Kapitalertragbesteuerung. Ausschüttungen sind alle baren Zuflüsse (Cashflow-Prinzip) aus den Anteilen an (inländischen oder ausländischen) Investmentfonds.

Soweit die im Kalenderjahr vorgenommenen Ausschüttungen einen gesetzlich definierten „Basisertrag" unterschreiten, kommt es zum 1. Januar des Folgejahres zum Ansatz einer sog. Vorabpauschale gemäß § 18 InvStG. Hierdurch soll bei thesaurierenden Fonds eine zeitnahe Mindestbesteuerung sichergestellt werden.

Der Basisertrag wird auf Grundlage eines von der Finanzverwaltung jährlich zu Beginn des Kalenderjahres festgelegten Basiszinses, der aus der langfristig erzielbaren Rendite öffentlicher Anleihen abgeleitet wird, ermittelt (Formel: Rücknahmepreis zu Beginn des Kalenderjahres multipliziert mit 70 Prozent des Basiszinses). Der Basisertrag wird auf den Mehrbetrag, der sich zwischen dem ersten und letzten im Kalenderjahr festgesetzten Rücknahmepreis zuzüglich der Ausschüttungen innerhalb des Kalenderjahres ergibt, begrenzt.

2.2.7 Ausländische Dividenden und ähnliche Ausschüttungen (§ 43 Abs. 1 Satz 1 Nr. 6 EStG)

35 Ab dem Jahr 2009 werden auch ausländische Dividendenerträge sowie ausländische dividendenähnliche Ausschüttungen (vgl. zu Dividendenerträgen allgemein Rdn. 14 ff.) dem Steuerabzug unterworfen, wenn die Auszahlung über ein inländisches Kreditinstitut (Depotbank) erfolgt. Die Depotbank ist als auszahlende Stelle zum Steuerabzug verpflichtet. Soweit durch den ausländischen Schuldner bereits ein Quellensteuerabzug vorgenommen wurde, kann diese ausländische Quellensteuer unter bestimmten Voraussetzungen beim privaten Kapitalanleger angerechnet werden (vgl. Rdn. 405 ff.).

2.2.8 Erträge aus sonstigen Kapitalforderungen – Ausdehnung der Zinsbesteuerung auf Risikoanlagen (§ 43 Abs. 1 Satz 1 Nr. 7 EStG)

36 Dem Steuerabzug unterliegen Kapitalerträge aus Kapitalforderungen jeder Art, wenn die Rückzahlung des Kapitalvermögens oder ein Entgelt für die Überlassung des Kapitalvermögens zur Nutzung zugesagt oder geleistet worden ist, auch wenn die Höhe der Rückzahlung oder des Entgelts von einem ungewissen Ereignis abhängt, § 43 Abs. 1 Satz 1 Nr. 7 i. V. m. § 20 Abs. 1 Nr. 7 EStG.

Vom Steuerabzug erfasste Kapitalerträge

Der Begriff der sonstigen Kapitalforderung in § 20 Abs. 1 Nr. 7 EStG ist gegenüber der bis Ende 2008 geltenden Rechtslage stark ausgeweitet worden. In § 20 Abs. 1 Nr. 7 EStG ist das Wort „gewährt" durch das Wort „geleistet" ersetzt worden. Unter den geänderten Wortlaut des § 20 Abs. 1 Nr. 7 EStG fallen zukünftig auch sonstige Kapitalforderungen, bei denen sowohl die Höhe des Entgelts als auch die Höhe der Rückzahlung von einem ungewissen Ereignis abhängen. Erfasst werden Kapitalforderungen, deren volle oder teilweise Rückzahlung weder rechtlich noch faktisch garantiert wird. Die Vorschrift umfasst somit auch Anlageformen, die rein spekulativen Charakter haben. Nach der Gesetzesbegründung zum Unternehmensteuerreformgesetz 2008 (BT-Drucks. 16/4841) unterliegen auch Vollrisikozertifikate dieser Vorschrift; diese waren nach der bis Ende 2008 geltenden Rechtslage nicht vom Anwendungsbereich des § 20 Abs. 1 Nr. 7 EStG erfasst, sondern unterlagen § 23 Abs. 1 Satz 1 Nr. 4 EStG.

Wortlaut des § 20 Abs. 1 Nr. 7 EStG in der Fassung bis zum 31. Dezember 2008:

*„Zu den Einkünften aus Kapitalvermögen gehören Erträge aus sonstigen Kapitalforderungen jeder Art, wenn die Rückzahlung des Kapitalvermögens oder ein Entgelt für die Überlassung des Kapitalvermögens zur Nutzung zugesagt oder **gewährt** worden ist, auch wenn die Höhe des Entgelts von einem ungewissen Ereignis abhängt."*

Wortlaut des § 20 Abs. 1 Nr. 7 Satz 1 EStG in der ab dem 1. Januar 2009 geltenden Fassung:

*„Zu den Einkünften aus Kapitalvermögen gehören Erträge aus sonstigen Kapitalforderungen jeder Art, wenn die Rückzahlung des Kapitalvermögens oder ein Entgelt für die Überlassung des Kapitalvermögens zur Nutzung zugesagt oder **geleistet** worden ist, auch wenn die Höhe **der Rückzahlung oder** des Entgelts von einem ungewissen Ereignis abhängt."*

Damit wird insbesondere die Steuerpflicht auch auf alle sog. Zertifikate ungeachtet ihres spekulativen Charakters erweitert. Insbesondere folgende nicht abschließend aufgezählten Kapitalanlageformen fallen unter den Begriff der sonstigen Kapitalforderungen gemäß § 20 Abs. 1 Nr. 7 EStG in der Fassung des Unternehmensteuerreformgesetzes 2008:

Steuerabzug vom Kapitalertrag

Charakterisierung der Kapitalforderung	Beispiele
Gesicherte Rückzahlung des Kapitalvermögens und gesicherter Kapitalertrag	▷ Termineinlagen ▷ Sichteinlagen ▷ Sparkonten ▷ Sparbriefe ▷ Schuldscheindarlehen ▷ Kombizins-Anleihen ▷ Genussrechte, mit denen nicht das Recht am Gewinn- und Liquidationserlös einer Kapitalgesellschaft verbunden ist ▷ Gleitzinsschuldverschreibungen ▷ Stufenzinsanleihen
Gesicherte Rückzahlung des Kapitalvermögens, aber ungewisser Kapitalertrag	▷ Down-Rating-Anleihen ▷ Money-back-Zertifikate ▷ Floater ▷ Dual-Index-Floating-Rate-Notes ▷ Zertifikate mit lediglich auf die Kapitalrückzahlung ausgerichteter Garantie
Keine garantierte Rückzahlung des Kapitalvermögens, aber gesicherter Kapitalertrag	▷ Anleihen, deren Rückzahlungsbetrag an einen bestimmten Index gekoppelt ist ▷ Condor-Anleihen ▷ Doppelwährungsanleihen ▷ Zertifikate mit lediglich auf die Ertragszahlung ausgerichteter Garantie
Keine garantierte Rückzahlung des Kapitalvermögens und ungewisser Kapitalertrag	Vollrisiko-Zertifikate, bei denen sowohl die Verzinsung als auch die Höhe der Kapitalrückzahlung am Ende der Laufzeit vom Stand eines bestimmten Indexes (z. B. DAX oder Rex) abhängig ist

38 Eine Namensschuldverschreibung fällt dabei grundsätzlich unter § 43 Abs. 1 Satz 1 Nr. 7 Buchst. b EStG, ist jedoch nach Ansicht der Finanzverwaltung ausnahmsweise dann als Teilschuldverschreibung i. S. d. § 43 Abs. 1 Satz 1 Nr. 7 Buchst. a EStG einzuordnen, wenn folgende Voraussetzungen erfüllt sind (vgl. BMF-Schreiben vom 18. Januar 2016, Rz. 161, siehe Anhang Nr. 2.1):

▷ die Anleihe/Emission muss in einem einheitlichen Akt begeben worden sein;

▷ die über die einheitliche Anleihe ausgestellten, auf Teile des Gesamtnennbetrages lautenden Schuldverschreibungen müssen hinsichtlich der Konditionen (Ausstellungsdatum, Laufzeit, Tilgungsmodalitäten, Verzinsung) einheitlich ausgestaltet, also untereinander austauschbar und übertragbar (fungibel) sein und

▷ aus der Teilschuldverschreibung muss ersichtlich sein, dass sie einen Teil einer Gesamtemission verbrieft.

Dies hat zur Folge, dass das inländische Kreditinstitut, welches die Teilschuldverschreibung verwahrt oder verwaltet, unabhängig davon, ob sie Schuldner der Erträge ist, bei Auszahlung der Erträge (auch über die Tafel) steuerabzugsverpflichtet ist.

Zinsen, die der Anleihe-Emittent für die Überlassung des Kapitals bereits vor Beginn des regulären Zinslaufs an den Gläubiger zahlt (sog. Defektivoder Antizipationszinsen) und Zinsen, die der Kunde beim Erwerb von Wertpapieren wegen eines erst später anlaufenden Zinszahlungszeitraums erhält (auch Minus-Stückzinsen genannt), sind – wie auch schon vor Einführung der Abgeltungsteuer – kapitalertragsteuerpflichtige Erträge i. S. d. § 43 Abs. 1 Nr. 7 Buchst. a EStG (vgl. OFD Koblenz vom 26. November 1991, DStR 1993, S. 165, Tz. 4). **39**

Hinweis zu „umsatzlosen Sparkonten":

Führt ein Kreditinstitut umsatzlose Sparkonten nicht unter dem Namen des Kunden fort, so ist ein Zufluss der gleichwohl fälligen Sparzinsen beim Kunden nicht gegeben. Legt der Kunde wider Erwarten später das Sparbuch doch noch vor und macht er seine Forderung gegenüber dem Kreditinstitut geltend, ist von einem Zufluss der nachgezahlten Zinsen im Zeitpunkt der Nachzahlung auszugehen.

Soweit Arbeitnehmer von Kreditinstituten und ihre Angehörigen auf ihre Einlagen beim Arbeitgeber höhere Zinsen erhalten als betriebsfremde Anleger, sind die zusätzlichen Zinsen zwar durch das Arbeitsverhältnis veranlasst. Statt diese Erträge dem Lohnsteuerabzug zu unterwerfen, ist es aus Vereinfachungsgründen gestattet, den Zusatzzins als Einkünfte aus Kapitalvermögen zu behandeln, sofern der dem Arbeitnehmer oder seinen Angehörigen eingeräumte Zinssatz nicht mehr als ein Prozentpunkt **40**

Steuerabzug vom Kapitalertrag

über dem Zinssatz liegt, den die kontoführende Stelle des Arbeitgebers betriebsfremden Anlegern im allgemeinen Geschäftsverkehr anbietet (BMF-Schreiben vom 2. März 1990, BStBl. I S. 141). Auf die Zinsen wird Kapitalertragsteuer einbehalten.

41 Zahlen Kreditinstitute einen Nutzungsersatz auf rückerstattete Kreditbearbeitungsgebühren oder erhält ein Kreditnehmer aus der Rückabwicklung eines Darlehensvertrages einen Nutzungsersatz für die von ihm an den Darlehensgeber erbrachten Leistungen, handelt es sich um einkommensteuerpflichtige Kapitalerträge i. S. d. § 20 Abs. 1 Nr. 7 EStG, bei denen nach § 43 Abs. 1 Satz 1 Nr. 7 Buchst. b EStG eine Verpflichtung zum Kapitalertragsteuerabzug besteht. Dies gilt entsprechend für Prozess- oder Verzugszinsen sowie geleisteten Nutzungsersatz in anderen Fällen (z. B. Zinsen auf erstattete Kontoführungsgebühren). Vgl. Rz. 8b des BMF-Schreibens vom 18. Januar 2016, wiedergegeben im Anhang Nr. 2.1. Nach Rz. 8c eines BMF-Schreibens gilt ergänzend: „Werden durch ein Kreditinstitut Darlehenszinsen auf eine in die Finanzierung eingeschlossene Kreditbearbeitungsgebühr erstattet, liegen keine Einkünfte nach § 20 Abs. 1 Nr. 7 EStG vor; für einen ggf. übersteigenden Betrag gilt Rz. 8b."

42 Behält ein Kreditinstitut negative Einlagezinsen (**„Negativzinsen"**) für die Überlassung von Kapital ein, stellen diese negativen Einlagezinsen keine Zinsen i. S. d. § 20 Abs. 1 Nr. 7 EStG dar, da sie nicht vom Kapitalnehmer an den Kapitalgeber als Entgelt für die Überlassung von Kapital gezahlt werden. Wirtschaftlich gesehen handelt es sich vielmehr um eine Art Verwahr- und Einlagegebühr, die bei den Einkünften aus Kapitalvermögen als Werbungskosten vom Sparer-Pauschbetrag gemäß § 20 Abs. 9 Satz 1 EStG erfasst ist. Vgl. Rz. 129a des BMF-Schreibens vom 18. Januar 2016, wiedergegeben im Anhang Nr. 2.1.

2.2.9 Erträge aus Stillhaltergeschäften (§ 43 Abs. 1 Satz 1 Nr. 8 EStG)

43 Die Stillhalterprämie, die der Verkäufer eines Optionsrechtes vereinnahmt, führt ab 2009 zu Einkünften aus Kapitalvermögen. Wird die Stillhalterprämie von einer inländischen auszahlenden Stelle gezahlt, unterliegt die Prämie dem Steuerabzug.

44 Der Steuerabzug wird von der Brutto-Stillhalterprämie abzüglich Transaktionskosten vorgenommen, vgl. Rz. 25 des BMF-Schreibens vom 18. Januar 2016, wiedergegeben im Anhang unter 2.1. Nachfolgende Aufwendungen für ein glattstellendes Gegengeschäft (Closing-Vermerk, Early

Vom Steuerabzug erfasste Kapitalerträge

Termination) werden in die Verlustverrechnung einbezogen bzw. in den Verlusttopf eingestellt:

▷ Wurde die Stillhalterprämie noch in 2008 vereinnahmt und erfolgt in 2009 das glattstellende Gegengeschäft, wird aus Vereinfachungsgründen die Glattstellungsprämie in den Verlusttopf eingestellt – ungeachtet der (Brutto-)Besteuerung der Stillhalterprämie als sonstige Einnahme (§ 22 Nr. 3 EStG) noch in 2008.

▷ Wird die Stillhalterprämie erst ab 2009 vereinnahmt und erfolgt das Glattstellungsgeschäft z. B. im Folgejahr nach der Vereinnahmung der Prämie, ergibt sich somit eine Bruttobesteuerung der vereinnahmten Stillhalterprämie. Die Aufwendungen für die Glattstellung mindern erst Erträge, die ab dem Folgejahr zufließen, ein Verlustrücktrag ins vorangehende Jahr scheidet aus.

Die Zahlung eines Differenzausgleichs (Barausgleich) ist nach neuerer BFH-Rechtsprechung, der die Finanzverwaltung folgt, beim Stillhalter steuerlich zu berücksichtigen (vgl. BFH-Urteil vom 20. Oktober 2016, VIII R 55/13, und geänderte Rz. 26, 34 des BMF-Schreibens vom 18. Januar 2016, wiedergegeben im Anhang Nr. 2.1). 45

Wird der Stillhalter einer Put- oder Call-Option vom Optionsinhaber auf Lieferung oder Abnahme des Basiswertes in Anspruch genommen, beurteilt sich die Steuerbarkeit des Veräußerungsvorgangs beim Stillhalter nach den allgemeinen Regeln. 46

Beispiel (Stillhalter einer Put-Option):
Kunde K verkauft am 1. Mai 2009 fünf Put-Optionen auf X-Aktien. Kontraktgröße 100 X-Aktien, Ausübungspreis je 60 Euro. Ausübungszeitpunkt ist der 30. September 2009. Die Optionsprämie beträgt 500 Euro (5 x 100 Euro) und ist von K als laufende Einkünfte aus einem Stillhaltergeschäft zu versteuern.

Am 30. September 2009 übt der Optionsinhaber die Put-Optionen aus. Der Börsenkurs der X-Aktien beträgt zu diesem Zeitpunkt 52 Euro.

K muss 500 X-Aktien zum Preis von 30.000 Euro abnehmen. Steuerlich liegt insoweit nur ein Anschaffungsvorgang vor.

Am 29. Dezember 2009 verkauft K die X-Aktien nach unerwarteter Kurserholung zu 65 Euro.

K hat einen Gewinn von (65 – 60) x 500 Stück = 2.500 Euro zu versteuern.

Beispiel (Stillhalter einer Call-Option):
Kunde K verkauft am 1. Februar 2009 vier Call-Optionen auf Y-Aktien, Kontraktgröße 100 Y-Aktien, Ausübungspreis 30 Euro. Ausübungszeitpunkt ist der 30. Juni 2009. Die Optionsprämie beträgt 400 Euro (4 x 100 Euro). K hat am 30. Juli 2008 200 Y-Aktien zum Kurs von 25 Euro und am 2. Januar 2009 weitere 200 Stück zum Kurs von 27 Euro erworben.

Die vereinnahmte Optionsprämie versteuert K als laufende Einkünfte aus einem Stillhaltergeschäft.

Am 30. Juni 2009 übt der Optionsinhaber die Call-Option aus. Der Börsenkurs der Y-Aktien beträgt zu diesem Zeitpunkt 35 Euro.

K liefert die Aktien.

▷ Hinsichtlich der Tranche, die am 30. Juli 2008 von K angeschafft wurde, liegt kein abgeltungsteuerpflichtiger Vorgang vor, allerdings ein privates Veräußerungsgeschäft (30 – 25) x 200 Stück. Der Gewinn von 1.000 Euro ist zur Hälfte steuerpflichtig (es gilt noch die Rechtslage vom 31. Dezember 2008, somit auch Halbeinkünfteverfahren) und liegt insoweit unter der Freigrenze von 600 Euro.

▷ Hinsichtlich der Tranche vom 2. Januar 2009 liegt ein abgeltungsteuerrelevanter Vorgang vor; K hat einen Gewinn von (30 – 27) x 200 Stück = 600 Euro zu versteuern.

47 Verluste aus sonstigen Leistungen (§ 22 Nr. 3 EStG a. F.), die bereits vor 2009 realisiert wurden und zu denen auch Stillhaltergeschäfte gehörten, können in einem Übergangszeitraum bis einschließlich zum Veranlagungsjahr 2013 im Rahmen der Veranlagung mit Einkünften aus Stillhaltergeschäften, die der Abgeltungsteuer unterlegen haben, verrechnet werden.

2.2.10 Veräußerung von Anteilen an Kapitalgesellschaften und Genossenschaften, von Genussrechten und ähnlichen Beteiligungen sowie von Anteilen an Investmentfonds (§ 43 Abs. 1 Satz 1 Nr. 9 EStG)

48 Die Veräußerung von Aktien, GmbH-Anteilen oder Genossenschaftsanteilen sowie von eigenkapitalähnlichen Genussrechten, mit denen das Recht

Vom Steuerabzug erfasste Kapitalerträge

der Beteiligung am Gewinn und am Liquidationserlös verbunden ist, oder von ähnlichen Beteiligungen oder Anwartschaften auf solche Beteiligungen sind ab dem Kalenderjahr 2009 kapitalertragsteuerpflichtig.

Dies gilt unabhängig von der Haltedauer der Anteile. Die „Spekulationsfrist" entfällt für die ab dem Jahr 2009 erworbenen Anteile. Zur Übergangsregelung vgl. Rdn. 536 f.

Ab 2018 unterliegt nach dieser Vorschrift auch die Veräußerung (Rückgabe) von Anteilen an Investmentfonds i. S. d. § 16 Abs. 1 Nr. 3 InvStG 2018 der Kapitalertragsteuer.

Inländische Kreditinstitute sind jedoch nur zum Steuerabzug verpflichtet, sofern die Beteiligungsrechte von ihnen verwahrt oder verwaltet werden oder wenn die Veräußerung der Beteiligungsrechte von inländischen Kreditinstituten durchgeführt wird, § 44 Abs. 1 Satz 4 EStG. 49

Beispiel:
A ist seit 1. Februar 2014 an der X-GmbH mit weniger als 1 Prozent beteiligt. A verkauft am 1. März 2015 seine Beteiligung an B.

Der Gewinn aus der Veräußerung ist zwar gemäß § 20 Abs. 2 Satz 1 Nr. 1 EStG einkommensteuerpflichtig. Da die gesellschaftliche Beteiligung an der GmbH von dem Kreditinstitut des A weder verwahrt noch verwaltet wird und die Veräußerung nicht von einem inländischen Kreditinstitut durchgeführt wurde, ist die Veräußerung der GmbH-Beteiligung nicht kapitalertragsteuerpflichtig. Es besteht die Pflicht zur Veranlagung gemäß § 32d Abs. 3 EStG (vgl. Rdn. 252).

2.2.11 Veräußerung von Zinsscheinen und sonstigen Kapitalforderungen (§ 43 Abs. 1 Satz 1 Nr. 10 EStG)

Die isolierte Veräußerung von Zinsscheinen ist als Surrogat für die Zinsvereinnahmung kapitalertragsteuerpflichtig, § 43 Abs. 1 Satz 1 Nr. 10 EStG. 50

Schließlich ist unabhängig von der Haltedauer auch die Veräußerung, Einlösung, Rückzahlung oder Abtretung von sonstigen Kapitalforderungen vom Steuerabzug erfasst. Damit werden nicht nur die laufenden Erträge, sondern auch alle Wertzuwächse aus der Verwertung von sonstigen Kapitalforderungen steuerlich erfasst.

Steuerabzug vom Kapitalertrag

Zum Begriff der sonstigen Kapitalforderung vgl. ausführlich unter Rdn. 36 ff.

51 Auch im Rahmen der Abgeltungsteuer stellen vereinnahmte Stückzinsen aus der Veräußerung von verzinslichen Wertpapieren (IHS, Staats- und Unternehmensanleihen) Einkünfte aus Kapitalvermögen dar. Sie werden allerdings als Bestandteil des Veräußerungspreises (z. B. neben einem etwaigen Kursgewinn aus der Anleihe) erfasst. Der Gesetzgeber hat – aus seiner Sicht nur klarstellend – im Jahressteuergesetz 2010 vom 8. Dezember 2010 geregelt, dass auch bei einer vor 2009 erworbenen festverzinslichen Anleihe (Nicht-Finanzinnovation) vereinnahmte Stückzinsen der Abgeltungsteuer unterliegen. Das FG Münster hatte sich in einem (rechtskräftigen) Gerichtsbescheid vom 2. August 2012 (Az. 2 K 3644/10 E) der Auffassung der Finanzverwaltung angeschlossen, dass die Nichtbesteuerung vereinnahmter Stückzinsen planwidrig sei (vgl. aber anhängiges BFH-Verfahren Az. VIII R 31/15).

52 Unter die sonstigen Kapitalforderungen i. S. d. im Rahmen der Abgeltungsteuer neu gefassten und erweiterten § 20 Abs. 1 Nr. 7 EStG fallen eine Vielzahl unterschiedlich ausgestalteter Produkte. Neben klassischen verzinslichen Anleihen und Finanzinnovationen werden auch sog. **Vollrisikozertifikate** erfasst, bei denen die Abgrenzung zwischen Ertrags- und Vermögensebene Schwierigkeiten bereiten kann. Diese Produkte verfügen häufig nicht über einen Nennwert, sondern über eine Stückenotierung. Die Zahlungen, die der Anleger auf dieses Zertifikat erhält, sind von ungewissen Ereignissen (Entwicklung von Basiswerten) abhängig.

Im Rahmen der Abgeltungsteuer werden zwar auch Gewinne und Verluste aus dem Vermögensstamm steuerlich erfasst (Wertzuwachsbesteuerung), allerdings bedarf es nach wie vor einer Unterscheidung zwischen laufenden Zahlungen (zinsähnlichen Zahlungen) und Rückzahlungsvorgängen. Nur letztere sind gemäß § 43 Abs. 1 Satz 1 Nr. 10 EStG steuerpflichtig, während erstere gemäß § 43 Abs. 1 Satz 1 Nr. 7 EStG dem Steuerabzug unterliegen.

Die Abgrenzung zwischen laufenden Zahlungen und Rückzahlungsvorgängen spielt zum einen im Hinblick auf die Frage des Bestandsschutzes eine Rolle. So ist die Rückzahlung von Vollrisikozertifikaten, die vor dem 15. März 2007 angeschafft wurden, steuerfrei bzw. Einlösungs- und Veräußerungsverluste werden steuerlich nicht erfasst. Dem gegenüber gilt für laufende Zahlungen kein Bestandsschutz, d. h. die Zahlungen sind un-

Vom Steuerabzug erfasste Kapitalerträge

abhängig vom Erwerbszeitpunkt der zugrunde liegenden Kapitalforderung steuerbar.

Nach den Vorgaben der Finanzverwaltung (Rz. 8a des BMF-Schreibens vom 18. Januar 2016, wiedergegeben im Anhang unter 2.1) gilt Folgendes: Liegen bei einem Vollrisikozertifikat mehrere Zahlungszeitpunkte bis zur Endfälligkeit vor, sind die Erträge zu diesen Zeitpunkten laufende Kapitalerträge i. S. d. § 20 Abs. 1 Nr. 7 EStG; dies gilt nicht, wenn die Emissionsbedingungen von vornherein eindeutige Angaben zur Tilgung oder zur Teiltilgung während der Laufzeit vorsehen und die Vertragspartner entsprechend verfahren. Erfolgt bei diesen Zertifikaten zum Zeitpunkt der Endfälligkeit keine Zahlung mehr, soll kein veräußerungsgleicher Vorgang i. S. d. § 20 Abs. 2 EStG vorliegen. Dies gilt auch bei einem Zertifikat, das im Zeitpunkt der Endfälligkeit keine Zahlungen vorsieht, weil der Basiswert eine nach den Emissionsbedingungen vorgesehene Bandbreite verlassen hat oder es durch das Verlassen der Bandbreite zu einer – vorzeitigen – Beendigung des Zertifikats (z. B. bei einem Zertifikat mit „Knock-out"-Struktur) ohne weitere Kapitalrückzahlungen kommt.

Zu prüfen ist somit primär, ob das Zertifikat nach seinen Emissionsbedingungen einen Tilgungsplan vorsieht. Die Aussagen der Finanzverwaltung sind somit als Auffangregelung zu betrachten. Die Auffassung, dass der Verfall von Forderungen abgeltungsteuerlich unbeachtlich sei, ist nach dem BFH-Urteil vom 20.11.2018, VIII R 37/15, nicht mehr haltbar. Gleichwohl bemüht sich das BMF derzeit um eine gesetzliche „Nachbesserung", d. h. gegen die höchstrichterliche Rechtsprechung soll der Verfall als steuerlich irrelevant definiert werden – voraussichtlich für Verfallereignisse ab 1. Januar 2020. Dies würde künftig zu dem bedenklichen Ergebnis führen, dass bei einem Zertifikat einerseits während der Laufzeit ein Steuerabzug auf „laufende Zahlungen" erfolgt, am Laufzeitende jedoch – wenn dann keine Zahlung mehr erfolgt (z. B. aufgrund einer in diesem Zeitpunkt eingetretenen negativen Entwicklung des Basiswertes) – die Anschaffungskosten des Zertifikats steuerlich endgültig nicht mehr berücksichtigt werden.

(Teil-)Kapitalauszahlungen im Rahmen eines Insolvenzplanes stellen, wenn sie niedriger als der Nennwert sind, als (Teil-)Kapitalrückzahlungen ein Veräußerungsgeschäft i. S. d. § 20 Abs. 2 Satz 1 Nr. 7 EStG mit einem Veräußerungsgewinn von 0 Euro dar, wenn der Anleger die Anleihe zum Nennwert erworben hat; in Höhe des übersteigenden Nennwerts liegt ein steuerlich unbeachtlicher Forderungsausfall vor (siehe aber vorstehende Rz.). Vgl. BMF-Schreiben vom 18. Januar 2016, Rz. 60a, wiederge-

Steuerabzug vom Kapitalertrag

geben im Anhang Nr. 2.1. Die Finanzverwaltung hat sich mit BMF-Schreiben vom 10. Mai 2017, siehe Anhang Nr. 2.8, zur steuerlichen Behandlung der Restrukturierung von Anleihen bei Kombination von Teilverzicht, Nennwertreduktion und Teilrückzahlung geäußert. Danach führt der Teilverzicht zu einem (teilweisen) Forderungsausfall. Die anteiligen Anschaffungskosten sind dann steuerlich unbeachtlich. Die teilweise Rückzahlung der Kapitalforderung führt zu Einkünften i. S. d. § 20 Abs. 2 Satz 1 Nr. 7 i. V. m. Satz 2 EStG, die kapitalertragsteuerpflichtig sind. Die Nennwertreduktion führt nicht zu einer Veräußerung der Anleihe. Zur Ermittlung der Bemessungsgrundlage wird auf Kapitel 4.3.8 verwiesen.

54 Als kapitalertragsteuerpflichtige Veräußerung einer Anleihe gilt auch die Abtrennung eines Zinsscheins oder einer Zinsforderung vom Stammrecht, § 20 Abs. 2 Sätze 4 und 5 EStG. Zugleich gelten die getrennten Wirtschaftsgüter als neu angeschafft. Diese Neuregelung gilt für Vorgänge ab 2017. Hierdurch sollen Steuergestaltungen des sog. Bond-Strippings unterbunden werden. Zur Ermittlung der Bemessungsgrundlage wird auf Kapitel 4.3.9 verwiesen.

2.2.12 Erträge aus Termingeschäften (§ 43 Abs. 1 Satz 1 Nr. 11 EStG)

55 Die Abgeltungsteuer erfasst auch die Gewinne aus Termingeschäften, durch die der Steuerpflichtige (Kunde) einen Differenzausgleich oder einen durch die Wertentwicklung einer Referenzgröße (Basiswert) bestimmten Vorteil erlangt, sowie die Gewinne aus der Veräußerung eines als Termingeschäft ausgestalteten Finanzinstruments.

2.2.12.1 Begriff des Termingeschäfts

56 Der Begriff des Termingeschäfts umfasst Finanzinstrumente, die einseitige oder beiderseitige Verpflichtungen begründen können (Options- oder Festgeschäfte bzw. eine Kombination von solchen Geschäften) und deren Preis zumindest mittelbar von dem Börsen- oder Marktpreis eines zugrunde liegenden Basiswertes (z. B. Wertpapiere, Devisen, Rohstoffe, Waren, Edelmetalle) abhängt. Für die steuerliche Beurteilung spielt es dabei keine Rolle, ob das Termingeschäft in einem Wertpapier verbrieft ist (z. B. Optionsschein) oder ob es sich um einen an der Börse gehandelten Kontrakt (z. B. EUREX) oder um einen Kontrakt unmittelbar zwischen zwei Parteien (z. B. Swap-Vertrag zwischen Bank und Kunde, sog. OTC-Geschäfte) handelt. Kommt es bei einem Termingeschäft allerdings zur Lieferung eines Basiswertes, richtet sich die steuerliche Behandlung des

Basiswertes nach den allgemeinen steuerlichen Regeln, die für diesen Basiswert gelten.

2.2.12.2 Welche Termingeschäfte unterliegen der Abgeltungsteuer?

Der Abgeltungsteuer unterliegt der Gewinn oder Verlust 57

▷ bei Termingeschäften, durch die der Steuerpflichtige einen Differenzausgleich oder einen durch den Wert einer veränderlichen Bezugsgröße („Basiswert") bestimmten Geldbetrag oder Vorteil erlangt,
▷ aus der Veräußerung eines als Termingeschäft ausgestalteten Finanzinstruments.

Steuerpflichtig sind insbesondere folgende Termingeschäfte:

▷ Optionsgeschäfte,
▷ Zinsbegrenzungsvereinbarungen,
▷ Future- und Forwards-Geschäfte,
▷ Swapgeschäfte,
▷ Devisentermingeschäfte.

2.2.12.3 Optionsgeschäfte

Der Kauf eines Optionsrechts (Kaufoption, Verkaufsoption) führt zur Anschaffung des Wirtschaftsguts „Optionsrecht". Zu den Anschaffungskosten des Optionsrechts gehören die gezahlte Optionsprämie und die beim Erwerb angefallenen Nebenkosten (Bankspesen, Provisionen etc.). 58

Nach neuerer Rechtsprechung des BFH, die mittlerweile von der Finanzverwaltung nachvollzogen wird, ist der Verfall des Optionsrechts im Rahmen der Abgeltungsteuer steuerlich relevant, vgl. BFH-Urteile vom 12. Januar 2016, IX R 48/14, IX R 49/14, IX R 50/14. Demnach sind die für den Erwerb der Option entstandenen Aufwendungen bei der Ermittlung des Gewinns (oder Verlusts) i. S. d. § 20 Abs. 4 Satz 5 EStG zu berücksichtigen. Dies gilt auch dann, wenn die Option vorzeitig durch Erreichen eines Schwellenwertes verfällt (Option mit Knock-out-Charakter). Vgl. hierzu BMF-Schreiben vom 18. Januar 2016, Rz. 27, 32, wiedergegeben im Anhang Nr. 2.1. Der Referentenentwurf eines JStG 2019 sieht allerdings vor, den Optionsverfall ab 1. Januar 2020 als steuerlich irrelevant zu behandeln, d. h. die bereits aufgegebene Auffassung zu „restaurieren".

Steuerabzug vom Kapitalertrag

Hat der Anleger an der Eurex eine Option erworben und verkauft er eine Option derselben Serie mit Glattstellungsvermerk (Closing-Vermerk), stellt dies eine Veräußerung des Optionsrechts dar. Der Gewinn oder Verlust unterliegt der Abgeltungsteuer, wenn der Erwerb der Option („opening") nach dem 31. Dezember 2008 erfolgt ist. Unter den gleichen Bedingungen unterliegt auch ein bei Ausübung eines Optionsrechts vereinnahmter Differenzausgleich der Abgeltungsteuer.

59 Wird bei **Ausübung einer Kaufoption** ein Basiswert physisch geliefert (z. B. Aktien aufgrund Ausübung einer Aktienoption), stellen die Anschaffungskosten für das Optionsrecht und der zu zahlende Ausübungspreis die Anschaffungskosten des Basiswertes dar. Der Basiswert gilt mit Ausübung der Option als angeschafft.

60 Wird eine **Verkaufsoption ausgeübt,** sind die Kosten für das Optionsrecht Veräußerungskosten des Basiswertes. Handelt es sich bei dem Basiswert um ein Wirtschaftsgut, das der Abgeltungsteuer unterliegt (z. B. die aufgrund der ausgeübten Verkaufsoption veräußerten Aktien wurden nach dem 31. Dezember 2008 angeschafft), mindern die Kosten für das Optionsrecht das Veräußerungsergebnis.

Zur Ermittlung des steuerpflichtigen Gewinns vgl. Rdn. 312.

2.2.12.4 Zinsbegrenzungsvereinbarungen

61 Zinsbegrenzungsvereinbarungen sind Verträge, in denen sich einer der Vertragspartner (der Verkäufer) verpflichtet, an einen anderen Vertragspartner (den Käufer) Ausgleichszahlungen zu leisten, wenn ein bestimmter Zinssatz eine gewisse Höhe über- oder unterschreitet. Ihre Grundformen sind Caps (Zinsoberbegrenzungen), Floors (Zinsunterbegrenzungen) und Collars (eine Kombination aus Caps und Floors).

Ihrem wirtschaftlichen Gehalt nach werden Zinsbegrenzungsvereinbarungen als eine Reihe von Zinsoptionen beurteilt. Die Zahlung der Prämie zum Zeitpunkt des Erwerbs der Zinsbegrenzungsvereinbarung stellt die Anschaffung eines Optionsrechts bzw. mehrerer hintereinander gestaffelter Optionsrechte dar.

62 Nach Auffassung der Finanzverwaltung ist bei Zinsbegrenzungsvereinbarungen für Zwecke des Steuerabzugs an die während der Laufzeit des Kontrakts zu leistenden Ausgleichszahlungen anzuknüpfen (sog. Cashflow-Besteuerung). Die für den Erwerb der Zinsbegrenzungsvereinbarung getätigten Aufwendungen werden zum Zeitpunkt der ersten Ausgleichs-

zahlung in voller Höhe zum Abzug gebracht, vgl. BMF-Schreiben vom 18. Januar 2016, Rz. 42, siehe Anhang Nr. 2.1. Ein hierbei sich ergebender negativer Betrag wird im allgemeinen Verlusttopf berücksichtigt.

Aus Sicht des Verkäufers einer Zinsbegrenzungsvereinbarung ergeben sich die steuerlichen Folgen wie beim Stillhalter, vgl. Rdn. 43 ff. Die zu Vertragsbeginn vereinnahmte Prämie unterliegt als Stillhalterprämie der Abgeltungsteuer. Wird der Stillhalter zur Leistung von Ausgleichszahlungen herangezogen, stellen diese Zahlungen nach Auffassung des BFH (Urteil vom 20. Oktober 2016, VIII R 55/13), der die Finanzverwaltung nunmehr folgt, einen steuerlich zu berücksichtigenden Verlust aus Termingeschäft nach § 20 Abs. 2 Satz 1 Nr. 3 Buchst. a EStG dar. Vgl. Rz. 44 des BMF-Schreibens vom 18. Januar 2016, wiedergegeben im Anhang Nr. 2.1. 63

2.2.12.5 Financial Futures/Forwards

Futures und Forwards stellen im Gegensatz zu Optionsgeschäften unbedingte Termingeschäfte dar mit für Käufer und Verkäufer im Vorhinein festgelegten Verpflichtungen. Futures sind standardisierte, z. B. über die Terminbörse EUREX gehandelte Kontrakte, die in der weit überwiegenden Zahl aller Fälle auf Differenzausgleich gerichtet sind. In Einzelfällen kann es aber auch zur Belieferung kommen. 64

Forwards sind außerbörslich gehandelte Kontrakte. Steuerlich ergeben sich gegenüber Futures keine Besonderheiten, sodass die nachfolgenden Ausführungen sinngemäß auch für Forwards gelten; allerdings ist eine Beendigung des Forwards durch Glattstellung regelmäßig nicht möglich.

2.2.12.5.1 Auf Barausgleich gerichtete Financial Futures

Bei Abschluss des Vertrages stellt sich das Termingeschäft als schwebendes Geschäft dar, weil für beide Vertragsparteien die Erfüllung erst in der Zukunft liegt. Daher ist der Erwerb eines Futures steuerlich zunächst irrelevant. Die in Form der Initial Margin vom Erwerber des Futures an die Clearing-Stelle zu zahlende Sicherheitsleistung, welche nach Beendigung des Geschäftes zurückgewährt wird, ist steuerlich unbeachtlich. Die in Form der Variation Margins zu leistenden Zahlungen, über die während der Kontraktlaufzeit ein täglicher Gewinn- und Verlustausgleich in Abhängigkeit von der Kursentwicklung des Futures erfolgt, entfalten erst bei Beendigung des Kontraktes (durch Fälligkeit oder Glattstellung) steuerliche Wirkung. 65

Steuerabzug vom Kapitalertrag

66 Kommt es bei Fälligkeit eines Future-Kontraktes zur Zahlung eines Differenzausgleiches, erzielt der Empfänger einen abgeltungsteuerpflichtigen Gewinn i. S. d. § 20 Abs. 2 Satz 1 Nr. 3 Buchst. a EStG. Als Differenzausgleich ist bei EUREX-Geschäften die Summe oder die Differenz der während der Laufzeit eines Kontraktes empfangenen und geleisteten Zahlungen im Zeitpunkt der Fälligkeit des Kontraktes zu erfassen (= Summe aller empfangenen und geleisteten Zahlungen aus der Variation Margin).

> Summe aller empfangenen und geleisteten Zahlungen aus der Variation Margin
> ./. Nebenkosten (Gebühren)
> = abgeltungsteuerpflichtiges Ergebnis

67 Der Kontrahent, welcher den Differenzausgleich zu zahlen hat, erzielt einen Verlust aus Termingeschäften, der im Verlustverrechnungstopf des § 43a Abs. 3 EStG zu erfassen ist.

Im Regelfall der Glattstellung eines Future-Kontraktes gelten die Ausführungen zur Fälligkeit mit Zahlung eines Differenzausgleiches analog.

2.2.12.5.2 Auf Lieferung gerichtete Financial Futures

68 Im Ausnahmefall der Lieferung des Basiswertes (theoretisch denkbar beim Bund-Future, beim Aktien-Future und beim Future auf ETF-börsengehandelte Investmentvermögen) sind die auf den Future-Kontrakt geleisteten Zahlungen (inkl. Nebenkosten) beim Käufer eines auf Lieferung gerichteten Futures Anschaffungskosten des Basiswertes. Die Abnahme des Basiswertes führt noch nicht zu einem abgeltungsteuerpflichtigen Tatbestand, sondern erst dessen spätere Veräußerung (vgl. Rz. 36 des BMF-Schreibens vom 18. Januar 2016, siehe Anhang Nr. 2.1).

69 Der Gewinn aus einer späteren Veräußerung des Basiswertes durch den Käufer des Futures würde sich wie folgt berechnen:

> Einnahmen aus der Veräußerung des Basiswertes
> ./. Veräußerungskosten
> ./. Anschaffungskosten Basiswert (= Festpreis + Nebenkosten)
> = abgeltungsteuerpflichtiger Gewinn/Verlust

Der Verkäufer des Basiswertes (Verkäufer der Futures) erzielt einen Ver- 70
äußerungsgewinn nach § 20 Abs. 2 EStG, wenn der Basiswert nach dem
31. Dezember 2008 angeschafft wurde.

    Einnahmen aus der Veräußerung des Basiswertes (= Festpreis)
./. Veräußerungskosten
./. Anschaffungskosten Basiswert (inkl. Nebenkosten)
= abgeltungsteuerpflichtiger Gewinn/Verlust

2.2.12.6 Swaps

In der Praxis ist u. a. zwischen Zinsswaps, Aktienswaps und Währungs- 71
swaps zu unterscheiden.

2.2.12.6.1 Zinsswaps

Bei einem Zinsswap vereinbaren die Parteien für eine vertraglich be- 72
stimmte Laufzeit den Austausch von Geldbeträgen, welche sich in Bezug
auf die Zinsberechnungsbasis unterscheiden. Kapitalbeträge werden
nicht ausgetauscht, sondern dienen lediglich als Berechnungsbasis für die
Ermittlung der auszutauschenden Geldbeträge. Im einfachsten Fall werden jährlich (halbjährlich, quartalsweise, monatlich) zu zahlende Festzin-
sen gegen jährlich (halbjährlich, quartalsweise, monatlich) zu zahlende
variable Zinsen getauscht, die sich nach einem Referenzzins wie EURIBOR
richten (Plain-Vanilla-Zinsswap). Häufig werden laufende Zinszahlungen
gegen einmalig am Anfang oder am Ende der Laufzeit zu zahlende Beträge getauscht („Upfront-Zinsswap" oder „Balloon-Zinsswap").

Hinweis:

Zu beachten ist, dass Swapgeschäfte häufig zur Absicherung von Wäh-
rungs-, Kurs- oder Zinsrisiken im betrieblichen Bereich abgeschlossen
werden. Gewinne/Verluste sind in diesem Fall bei den Einkünften aus
Gewerbebetrieb im Rahmen der Steuererklärung des Kunden zu berücksichtigen. Damit die Sicherungswirkung in diesen Fällen für den
Kunden nicht durch einen Steuereinbehalt beeinträchtigt wird, bietet
sich die Erteilung einer Freistellungserklärung für betriebliche Anleger
(vgl. Rdn. 204 ff.) an.

Im BMF-Schreiben vom 18. Januar 2016, Rz. 47 (siehe Anhang Nr. 2.1), 73
wird folgende Auffassung zur steuerlichen Behandlung von Zinsswaps
vertreten.

Steuerabzug vom Kapitalertrag

Die Zahlungen, die zwischen den Vertragspartnern ausgetauscht werden, sind aus Vereinfachungsgründen im Zeitpunkt des jeweiligen Zuflusses bzw. Abflusses zu erfassen:

▷ Erhaltene Zahlungen sind im Zeitpunkt der Zahlung in voller Höhe als Ertrag aus Termingeschäft (§ 20 Abs. 2 Satz 1 Nr. 3a EStG) zu erfassen.

▷ Geleistete Zahlungen sind im Zeitpunkt der Zahlung in voller Höhe als Verlust aus Termingeschäft im allgemeinen Verlusttopf zu berücksichtigen.

Diese Regeln gelten auch für die Leistung von Einmalbeträgen (Upfront-Payments und Balloon-Payments). Transaktionskosten sind zum jeweiligen Zahlungszeitpunkt abgeltungsteuerlich zu berücksichtigen.

Beispiel (Plain-Vanilla-Swap mit Upfront-Payment):
Der Plain-Vanilla-Swap ist die klassische Form des Zinsswaps, bei dem ein fester Nominalbetrag zugrunde liegt. Der Kunde schließt am 1. Oktober 2009 mit der Bank folgende Vereinbarung ab:

Der Kunde verpflichtet sich zur Zahlung von 5 Prozent Festzins. Von der Bank erhält der Kunde im Gegenzug einen variablen Zinssatz, z. B. orientiert am 6-Monats-Euribor. Die Laufzeit der Vereinbarung beträgt zwei Jahre. Kapitalbasis ist ein Betrag von 500.000 Euro. Zahlungszeitpunkte sind der 31. März und der 30. September. Der Kunde erhält somit für die Laufzeit der Swapvereinbarung die „Sicherheit" von festen Zinsen.

Abschlusskosten: 500 Euro

Variable Zinssätze:
Zeitraum 01. 10. 2009 bis 31. 03. 2010 = 4,90 Prozent
Zeitraum 01. 04. 2010 bis 30. 09. 2010 = 5,05 Prozent
Zeitraum 01. 10. 2010 bis 31. 03. 2011 = 5,20 Prozent
Zeitraum 01. 04. 2011 bis 30. 09. 2011 = 4,90 Prozent

Bei Abschluss des Vertrages zahlt der Kunde das Upfront-Payment und die Abschlusskosten i. H. v. insgesamt 50.500 Euro an die Bank. Der Betrag wird in den allgemeinen Verlusttopf eingestellt.

Die erhaltenen Ausgleichszahlungen unterliegen als Erträge aus Termingeschäft der Besteuerung:

z. B. 31. März 2010 i. H. v. 12.250 Euro (500.000 Euro x 4,90 Prozent für sechs Monate) usw.

2.2.12.6.2 Aktienswaps

Aktienswaps werden in der Regel dazu eingesetzt, aus einer Aktienposition resultierende Chancen und Risiken auf einen Vertragspartner (Sicherungsgeber, Bank) zu übertragen. Der Sicherungsgeber übernimmt dabei für die Laufzeit des Geschäftes das Kurs- und Dividendenrisiko aus den Aktien. Er erhält Dividendenausgleichszahlungen und bei Fälligkeit einen Ausgleich von etwaigen Wertsteigerungen der Aktien. Im Gegenzug ersetzt der Sicherungsgeber dem Sicherungsnehmer dessen Finanzierungskosten und leistet einen Ausgleich für etwaige Kursverluste (Berechnungsgrundlage der vertraglich vereinbarten „Zinszahlungen" ist der Marktwert der Aktienposition bei Vertragsabschluss).

74

Aktienswaps können auf

75

▷ Zahlung eines Barausgleichs,
▷ Lieferung der Aktien zu einem vereinbarten Basispreis oder auf
▷ Differenzausgleich in Aktien

gerichtet sein.

Ein Kapitaltransfer in Höhe des Marktwertes der dem Swap-Geschäft zugrunde liegenden Aktienpositionen findet regelmäßig nicht statt.

Die Finanzverwaltung hat mit BMF-Schreiben vom 18. Januar 2016, Rz. 46, siehe Anhang Nr. 2.1, folgende Auffassung zur steuerlichen Behandlung von Aktienswaps vertreten:

76

▷ Die Vereinnahmung der **Dividende** durch den Kunden (Sicherungsnehmer) ist als Kapitalertrag steuerpflichtig.
▷ Die Leistung einer **Dividendenausgleichszahlung** an die Bank (Sicherungsgeber) ist im Zeitpunkt der Zahlung als allgemeiner Verlust zu berücksichtigen.
▷ Die Vergütung etwaiger Wertsteigerungen an die Bank ist im Zeitpunkt der Zahlung als allgemeiner Verlust zu berücksichtigen.
▷ Die Kursausgleichszahlungen der Bank (Sicherungsgeber) an den Kunden sind im Zeitpunkt der Zahlung als Ertrag beim Kunden zu berücksichtigen.
▷ „Zinszahlungen" der Bank (Sicherungsgeber) an den Kunden sind im Zeitpunkt der Zahlung als Ertrag beim Kunden zu berücksichtigen.

Die einzelnen Leistungen sind beim Steuerabzug zum Zeitpunkt des Zuflusses oder Abflusses zu berücksichtigen.

Steuerabzug vom Kapitalertrag

2.2.12.6.3 Cross-Currency-Swap und Commodity-Swaps

77 Bei einem Cross-Currency-Swap werden während der Laufzeit des Kontraktes Zahlungen in unterschiedlicher Währung ausgetauscht (z. B. Euro und US-$). Diese unterteilen sich in laufende Zahlungen (fester oder variabler Zins auf die jeweilige Währung) und einmalige Zahlungen am Beginn und/oder Ende der Laufzeit des Kontraktes.

78 Soweit es am Beginn, während und am Ende der Laufzeit lediglich zu einem Austausch von Zahlungen in Fremdwährung kommt, sind die Regelungen für Differenzgeschäfte in § 20 Abs. 2 Satz 1 Nr. 3 EStG nicht anwendbar. Es handelt sich vielmehr um Anschaffungen bzw. Veräußerungen von Fremdwährungsbeträgen, die ggf. nach § 23 EStG steuerlich relevant sind.

79 Im Falle einer vorzeitigen Beendigung des Kontraktes und Zahlung eines zusätzlichen Differenzausgleichs gilt nach Auffasung der kreditwirtschaftlichen Spitzenverbände Folgendes:

▷ Sofern es vor Beendigung bereits zur Lieferung von Fremdwährungen gekommen ist, wird deren steuerliche Behandlung nicht mehr berührt (allenfalls relevant gemäß § 23 EStG).

▷ Bezogen auf den Differenzausgleich, der auf die vereinbarte Restlaufzeit berechnet wird, liegt ein Termingeschäft i. S. d. § 20 Abs. 2 Satz 1 Nr. 3 EStG vor. Zur Besteuerung vgl. Rdn. 73.

Die Grundsätze für Cross-Currency-Swaps gelten entsprechend für Commodity-Swaps.

2.2.12.7 Abgrenzungsfragen bei Devisentermingeschäften

80 Im Zusammenhang mit Devisentermingeschäften ergeben sich Abgrenzungsfragen, die auch durch das Anwendungsschreiben der Finanzverwaltung vom 18. Januar 2016, Rz. 38–39, nicht befriedigend gelöst werden.

Die Schwierigkeiten ergeben sich daraus, dass nach Ansicht der Finanzverwaltung ein Devisentermingeschäft auch in eine Vereinbarung zur effektiven Lieferung von Devisen „gekleidet" sein kann. Hieraus ergeben sich für die Praxis Abgrenzungsschwierigkeiten, weil Devisenliefergeschäfte grundsätzlich nicht abgeltungsteuerrelevant sind, sondern vielmehr – innerhalb der steuerlichen Behaltefristen – als privates Veräußerungsgeschäft nach § 23 EStG zu behandeln sind.

Vom Steuerabzug erfasste Kapitalerträge

Die Problematik soll durch das folgende Beispiel verdeutlicht werden:

Beispiel 1:
A erwirbt am 10. Juni 100.000 US-$ zum 30. September. Der Terminkurs beträgt 120.000 Euro. Am 15. Juli veräußert er 50.000 US-$ zum 10. Oktober. Der Terminkurs beträgt 62.000 Euro.

Lösung:
Hinsichtlich 50.000 US-$ steht mit dem Terminverkauf am 15. Juli fest, dass A einen Gewinn von 2.000 Euro erzielt. Der Verkauf ist deshalb insoweit als Gegengeschäft zum Terminkauf am 10. Juni anzusehen. Aus Sicht der Finanzverwaltung liegt in diesem Fall ein abgeltungsteuerpflichtiges Termingeschäft gemäß § 20 Abs. 2 Nr. 3 EStG vor.

Wird dieses Geschäft über das vom Kunden bei einer Bank geführte Devisenkonto abgerechnet, stellt sich für die Bank das Problem, dass sie diese Konstellation im Regelfall nicht erkennen kann. Die kreditwirtschaftlichen Verbände haben gegenüber dem BMF stets deutlich gemacht, dass eine Abgrenzung zwischen einem abgeltungsteuerpflichtigen Termingeschäft und einem nicht abgeltungsteuerpflichtigen Devisenspekulationsgeschäft (§ 23 EStG) nur aufgrund eines äußerlich erkennbaren Unterscheidungsmerkmals möglich ist. Dieses Merkmal ist die Lieferung der Devise. Insoweit ist folgende Aussage im BMF-Schreiben vom 18. Januar 2016, Rz. 39, von Bedeutung:

*„Kommt es zur **effektiven Lieferung** des Fremdwährungsbetrags und tauscht der Käufer diesen innerhalb eines Jahres nach Abschluss des Devisentermingeschäfts in Euro oder eine andere Währung um, führt dies zu einem privaten Veräußerungsgeschäft i. S. des § 23 Abs. 1 Satz 1 Nr. 2 EStG. Dasselbe gilt, wenn am Fälligkeitstag ein auf Euro lautendes Konto des Käufers mit dem Kaufpreis belastet und ihm gleichzeitig der Euro-Betrag gutgeschrieben wird, welcher der auf Termin gekauften Fremdwährung entspricht. In diesem Fall wird die mit dem Devisentermingeschäft erworbene Fremdwährung am Fälligkeitstag geliefert und unmittelbar danach in Euro zurückgetauscht."*

Beispiel 2:
A erwirbt am 10. Juni auf Termin 100.000 US-$ zum 30. September. Der Terminkurs beträgt 120.000 Euro. Am 30. September verkauft A die gelieferte Währung im Wege eines Devisenkassageschäftes zum Kurs von 122.000 Euro.

Am Fälligkeitstag 30. September wird
▷ dem Devisenkonto der gelieferte Fremdwährungsbetrag 100.000 US-$ gutgeschrieben und wieder belastet; gleichzeitig wird dem Euro-Konto des A der Kaufpreis belastet und der Veräußerungspreis gutgeschrieben.
▷ Verfügt A nicht über ein Devisenkonto, wird der Kaufpreis dem Euro-Konto des A belastet und der Veräußerungspreis gutgeschrieben.

Lösung:
In beiden Varianten, d. h. unabhängig vom Vorhandensein eines Devisenkontos, liegt ein privates Veräußerungsgeschäft gemäß § 23 Abs. 1 Satz 1 Nr. 2 EStG vor. Der Vorgang ist somit nicht abgeltungsteuerpflichtig, sondern von A im Rahmen der Einkommensteuererklärung (Erklärung eines Devisenveräußerungsgewinns i. H. v. 2.000 Euro in der Anlage SO) anzugeben.

Der Vergleich von Beispiel 1 und Beispiel 2 zeigt, dass der einzige Unterschied darin besteht, dass im ersten Fall zwei Termingeschäfte (Terminkauf und Terminverkauf) abgeschlossen wurden und im zweiten Fall ein Termingeschäft und ein Kassageschäft. Hieran eine unterschiedliche steuerliche Behandlung zu knüpfen (Beispiel 1: § 20 EStG, Beispiel 2: § 23 EStG), erscheint nicht schlüssig.

Wegen dieser zweifelhaften Abgrenzung ist derzeit folgende Verfahrensweise zu empfehlen:

Die Einrichtung eines Devisenkontos für den Kunden sollte nur dann erfolgen, wenn der Kunde ein Interesse an der Lieferung der Währung bekundet oder dies offensichtlich vorliegt (z. B. bei Gehaltsempfängern in ausländischer Währung oder bei Darlehen in fremder Währung). Ergibt sich kein erkennbares Interesse an der Lieferung von Fremdwährung, sollte eine Abwicklung der Transaktionen über ein Euro-Konto vorgenommen werden. Im Hinblick auf die vom ZKA (jetzt: Die Deutsche Kreditwirtschaft) befürwortete Abgrenzung würden in diesem Fall die Geschäfte in die Abgeltungsteuer einbezogen. Wird dem Kunden hingegen unter Beachtung der vorstehenden Grundsätze ein Fremdwährungskonto eingerichtet, ist grundsätzlich von privaten Devisenveräußerungsgeschäften i. S. d. § 23 EStG auszugehen. Hierzu kann dem Kunden als Ergänzung zu einer Erträgnisaufstellung und in Anlehnung an die frühere Jahresbescheinigung gemäß § 24c EStG eine Information erstellt werden.

Rz. 38 des BMF-Schreibens vom 18. Januar 2018, enhalten im Anhang 2.1, umfasst weitergehende Aussagen zu Devisentermingeschäften. Anknüpfungspunkt ist die aktuelle Rechtsprechung des BFH (Urteil vom 24. Oktober 2017, VIII R 35/15).

Ein Devisentermingeschäft liegt danach auch bei Abschluss eines Eröffnungsgeschäftes mit nachfolgendem Gegengeschäft vor, wenn das Gegengeschäft auf einen Differenzausgleich in Bezug auf das Eröffnungsgeschäft gerichtet ist. Beide Geschäfte müssen derart miteinander verknüpft sein, dass der auf die Realisierung einer positiven oder negativen Differenz aus Eröffnungs- und Gegengeschäft gerichtete Wille der Vertragsbeteiligten erkennbar ist. Davon ist auszugehen, wenn der Kunde eine Order mit Closingvermerk aufgibt. Es genügt nicht, dass dem Eröffnungsgeschäft tatsächlich ein Gegengeschäft lediglich nachfolgt, das dessen Erfüllung dient.

Ein auf Differenzausgleich gerichtetes Devisentermingeschäft liegt auch vor, wenn die Vertragsbeteiligten ausdrücklich oder stillschweigend vereinbaren, dass keine effektive Lieferung, sondern ein Differenzausgleich erfolgen soll.

2.2.13 Investmentsteuergesetz 2018

Mit Wirkung zum 1. Januar 2018 wurde das Investmentsteuerrecht grundlegend reformiert. In Bezug auf die Besteuerung von Einkünften des Investmentvermögens (künftig: Investmentfonds) und Erträgen aus Investmentanteilen (Anteilen an Investmentfonds) erfordert die Reform zum Ende des Kalenderjahres 2017 einen „harten Schnitt":

81

▷ Auf Fondsebene wird zum 31. Dezember 2017 bei vom Kalenderjahr abweichendem Geschäftsjahr für steuerliche Zwecke ein Rumpfwirtschaftsjahr gebildet.

▷ Alle Anteile an Investmentvermögen, Investitionsgesellschaften sowie weiteren Anlagevehikeln, die dem künftigen Investmentsteuerregime unterliegen, gelten für steuerliche Zwecke fiktiv zum 31. Dezember 2017 als veräußert und zum 1. Januar 2018 als neu angeschafft. Es werden depotseitig fiktive Veräußerungsgewinne/-verluste auf den Stichtag 31. Dezember 2017 ermittelt. Kapitalertragsteuerliche Folgen ergeben sich für die Anleger hieraus (zunächst) jedoch nicht.

2.2.13.1 Weiter Investmentbegriff

Im Gegensatz zum bis 31. Dezember 2017 geltenden Investmentsteuerrecht ist der Begriff des Investmentfonds nach neuem Recht weiter ge-

82

fasst. Die nach bisherigem Recht vorgenommene Unterscheidung zwischen Investmentvermögen und Investitionsgesellschaften fällt mit Inkrafttreten des neuen Rechtes weg. Auch für derzeit nicht dem eigentlichen Investmentsteuerregime unterliegende Vehikel – wie z. B. Anteile an Kapital-Investitionsgesellschaften nach § 19 InvStG 2004 i. d. F. bis 31. Dezember 2017 – erfolgt auf Anlegerebene eine fiktive Veräußerung zum 31. Dezember 2017 und fiktive Neuanschaffung als Investmentanteil zum 1. Januar 2018.

83 Von einem Investmentfonds zu unterscheiden sind allerdings auch künftig Vermögensverwaltungsmandate und Schuldverschreibungen („Zertifikate").

84 Einbezogen werden auch Ein-Anleger-Fonds, wenn diese im Übrigen die Voraussetzungen des investmentaufsichtsrechtlichen Investmentfonds-Begriffs (§ 1 Abs. 1 KAGB) erfüllen, ferner Kapitalgesellschaften, denen eine unternehmerische Tätigkeit untersagt ist und die persönlich von Ertragsteuern entlastet werden. Wer vermutet, dass hierdurch bestimmte ausländische Rechtsgebilde (namentlich die Luxemburger Verwaltungsgesellschaft für Familienvermögen, SPV) umfasst werden sollen, wird durch die Gesetzesbegründung bestätigt.

Nicht einbezogen werden Investmentvermögen in der Rechtsform einer Personengesellschaft, es sei denn, sie qualifizieren als inländische oder in der EU aufgelegte Organismen für gemeinsame Anlagen in Wertpapiere (OGAW) oder als Altersvorsorgevermögensfonds. Hier bleibt es im Übrigen bei der transparenten Besteuerung. Auch REITs und UBG werden nicht einbezogen.

85 Erhalten bleibt auch die Unterscheidung von Publikums-Investmentfonds (nachfolgend einfach: **Investmentfonds**) und **Spezial-Investmentfonds**. Für Spezial-Investmentfonds gibt es künftig eine Transparenzoption. Dementsprechend gelten künftig drei verschiedene Besteuerungsregime:

▷ Ein intransparentes Besteuerungsregime für Investmentfonds

▷ Ein Besteuerungsregime für Spezial-Investmentfonds mit ausgeübter Transparenzoption

▷ Ein Besteuerungsregime für Spezial-Investmentfonds ohne ausgeübte Transparenzoption

Entsprechend der Zwecksetzung dieses Buches konzentriert sich die Darstellung auf die kapitalertragsteuerliche Behandlung von Investmentfonds und die kapitalertragsteuerliche Behandlung der Fondseingangsseite bei Spezial-Investmentfonds.

2.2.13.2 Partielle Körperschaftsteuerpflicht des Investmentfonds

Der Gesetzgeber ordnet auf Ebene der Investmentfonds eine partielle Körperschaftsteuerpflicht an, die sich erstreckt auf 86

▷ Inländische Beteiligungseinnahmen
▷ Inländische Immobilienerträge sowie
▷ sonstige inländische Einkünfte.

Hierdurch wird die steuerliche Vorbelastung von im Inland und im Ausland aufgelegten Investmentfonds angeglichen. Bisher schon waren ausländische Investmentvermögen mit ihren im Inland erzielten Einkünften steuerpflichtig. Ziel des Gesetzgebers war es, sicherzustellen, dass das Investmentsteuerrecht die vom Europäischen Gerichtshof (EuGH) geprägten EU-rechtlichen Anforderungen an die Gleichbehandlung inländischer und ausländischer Fonds erfüllt.

Soweit die Einkünfte des Fonds einem Steuerabzug unterliegen, beträgt dieser 15 Prozent (bzw. 14,218 Prozent KESt zuzüglich SolZ) des Kapitalertrags, § 7 Abs. 1 InvStG. Dies betrifft insbesondere inländische Beteiligungseinnahmen nach § 43 Abs. 1 Satz 1 Nr. 1, 1a EStG, also Dividendenerträge aus den Zielanlagen des Fonds. Der Steuerabzug ist von der Verwahrstelle des (inländischen) Investmentfonds vorzunehmen. In der Regel ist das die Bank, die die Zielanlagen des Investmentfonds verwaltet (früher auch „Depotbank" des Investmentfonds genannt). Der Steuerabzug hat für den Investmentfonds abgeltende Wirkung. 87

Eine Verlustverrechnung findet bezogen auf dem Steuerabzug unterliegenden Einnahmen nicht statt. Bemessungsgrundlage ist somit z. B. die Bruttodividende.

Voraussetzung für den besonderen 15-Prozent-Steuersatz (der an die Stelle des regulären KESt-Steuersatzes von 25 Prozent KESt zuzüglich SolZ tritt) ist die Vorlage einer Statusbescheinigung gegenüber der Verwahrstelle des Investmentfonds. Die Statusbescheinigung tritt an die Stelle der NV05-Bescheinigung, die bisher bei einem inländischen Fonds eine vollständige Abstandnahme vom Steuerabzug ermöglichte. Sie wird von der für den Investmentfonds zuständigen Finanzbehörde ausgestellt.

Steuerabzug vom Kapitalertrag

Hinweis:

Für das Jahr 2018 wurde es von der Finanzverwaltung nicht beanstandet, wenn die Verwahrstelle auf eine vorliegende NV05-Bescheinigung abstellt.

Für andere, der partiellen Körperschaftsteuerpflicht unterliegende, Einkünfte (insbesondere Immobilienerträge) ist der Fonds veranlagungspflichtig.

Zu den inländischen Immobilienerträgen gehören auch Gewinne aus der Veräußerung von im Inland belegenen Grundstücken oder grundstücksgleichen Rechten. Die bisherige 10-Jahres-Haltedauer entfällt, d. h. künftig sind Wertzuwächse zeitlich unbegrenzt steuerverstrickt. Eine Ausnahme besteht für Wertzuwächse, die vor dem 1. Januar 2018 eingetreten sind, sofern der Zeitraum zwischen Anschaffung und Veräußerung des Grundstücks oder grundstücksgleichen Rechts mehr als zehn Jahre beträgt.

2.2.13.3 Steuerbegünstigte Anleger

88 Das Gesetz sieht bei Beteiligung bestimmter steuerbegünstigter Anleger bzw. bei bestimmten Altersvorsorgeverträgen eine umfassende Steuerbefreiung für Einkünfte des Investmentfonds vor. Hiermit will der Gesetzgeber erreichen, dass bestimmte steuerbegünstigte Institutionen (Fälle des § 44a Abs. 7 Satz 1 EStG oder vergleichbare ausländische Anleger mit Sitz in einem Amts- und Beitreibungshilfe leistenden ausländischen Staat) oder staatlich geförderte Altersvorsorgemaßnahmen (Riester/Rürup) weiterhin über Fondsanlagen steuerfreie Einnahmen erzielen können.

Soweit inländische juristische Personen des öffentlichen Rechts an Investmentfonds beteiligt sind, und die Anteile nicht einem nicht steuerbefreiten Betrieb gewerblicher Art zuzurechnen sind, ist eine Steuerbefreiung begrenzt auf die inländischen Immobilienerträge möglich. Dies gilt auch für (sonstige) von der Körperschaftsteuer befreite inländische Körperschaften, Personenvereinigungen oder Vermögensmassen oder vergleichbare ausländische Körperschaften, Personenvereinigungen oder Vermögensmassen mit Sitz und Geschäftsleitung in einem Amts- und Beitreibungshilfe leistenden ausländischen Staat.

Die Steuerbefreiung gilt dem Umfang nach für den Anteil, den die steuerbegünstigten Anleger am Gesamtbestand der Investmentanteile im jeweiligen Zeitpunkt des Zuflusses der Einnahme haben.

Vom Steuerabzug erfasste Kapitalerträge

Voraussetzung für die Steuerbefreiung ist, dass der steuerbegünstigte Anleger seit mindestens drei Monaten zivilrechtlicher und wirtschaftlicher Eigentümer der Investmentanteile ist, ohne dass eine Verpflichtung zur Übertragung der Anteile auf eine andere Person besteht und der Investmentfonds die Voraussetzungen für eine Anrechenbarkeit von Kapitalertragsteuer nach § 36a EStG erfüllt. Der Entwurf für das JStG 2019 sieht vor, dass § 36a EStG auch gilt, wenn die Anteile im Rahmen von Riester- oder Rürup-Verträgen gehalten werden. Der Beginn der Drei-Monats-Frist ist im Gesetz nicht konkretisiert. Es ist davon auszugehen, dass die Anteile mindestens seit drei Monaten vor dem jeweiligen Zufluss der Einnahme gehalten werden müssen. Es gilt die Fifo-Methode, vgl. Rz. 8.24 f. des BMF-Schreibens vom 21. Mai 2019 (vgl. Anhang 2.3). Für Immobilienfonds gilt eine Sonderregelung, wonach auf den Zeitpunkt abgestellt wird, in dem die inländischen Immobilienerträge im Anteilspreis erfasst werden, so Rz. 8.26 des BMF-Schreibens vom 21. Mai 2019 (vgl. Anhang 2.3). **89**

Für die Durchsetzung der Steuerbefreiung sind folgende Nachweise erforderlich:

▷ Eine NV-Bescheinigung, aus der sich der steuerbegünstigte Status des Anlegers ergibt. Hierzu enthält das BMF-Schreiben vom 21. Mai 2019 (vgl. Anhang 2.3) weitere Erläuterungen:
Auch eine amtliche Kopie des zuletzt erteilten Freistellungsbescheides, der für einen nicht länger als drei Jahre zurückliegenden VZ vor dem VZ des Zuflusses der Kapitalerträge erteilt worden ist, eine amtliche Kopie eines Körperschaftsteuerbescheides nebst Anlage, in der die Steuerbefreiung für den steuerbegünstigten Bereich bescheinigt wird, eine amtliche Kopie des Feststellungsbescheides nach § 60a AO, der für einen nicht länger als drei Jahre zurückliegenden Veranlagungszeitraum vor dem Veranlagungszeitraum des Zuflusses der Kapitalerträge erteilt worden ist (wenn bisher kein Freistellungsbescheid oder keine Anlage zum KöSt-Freistellungsbescheid erteilt wurde).
Darüber hinaus sind auch nicht amtlich beglaubigte Kopien anzuerkennen, wenn durch einen Mitarbeiter des Investmentfonds oder der Verwahrstelle des Investmentfonds oder der depotführenden Stelle des Anlegers hierauf vermerkt wird, dass das Original der Bescheinigung oder des Bescheides vorgelegen hat. Weiterhin sind Bescheinigungen oder Bescheide in elektronischer Form anzuerkennen, die elektronisch dem Entrichtungspflichtigen mit dem Hinweis übermittelt werden, dass das Original der Bescheinigung oder des Bescheides vorgelegen hat. Sofern sich die depotführende Stelle des Anlegers und die Kapitalverwaltungsgesellschaft des Investmentfonds in einem Kon-

zernverbund befinden, ist es ausreichend, wenn die Bescheinigungen oder Bescheide nur einmal eingereicht werden. Ebenso ist eine einmalige Einreichung ausreichend, wenn bei verschiedenen Kapitalverwaltungsgesellschaften eines Konzernverbundes Nachweise zu erbringen sind. Vgl. Rz. 9.3 und 9.4 des BMF-Schreibens vom 21. Mai 2019 (vgl. Anhang 2.3).
Die Steuerbefreiung gilt nicht, wenn die Investmentanteile einem steuerpflichtigen wirtschaftlichen Geschäftsbetrieb bzw. einem nicht von der KöSt befreiten Betrieb gewerblicher Art zuzurechnen sind.

▷ Bei ausländischen Anlegern: Eine Befreiungsbescheinigung des BZSt, aus der sich die Vergleichbarkeit des ausländischen Anlegers mit inländischen Anlegern nach § 44a Abs. 7 Satz 1 EStG ergibt.

▷ Eine von der depotführenden Stelle des Anlegers nach Ablauf des Kalenderjahres nach amtlichem Muster erstellte Bescheinigung über den Umfang der durchgehend während des Kalenderjahres vom Anleger gehaltenen Investmentanteile sowie den Zeitpunkt und Umfang des Erwerbs oder der Veräußerung von Investmentanteilen während des Kalenderjahres (Investmentanteil-Bestandsnachweis).

Nach Rz. 7.27 des BMF-Schreibens vom 21. Mai 2019 (vgl. Anhang 2.3) erfolgt die Geltendmachung der Steuerbefreiung durch Übermittlung der als Nachweis für die Steuerbefreiung erforderlichen Unterlagen an den Entrichtungspflichtigen (Verwahrstelle des Investmentfonds). Die Finanzverwaltung sieht weitreichende Prüfungspflichten für die Verwahrstellen vor. Die Kreditwirtschaft sieht diese Regelungen kritisch, da sie sich nicht aus dem Gesetz unmittelbar ableiten lassen und die Verwahrstellen keine eigene Prüfungskompetenz im Verhältnis zu den Anlegern des Investmentfonds haben.

2.2.13.3.1 Abstandnahmeverfahren bei steuerbefreiten Investmentfonds und Anteilsklassen

90 Investmentfonds oder Anteilsklassen sind steuerbefreit, wenn sich nach den Anlagebedingungen nur steuerbegünstigte Anleger beteiligen dürfen und – bezogen auf inländische Beteiligungseinnahmen – der Fonds die Voraussetzungen des § 36a EStG erfüllt.

Eine zwischenzeitlich diskutierte betragliche Begrenzung der Freistellung von Beteiligungseinnahmen auf 20.000 Euro bei Anlegern i. S. d. § 44a Abs. 7 Satz 1 Nr. 1 EStG wurde von der Finanzverwaltung fallen gelassen.

Die Anleger haben ihre Steuerbefreiung gegenüber dem Investmentfonds nachzuweisen (Vorlage der NV-Bescheinigung). Der Nachweis kann schriftlich, elektronisch oder über ein automationsgestütztes Datenübermittlungsverfahren erfolgen. Bei der Auszahlung von Kapitalerträgen an steuerbefreite Investmentfonds und Anteilsklassen ist kein Steuerabzug vorzunehmen.

Die Steuerabstandnahme durch den Entrichtungsverpflichteten setzt voraus, dass dieser die Einhaltung der Mindesthaltedauer (§ 36a Abs. 2 EStG) prüfen kann. Dabei kann der Entrichtungspflichtige die Abstandnahme im Vertrauen auf die Einhaltung der Mindesthaltedauer und die Tragung des Mindestwertänderungsrisikos (§ 36a Abs. 3 EStG) durch den Investmentfonds vornehmen; stellt sich nachträglich heraus, dass die Mindesthaltedauer nicht eingehalten wurde, ist nachträglich Kapitalertragsteuer zu erheben. Stattdessen kann der Entrichtungspflichtige die potenziell abzuführende Kapitalertragsteuer jedoch auch zunächst auf einem Treuhandkonto „parken", bis geklärt ist, ob die Voraussetzungen des § 36a EStG erfüllt sind. Vgl. Rz. 10.12–10.16 des BMF-Schreibens vom 21. Mai 2019 (vgl. Anhang 2.3).

Dach-Investmentfonds, an denen sich nach den Anlagebedingungen ausschließlich steuerbegünstige Anleger beteiligen dürfen, gelten selbst als steuerbegünstiger Anleger. Wenn sich an einem Dach-Investmentfonds neben den steuerbegünstigten Anlegern auch nicht steuerbegünstigte Anleger beteiligen dürfen, ist eine Steuerfreistellung des Dach-Investmentfonds ausgeschlossen.

Der Investmentfonds hat die Steuerbefreiung gegenüber dem Entrichtungspflichtigen dadurch nachzuweisen, dass er alle seine steuerbegünstigten Anleger angibt bzw. auflistet und deren Bescheinigung nach § 44a Abs. 7 Satz 2 EStG, deren Befreiungsbescheinigung nach § 9 Abs. 1 Nr. 2 InvStG oder deren sonstige Bescheinigung vorlegt, aus der sich der steuerbegünstigte Status des Anlegers ergibt. Es ist kein Investmentanteil-Bestandsnachweis erforderlich.

Wenn sich neue Anleger an dem Investmentfonds beteiligen oder wenn die Gültigkeit einer Bescheinigung abgelaufen ist, hat der Investmentfonds einen erneuten Nachweis gegenüber dem Entrichtungspflichtigen zu erbringen. Dagegen ist bei einem Ausscheiden einzelner Anleger oder bei bloßen Veränderungen des Anteilsumfangs kein erneuter Nachweis erforderlich.

Steuerabzug vom Kapitalertrag

> **Hinweise:**
>
> Darüber hinaus hat der Investmentfonds die Anlagebedingungen vorzulegen, aus denen sich ergibt, dass die Übertragung von Investmentanteilen ausgeschlossen ist (§ 10 Abs. 3 InvStG). Die Nachweise können auch in elektronischer Form erfolgen, wenn dabei der Hinweis erfolgt, dass das Original des Nachweises vorgelegen hat.

Vgl. Rz. 10.3, 10.5–10.7 des BMF-Schreibens vom 21. Mai 2019 (vgl. Anhang 2.3).

2.2.13.3.2 Erstattungsverfahren

91 Für den Erstattungsanspruch gilt eine Ausschlussfrist von 18 Monaten nach Zufluss des betreffenden Kapitalertrages. Innerhalb dieses Zeitraums hat der Investmentfonds dem Entrichtungspflichtigen (der Verwahrstelle) sämtliche erforderlichen Nachweise für die (partielle) Steuerbefreiung vorzulegen. (vgl. Rz. 7.25, 7.27 des BMF-Schreibens vom 21. Mai 2019 (vgl. Anhang 2.3)). Eine zwischenzeitlich diskutierte betragliche Beschränkung der Erstattung von Kapitalertragsteuer für Beteiligungseinnahmen auf 20.000 Euro bezogen auf Anleger i. S. d. § 44a Abs. 7 Satz 1 Nr. 1 EStG wurde von der Finanzverwaltung nicht in das endgültige Anwendungsschreiben (BMF-Schreiben vom 21. Mai 2019, vgl. Anhang 2.3) übernommen.

Wurde von dem Entrichtungspflichtigen eine Steuerbescheinigung erstellt, darf nach dem Gesetzeswortlaut die Erstattung erst nach Rückgabe der Steuerbescheinigung erfolgen. Dies gilt nicht für elektronische Steuerbescheinigungen (hier genügt der Hinweis, dass die ursprüngliche Bescheinigung ersetzt wird). Alternativ zur Rückforderung räumt die Finanzverwaltung auch die Möglichkeit einer internen Dokumentation der Erstattungsbeträge durch den Entrichtungspflichtigen ein. Vgl. hierzu Rz. 7.29–7.31 des BMF-Schreibens vom 21. Mai 2019 (vgl. Anhang 2.3).

Eine Abstandnahme vom Steuerabzug bei Zufluss von Beteiligungseinnahmen (bzw. sonstigen dem Steuerabzug unterliegenden inländischen Einkünften) gegenüber steuerbegünstigten Anlegern ist nicht möglich. Begründet wird dies von der Finanzverwaltung damit, dass der Investmentanteil-Bestandsnachweis erst nach Ablauf eines Kalenderjahres ausgestellt wird. Vgl. hierzu Rz. 8.2 des BMF-Schreibens vom 21. Mai 2019 (vgl. Anhang 2.3). Die Abstandnahme wäre auch praktisch nicht durchführbar, da der Entrichtungspflichtige (Verwahrstelle des Investmentfonds) und die depotführende Stelle, die die Anteile des (steuerbegünstigten) Anlegers hält, häufig nicht identisch sind.

Die erstattete Kapitalertragsteuer ist an den steuerbegünstigten Anleger auszuzahlen, § 12 Abs. 1 InvStG.

Bei inländischen Immobilienerträgen und nicht dem Steuerabzug unterliegenden sonstigen inländischen Einkünften des Investmentfonds wird die Steuerbefreiung im Rahmen der Veranlagung des Investmentfonds angewendet. Vgl. hierzu Rz. 8.5 des BMF-Schreibens vom 21. Mai 2019 (vgl. Anhang 2.3).

Die Steuerbefreiung erfolgt (im Ermessen und) auf Antrag des Investmentfonds. Ein formloses Geltendmachen gegenüber der Verwahrstelle genügt hierfür. Die Nachweise für die Steuerbefreiung (siehe oben) sind vorzulegen, ggf. auch in elektronischer Form. Bei nicht dem Steuerabzug unterliegenden Einkünften (z. B. Immobilienerträgen) erfolgt die Geltendmachung im Rahmen der Veranlagung des Investmentfonds. Vgl. hierzu Rz. 8.8, 8.9 des BMF-Schreibens vom 21. Mai 2019 (vgl. Anhang 2.3).

Bei Einkünften, die einem Steuerabzug unterliegen (im Wesentlichen inländische Beteiligungseinnahmen), ist zum jeweiligen Zuflusszeitpunkt einer Einnahme zu ermitteln, wie viele Investmentanteile der Investmentfonds insgesamt begeben hat und wie viele Anteile davon von steuerbegünstigten Anlegern gehalten wurden. Einzelheiten hierzu sind in Rz. 8.21 des BMF-Schreibens vom 21. Mai 2019 (vgl. Anhang 2.3) geregelt.

Darüber hinaus sind nach dem Gesetz besondere Voraussetzungen für die Steuerbefreiung zu beachten, die vor dem Hintergrund der Unterbindung von sog. Cum/Cum-Gestaltungen zu sehen sind (siehe hierzu auch das Kapitel zu § 36a EStG). Der steuerbegünstigte Anleger muss bei Zufluss der Kapitalerträge seit mindestens drei Monaten zivilrechtlicher und wirtschaftlicher Eigentümer der Investmentanteile gewesen sein. Diese Eigentümerstellung darf nicht durch Übertragungspflichten auf andere Personen beeinträchtigt sein. Steuerlich fingierte Veräußerungs- und Anschaffungsvorgänge spielen dabei allerdings keine Rolle. Vgl. hierzu Rz. 8.24 des BMF-Schreibens vom 21. Mai 2019 (vgl. Anhang 2.3).

Die Besitzzeit kann der Entrichtungspflichtige (Verwahrstelle) anhand des Investmentanteil-Bestandsnachweises (amtliches Muster, vgl. Anhang 2.5) prüfen. Er kann auf eine (ggf. dauerhaft bzw. bis auf Widerruf erteilte)

Steuerabzug vom Kapitalertrag

Erklärung des Anlegers vertrauen, dass dieser zivilrechtlicher und wirtschaftlicher Eigentümer des Investmentanteils ist und keine Verpflichtung zur Übertragung auf eine andere Person besteht. Der Entrichtungspflichtige muss die Erklärung intern dokumentieren und der Finanzverwaltung auf Anforderung zur Verfügung stellen. Vgl. hierzu Rz. 8.28 des BMF-Schreibens vom 21. Mai 2019 (vgl. Anhang 2.3).

Zudem muss der Investmentfonds die Voraussetzungen des § 36a EStG erfüllen, § 8 Abs. 4 Nr. 2 InvStG. Einen Antrag auf Steuererstattung darf der Investmentfonds erst dann stellen, wenn Mindesthaltedauer und Mindestwertänderungsrisiko nach dieser Vorschrift getragen wurden und keine Vergütungspflicht besteht. Der Entrichtungspflichtige hat zu prüfen, ob die Mindesthaltedauer eingehalten wurde. Ist diese Prüfung nicht möglich, ist eine Erstattung nur durch das Betriebsstättenfinanzamt möglich. Vgl. hierzu Rz. 8.30–8.33 des BMF-Schreibens vom 21. Mai 2019 (vgl. Anhang 2.3).

2.2.13.4 Besteuerung der Anlegerebene

92 Der Anleger versteuert Investmenterträge. Es handelt sich um eine neu geschaffene Ertragskategorie innerhalb der Einkünfte aus Kapitalvermögen. Die Definitionen hierzu enthält das InvStG 2018. Hieran wird die Aufgabe des Transparenzprinzips, das bisher ein prägendes Element der Fondsbesteuerung war, besonders deutlich. Bisher vermittelte das Investmentvermögen dem Anleger Zinserträge, inländische Dividendenerträge und sog. neue Abzugstatbestände (z. B. ausländische Dividendenerträge). Mit der Einführung einer vorgelagerten Besteuerung auf Ebene des Investmentfonds entfällt diese Zurechnung. Die Investmenterträge unterliegen dem Kapitalertragsteuerabzug durch die die Investmentanteile verwahrende depotführende Stelle. Im Hinblick auf die Möglichkeiten zur Abstandnahme vom Steuerabzug sind die neu geschaffenen Investmenterträge vergleichbar mit Zinserträgen.

Investmenterträge sind im Einzelnen:

▷ Ausschüttungen,

▷ Vorabpauschalen,

▷ Veräußerungsgewinne und -verluste.

Schadenersatz- oder Kulanzzahlungen, die Anleger als Ausgleich für Verluste erhalten, die auf Grund von Beratungsfehlern im Zusammenhang mit der Anlage in Investmentanteilen entstanden sind sowie an den Anleger ausgezahlte Bestandsprovisonen stellen ebenfalls Investmenterträge dar. Die im Zahlungszeitpunkt geltenden Teilfreistellungsregeln (§ 20 InvStG) finden Anwendung.

Investmenterträge sind nicht anzusetzen, wenn die Investmentanteile im Rahmen von zertifizierten Altersvorsorge- oder Basisrentenverträgen gehalten werden. Vorabpauschalen sind nicht anzusetzen, wenn die Investmentanteile gehalten werden

1. im Rahmen der betrieblichen Altersvorsorge nach dem Betriebsrentengesetz,
2. von Versicherungsunternehmen im Rahmen von Versicherungsverträgen nach § 20 Abs. 1 Nr. 6 Satz 1 und 4 EStG oder
3. von Kranken- und Pflegeversicherungsunternehmen zur Sicherung von Alterungsrückstellungen.

2.2.13.4.1 Ausschüttungen

Hierunter fallen alle baren Zuflüsse des Investmentfonds gegenüber dem Anleger. Auch die Wiederanlage der Erträge unter Ausgabe neuer Anteile sowie etwaige Sachausschüttungen stellen Ausschüttungen dar. Es gibt künftig keine steuerfreien Substanzausschüttungen eines Investmentfonds mehr (Ausnahme: Im Zeitraum der Fondsabwicklung). Der Gesetzgeber hat insoweit ein striktes Cashflow-Prinzip umgesetzt. Ausschüttungen sind im Zeitpunkt des Zuflusses steuerlich zu erfassen.

93

2.2.13.4.2 Vorabpauschalen

Der Gesetzgeber stellt im Hinblick auf thesaurierende oder teil-thesaurierende Investmentfonds eine Mindestbesteuerung sicher. Diese umfasst sowohl im Inland als auch im Ausland aufgelegte Investmentfonds. Damit wird – allerdings nur im Hinblick auf ab 2018 zufließende Erträge – das „Problem" des fehlenden Steuerabzugs auf ausschüttungsgleiche Erträge ausländischer thesaurierender Fonds gelöst; für vor 2018 als zugeflossen geltende ausschüttungsgleiche Erträge ausländischer Fonds bleibt es freilich beim Deklarationserfordernis.

94

Ob und in welcher Höhe eine Vorabpauschale anzusetzen ist, wird nach den gesetzlichen Vorgaben in mehreren Schritten ermittelt:

Ausgangspunkt ist ein jährlich zu Beginn eines Kalenderjahres von der Finanzverwaltung anhand von Bundesbank-Statistiken zu ermittelnder Referenzzins, der aus der langfristig erzielbaren Rendite öffentlicher Anleihen abzuleiten ist. Auf dessen Grundlage wird ein Basisertrag ermittelt, wobei folgende Formel gilt:

Steuerabzug vom Kapitalertrag

Basisertrag = Rücknahmepreis zu Beginn des Kalenderjahres x 70 Prozent des Basiszinses

Dieser Basisertrag wird verglichen mit dem Wertzuwachs des Investmentfonds in dem betreffenden Kalenderjahr (Unterschiedsbetrag zwischen erstem und letztem im Kalenderjahr festgesetzen Rücknahmepreis) zuzüglich der im Kalenderjahr erfolgten Ausschüttungen (sog. Mehrbetrag). Bei unterjähriger Neuauflage des Investmentfonds ist der erste festgesetzte Rücknahmepreis (hilfsweise der erste Börsen- oder Marktpreis) zugrunde zu legen. Ist der Mehrbetrag größer/gleich dem Basisertrag, dient der Basisertrag als Maßstab für die Vorabpauschale, ist der Mehrbetrag kleiner als der Basisertrag, wird der niedrigere Wert (oder wenn der Mehrbetrag kleiner/gleich 0 Euro ist, dann 0 Euro) als Maßstab herangezogen. Die Vorabpauschale wird angesetzt, soweit die im Kalenderjahr erfolgten Ausschüttungen hinter dem Basisertrag bzw. Mehrbetrag zurückbleiben. Die Vorabpauschale gilt jeweils zum ersten Werktag des Folgejahres als zugeflossen.

95 Bei in Fremdwährung notierenden Investmentanteilen sind für die Umrechnung in Euro die am jeweiligen Stichtag (Jahresanfang, Ausschüttungstermin, Jahresende) geltenden Referenzkurse der EZB zu Grunde zu legen. Wenn der Investmentfonds nicht mindestens monatlich fortlaufend Rücknahmepreise festsetzt, ist für Zwecke der Vorabpauschale auf den Börsen- oder Marktpreis abzustellen. Vgl. Rz. 18.6 und 18.8 des BMF-Schreibens vom 21. Mai 2019 (vgl. Anhang 2.3).

Berechnungsbeispiel:
Anleger A hält 100 Fondsanteile eines Rentenfonds. Der Fondsanteilspreis des Fonds liegt Anfang 2018 bei 100,00 Euro. Im Laufe des Jahres 2018 schüttet der I-Fonds 0,10 Euro auf jeden Fondsanteil aus. Am Ende des Jahres 2018 beträgt der Fondsanteilspreis 100,50 Euro.

Zu Beginn 2018 beträgt der Basiszins 0,87 Prozent. Auf dieser Grundlage errechnet sich nach der vorstehenden Formel ein Basisertrag von 0,61 Euro je Anteil (Rücknahmepreis 100 x Basiszins 0,87 Prozent x 0,7).

Der Wertzuwachs des Fonds im Jahr 2018 beträgt unter Einbeziehung der erfolgten Ausschüttung 0,50 Euro + 0,10 Euro = 0,60 Euro. Dieser Wertzuwachs liegt unter dem Basisertrag von 0,61 Euro. Die Vorabpauschale errechnet sich daher nach der Höhe der bislang noch nicht dem Steuerabzug unterworfenen Wertsteigerung des Fonds (also 0,50 Euro).

Für Anleger A bedeutet dies, dass bei ihm eine Vorabpauschale von 50 Euro anzusetzen ist (0,50 Euro x 100 Anteile).

Vom Steuerabzug erfasste Kapitalerträge

Anmerkung:

Die volle Vorabpauschale ist nur anzusetzen, wenn der Fondsanteil vom Beginn bis zum Ende des Kalenderjahres gehalten wird. Im Jahr des Erwerbs der Fondsanteile vermindert sich die Vorabpauschale um ein Zwölftel für jeden vollen Monat, der dem Erwerb vorausgeht. Entsprechendes gilt, wenn der Investmentfonds unterjährig neu aufgelegt wurde. Vgl. Rz. 18.7 des BMF-Schreibens vom 21. Mai 2019 (vgl. Anhang 2.3).

Bei einem Übertrag aus dem In- oder Ausland, bei dem keine Anschaffungsdaten mitgeteilt wurden, ist die Vorabpauschale für das gesamte Kalenderjahr anzusetzen. Der Anleger kann einen späteren Erwerbszeitpunkt, der zu einer Zwölftelung des Wertes der Vorabpauschale führt, in der Veranlagung nachweisen. Vgl. Rz. 18.9 des BMF-Schreibens vom 21. Mai 2019 (vgl. Anhang 2.3).

Die Ermittlung einer Vorabpauschale setzt voraus, dass die erforderlichen Werte (Rücknahmepreis oder Börsenpreis oder Marktpreis) zum Jahresanfang und -ende vorliegen.

Liquiditätsbeschaffung für den Steuerabzug

Die Vorabpauschale ist ein Kapitalertrag kraft gesetzlicher Fiktion. Es fehlt an einem Geldzufluss, aus dem heraus die Kapitalertragsteuer abgeführt werden könnte. Grundsätzlich ist der Anleger verpflichtet, die Steuerliquidität der zum Steuerabzug verpflichteten depotführenden Stelle zur Verfügung zu stellen. Diese Verpflichtung bestand bisher schon im Hinblick auf Kapitalerträge, die ganz oder teilweise in Sachwerten geleistet wurden.

96

Das Gesetz sieht ab 1. Januar 2018 eine ausdrückliche Ermächtigungsgrundlage für die depotführenden Stellen vor, auf ein bei ihr verwaltetes Giro-, Kontokorrent- oder Tagesgeldkonto zuzugreifen. Auf das zum Depot hinterlegte Verrechnungskonto kann auch zugegriffen werden, wenn Gläubiger der Kapitalerträge und Kontoinhaber nicht identisch sind. Ein Zugriff auf den Kontokorrentkredit ist ausgeschlossen, wenn der Gläubiger vor dem Zufluss der Kapitalerträge widerspricht. Bei mehreren Kontoberechtigten reicht es aus, wenn ein Kontoberechtigter widerspricht. Der Widerspruch gilt solange, bis er vom Gläubiger zurückgenommen wird.

Die Bank kann den Gläubiger der Kapitalerträge (Kunden) auffordern, den Fehlbetrag zur Verfügung zu stellen. Kann nicht auf ein Giro-, Konto-

Steuerabzug vom Kapitalertrag

korrent- oder Tagesgeldkonto des Gläubigers zugegriffen werden oder deckt das zur Verfügung stehende Guthaben einschließlich eines zur Verfügung stehenden Kontokorrentkredits den Fehlbetrag nicht oder nicht vollständig, hat der zum Steuerabzug Verpflichtete den vollen Kapitalertrag dem Betriebsstättenfinanzamt spätestens bis Ende Februar des Folgejahres anzuzeigen. Die Meldung hat folgende Angaben zu enthalten:

▷ die Identifikationsnummer, den Namen und die Anschrift des Gläubigers der Kapitalerträge

▷ das Datum des fehlgeschlagenen Steuereinbehalts

▷ das betroffene Wertpapier mit Name, ISIN und Anzahl, soweit vorhanden, ansonsten die Bezeichnung des Kapitalertrags

▷ die Höhe des Kapitalertrags, für den der Steuereinbehalt fehlgeschlagen ist.

Das Finanzamt hat die zu wenig erhobene Kapitalertragsteuer vom Gläubiger der Kapitalerträge nachzufordern.

Sind depotführende Kreditinstitute, depotführende Stellen sowie Tochter- oder Schwestergesellschaften von Kapitalverwaltungsgesellschaften berechtigt, auf ein sog. Referenzkonto des Kunden zuzugreifen, wird es nicht beanstandet, dort den Fehlbetrag einzuziehen.

Vgl. hierzu Rz. 251a–c des BMF-Schreibens vom 18. Januar 2016 (geändert durch BMF-Schreiben vom 3. Mai 2017), wiedergegeben im Anhang Nr. 2.1.

Hinweise:

Durch den auf den ersten Werktag des Folgejahres „verschobenen" Zuflusszeitpunkt für die Vorabpauschale wird die Vorabpauschale vorrangig mit ggf. aus dem Vorjahr übertragenen Verlusten und einem noch unverbrauchten Sparerpauschbetrag verrechnet.

2.2.13.4.3 Veräußerungsgewinne

97 Gewinne oder Verluste aus der Veräußerung (Rückgabe) von Investmentanteilen gelten als dritte Kategorie von Investmenterträgen. Zur Vermeidung einer Doppelbesteuerung werden die während der Haltedauer der Investmentanteile angesetzten Vorabpauschalen (ungeachtet einer möglichen Teilfreistellung) steuermindernd berücksichtigt. Vorabpauschalen, die in Zeiträumen der Auslandsverwahrung der Anteile zugeflossen sind oder für die keine Liquidität vorlag, werden nur über die Veranlagung

Vom Steuerabzug erfasste Kapitalerträge

steuermindernd berücksichtigt; bei Depotüberträgen im Inland hat das übertragende Institut den Umfang der angesetzten Vorabpauschalen dem aufnehmenden Institut mitzuteilen, vgl. Rz. 19.4–19.7 BMF-Schreiben vom 21. Mai 2019 (vgl. Anhang 2.3). Die Anteile an einem Investmentfonds gelten (steuerliche Fiktion!) als veräußert, wenn der Investmentfonds nicht mehr in den Anwendungsbereich des InvStG 2018 fällt. Der Entwurf des JStG 2019 sieht die Klarstellung vor, dass auch die beendete Abwicklung oder Liquidation des Fonds als Veräußerung der Anteile gilt.

Für die Veräußerungsgewinne gelten die Regeln für den Steuerabzug auf sog. neuen Abzugstatbeständen. Es gelten die Befreiungsregeln vom Steuerabzug nach § 43 Abs. 2 Satz 3 ff. EStG, d. h. auf Grundlage einer Freistellungserklärung oder bei Körperschaften (ggf. aufgrund einer Gruppenzugehörigkeitsbescheinigung) erfolgt kein Steuerabzug auf den Veräußerungsgewinn der Investmentanteile.

2.2.13.5 Teilfreistellungen

Die steuerliche Vorbelastung auf der Fondseingangsseite wird auf Ebene der Anleger in pauschalierter Form durch Teilfreistellungsquoten berücksichtigt. Die Teilfreistellung kommt bei Ausschüttungen, anzusetzenden Vorabpauschalen und in Bezug auf Veräußerungsgewinne (und -verluste) zum Ansatz. Das Gesetz unterscheidet anhand der festgelegten Anlagebedingungen zwischen folgenden Fondstypen, für die jeweils unterschiedliche Teilfreistellungsquoten gelten:

98

Aktienfonds	Mischfonds	Immobilienfonds Anlageschwerpunkt Inland	Immobilienfonds Anlageschwerpunkt Ausland
30 %	15 %	60 %	80 %

Zur Erläuterung: Mit den unterschiedlichen Prozentsätzen wird die unterschiedliche steuerliche Vorbelastung der Anlagegegenstände des Fonds berücksichtigt. Bei Aktienfonds (die zu mehr als 50 Prozent in Aktien investiert sind) wird der steuerlichen Vorbelastung auf Dividendeneinnahmen Rechnung getragen. Bei Mischfonds, die eine geringere Aktienquote (mindestens jedoch 25 Prozent) haben, kommt entsprechend eine geringere Teilfreistellung zur Anwendung. Da die Erträge von Immobilienfonds noch umfassender einer steuerlichen Vorbelastung unterliegen, kommen entsprechend höhere Teilfreistellungsquoten zur Anwendung.

Hinweis:

Im Rahmen der Veranlagung gelten für betriebliche Anleger z. T. höhere Teilfreistellungsquoten. Im Steuerabzugsverfahren kommen nur die oben angegebenen Teilfreistellungsquoten für Privatanleger zur Anwendung.

99 **Beispiel Aktienfonds**

Anleger A hält 100 Anteile an einem Aktienfonds. Der Fonds schüttet je Anteil 1 Euro aus. A erhält daher eine Ausschüttung von 100 Euro. Auf diese Ausschüttung ist die Teilfreistellung von 30 Prozent anzuwenden. Das bedeutet, dass von den 100 Euro Ertrag nur 70 Euro zu versteuern sind. Die depotführende Bank des A führt hierauf 25 Prozent Abgeltungsteuer zuzüglich Solidaritätszuschlag ab. Dies ergibt einen Steuerabzugsbetrag von (70 Euro x 26,375 Prozent =) 18,46 Euro. Nach Abzug dieses Betrages verbleibt für A eine Gutschrift von 81,54 Euro.

100 **Beispiel Immobilienfonds**

Anleger B hält 100 Anteile an einem Immobilienfonds mit Anlageschwerpunkt Deutschland. Der Fonds schüttet je Anteil 1 Euro aus. B erhält daher eine Ausschüttung von 100 Euro. Auf diese Ausschüttung ist die Teilfreistellung von 60 Prozent anzuwenden. Das bedeutet, dass von 100 Euro Ertrag nur 40 Euro zu versteuern sind. Die depotführende Bank des B führt hierauf 25 Prozent Abgeltungsteuer zuzüglich Solidaritätszuschlag ab. Dies ergibt einen Steuerabzugsbetrag von (40 Euro x 26,375 Prozent =) 10,55 Euro. Nach Abzug dieses Betrages verbleibt für B eine Gutschrift von 89,45 Euro.

Änderung des anzuwendenden Teilfreistellungssatzes

101 Ändert sich der Teilfreistellungssatz oder fallen die Voraussetzungen für die Teilfreistellung weg, gilt der Investmentanteil als veräußert und am Folgetag als angeschafft; als Veräußerungserlös und Anschaffungskosten ist der Rücknahmepreis des Tages anzusetzen, an dem die Änderung eingetreten ist oder an dem die Voraussetzungen weggefallen sind.

Der Investmentanteil gilt mit Ablauf des Veranlagungszeitraums als veräußert, wenn der Anleger in dem Veranlagungszeitraum den Nachweis für eine Teilfreistellung des Fonds erbringt und in dem folgenden Veranlagungszeitraum keinen Nachweis oder einen Nachweis für einen anderen Teilfreistellungssatz erbringt. In diesen Fällen ist der letzte festgesetzte Rücknahmepreis des Veranlagungszeitraums anzusetzen, in dem das Vorliegen der Voraussetzungen für eine Teilfreistellung oder für einen anderen Teilfreistellungssatz nachgewiesen wurde. Zu den Nachweisvoraussetzungen vgl. Rz. 20.11 ff. BMF-Schreiben vom 21. Mai 2019 (vgl. Anhang 2.3). Die Regelung darf laut Rz. 22.7 des BMF-Schreibens vom

21. Mai 2019 (vgl. Anhang 2.3) allerdings nicht als ein Wahlrecht des Steuerpflichtigen betrachtet werden; soweit sich daher aus öffentlich zugänglichen Quellen ergibt, dass die Voraussetzungen für den bisherigen Teilfreistellungssatz weitergelten, ist weder eine Änderung dieses Satzes noch die Veräußerungsfiktion anzuwenden.

Wird kein Rücknahmepreis festgesetzt, so tritt der Börsen- oder Marktpreis an die Stelle des Rücknahmepreises.

Die Versteuerung des Gewinns aus der fiktiven Veräußerung erfolgt allerdings nachgelagert im Zeitpunkt, in dem der Investmentanteil tatsächlich veräußert wird. Ungeachtet der fiktiven Veräußerung greift für das gesamte Jahr eine ggf. anzusetzende Vorabpauschale, Rz. 20.4 BMF-Schreiben vom 21. Mai 2019 (vgl. Anhang 2.3).

2.2.13.6 Verschmelzung von Investmentfonds

Wie im bisherigen Investmentsteuerrecht auch, können Investmentfonds, die demselben Aufsichtsregime unterliegen (also z. B. zwei im Inland aufgelegte Investmentfonds) steuerneutral verschmolzen werden. Der übernehmende Investmentfonds tritt dabei in die steuerliche Rechtsstellung des übertragenden Investmentfonds ein. Die Ausgabe der Anteile am übernehmenden Investmentfonds an die Anleger des übertragenden Investmentfonds gilt nicht als Tausch. Die erworbenen Anteile an dem übernehmenden Investmentfonds treten an die Stelle der Anteile an dem übertragenden Investmentfonds („Fußstapfentheorie"). Erhalten die Anleger des übertragenden Investmentfonds eine Barzahlung (§ 190 KAGB), so gilt diese als Investmentertrag (Ausschüttung).

102

Ändert sich im Zuge der Verschmelzung die anzuwendende Teilfreistellungsquote, führt dies zu einer fiktiven Veräußerung und Neuanschaffung der Fondsanteile, § 22 Abs. 1 Satz 1 InvStG 2018. Die steuerlichen Folgen hieraus treten allerdings erst bei tatsächlicher Veräußerung (Rückgabe) der Fondsanteile ein.

Diese Regelungen gelten auch für die Verschmelzung von ausländischen Investmentfonds miteinander, die demselben Recht eines Amts- und Beitreibungshilfe leistenden ausländischen Staates unterliegen.

2.2.13.7 Erträge bei der Abwicklung eines Investmentfonds

Während der Abwicklung eines Investmentfonds (maximal für einen Abwicklungszeitraum von fünf Jahren nach dem Jahr, in dem die Abwicklung beginnt) gelten Ausschüttungen nur insoweit als Ertrag, wie in ih-

103

nen der Wertzuwachs eines Kalenderjahres enthalten ist. Zur Ermittlung dieses Wertzuwachses ist die Summe der Ausschüttungen für ein Kalenderjahr zu ermitteln und mit dem letzten in dem Kalenderjahr festgesetzten Rücknahmepreis zusammenzurechnen. Übersteigt die sich daraus ergebende Summe den ersten im Kalenderjahr festgesetzten Rücknahmepreis, so ist die Differenz der Wertzuwachs. Nach dem Referentenentwurf eines JStG 2019 soll ab 2020 an die Stelle des ersten im Kalenderjahr festgesetzten Rücknahmepreises die fortgeführten Anschaffungskosten des Anlegers (bei bestandsgeschützten Alt-Anteilen: die fiktiven Anschaffungskosten zum 1. Januar 2018) treten.

Die Regelung hat zur Folge, dass Ausschüttungen, die den Wertzuwachs eines Kalenderjahres übersteigen, insoweit als Kapitalrückzahlungen anzusehen sind. Die im Zuflusszeitpunkt von der depotführenden Stelle (Bank) erhobene Kapitalertragsteuer ist in diesem Fall nachträglich zu erstatten. Zu dieser gesetzlichen Erstattungsregelung des § 44b Abs. 1 EStG vgl. Kapitel 6.2.

Soweit Kapitalrückzahlungen anzunehmen sind, mindern sich die Anschaffungskosten der betreffenden Investmentanteile. Aus Sicht der Finanzverwaltung können die Anschaffungskosten allerdings nicht negativ werden. Liegen der Bank keine Anschaffungsdaten vor, kann eine Kapitalrückzahlung nur in der Veranlagung geltend gemacht werden. Vgl. Rz. 17.7–17.9 des BMF-Schreibens vom 21. Mai 2019 (vgl. Anhang 2.3).

2.2.13.8 Der Übergang zum neuen Recht im Einzelnen

Durch die Anordnung, dass für alle Fonds zum 31. Dezember 2017 steuerlich ein Wirtschaftsjahr endet, kommt es letztmalig zum 31. Dezember 2017 zu ausschüttungsgleichen Erträgen, die noch im Veranlagungsjahr 2017 zu versteuern sind. Da ab dem 1. Januar 2018 keine Ausschüttung von Investmenterträgen nach altem Recht mehr möglich ist, ordnet der Gesetzgeber an, dass alle im Jahr 2017 erwirtschafteten und noch nicht ausgeschütteten ordentlichen Erträge des Investmentvermögens zum 31. Dezember 2017 als ausschüttungsgleiche Erträge gelten. Auch dies ist Ausfluss des vom Gesetzgeber angeordneten „harten Schnitts".

Hinweis:

Diese Regelung führt für alle derzeit als ausschüttend klassifizierten Investmentvermögen dazu, dass im Jahr 2017 eine Ertrags„ballung" entsteht. Inländische Fonds müssen nach den bisherigen gesetzlichen Vorschriften die für den Steuerabzug auf ausschüttungsgleiche Erträge

Vom Steuerabzug erfasste Kapitalerträge

erforderliche Steuerliquidität den auszahlenden Stellen (Banken) zur Verfügung stellen.

Hinweis:

Die Finanzverwaltung hat zur Ermittlung der Thesaurierungsbeträge für das (Rumpf-)Geschäftsjahr 31. Dezember 2017 gegenüber der Fondsbranche großzügige Erleichterungen vorgesehen, damit die Fonds die steuerrelevanten ausschüttungsgleichen Erträge zeitnah nach dem Jahreswechsel ermitteln und den Instituten mitteilen können.

Zur Ermittlung der Erträge kann der Investmentfonds dabei auf den Durchschnitt der Werte der letzten zwei Fonds-Geschäftsjahre abstellen. Die im Rahmen dieses „vereinfachten Verfahrens" ermittelten Werte hatte der Investemtfonds bis zum 30. April 2018 zu veröffentlichen. Sofern diese Werte von den tatsächlichen Werten abweichen, hat der Investmentfonds grundsätzlich ein Korrekturverfahren durchzuführen. Die Unterschiedsbeträge sind vom Investmentfonds bis zum 30. Juni 2019 (BMF-Schreiben vom 21. Mai 2019, Rz. 56.15, vgl. Anhang 2.3) im Bundesanzeiger zu veröffentlichen. Ein Korrekturverfahren kann unterbleiben, wenn die tatsächlichen Besteuerungsgrundlagen nicht um mehr als 30 Prozent von den im vereinfachten Verfahren ermittelten Werten abweichen.

Eine Verpflichtung des Anlegers zur Angabe der Unterschiedsbeträge in seiner Steuererklärung entfällt, wenn die zulasten des Anlegers anzusetzenden Unterschiedsbeträge weniger als 500 Euro betragen, § 13 Abs. 4b Satz 3 InvStG 2004.

Wenn Anteile tatsächlich veräußert werden, bevor dem Entrichtungspflichtigen die Besteuerungsgrundlagen für das mit Ablauf des 31. Dezember 2017 endende (Rumpf-)Geschäftsjahr vorliegen, so ist der Kapitalertragsteuerabzug zunächst aufgrund von Schätzwerten i. S. d. Rz. 139 des BMF-Schreibens vom 18. August 2009 (BStBl. I S. 931) vorzunehmen. Wenn anschließend die Besteuerungsgrundlagen veröffentlicht werden, hat der Entrichtungspflichtige zu viel erhobene Kapitalertragsteuer zu erstatten und bei zu geringem Steuerabzug eine Nacherhebung vorzunehmen. Stellt der Steuerpflichtige den zur Erhebung der Kapitalertragsteuer erforderlichen Geldbetrag nicht zur Verfügung, so hat der Entrichtungspflichtige dies dem für ihn zuständigen Betriebsstättenfinanzamt anzuzeigen (§ 44 Abs. 1 Satz 10 EStG). Vgl. hierzu Rz. 56.13–56.17 des BMF-Schreibens vom 21. Mai 2019 (vgl. Anhang 2.3).

Steuerabzug vom Kapitalertrag

2.2.13.8.1 Fiktiver Veräußerungsgewinn zum 31. Dezember 2017

105 Der Gesetzgeber ordnet die fiktive Veräußerung der Anteile an Investmentvermögen und an Kapital-Investitionsgesellschaften i. S. d. bis 31. Dezember 2017 geltenden Investmentsteuerrechts mit Wirkung zum 31. Dezember 2017 an. Die Veräußerungsfiktion gilt auch für Anteile an Anlagevehikeln („Organismen"), die aufgrund des erweiterten persönlichen Anwendungsbereichs des neuen Investmentsteuerrechts erstmals ab 1. Januar 2018 dem Investmentsteuergesetz unterliegen. Anteile, die unter die Veräußerungsfiktion fallen, werden nachfolgend entsprechend der gesetzlichen Definition als „Alt-Anteile" bezeichnet. Zum 1. Januar 2018 gelten alle diese Alt-Anteile als fiktiv neu angeschafft.

Als fiktiver Veräußerungserlös ist der letzte im Kalenderjahr 2017 festgesetzte Rücknahmepreis anzusetzen. Dabei ist die Steuerliquidität, die die Investmentfonds den auszahlenden Stellen zur Erhebung der Kapitalertragsteuer auf die ausschüttungsgleichen Erträge zur Verfügung stellen, bei der Ermittlung des letzten Rücknahmepreises des Kalenderjahres 2017 abzuziehen. Falls kein um die Steuerliquidität bereinigter letzter Rücknahmepreis ermittelt und bekannt gemacht wird, kann aus Vereinfachungsgründen auf den ersten im Kalenderjahr 2018 festgesetzten Rücknahmepreis abgestellt werden. Hilfsweise kommen Börsen- oder Marktpreis bzw. Ersatzbemessungsgrundlage (30 Prozent der Anschaffungskosten, vgl. § 8 Abs. 6 Satz 2 i. V. m. § 43 Abs. 1 Satz 1 Nr. 9, § 43a Abs. 2 Satz 10 EStG) zur Anwendung.

Verluste aus der fiktiven Veräußerung von Alt-Anteilen an Kapital-Investitionsgesellschaften fallen unter die für Aktien geltende Verrechnungsbeschränkung des § 20 Abs. 6 Satz 4 EStG. Vgl. Rz. 56.28 des BMF-Schreibens vom 21. Mai 2019 (vgl. Anhang 2.3).

Der fiktive Veräußerungsgewinn oder Verlust wird erst im Zeitpunkt der tatsächlichen Veräußerung (Rückgabe) der Alt-Anteile vom Anleger versteuert. Es gelten dann die Besteuerungsregeln im Zeitpunkt der tatsächlichen Veräußerung (Rückgabe).

Im Prinzip wird daher zunächst nur die Bemessungsgrundlage aus der fiktiven Veräußerung ermittelt.

Die depotführende Stelle (Bank) hat den fiktiven Veräußerungsgewinn bis zum 31. Dezember 2020 zu ermitteln und bis zur tatsächlichen Veräußerung vorzuhalten. Die Speicherpflicht entfällt, wenn die Investmentanteile vor dem 31. Dezember 2020 veräußert werden (vgl. Rz. 56.82 des

Vom Steuerabzug erfasste Kapitalerträge

BMF-Schreibens vom 21. Mai 2019, vgl. Anhang 2.3). Auf Verlangen des Kunden ist diesem diese Bemessungsgrundlage mitzuteilen. Im Fall der Veranlagung der Einkünfte aus Kapitalvermögen ist vom Steuerpflichtigen (Kunden) spätestens bis zum 31. Dezember 2021 eine Erklärung zur gesonderten Feststellung des fiktiven Veräußerungsgewinns gegenüber dem zuständigen Veranlagungsfinanzamt abzugeben.

Folgende steuerliche Werte sind von den depotführenden Stellen zu ermitteln und zu speichern:

▷ Gewinn oder Verlust aus der fiktiven Veräußerung

▷ die akkumulierten ausschüttungsgleichen Erträge und die nach § 6 InvStG 2004 als zugeflossen geltenden Beträge aus ausländischen thesaurierenden Investmentfonds (§ 7 Abs. 1 Satz 1 Nr. 3 InvStG 2004) und

▷ der Zwischengewinn (§ 7 Abs. 1 Satz 1 Nr. 4 InvStG 2004).

Hinweise:

In der Praxis besteht das Bestreben, den fiktiven Veräußerungsgewinn sehr zeitnah nach dem fiktiven Veräußerungszeitpunkt zu ermitteln, damit Anschlusstransaktionen (bei denen dann die fiktive Veräußerung auch steuerlich zu berücksichtigen ist) von Beginn an steuerlich korrekt abgerechnet werden können.

Der fiktive Veräußerungsgewinn (oder -verlust) unterliegt dann dem Steuerabzug nach § 43 Abs. 1 Satz 1 Nr. 9 EStG. Die entsprechenden Abstandnahmeregeln sind anzuwenden. Sind die historischen Anschaffungskosten nicht bekannt, erfolgt der Ansatz der Ersatzbemessungsgrundlage (30 Prozent des letzten im Kalenderjahr 2017 festgesetzten Rücknahmepreises oder des Börsen- oder Marktpreises zum Ende des Kalenderjahres 2017). Kann weder ein Rücknahmepreis noch ein Börsen- oder Marktpreis ermittelt werden, ist keine Ersatzbemessunsgrundlage für den Gewinn aus der fiktiven Veräußerung anzusetzen. Es sind jedoch 30 Prozent der Einnahmen aus der tatsächlichen Veräußerung als Ersatzbemessungsgrundlage für den ab 1. Januar 2018 entstandenen Gewinn anzusetzen. Wenn auch für den tatsächlichen Veräußerungsgewinn kein Rücknahmepreis bzw. Kurswert vorliegt, wäre eine Anzeige (Anhang 3.6.2) entsprechend § 44 Abs. 1 Satz 10 EStG an das Betriebsstättenfinanzamt erforderlich.

In der Steuerbescheinigung sind im Jahr der tatsächlichen Veräußerung Angaben zu dem fiktiven Veräußerungsgewinn (-verlust) zu machen. Dabei sind Fälle, in denen der fiktive Veräußerungsgewinn pauschal ermittelt wurde, gesondert auszuweisen. Im Fall der Ersatzbemessungsgrundlage ist die Steuerbescheinigung von der Bank verpflichtend auszustellen, § 56 Abs. 3 Satz 5 InvStG.

Der Anleger ist bei Ansatz der Ersatzbemessungsgrundlage grundsätzlich zu einer Erklärung des tatsächlichen Veräußerungsgewinns in der Veranlagung verpflichtet. Die Erklärungspflicht besteht nur dann nicht, wenn die Ersatzbemessungsgrundlage höher ist als der Gewinn aus der fiktiven Veräußerung. Aus Billigkeitsgründen verzichtet die Finanzverwaltung auf eine Erklärung, wenn die Differenz zwischen der Ersatzbemessungsgrundlage und dem tatsächlichen Gewinn aus der fiktiven Veräußerung zuzüglich etwaiger Differenzen aus dem Ansatz sonstiger Ersatzbemessungsgrundlagen je Veranlagungszeitraum nicht mehr als 500 Euro beträgt und keine weiteren Gründe für eine Veranlagung nach § 32d Abs. 3 EStG vorliegen. Vgl. Rz. 56.75 des BMF-Schreibens vom 21. Mai 2019 (vgl. Anhang 2.3).

Im Zeitpunkt der tatsächlichen Veräußerung ist auch der nachholende Steuerabzug auf die während der Besitzzeit als zugeflossen geltenden, noch nicht dem Steuerabzug unterworfenen ausschüttungsgleichen Erträge i. S. d. § 7 Abs. 1 Satz 1 Nr. 3 InvStG 2004 vorzunehmen. Hierzu gehören auch die Mehr- oder Mindestbeträge i. S. d. § 6 Abs. 1 Satz 1 InvStG 2004 sowie die nach den §§ 17 Abs. 1 Satz 3, 18 Abs. 1 Satz 3 und Abs. 3 Satz 3 des AuslInvestmentG als zugeflossen geltenden Erträge (akkumulierte ausschüttungsgleiche Erträge). Sofern der Steuerabzug auf die Ersatzbemessungsgrundlage nach § 56 Abs. 3 Satz 4 InvStG und der Steuerabzug auf die akkumulierten ausschüttungsgleichen Erträge nebeneinander anwendbar sind, wird nicht beanstandet, wenn nur ein Steuerabzug auf die höhere der beiden Bemessungsrundlagen vorgenommen wird. Der nachgeholte Steuerabzug ist im Rahmen der Veranlagung zu erstatten, soweit der Steuerpflichtige gegenüber dem Finanzamt die korrekte Versteuerung der ausschüttungsgleichen Erträge im jweiligen Zuflussjahr nachweist. Vgl. Rz. 56.77–56.78 des BMF-Schreibens vom 21. Mai 2019 (vgl. Anhang 2.3).

Überträgt der Anleger die Alt-Anteile auf ein Depot bei einem anderen Kreditinstitut (gläubigeridentischer Übertrag), hat grundsätzlich das abgebende Institut die Daten zum fiktiven Veräußerungsgewinn und die weiteren steuerlichen Daten zu ermitteln und an das aufnehmende Institut zu übermitteln. Bei einem Übertrag aus dem Ausland kann das aufnehmende Institut die relevanten Daten anhand der (auf freiwilliger Ba-

Vom Steuerabzug erfasste Kapitalerträge

sis) mitgeteilten Anschaffungsdaten ermitteln. Vgl. Rz. 56.84–56.85 des BMF-Schreibens vom 21. Mai 2019 (vgl. Anhang 2.3).

2.2.13.8.2 Besonderer Freibetrag bei im Privatvermögen gehaltenen bestandsgeschützten Alt-Anteilen

Privatanleger konnten Anteile an Investmentvermögen, die vor 2009 erworben wurden, bislang steuerfrei veräußern. Aufgrund des Systemwechsels und des damit verbundenen „harten Schnitts" wird dieser Bestandsschutz nicht mehr fortgeführt. Steuerfrei bleibt allerdings der fiktive Veräußerungsgewinn per 31. Dezember 2017. In Bezug auf ab 2018 eintretende Wertzuwächse (ausgehend von dem zum 1. Januar 2018 fingierten Anschaffungswert) wird jedoch im Wege der Veranlagung ein besonderer Freibetrag i. H. v. 100.000 Euro gewährt. Mit dieser Regelung will der Gesetzgeber die wirtschaftlichen Folgen im Hinblick auf den künftig (für Wertzuwächse ab 2018) entfallenden Bestandsschutz für die Anleger abmildern.

106

Im Steuerabzugsverfahren spielt der Freibetrag keine Rolle. Die bei tatsächlicher Veräußerung bestandsgeschützter Altanteile erzielten – auf die Wertentwicklung ab 2018 entfallenden – Gewinne und Verluste werden mit anderen Kapitalerträgen verrechnet.

Hinweis:

In der Steuerbescheinigung sind – unsaldiert – jeweils Gewinne und Verluste aus der Veräußerung bestandsgeschützter Alt-Anteile als nachrichtliche Angaben vorgesehen.

Beispiel (nach Rz. 56.104 des BMF-Schreibens vom 21. Mai 2019; vereinfacht ohne Solidaritätszuschlag und Kirchensteuer):

Gewinn aus bestandsgeschützten Alt-Anteilen

(realisierter Wertzuwachs ab 2018) + 11.000 €

Verlust aus bestandsgeschützten Alt-Anteilen

(realisierter Wertverlust ab 2018) – 9.000 €

Sonstige Kapitalerträge + 6.000 €

Summe der Kapitalerträge + 8.000 €

Kapitalertragsteuer (KapSt) 2.000 €

Steuerabzug vom Kapitalertrag

In der Steuerbescheinigung ist im nachrichtlichen Teil ein Gewinn aus der Veräußerung bestandsgeschützter Alt-Anteile i. H. v. 11.000 Euro und ein Verlust aus der Veräußerung bestandsgeschützter Alt-Anteile i. H. v. 9.000 Euro auszuweisen.

Im Veranlagungsverfahren ist auf den Gewinn aus bestandsgeschützten Alt-Anteilen i. H. v. 11.000 Euro der Freibetrag nach § 56 Abs. 6 Satz 1 Nr. 2 InvStG anzuwenden. Der verbleibende Freibetrag i. H. v. 89.000 Euro ist nach § 56 Abs. 6 Satz 2 InvStG gesondert festzustellen. Aufgrund der Steuerfreistellung reduzieren sich die Kapitaleinkünfte auf −3.000 Euro (8.000 Euro − 11.000 Euro = −3.000 Euro). Der Verlust i. H. v. 3.000 Euro ist nach § 20 Abs. 6 Satz 2 EStG auf Folgezeiträume zu übertragen und nach § 20 Abs. 6 Satz 3 i. V. m. § 10d Abs. 4 EStG festzustellen. Die einbehaltene Kapitalertragsteuer ist in vollem Umfang zu erstatten.

Beispiel (nach Rz. 56.105 des BMF-Schreibens vom 21. Mai 2019 (vgl. Anhang 2.3); vereinfacht ohne Solidaritätszuschlag und Kirchensteuer):
Gewinn aus bestandsgeschützten Alt-Anteilen

(realisierter Wertzuwachs ab 2018) + 11.000 €

Verlust aus bestandsgeschützten Alt-Anteilen

(realisierter Wertverlust ab 2018) − 15.000 €

Sonstige Kapitalerträge + 3.000 €

Summe der Kapitalerträge (Verlust) − 1.000 €

In Vorjahren hat sich der verbleibende Freibetrag nach § 56 Abs. 6 Satz 2 bereits auf 40.000 Euro reduziert. In der Verlustbescheinigung ist im nachrichtlichen Teil ein Gewinn aus der Veräußerung bestandsgeschützter Alt-Anteile i. H. v. 11.000 Euro und ein Verlust aus der Veräußerung bestandsgeschützter Alt-Anteile i. H. v. 15.000 Euro auszuweisen.

Im Veranlagungsverfahren ist auf den Gewinn aus bestandsgeschützten Alt-Anteilen i. H. v. 11.000 Euro der Freibetrag nach § 56 Abs. 6 Satz 1 Nr. 2 InvStG anzuwenden. Der verbleibende Freibetrag i. H. v. 29.000 Euro ist nach § 56 Abs. 6 Satz 2 InvStG gesondert festzustellen. Aufgrund der Steuerfreistellung erhöhen sich die Verluste aus Kapitalvermögen auf 12.000 Euro (−1.000 Euro − 11.000 Euro).

Vom Steuerabzug erfasste Kapitalerträge

Der Verlust i. H. v. 12.000 Euro ist nach § 20 Abs. 6 Satz 2 EStG auf Folgezeiträume zu übertragen und nach § 20 Abs. 6 Satz 3 i. V. m. § 10d Abs. 4 EStG festzustellen.

Das Gesetz hatte zunächst auch den Fall eines Wiederauflebens des Freibetrags auf Antrag des Steuerpflichtigen vorgesehen. Diese Option wurde auf dem Wege des Gesetzes zur Vermeidung von Umsatzsteuerausfällen beim Handel mit Waren im Internet und zur Änderung weiterer steuerlicher Vorschriften (UStVermG, früher: Jahressteuergesetz 2018) gestrichen, da sie im Ergebnis überflüssig ist. Die Verluste aus der Veräußerung von bestandsgeschützten Alt-Anteilen können mit positiven anderen Kapitaleinkünften verrechnet werden. Wenn keine positiven anderen Kapitaleinkünfte vorhanden sind oder die Verluste aus der Veräußerung der bestandsgeschützten Alt-Anteile überwiegen, sind die nicht verrechneten Verluste auf Ebene des entrichtungspflichtigen Kreditinstituts oder im Rahmen der Veranlagung auf das nächste Kalenderjahr zu übertragen (§ 43a Abs. 3 Satz 3 EStG oder § 20 Abs. 6 EStG).

Für sog. Millionärsfonds und steueroptimierte Geldmarktfonds, für die der Gesetzgeber bereits bei Einführung der Abgeltungsteuer den Bestandsschutz beschnitten hat, gilt der 100.000-Euro-Freibetrag nicht. **107**

Eine Erbschaft oder eine Schenkung begründen steuerrechtlich beim Erben oder Beschenkten keinen Anschaffungstatbestand. Der Erbe/Beschenkte tritt als (Gesamt-)Rechtsnachfolger in die Rechtsstellung des Erblassers/Schenkers, sodass insbesondere der Status der Investmentanteile als bestandsgeschützte Alt-Anteile übergeht. Der konkrete Zeitpunkt der Schenkung oder Erbschaft ist daher unbeachtlich. Werden die übergegangenen Investmentanteile vom (Gesamt-)Rechtsnachfolger bis zum Veräußerungszeitpunkt im Privatvermögen gehalten, kann der Erbe/Beschenkte den ihm zustehenden 100.000-Euro-Freibetrag bei Veräußerung der Investmentanteile geltend machen, soweit er ihn noch nicht anderweitig verbraucht hat. Vgl. Rz. 56.98 des BMF-Schreibens vom 21. Mai 2019 (vgl. Anhang 2.3).

2.2.13.8.3 Verlustverrechnung

Die ab 2018 entstandenen Verluste aus Anteilen an Investmentfonds sind uneingeschränkt mit anderen Kapitaleinkünften verrechenbar. Werden vor 2018 angeschaffte Anteile an Kapital-Investitionsgesellschaften veräußert, sind die Verluste aus der fiktiven Veräußerung (insoweit beschränkt verrechenbare Aktienverluste!) und der ab 2018 entstandene Verlust (insoweit uneingeschränkt verrechenbarer Verlust) gesondert zu betrachten. **108**

Steuerabzug vom Kapitalertrag

2.2.13.8.4 Fifo-Methode

109 Bei der tatsächlichen Veräußerung der Alt-Anteile gelten die zuerst angeschafften Anteile als zuerst veräußert (First-in-first-out-Methode).

Beispiel:
Privatanleger A erwirbt am 1. Februar 2017 zehn Anteile am I-Investmentfonds zu einem Preis von jeweils 80 Euro. Am 1. Mai 2017 erwirbt er weitere zehn Anteile zu einem Preis von jeweils 90 Euro und am 1. August 2017 zehn Anteile zu einem Preis von jeweils 100 Euro. Der Rücknahmepreis am 31. Dezember 2017 beträgt 120 Euro. Am 3. Januar 2018 veräußert A zehn Anteile zu einem Preis von 120 Euro.

Der fiktive Veräußerungsgewinn am 31. Dezember 2017 beträgt 900 Euro (30 * 120 Euro − [10 * 80 Euro + 10 * 90 Euro + 10 * 100 Euro] = 900 Euro). Dieser Gewinn kann gleichmäßig auf die vorhandenen 30 Anteile verteilt werden, sodass ein Gewinn von 30 Euro pro Anteil vorliegt. Bei der Veräußerung am 3. Januar 2018 fließen dem A 10 * 30 Euro = 300 Euro aus der fiktiven Veräußerung zu.

2.2.13.8.5 Nachholender Steuereinbehalt bei ausländischen thesaurierenden Fonds

110 Im Zeitpunkt der tatsächlichen Veräußerung von ausländischen thesaurierenden Fonds wird der nachholende Steuereinbehalt auf die noch nicht dem Steuerabzug unterworfenen akkumulierten ausschüttungsgleichen Erträge vorgenommen (§ 7 Abs. 1 Satz 1 Nr. 3 InvStG 2004).

Zum Hintergrund: Bis 31. Dezember 2017 besteht bei ausländischen thesaurierenden Investmentvermögen keine gesetzliche Grundlage für einen Steuerabzug auf die thesaurierten ausschüttungsgleichen Erträge. Im Gegensatz hierzu erfolgt seit 2012 auf die ausschüttungsgleichen Erträge inländischer thesaurierender Investmentvermögen ein Steuereinbehalt, da die Fonds zur Bereitstellung von Liquidität verpflichtet sind. Diese Rechtslage ändert sich ab 2018 durch die Einführung der Vorabpauschalen-Besteuerung. Hierbei besteht für die inländischen depotführenden Stellen in Bezug auf inländische und ausländische Investmentfonds die Verpflichtung zum Steuereinbehalt, wobei die erforderliche Steuerliquidität beim Anleger angefordert wird.

Hiervon werden aber die vor 2018 steuerlich zugeflossenen ausschüttungsgleichen Erträge noch nicht erfasst. Um den Besteuerungsanspruch des Fiskus insoweit zu sichern, ist vielmehr auch künftig erforderlich, im Rahmen der tatsächlichen Veräußerung der Anteile an ausländischen thesaurierenden Investmentvermögen einen besonderen Steuereinbehalt vorzunehmen (d. h. Erhebung der besonderen Kapitalertragsteuer auf die bis zum Zeitpunkt der Veräußerung als zugeflossen geltenden und noch nicht dem Steuerabzug unterworfenen Kapitalerträge, sog. akkumulierte ausschüttungsgleiche Erträge bzw. Mehrbeträge).

Der besondere Kapitalertragsteuerabzug wird nach der individuellen Haltedauer des Anlegers ermittelt, sofern Anschaffungsdaten vorhanden bzw. bei einem vorangehenden Depotwechsel mit übertragen wurden. Andernfalls wird der Gesamtbetrag der im Investmentvermögen seit dem 1. Januar 1994 aufgelaufenen sog. Mehrbeträge als Bemessungsgrundlage für den Steuerabzug zugrunde gelegt.

Dieser besondere Steuerabzug wird dem Anleger im Rahmen des Veranlagungsverfahrens erstattet, soweit er die thesaurierten Erträge in dem jeweiligen Jahr des steuerlichen Zuflusses bereits versteuert hat. Für den „nachholenden" Kapitalertragsteuerabzug gilt einheitlich ein Steuersatz von 25 Prozent. Es ist nicht auf das „fiktive Zuflussjahr" abzustellen.

2.2.13.8.6 Depotübertrag

Bei einem Depotübertrag sind die Daten zu dem fiktiven Veräußerungsgewinn und zu den Erträgen i. S. d. § 7 Abs. 1 Satz 1 Nr. 3 InvStG 2004 dem aufnehmenden Kreditinstitut mitzuteilen.

Bei einem Depotübertrag aus dem Ausland ist die Übermittlung dieser Daten nicht vorgesehen, da es sich hier nicht um für ausländische Kreditinstitute zugängliche Daten handelt, sondern um das Ergebnis der steuerlichen Gewinnermittlungsvorschriften des § 8 Abs. 5 InvStG 2004. Die Finanzverwaltung plant eine Nichtbeanstandung: Wenn das abgebende ausländische depotführende Kreditinstitut die Anschaffungsdaten mitteilt, kann das aufnehmende inländische depotführende Kreditinstitut von einer Anwendung der Ersatzbemessungsgrundlage absehen und stattdessen auf Basis dieser Anschaffungsdaten den Gewinn aus der fiktiven Veräußerung ermitteln.

2.2.13.9 Spezial-Investmentfonds

Grundsätzlich gilt auch für Spezial-Investmentfonds künftig eine Steuerpflicht für inländische Beteiligungseinnahmen, inländische Immobilienerträge und sonstige inländische Einkünfte. Auf die dem Steuerabzug unterliegenden Einnahmen hat die Verwahrstelle des Spezial-Investmentfonds Kapitalertragsteuer und Solidaritätszuschlag (zusammen 15 Prozent der Einnahmen) vorzunehmen.

Steuerabzug vom Kapitalertrag

Der Steuereinbehalt entfällt, wenn der Spezial-Investmentfonds gegenüber der Verwahrstelle unwiderruflich erklärt, dass den Anlegern des Spezial-Investmentfonds Steuerbescheinigungen gemäß § 45a Abs. 2 EStG auszustellen sind.

Unklar ist derzeit noch, ob das Wahlrecht in späteren Veranlagungszeiträumen neu ausgeübt werden kann. Allerdings wird das Wahlrecht nur für künftig zufließende Einnahmen des Fonds Wirkung entfalten.

Wird die Transparenzoption ausgeübt, gelten die inländischen Beteiligungseinnahmen und sonstigen inländischen Erträge steuerlich dem Anleger des Spezial-Investmentfonds als Gläubiger der Kapitalerträge als zugeflossen.

Die Steuerpflicht für die inländischen Immobilienerträge eines Spezial-Investmentfonds entfällt, wenn der Spezial-Investmentfonds auf ausgeschüttete und ausschüttungsgleiche inländische Immobilienerträge Kapitalertragsteuer erhebt, an die zuständige Finanzbehörde abführt und den Anlegern Steuerbescheinigungen ausstellt.

Auswirkungen der Transparenzoption auf die Verwahrstellen

113 Nimmt der Spezial-Investmentfonds die Transparenzoption wahr, sind die Regelungen für den Steuerabzug so anzuwenden, als ob dem Anleger des Spezial-Investmentfonds die inländischen Beteiligungseinnahmen oder sonstigen inländischen Einkünfte unmittelbar selbst zugeflossen wären. In den von der Verwahrstelle auszustellenden Steuerbescheinigungen sind dementsprechend zusätzliche Angaben zu den Anlegern, deren Beteiligungsumfang, dem daraus resultierenden Anteil an dem Kapitalertrag und der Kapitalertragsteuer erforderlich.

Vom Steuerabzug erfasste Kapitalerträge

2.2.13.10 Investmenterträge nach altem und neuem Recht

Inländisches Publikums-Investmentvermögen (Anteile bei inländischer depotführender Stelle verwahrt)	Steuerlich nicht zu erfassen	Abgeltungsteuer wird einbehalten	Kirchen-Steuer wird (auf Antrag) einbehalten	Veranlagung zum Abgeltungsteuersatz	Behandlung ab 2018: Investmentertrag, auf den KESt, SolZ und ggf. KiSt einbehalten wird
Ausgeschüttete Zinsen		✔	✔		✔
Thesaurierte Zinsen		✔	✔		✔ Vorabpauschale
Ausgeschüttete ausländische Erträge mit Quellensteuervorbelastung		Anrechnung der ausländischen Steuer			✔
Thesaurierte ausländische Erträge mit Quellensteuervorbelastung		Anrechnung der ausländischen Steuer			✔ Vorabpauschale
Ausgeschüttete inländische Dividenden		✔	✔		✔ Ggf. Teilfreistellung 30 Prozent
Thesaurierte inländische Dividenden		✔	✔		✔ Vorabpauschale, ggf. Teilfreistellung 30 Prozent
Ausgeschüttete ausländische Dividenden		✔	✔		✔ Ggf. Teilfreistellung 30 Prozent

114

Steuerabzug vom Kapitalertrag

Inländisches Publikums-Investmentvermögen (Anteile bei inländischer depotführender Stelle verwahrt)	Steuerlich nicht zu erfassen	Abgeltungsteuer wird einbehalten	Kirchen-Steuer wird (auf Antrag) einbehalten	Veranlagung zum Abgeltungsteuersatz	Behandlung ab 2018: Investmentertrag, auf den KESt, SolZ und ggf. KiSt einbehalten wird
Thesaurierte ausländische Dividenden		✔	✔		✔ Vorabpauschale, ggf. Teilfreistellung 30 Prozent
Ausgeschüttete Gewinne aus der Veräußerung von Wertpapieren und Gewinne aus Termingeschäften, sofern die Wertpapiere vor dem 1. Januar 2009 angeschafft wurden bzw. die Termingeschäfte vor dem 1. Januar 2009 eingegangen wurden	✔ Wenn der Anteil vom Anleger vor dem 1. Januar 2009 erworben wurde	Nachträgliche Erfassung bei Veräußerung der Anteile, wenn der Anleger diese erst nach dem 31. Dezember 2008 erworben hat			✔
Ausschüttung von Gewinnen aus der Veräußerung von Wertpapieren und Gewinnen aus Termingeschäften, sofern die Wertpapiere nach dem 31. Dezember 2008 angeschafft wurden bzw. die Termingeschäfte nach dem 31. Dezember 2008 eingegangen wurden		✔	✔		✔

Vom Steuerabzug erfasste Kapitalerträge

Inländisches Publikums-Investmentvermögen (Anteile bei inländischer depotführender Stelle verwahrt)	Steuerlich nicht zu erfassen	Abgeltungsteuer wird einbehalten	Kirchen-Steuer wird (auf Antrag) einbehalten	Veranlagung zum Abgeltungsteuersatz	Behandlung ab 2018: Investmentertrag, auf den KESt, SolZ und ggf. KiSt einbehalten wird
Thesaurierung von Gewinnen aus der Veräußerung von Aktien		Nur steuerpflichtig, wenn der Anleger den Anteil nach dem 31. Dezember 2008 erworben hat. Die Besteuerung erfolgt erst bei späterer Ausschüttung oder bei der Veräußerung des Anteils am Investmentvermögen durch den Anleger.			✔ Vorabpauschale, ggf. Teilfreistellung 30 Prozent)
Thesaurierung von Gewinnen aus Termingeschäften und Erträgen aus Stillhaltergeschäften					✔ Vorabpauschale

Steuerabzug vom Kapitalertrag

Inländisches Publikums-Investmentvermögen (Anteile bei inländischer depotführender Stelle verwahrt)	Steuerlich nicht zu erfassen	Abgeltungsteuer wird einbehalten	Kirchen-Steuer wird (auf Antrag) einbehalten	Veranlagung zum Abgeltungsteuersatz	Behandlung ab 2018: Investmentertrag, auf den KESt, SolZ und ggf. KiSt einbehalten wird
Thesaurierung von Gewinnen aus der Veräußerung und Einlösung von Kapitalforderungen, die eine Emissionsrendite haben, von fest oder variabel verzinslichen Kapitalforderungen (einschließlich Aktien-, Umtausch- und Wandelanleihen), von Gewinnobligationen und Fremdkapital-Genussrechten und von Cum-Optionsanleihen		Nur steuerpflichtig, wenn der Anleger den Anteil nach dem 31. Dezember 2008 erworben hat. Die Besteuerung erfolgt erst bei späterer Ausschüttung oder bei der Veräußerung des Anteils am Investmentvermögen durch den Anleger. Vereinnahmte Stückzinsen gelten als zugeflossen und unterliegen dem Steuereinbehalt			✔ Vorabpauschale

Vom Steuerabzug erfasste Kapitalerträge

Inländisches Publikums-Investmentvermögen (Anteile bei inländischer depotführender Stelle verwahrt)	Steuerlich nicht zu erfassen	Abgeltungsteuer wird einbehalten	Kirchen-Steuer wird (auf Antrag) einbehalten	Veranlagung zum Abgeltungsteuersatz	Behandlung ab 2018: Investmentertrag, auf den KESt, SolZ und ggf. KiSt einbehalten wird
Thesaurierung von Gewinnen aus der Veräußerung von Risikozertifikaten (mit Ausnahme von Zertifikaten, die ausschließlich die Wertentwicklung einer Aktie oder eines veröffentlichten Index für eine Mehrzahl von Aktien „1 zu 1" nachbilden)		✔	✔		✔ Vorabpauschale
Besonderheiten für Anteile an offenen Immobilien-Investmentvermögen					
Ausgeschüttete inländische Mieterträge		✔	✔		✔ ggf. Teilfreistellung 60 Prozent
Thesaurierte inländische Mieterträge		✔	✔		✔ Vorabpauschale, ggf. Teilfreistellung 60 Prozent
Ausgeschüttete ausländische Mieterträge	✔ (für inländische Anleger i. d. R. steuerfrei)				✔ Ggf. Teilfreistellung 80 Prozent

Steuerabzug vom Kapitalertrag

Inländisches Publikums-Investmentvermögen (Anteile bei inländischer depotführender Stelle verwahrt)	Steuerlich nicht zu erfassen	Abgeltungsteuer wird einbehalten	Kirchen-Steuer wird (auf Antrag) einbehalten	Veranlagung zum Abgeltungsteuersatz	Behandlung ab 2018: Investmentertrag, auf den KESt, SolZ und ggf. KiSt einbehalten wird
Thesaurierte ausländische Mieterträge	✔ (für inländische Anleger i. d. R. steuerfrei)				✔ Vorabpauschale, ggf. Teilfreistellung 80 Prozent
Ausgeschüttete Gewinne aus dem Verkauf von inländischen Immobilien (Haltedauer ≤ 10 Jahre)		✔	✔		✔ Ggf. Teilfreistellung 60 Prozent
Thesaurierte Gewinne aus dem Verkauf von inländischen Immobilien (Haltedauer ≤ 10 Jahre)		✔	✔		✔ Vorabpauschale, ggf. Teilfreistellung 60 Prozent
Ausgeschüttete Gewinne aus dem Verkauf von inländischen Immobilien (Haltedauer > 10 Jahre)	✔				✔ Ggf. Teilfreistellung 60 Prozent Wertveränderungen, die vor 2018 eingetreten sind, bleiben auf Fondsebene steuerlich unbelastet

Vom Steuerabzug erfasste Kapitalerträge

Inländisches Publikums-Investmentvermögen (Anteile bei inländischer depotführender Stelle verwahrt)	Steuerlich nicht zu erfassen	Abgeltungsteuer wird einbehalten	Kirchen-Steuer wird (auf Antrag) einbehalten	Veranlagung zum Abgeltungsteuersatz	Behandlung ab 2018: Investmentertrag, auf den KESt, SolZ und ggf. KiSt einbehalten wird
Thesaurierte Gewinne aus dem Verkauf von inländischen Immobilien (Haltedauer > 10 Jahre)	✔				✔ Vorabpauschale, ggf. Teilfreistellung 80 Prozent Wertveränderungen, die vor 2018 eingetreten sind, bleiben auf Fondsebene steuerlich unbelastet
Ausgeschüttete Gewinne aus dem Verkauf von ausländischen Immobilien	✔				✔ Ggf. Teilfreistellung 80 Prozent
Thesaurierte Gewinne aus dem Verkauf von ausländischen Immobilien	✔				✔ Vorabpauschale, ggf. Teilfreistellung 80 Prozent

2.2.13.11 Investmentsteuerrecht in der bis 31. Dezember 2017 geltenden Fassung

2.2.13.11.1 Unterscheidung zwischen Ausschüttung und Thesaurierung

Es muss hinsichtlich der steuerlichen Behandlung zwischen **ausschüttenden** und **thesaurierenden** Investmentvermögen unterschieden werden.

115

Steuerabzug vom Kapitalertrag

2.2.13.11.2 Ausschüttende Investmentvermögen

116 Zu den **ausgeschütteten Erträgen** gehören ausgeschüttete

▷ laufende Kapitalerträge (Zinsen, Dividenden),

▷ Erträge aus der Vermietung und Verpachtung von Grundstücken und grundstücksgleichen Rechten,

▷ sonstige Erträge (z. B. Kompensationszahlung bei der Wertpapierleihe),

▷ Gewinne aus Veräußerungsgeschäften (Wegfall des Fondsprivilegs).

Die inländische auszahlende Stelle (depotführende Bank) behält auf diese Erträge 25 Prozent Kapitalertragsteuer zuzüglich Solidaritätszuschlag ein und berücksichtigt ggf. Kirchensteuer.

117 Erzielt das Investmentvermögen Kapitalerträge, die im Ausland einer anrechenbaren Quellensteuer unterlegen haben, wird diese Quellensteuer durch die auszahlende Stelle nach den gleichen Grundsätzen wie bei der Direktanlage angerechnet oder in den Quellensteuertopf eingestellt.

118 Gewinne aus der Veräußerung von Wertpapieren, Termingeschäften und Bezugsrechten, die vor dem 1. Januar 2009 vom Investmentvermögen angeschafft oder abgeschlossen wurden, können weiterhin steuerfrei ausgeschüttet werden. Diese steuerfreien Ausschüttungsbestandteile sind allerdings von Neuanlegern (= Erwerb der Anteile am Investmentvermögen nach dem 31. Dezember 2008) bei späterer Veräußerung der Anteile am Investmentvermögen nachzuversteuern.

2.2.13.11.3 Thesaurierende Investmentvermögen

119 Ausschüttungsgleiche Erträge gelten aufgrund einer gesetzlichen Zuflussfiktion mit Ablauf des Fondswirtschaftsjahres beim Anleger als zugeflossen. Die **ausschüttungsgleichen Erträge** umfassen:

▷ laufende Erträge wie Zinsen, Dividenden, Miet- und Pachterträge (soweit nicht steuerfrei); hierunter fallen auch auf Ebene des Investmentvermögens noch nicht zugeflossene aber vom Investmentvermögen abzugrenzende Zins- und Mieterträge,

▷ vereinnahmte Stückzinsen,

▷ Einlösungs- und Veräußerungserlöse von sonstigen Kapitalforderungen, ausgenommen
  – Kapitalforderungen, die eine Emissionsrendite haben,

Vom Steuerabzug erfasste Kapitalerträge

- Kapitalforderungen, die eine feste oder variable Verzinsung haben und bei denen die Rückzahlung des Kapitals in derselben Höhe zugesagt oder gewährt wird, in der es überlassen wurde (ein Disagio zur Zins-Feinabstimmung bleibt unberücksichtigt),
- Zertifikate, die lediglich 1 zu 1 die Wertentwicklung einer Aktie oder einen Aktienindex abbilden,
- Aktien-, Umtausch- und Wandelanleihen,
- Gewinnobligationen, Fremdkapital-Genussrechte und
- Cum-Optionsanleihen,
▷ sonstige Erträge,
▷ Gewinne aus der Veräußerung von Immobilien innerhalb der 10-jährigen Haltefrist gemäß § 23 Abs. 1 Satz 1 Nr. 1 EStG.

Von der Zuflussfiktion ausgenommen bleiben im Investmentvermögen realisierte Aktienveräußerungsgewinne, Erträge aus Termingeschäften, vereinnahmte Stillhalterprämien und Gewinne aus der Veräußerung festverzinslicher Wertpapiere.   **120**

Beim Steuereinbehalt in Bezug auf **inländische thesaurierende Anteile an Investmentvermögen** ergeben sich ab 2012 Änderungen: Die inländische depotführende Stelle (vorher: Publikums-Kapitalanlagegesellschaft, KAG bzw. in der neuen Terminologie: Kapitalverwaltungsgesellschaft, KVG) hält von den abgeltungsteuerpflichtigen Erträgen jeweils 25 Prozent Kapitalertragsteuer zzgl. Solidaritätszuschlag und ggf. Kirchensteuer ein. Das Investmentvermögen muss hierzu die erforderliche Liquidität bereitstellen. Erzielt das Investmentvermögen Kapitalerträge, die im Ausland einer auf die deutsche Einkommensteuer anrechenbaren Quellensteuer unterlegen haben, wird diese Quellensteuer auf die zu erhebende Kapitalertragsteuer angerechnet. Auf Ebene der depotführenden Bank wird die Verlustverrechnung vorgenommen und der Freistellungsauftrag angewendet. Im Unterschied zu der vor 2012 bestehenden Rechtslage, bei der die KAG (KVG) die Kapitalertragsteuer einbehalten hatte und insbesondere keine Kirchensteuerpflicht des Anlegers berücksichtigt werden konnte, wird ab 2012 eine abgeltende Besteuerung der ausschüttungsgleichen Erträge inländischer thesaurierender Publikums-Investmentvermögen auch bei bestehender Kirchensteuerpflicht (bzw. bei Vorliegen eines Kirchensteuerabzugsmerkmals) erreicht.   **121**

Steuerabzug vom Kapitalertrag

2.2.13.11.4 Besonderheiten bei teilausschüttenden Investmentvermögen

122 Bei Teilausschüttungen sind die ausschüttungsgleichen Erträge dem Anleger im Zeitpunkt der Ausschüttung zuzurechnen. Ein Auseinanderfallen des Zuflusszeitpunktes wird hierdurch vermieden. Die Kapitalertragsteuer wird in diesem Fall von der auszahlenden Stelle einbehalten. Reicht die Ausschüttung nicht aus, um die Kapitalertragsteuer (die sowohl auf die ausgeschütteten als auch auf die ausschüttungsgleichen Erträge anfällt) „abzudecken", so gilt die Teilausschüttung als ausschüttungsgleicher Ertrag, mit der Folge, dass der Zuflusszeitpunkt das Ende des Fondsgeschäftsjahres ist, § 2 Abs. 1 Sätze 3 und 4 InvStG 2004.

2.2.13.11.5 Besteuerung bei Veräußerung und Rückgabe des Anteils am Investmentvermögen

123 Der Zwischengewinn stellt eine steuerliche Rechengröße dar, mit der die bereits während des Fondsgeschäftsjahres im Investmentvermögen erzielten Zinserträge bei Veräußerung oder Rückgabe des Anteils am Investmentvermögen beim Anleger erfasst werden. Der Zwischengewinn wirkt sich wie folgt aus:

▷ bei Erwerb der Anteile am Investmentvermögen gezahlter Zwischengewinn = negative Einnahmen aus Kapitalvermögen (Berücksichtigung im allgemeinen Verlusttopf bzw. Verrechnung mit positiven Einnahmen aus Kapitalvermögen),

▷ bei Veräußerung erhaltener Zwischengewinn = steuerpflichtige Einnahme aus Kapitalvermögen.

124 Wird der Zwischengewinn von der Investmentgesellschaft nicht ermittelt oder nicht bekannt gemacht, sind bei Rückgabe oder Veräußerung ersatzweise 6 Prozent des Rücknahmepreises besitzzeitanteilig je Kalenderjahr anzusetzen, § 5 Abs. 3 InvStG.

125 Darüber hinaus ist die Veräußerung oder Rückgabe von Anteilen an Investmentvermögen künftig auch nach Ablauf einer Haltedauer von einem Jahr steuerpflichtig, wenn die Anteile vom Anleger nach dem 31. Dezember 2008 erworben wurden (besondere Übergangsregeln gelten bei bestimmten Anteilen an Investmentvermögen – sog. Millionärsfonds, steueroptimierte Investmentvermögen, vgl. Rdn. 542 ff.).

126 Neu ist die Berücksichtigung eines besitzzeitanteiligen Immobiliengewinns auch beim Privatanleger, d. h. der dem Anleger zuzurechnende

Vom Steuerabzug erfasste Kapitalerträge

– nach DBA-Vorschriften steuerfreie – Gewinn aus der Veräußerung von Immobilien aus dem Investmentvermögen heraus.

Zur Ermittlung des Veräußerungsergebnisses bei Veräußerung/Rückgabe der Investmentanteile vgl. Rdn. 310.   127

2.2.13.11.6 Besonderheiten bei ausländischen thesaurierenden Investmentvermögen

Der Anleger eines ausländischen thesaurierenden Investmentvermögens muss auch künftig die als zugeflossen geltenden ausschüttungsgleichen (thesaurierten) Erträge – insbesondere Zinsen, Dividenden – in der Veranlagung beim Finanzamt erklären, vgl. Rdn. 252.   128

Bei ausländischen thesaurierenden Investmentvermögen wird im Falle der Veräußerung über die inländische Depotbank auch künftig eine besondere Kapitalertragsteuer auf die bis zum Zeitpunkt der Veräußerung als zugeflossen geltenden und noch nicht dem Steuerabzug unterworfenen Kapitalerträge erhoben (sog. akkumulierter Mehrbetrag). Der besondere Kapitalertragsteuerabzug wird nach der individuellen Haltedauer des Anlegers ermittelt, sofern Anschaffungsdaten vorhanden bzw. bei einem vorangehenden Depotwechsel mit übertragen wurden. Andernfalls wird der Gesamtbetrag der im Investmentvermögen seit dem 1. Januar 1994 aufgelaufenen sog. Mehrbeträge als Bemessungsgrundlage für den Steuerabzug zugrunde gelegt.   129

Dieser besondere Steuerabzug wird dem Anleger im Rahmen des Veranlagungsverfahrens erstattet, soweit er die thesaurierten Erträge in dem jeweiligen Jahr des steuerlichen Zuflusses bereits versteuert hat. Für den „nachholenden" Kapitalertragsteuerabzug gilt einheitlich ein Steuersatz von 25 Prozent. Es ist nicht auf das „fiktive Zuflussjahr" abzustellen.

2.2.13.11.7 Besonderheiten bei offenen Immobilienfonds

Die vom Investmentvermögen im Ausland erzielten Vermietungserträge unterliegen aufgrund der DBA-Regelungen beim inländischen Anleger regelmäßig keiner Besteuerung, weil die meisten Doppelbesteuerungsabkommen regelmäßig dem ausländischen Belegenheitsstaat der Immobilie das Recht zur Besteuerung der Mieterträge zuweist. Die Veräußerung von im Inland oder Ausland belegenen Immobilienbestand durch das Investmentvermögen ist nach Ablauf einer Haltedauer von zehn Jahren steuerfrei.   130

Steuerabzug vom Kapitalertrag

2.2.13.11.8 Intransparente Investmentvermögen

131 Bei Investmentvermögen, die den erforderlichen Bekanntmachungspflichten nach § 5 Abs. 1 Satz 1 InvStG 2004 nicht nachkommen und daher als intransparent kategorisiert werden, erfolgt eine Pauschalbesteuerung. Bei der Ermittlung sind auch ggf. vorgenommene Ausschüttungen steuerlich zu berücksichtigen. Daneben ist auch ein Zwischengewinn zu besteuern.

132 Bei der Pauschalbesteuerung werden 70 Prozent des Mehrbetrages eingesetzt, der sich zwischen dem ersten im Kalenderjahr festgesetzten Rücknahmepreis und dem letzten im Kalenderjahr festgesetzten Rücknahmepreis eines Anteils ergibt. Mindestens sind 6 Prozent des letzten im Kalenderjahr festgesetzten Rücknahmepreises anzusetzen, wenn dieser Wert 70 Prozent des Mehrbetrages übersteigt.

Anmerkung:

Soweit die Regelung der Pauschalversteuerung dem Anleger den Nachweis tatsächlich niedrigerer Erträge des Investmentvermögens verwehrt, verstößt die Vorschrift des § 6 InvStG 2004 gegen europäisches Recht. Der EuGH hat hierzu mit Urteil vom 9. Oktober 2014 in der Rechtssache C-326/12 „van Caster und van Caster" entschieden, dass § 6 InvStG 2004 an das Unionsrecht anzupassen ist. Dem Steuerpflichtigen, der Anteile an einem ausländischen Investmentfonds gezeichnet hat, sei die Möglichkeit einzuräumen, Unterlagen oder Informationen beizubringen, mit denen sich die tatsächliche Höhe seiner Einkünfte nachweisen lässt. Der Inhalt, die Form und das Maß an Präzision, denen die Angaben genügen müssen, um in den Genuss der transparenten Besteuerung zu kommen, müssten von der Finanzverwaltung bestimmt werden, um dieser die ordnungsgemäße Besteuerung zu ermöglichen. Daher kommt die Möglichkeit einer Schätzung der Besteuerungsgrundlagen nicht in Betracht. Mit BMF-Schreiben vom 4. Februar 2015 (wiedergegeben im Anhang Nr 2.7) hat die Finanzverwaltung die Anforderungen an den Nachweis näher konkretisiert.

Beispiel (in Anlehnung an das BMF-Schreiben vom 18. August 2009, Rz. 128, siehe Anhang Nr. 2.4):

Dargestellt werden die Auswirkungen einer unterjährigen Anteilsscheinrückgabe und des unterjährigen Erwerbs der Anteilscheine an einem intransparenten Investmentvermögen. Das Investmentvermögen schüttet zweimal im Jahr aus. Der erste Erwerber gibt die Anteilsscheine nach der Ausschüttung für das erste Halbjahr zurück. Der zweite Erwer-

Vom Steuerabzug erfasste Kapitalerträge

ber erwirbt die Anteilsscheine vor der Ausschüttung für das zweite Halbjahr.

Rücknahmepreis am 1. Januar 2015	99,00 Euro
Rücknahmepreis am 31. Dezember 2015	100,00 Euro
1. Halbjahresausschüttung vor Anteilsrückgabe durch ersten Erwerber	2,00 Euro
2. Halbjahresausschüttung nach Anteilsrückgabe durch ersten Erwerber	2,00 Euro
70 Prozent des Mehrbetrages i. H. v. 1 (100 Euro ./. 99 Euro)	0,70 Euro
Jahresausschüttung zzgl. 70 Prozent des Mehrbetrages	4,70 Euro
Mindestbetrag 6 Prozent des Rücknahmepreises vom 31. Dezember 2015 i. H. v. 100 Euro	6,00 Euro

▷ Die Jahresausschüttung zzgl. 70 Prozent des Mehrbetrages (4,70 Euro) ist kleiner als der Mindestbetrag von 6 Prozent des Rücknahmepreises vom 31. Dezember 2015 (6,00 Euro).

▷ Steuerpflichtiger Betrag i. S. d. § 6 InvStG 2004 = Mindestbetrag abzgl. Ausschüttungen (6,00 Euro ./. 4,00 Euro) = 2,00 Euro.

▷ Der Erwerber hat die 2. Halbjahresausschüttung i. H. v. 2,00 Euro und den Mehrbetrag i. S. d. § 6 InvStG 2004 i. H. v. 2,00 Euro zu versteuern.

▷ Der Anteilverkäufer hat die 1. Halbjahresausschüttung i. H. v. 2,00 Euro zu versteuern.

Der **erste Anleger** versteuert die Ausschüttungen, die er erhalten hat; hinzukommt der Zwischengewinn (besitzzeitanteiliger Ansatz des Ersatzwertes). Unterliegen die zurückgegebenen Anteile nicht dem Bestandsschutz (insbesondere bei Erwerb ab dem 1. Januar 2009 durch den Anleger), ist daneben auch ein Gewinn/Verlust aufgrund der Rückgabe steuerlich zu berücksichtigen.

Der **zweite Anleger,** der den Investmentanteil am Jahresende hält, versteuert ebenfalls die ihm zugeflossenen Ausschüttungen.

Steuerabzug vom Kapitalertrag

Beispiel (Ansatz Mehrbetrag):
Erwerb von Anteilen an einem intransparenten Investmentvermögen, laufende Besteuerung für das Kalenderjahr 2015

Erster und letzter Rücknahmepreis des Kalenderjahres 2015

2. Januar 2015	110 Euro
31. Dezember 2015	150 Euro
Ausschüttung am 1. September 2015	5 Euro

Vom Anleger im Rahmen der Veranlagung zu versteuern:

▷ Ausschüttung		5 Euro
▷ Betrag aus 70 Prozent des Wertzuwachses im Kalenderjahr = 70 Prozent von 40 Euro	28 Euro	
▷ verglichen mit 6 Prozent des Anteilspreises zum Kalenderjahresende (6 Prozent von 150 Euro =)	9 Euro	
▷ daraus folgt: höherer Betrag		28 Euro
Insgesamt zu versteuern		33 Euro

2.2.13.11.9 Verschmelzung inländischer Investmentvermögen

133 Für die Verschmelzung inländischer Investmentvermögen gelten besondere Regelungen, vgl. im Einzelnen § 14 InvStG 2004. Auf Ebene des übernehmenden Sondervermögens werden die steuerlichen Werte fortgeführt. Auf Ebene der Anleger treten ebenfalls die neuen Anteile steuerlich in die Rechtsposition der alten Anteile, sowohl hinsichtlich des Anschaffungszeitpunkts der Anteile als auch der Anschaffungskosten. Wurden die Anteile an dem übertragenden Sondervermögen vom Anleger vor dem 1. Januar 2009 erworben, gelten die Bestandsschutzregeln somit auch für die erlangten Anteile an dem übernehmenden Sondervermögen. Eine zusätzlich zum Tausch gegen neue Anteile gewährte Barkomponente gilt als Ertrag i. S. d. § 20 Abs. 1 Nr. 1 EStG. Vgl. hierzu die Übersicht in Rdn. 168.

Grenzüberschreitende Verschmelzungen sind nicht steuerneutral möglich.

2.2.13.11.10 Verschmelzung ausländischer Investmentvermögen

134 Für die Verschmelzung ausländischer Investmentvermögen gelten die vorstehenden Regeln zu inländischen Sondervermögen entsprechend, sofern durch eine Bescheinigung der ausländischen Investmentaufsichtsbehörde

die Einhaltung der ausländischen Vorgaben bei der Verschmelzung nachgewiesen sind und weiterhin durch einen Berufsträger (Wirtschaftsprüfer oder vergleichbar) bescheinigt wurde, dass bei der Verschmelzung keine stillen Reserven in den beteiligten Sondervermögen aufgedeckt wurden und das aufnehmende Sondervermögen die Anschaffungskosten fortführt, vgl. § 17a InvStG 2004, zuletzt geändert durch das AIFM-Steuer-Anpassungsgesetz.

Im Zeitpunkt der Verschmelzung eines ausländischen thesaurierenden Investmentvermögens auf ein anderes (thesaurierendes oder ausschüttendes) Investmentvermögen kann die auszahlende Stelle den besonderen KapSt-Abzug vornehmen. Die Finanzverwaltung hat hierzu ein Wahlrecht eingeräumt, obwohl eine gesetzliche Grundlage hierfür nicht besteht, vgl. BMF-Schreiben vom 18. August 2009, Rz. 277, siehe Anhang Nr. 2.4. Künftig soll generell eine Besteuerung im Zeitpunkt der Verschmelzung der Investmentvermögen vermieden werden. Der bis zum Zeitpunkt der Verschmelzung entstandene akkumulierte Mehrbetrag wird vielmehr als steuerliche Hilfsgröße bei der Verwaltung der Anteile an dem aufnehmenden Sondervermögen weitergeführt. Bei einer späteren Veräußerung der Anteile erfolgt dann die Vornahme des besonderen KapSt-Abzugs. Die Möglichkeiten der steuerneutralen Verschmelzung von ausländischen Investmentvermögen wurden durch das Bürgerentlastungsgesetz erweitert. Diese Regelungen gelten für Verschmelzungen, die nach dem 22. Juli 2009 wirksam werden. Vgl. hierzu die Übersicht in Rdn. 168.

135

2.2.14 Tafelgeschäfte und Inkassovorgänge

Nach wie vor sind effektive Wertpapiere, Zins- und Dividendenscheine sowie Ertragnisscheine im Umlauf. Erfolgt Zug um Zug gegen Aushändigung der effektiven Stücke eine Barauszahlung, liegt ein Tafelgeschäft vor. Werden die Erträge hingegen dem Kundenkonto gutgeschrieben, liegt ein Inkassovorgang vor. Steuerlich ergeben sich keine Unterschiede. In Bezug auf Anteile an Investmentvermögen hat der Gesetzgeber im Zuge der Umsetzung der FATCA-Regelungen zwischenzeitlich eine Immaterialisierung von Fondsanteilen und zugehörigen Ertragnisscheinen angeordnet.

136

2.2.14.1 Einreichung über die Tafel ab 2009

Reicht der Anleger effektive Wertpapiere (z. B. Zinscoupons) der Bank zur Einlösung ein, galt bis Ende 2008 ein erhöhter Kapitalertragsteuersatz von 35 Prozent. Für Einreichungen ab dem 1. Januar 2009 gilt einheitlich

137

Steuerabzug vom Kapitalertrag

der Abgeltungsteuersatz von 25 Prozent auch für Einlösungen effektiver Stücke. Waren die Coupons allerdings schon vor dem 1. Januar 2009 fällig, bleibt es bei Einreichungen ab 2009 bei dem Steuerabzug i. H. v. 35 Prozent zuzüglich Solidaritätszuschlag, da die Kapitalerträge trotz späterer Einreichung im Zeitpunkt der Fälligkeit steuerlich zufließen.

138 Ab 2009 sind auch Einlösungen und Veräußerungen von effektiven Wertpapieren über die Tafel oder im Inkassoverfahren in die Abgeltungsteuer einzubeziehen. Auf eine persönliche Besitzzeit des Anlegers ist bei dieser Art der Geschäftsabwicklung nicht abzustellen. Das bedeutet für die Bank, dass sie bei Vorlage effektiver Wertpapiere (z. B. Inhaberschuldverschreibungen) stets davon ausgehen muss, dass diese Wertpapiere erst nach dem 31. Dezember 2008 vom Kunden angeschafft wurden. Eine Ausnahme vom Steuerabzug besteht nur dann, wenn ein vor dem 1. Januar 2009 endfälliges festverzinsliches Wertpapier nachträglich zur Einlösung vorgelegt wird (z. B. IHS, die zum 31. Dezember 2008 endfällig wird). In diesem Fall steht nach der Datenlage fest, dass der Einlösungsvorgang nicht in die Abgeltungsteuer einzubeziehen ist.

139 Anders verhält es sich, wenn der Kunde effektive Wertpapiere, für die nach den Übergangsregelungen Bestandsschutz gilt (festverzinsliche Wertpapiere, Aktien), vor 2009 in das Depot eingeliefert hat. Dann kann aus dem Einbuchungsdatum zweifelsfrei gefolgert werden, dass der Kunde diese Wertpapiere jedenfalls bereits vor 2009 im Bestand hatte. Dementsprechend erfolgt bei Veräußerung/Einlösung ab 2009 dann kein Steuerabzug für diese Bestände.

140 Der Steuerabzug bei Tafel- und Inkassovorgängen wird auch bei einem Steuerausländer vorgenommen, d. h. bei Personen, die weder ihren Sitz noch ihren gewöhnlichen Aufenthalt im Inland haben und daher in Deutschland nur beschränkt steuerpflichtig sind. Eine materielle Steuerpflicht ergibt sich für diese Personen nur bei bestimmten Einkünften, für die ein Inlandsbezug besteht (z. B. bei Kapitalerträgen, die aus der Beteiligung an einer im Inland ansässigen Kapitalgesellschaft stammen). Der Kunde muss in diesem Fall eine Erstattung von Kapitalertragsteuer und Solidaritätszuschlag über das Bundeszentralamt für Steuern (BZSt) beantragen (vgl. Rdn. 216 ff.).

2.2.14.2 Bruttobesteuerung der Erträge

141 Auch wenn der vorlegende Kunde über ein Konto und ggf. ein Depot bei der Bank verfügt, sind wegen der bei Tafelgeschäften nicht zweifelsfrei feststehenden Gläubigereigenschaft weder ein Abgleich mit dem Verlust-

Vom Steuerabzug erfasste Kapitalerträge

verrechnungstopf und eine Anrechnung ausländischer Quellensteuern noch die Anwendung eines Freistellungsauftrags oder einer NV-Bescheinigung zulässig. Bei der Ermittlung der Bemessungsgrundlage für den Steuerabzug dürfen auch die Anschaffungskosten für das Wertpapier nicht berücksichtigt werden. Dies gilt auch dann, wenn der Kunde der Bank bekannt ist und auch bei Einlösung/Ankauf eigener IHS der Bank. Es ist vielmehr stets die Ersatzbemessungsgrundlage anzuwenden. Eine Korrektur kann der Kunde nur durch eine Veranlagung erreichen. Die Bank erteilt über den Steuereinbehalt eine Einzelsteuerbescheinigung, vgl. Rdn. 456.

Beispiel (Einlösung von Zinsscheinen):
Der Kunde legt der Bank am 30. März 2015 einen bereits zum 31. Dezember 2008 fälligen effektiven Zinsschein eines inländischen Emittenten über 100 Euro aus einer Inhaberschuldverschreibung vor. Die Bank ist verpflichtet, auf diesen Zinsertrag den 35-prozentigen Zinsabschlag nachzuholen und zusätzlich Solidaritätszuschlag (5,5 Prozent der KapSt) einzubehalten. Soweit im Zusammenhang mit der Einreichung des Zinsscheins Gebühren berechnet werden, spielen diese Beträge für die Bemessung der Steuer keine Rolle.

Abwandlung: Der Kunde legt der Primärbank am 15. Februar 2015 einen bereits zum 31. Dezember 2014 fälligen effektiven Zinsschein eines inländischen Emittenten über 100 Euro aus einer Inhaberschuldverschreibung vor. Die Bank ist verpflichtet, auf diesen Zinsertrag den 25-prozentigen KapSt-Abzug nachzuholen und zusätzlich Solidaritätszuschlag (5,5 Prozent der KapSt) einzubehalten.

Handelt es sich um ein ausländisches thesaurierendes Investmentvermögen, ist Abgeltungsteuer zum einen auf die Ersatzbemessungsgrundlage (30 Prozent des Veräußerungserlöses) anzuwenden.

142

Ferner ist ein besonderer Steuerabzug auf die seit 1994 (bzw. seit Auflegung des Investmentvermögens) akkumulierten ausschüttungsgleichen Erträge zu erheben. Im Depotfall wird die Doppelbesteuerung dadurch vermieden, dass der Veräußerungserlös um die während der Besitzzeit als zugeflossen geltenden ausschüttungsgleichen Erträge zu mindern ist (§ 8 Abs. 5 Satz 3 InvStG). Die Finanzverwaltung beanstandet es nicht, wenn der Steuerabzug sowohl im Depotfall als auch beim Tafel- bzw. Inkassogeschäft nur vom jeweils höheren Betrag (Ersatzbemessungsgrundlage oder akkumulierter ausschüttungsgleicher Ertrag seit 1994) vorgenommen wird (BMF-Schreiben vom 18. August 2009, Rz. 140a, siehe Anhang Nr. 2.4). Hierdurch wird eine faktische Doppelbesteuerung vermieden.

Steuerabzug vom Kapitalertrag

Daneben unterliegt auch hier der Zwischengewinn als laufender Ertrag dem Steuerabzug.

Aufgrund der Umsetzung der FATCA-Regelungen wurde in den Vorschriften des KAGB geregelt, dass effektive Fondsanteile und nach dem 31. Dezember 2016 fällige Erträgnisscheine ab dem 1. Januar 2017 kraftlos werden. Es erfolgt insoweit eine Verbriefung in Sammelurkunden unter Ausschluss des Anspruchs auf Einzelverbriefung, 95 Abs. 1 KAGB. Es erfolgt eine Sammelverwahrung durch eine Wertpapiersammelbank i. S. d. § 1 Abs. 1 Satz 1 DepotG, einen Zentralverwahrer oder Drittland-Zentralverwahrer gemäß der Verordnung (EU) Nr. 909/2014 des Europäischen Parlaments vom 23. Juli 2014 oder einem sonstigen ausländischen Verwahrer, der die Voraussetzungen des § 5 Abs. 4 Satz 1 DepotG erfüllt (§ 97 Abs. 1 KAGB). Die bisherigen Eigentümer der kraftlosen Anteilscheine werden ihren Anteilen entsprechend Miteigentümer an der Sammelurkunde. Nur mit der Einreichung eines kraftlosen Inhaberanteilscheins bei der Verwahrstelle kann der Einreicher die Gutschrift eines entsprechenden Miteigentumsanteils an dem Sammelbestand auf ein von ihm zu benennendes und für ihn geführtes Depotkonto verlangen.

143 Auf Zinsscheine zu DM- und Fremdwährungsanleihen der Afrikanischen Entwicklungsbank (African Development Bank – AfDB), der Asiatischen Entwicklungsbank (Asian Development Bank – ADB), der International Finance Corporation (IFC), der Weltbank (International Bank for Reconstruction and Development – IBRD) und zu Fremdwährungsanleihen der Interamerikanischen Entwicklungsbank (Inter-American Development Bank – IADB), die vor dem 24. September 1992 begeben worden sind, sowie auf Zinsscheine zu DM-Anleihen der Interamerikanischen Entwicklungsbank (IADB), die vor dem 4. November 1992 begeben worden sind, wird kein Steuerabzug vorgenommen, wenn die Zinsscheine im Tafelgeschäft bei Kreditinstituten eingelöst werden, die in den jeweiligen Emissionsbedingungen als Zahlstellen genannt sind. Dies gilt auch für die Einlösung der Anleihen. Die Festsetzung der Einkommensteuer ist gemäß § 32d Abs. 3 EStG im Rahmen der Einkommensteuerveranlagung durchzuführen.

2.2.14.3 Einlösung von Dividendenscheinen

144 Nimmt ein inländisches Unternehmen (z. B. GmbH, eG) eine Dividendenausschüttung vor, erfolgtedurch die ausschüttende Gesellschaft ein Abzug von Kapitalertragsteuer bis 31. Dezember 2008 i. H. v. 20 Prozent, ab 2009 i. H. v. 25 Prozent, jeweils zzgl. Solidaritätszuschlag. Mit Wirkung für Kapitalerträge, die dem Gläubiger nach dem 31. Dezember 2011 zuflie-

Vom Steuerabzug erfasste Kapitalerträge

ßen, nimmt bei Kapitalerträgen aus inländischen Aktien die die Kapitalerträge auszahlende Stelle den Steuerabzug vor. Zu dieser Rechtsänderung, die durch das OGAW-IV-Umsetzungsgesetz vom 22. Juni 2011 eingeführt wurde, vgl. auch Rdn. 21.

Ab 2009 sind auch Dividenden, die von ausländischen Unternehmen (= Sitz oder Geschäftsleitung im Ausland) ausgeschüttet werden, der Abgeltungsteuer zu unterwerfen. Wenn somit ein Kunde künftig einen ab 2009 fälligen effektiven Dividendenschein eines ausländischen Unternehmens seiner inländischen Bank (= auszahlende Stelle) zum Inkasso bzw. zur Auszahlung vorlegt, muss die Bank von der Bruttodividende Kapitalertragsteuer und Solidaritätszuschlag einbehalten und an das Betriebsstättenfinanzamt abführen. Dies bedeutet für die Praxis ab 1. Januar 2009 Folgendes:

Legt ein Kunde den auf eine **inländische Gesellschaft** lautenden Aktien-Dividendenschein vor, erfolgt der Einzug der Dividende durch die Bank in Höhe der Bruttodividende. Ein Abzug von Kapitalertragsteuer oder Solidaritätszuschlag findet seit dem 1. Januar 2012 auf Ebene der auszahlenden Bank statt und nicht mehr durch die Aktiengesellschaft als Schuldnerin der Dividende. Vgl. Rdn. 21. **145**

Legt ein Kunde den auf eine **ausländische Aktiengesellschaft** lautenden Dividendenschein vor, muss die Bank die Abgeltungsteuer und den Solidaritätszuschlag von der Bruttodividende ermitteln und abführen. Der Kunde erhält die Nettodividende ausgezahlt bzw. gutgeschrieben. Die Rechtslage entspricht der bei Einlösung eines inländischen Dividendenscheins, vgl. Rdn. 145. **146**

Beispiel (Einlösung ausländischer Dividendenschein):
Der Kunde legt einen fälligen Dividendenschein einer niederländischen Kapitalgesellschaft (BV) der Bank zum Inkasso vor. Die Bruttodividende beträgt 10,00 Euro. Hierauf wurde durch die Gesellschaft bereits 1,50 Euro niederländische Quellensteuer abgezogen.

Die Bank hat in diesem Fall KapSt auf den Bruttobetrag zu rechnen:

10 Euro x 25 Prozent = 2,50 Euro KapSt zzgl. SolZ i. H. v. = (abgerundet) 0,13 Euro.

Dem Kunden werden 5,87 Euro (8,50 Euro ./. 2,63 Euro) gutgeschrieben.

Steuerabzug vom Kapitalertrag

2.2.14.4 Einlösung zum Inkasso/Veräußerung von Wertpapieren über die Tafel

147 Für alle Einlösungen und Veräußerungen (= Ankauf durch die Bank) effektiver Wertpapiere greift ab 2009 die Abgeltungsteuer (Ausnahme: Einlösung einer vor 2009 endfälligen festverzinslichen Schuldverschreibung). Berechnet wird die KapSt auf Basis einer Ersatzbemessungsgrundlage (30 Prozent des Einlösungserlöses oder 30 Prozent des Veräußerungspreises).

Beispiel:
Der Kunde löst eine Stufenzinsanleihe (Nominalwert 100 Euro) bei Fälligkeit am 30. September 2015 ein. Als KapSt-(Abgeltungsteuer-)Bemessungsgrundlage gilt 30 Prozent des Einlösungsbetrages (30 Prozent von 100 Euro = 30 Euro).

Auf diese Bemessungsgrundlage sind 25 Prozent KapSt zzgl. Soli abzuführen (25 Prozent von 30 Euro = 7,50 Euro; 5,5 Prozent von 7,50 Euro = (abgerundet) 0,41 Euro).

2.2.15 Kapitalmaßnahmen

148 Durch die Einführung der Steuerpflicht auf Veräußerungsgewinne werden auch Kapitalmaßnahmen von der Abgeltungsteuer erfasst. Hierunter fallen Vorgänge auf Unternehmensebene, insbesondere Kapitalerhöhungen und Umstrukturierungen (Verschmelzungen, Spaltungen), die sich auf den Anteilseigner auswirken können.

2.2.15.1 Steuerneutrale Behandlung von Kapitalmaßnahmen

149 Ausgangspunkt der Überlegungen des ZKA war die Frage, wie die Abwicklung von Kapitalmaßnahmen im Rahmen des Steuerabzugverfahrens praktikabel organisiert werden kann. Ziel sollte es sein, in möglichst vielen Fällen die Abgeltungswirkung zu erreichen und dadurch unnötige Veranlagungsfälle zu vermeiden.

Der Konzeption des ZKA lag der Gedanke zugrunde, dass eine Besteuerung stets dann – aber auch nur dann – vorzunehmen ist, wenn es zu einer Barzahlung an den Anleger kommt („Cashflow-Besteuerung" von Kapitalmaßnahmen).

Die Grundelemente dieses Ansatzes lassen sich wie folgt skizzieren:

▷ Jede Barzahlung, die ein Anteilsinhaber erhält, wird in vollem Umfang in die Bemessung der Abgeltungsteuer einbezogen.

Vom Steuerabzug erfasste Kapitalerträge

▷ Werden im Zuge der Barzahlung Anteile aus dem Depot ausgebucht, sind die Anschaffungskosten der Anteile der Barzahlung gegenüberzustellen.

▷ Zusätzlich zu den vorhandenen Anteilen neu eingebuchte Stücke, Teilrechte oder Bezugsrechte werden mit Anschaffungskosten von „0 Euro" eingebucht.

▷ Werden Anteile getauscht, werden die ursprünglichen Anschaffungskosten weitergeführt.

▷ Tauschvorgänge mit Barkomponente führen beim leistenden Anteilseigner zu nachträglichen Anschaffungskosten und beim empfangenden Anteilseigner zu steuerbarem Ertrag.

Die Vorteile der Cashflow-Besteuerung lassen sich wie folgt zusammenfassen:

150

▷ transparente Ermittlung der Bemessungsgrundlage für die Kapitalertragsteuer durch Anknüpfung an reale Zahlungsvorgänge;

▷ keine „künstlichen" Bewertungen auf einen fingierten Veräußerungszeitpunkt;

▷ keine kundenseitige Anforderung von Steuerbeträgen durch die Bank; keine Meldung an das Finanzamt, wenn der Einbehalt misslingt; keine Nachforderung der Steuer durch das Finanzamt;

▷ Entlastung der Finanzverwaltung von zusätzlichen Veranlagungsfällen, die bei Nichtdurchführung des Steuerabzugs oder Zweifel bei der Ermittlung der Bemessungsgrundlage entstehen können;

▷ Liquiditätsschonung des Anlegers durch Vermeidung von Steuerabzug bei unbaren Vorgängen.

Der Gesetzgeber hat diese Überlegungen im Jahressteuergesetz 2009 – wie nachfolgend dargestellt – aufgegriffen.

2.2.15.2 Auswirkungen bei Kapitalerhöhungen

Bei Kapitalerhöhungen ist zu unterscheiden, ob die Erhöhung aus Mitteln der Gesellschaft oder durch Einlagen der Gesellschafter erfolgt.

2.2.15.2.1 Kapitalerhöhung aus Gesellschaftsmitteln

Bei Kapitalerhöhungen aus Gesellschaftsmitteln i. S. d. §§ 207 ff. AktG erhält der Anleger nach Maßgabe des § 1 KapErhStG Gratis- oder Berichtigungsaktien bzw. Teilrechte eingebucht. Entsprechende Regelungen gelten auch für ausländische Gesellschaften, § 7 KapErhStG. Weder die

151

Steuerabzug vom Kapitalertrag

Einbuchung der neuen Stücke noch die anschließende Ausübung von Teilrechten hat steuerliche Auswirkungen.

Hinweis:
Die Beurteilung, ob bei einer ausländischen Kapitalmaßnahme die Voraussetzungen des § 7 KapErhStG erfüllt sind, hat sich die Finanzverwaltung vorbehalten. Für diesen Fall regelt § 20 Abs. 4a Satz 5 EStG, dass bei Einbuchung zusätzlicher Anteile ein Ansatz mit 0 Euro erfolgt, wenn keine Gegenleistung vom Anleger erbracht wurde und die Ermittlung der Höhe des Kapitalertrags nicht möglich ist. Von diesem „0 Euro-Einbuchungs-Fall" soll bei ausländischen Vorgängen für Zwecke des Steuerabzugs auszugehen sein, es sei denn, es besteht ein Wahlrecht zwischen Dividende und Freianteilen, oder es wurden mit ausländischer Quellensteuer belastete Anteile eingebucht (vgl. Rz. 111 des BMF-Schreibens vom 18. Januar 2016, wiedergegeben im Anhang Nr. 2.1). In diesen Fällen wird häufig eine Veranlagung durch den Kunden notwendig sein. Mittlerweile hat die Finanzverwaltung mehrfach zur steuerlichen Beurteilung ausländischer Kapitalerhöhungsmaßnahmen Stellung genommen.

Die Kapitalerhöhung aus Gesellschaftsmitteln führt zu einer Abspaltung der in den Altaktien verkörperten Substanz und dementsprechend zu einer Abspaltung eines Teils der ursprünglichen Anschaffungskosten. Die bisherigen Anschaffungskosten der Altaktien vermindern sich um den Teil, der durch die Abspaltung auf die Gratisaktien oder Teilrechte entfällt. Die Aufteilung der Anschaffungskosten erfolgt nach dem rechnerischen Bezugsverhältnis.

Beispiel:
Der Steuerpflichtige A hat am 10. Januar 2008 insgesamt 30 Aktien der inländischen B-AG zum Kurs von 150 Euro angeschafft. Die B-AG beschließt am 30. April 2015 eine Kapitalerhöhung aus Gesellschaftsmitteln. Für je zwei Altaktien wird am 1. Juni 2015 eine Aktie ausgegeben. Am 30. April 2015 beträgt der Kurs 120 Euro. Durch die Abspaltung sinkt der Kurs der Altaktien am 2. Mai 2015 auf 80 Euro. A erwirbt zu den ihm zugeteilten 30 Teilrechten am 3. Mai 2015 noch 30 weitere Teilrechte zum Kurs von 40 Euro hinzu und erhält am 1. Juni 2015 eine Zuteilung von 30 Aktien (für je zwei Teilrechte eine neue Aktie). A veräußert am 10. August 2015 sämtliche Aktien der B-AG zum Kurs von 100 Euro.

Lösung:
Der erzielte Veräußerungsgewinn ist steuerfrei, soweit er auf die 30 „alten" Aktien sowie auf die hierauf zugeteilten 15 Gratisaktien ent-

Vom Steuerabzug erfasste Kapitalerträge

fällt. Denn das Anschaffungsdatum liegt insoweit vor 2009. Die weiteren 15 Gratisaktien, die aufgrund der in 2015 hinzuerworbenen Teilrechte erworben wurden, sind dagegen abgeltungsteuerverstrickter Neubestand.

Der Veräußerungsgewinn beträgt:

Veräußerungserlös 15 x 100 Euro =	1.500 Euro
abzgl. Anschaffungskosten für 15 Aktien (30 x 40 Euro) = ./.	1.200 Euro
Veräußerungsgewinn =	300 Euro

2.2.15.2.2 Kapitalerhöhung gegen Einlage

Führt eine Kapitalgesellschaft eine Kapitalerhöhung gegen Einlage (Barzahlung) durch, erhalten die bisherigen Aktionäre regelmäßig zwecks Vermeidung der Kursverwässerung Bezugsrechte auf junge Aktien zugeteilt. Nach der bis Ende 2008 vertretenen Auffassung von Rechtsprechung und Verwaltung wurde die Zuteilung der Bezugsrechte als Substanzabspaltung aus den alten Aktien angesehen. Weiterhin hatte die Finanzverwaltung entschieden, dass die Ausübung des Bezugsrechts (= Bezug der jungen Aktien) als Veräußerung des Bezugsrechts anzusehen ist. Im Hinblick auf dieses mitunter abwicklungstechnisch komplizierte Procedere (den zugeteilten Bezugsrechten musste ein Anschaffungskostenanteil der Altaktien zugeordnet werden, der Ausübungspreis des Bezugsrechts musste ermittelt werden) wurde die Verfahrensweise vereinfacht (vgl. § 20 Abs. 4a Satz 4 EStG sowie BMF-Schreiben vom 18. Januar 2016, Rz. 108 bis 110, siehe Anhang Nr. 2.1). Diese Vereinfachungsregelung soll aber nicht gelten, wenn die Aktien vor dem 1. Januar 2009 angeschafft wurden (vgl. BFH-Urteil vom 9. Mai 2017, VIII R 54/14: Danach dürfen die in den Bezugsrechten enthaltenen steuerlich entstrickten stillen Reserven der Altanteile nicht erneut in den bezogenen jungen Aktien steuerlich verstrickt werden). Vgl. Rz. 108, 110 des BMF-Schreibens vom 18. Januar 2016, wiedergegeben im Anhang Nr. 2.1.

152

Es ist zu unterscheiden zwischen Bezugsrechten, die dem Aktionär aufgrund seines Bestandes an Altaktien (= Aktienbestand vor Kapitalerhöhung) zugeteilt werden und Bezugsrechten, die der Aktionär am Markt noch hinzuwirbt:

Steuerabzug vom Kapitalertrag

	Zugeteilte Bezugsrechte ...		Hinzuerworbene Bezugsrechte
	... auf vor 2009 angeschafften Aktienbestand	... auf nach 2008 angeschafften Aktienbestand	
Anschaffungskosten der Bezugsrechte	Kurswert oder innerer Wert des Bezugsrechts	0 Euro	Konkrete Anschaffungskosten aus dem Erwerb
Ausübung der Bezugsrechte	Stellt keine Veräußerung der Bezugsrechte dar **Status der bezogenen jungen Aktien:** Anschaffungszeitpunkt = Ausübungszeitpunkt Anschaffungskosten = zu leistender Zuzahlungsbetrag zuzüglich Börsenwert oder rechnerischem Wert der Bezugsrechte	Stellt keine Veräußerung der Bezugsrechte dar **Status der bezogenen jungen Aktien:** Anschaffungszeitpunkt = Ausübungszeitpunkt Anschaffungskosten = zu leistender Zuzahlungsbetrag	Stellt keine Veräußerung der Bezugsrechte dar **Status der bezogenen jungen Aktien:** Anschaffungszeitpunkt = Ausübungszeitpunkt Anschaffungskosten = AK der hinzuerworbenen BZRe und zu leistender Zuzahlungsbetrag
Veräußerung der Bezugsrechte	Bezugsrechtsverkauf ist nicht abgeltungsteuerrelevant.	Bezugsrechtsverkauf ist abgeltungsteuerrelevant.	Bezugsrechtserwerb nach 2008: Bezugsrechtsverkauf ist abgeltungsteuerrelevant.

2.2.15.3 Anschaffung von Aktien im Zusammenhang mit Wandel-, Umtausch-, Aktienanleihen, Discountzertifikaten u. a.

Es handelt sich um folgende besonders ausgestaltete Kapitalforderungen i. S. d. § 20 Abs. 1 Nr. 7 EStG (in der Praxis existieren noch eine Fülle weiterer Varianten): 153

▷ Bei einer **Wandelanleihe** (Wandelschuldverschreibung i. S. d. § 221 AktG) besitzt der Inhaber das Recht, innerhalb einer bestimmten Frist die Anleihe in eine bestimmte Anzahl von Aktien des Emittenten umzutauschen. Mit dem Umtausch erlischt der Anspruch auf Rückzahlung des Nominalbetrags der Anleihe.

▷ Bei einer **Umtauschanleihe** besitzt der Inhaber das Recht, bei Fälligkeit an Stelle der Rückzahlung des Nominalbetrags der Anleihe vom Emittenten die Lieferung einer vorher festgelegten Anzahl von Aktien zu verlangen. Mit der Ausübung der Option erlischt der Anspruch auf Rückzahlung des Nominalbetrags der Anleihe.

▷ Bei einer **Aktienanleihe** („Hochzinsanleihe") besitzt der Emittent das Recht, bei Fälligkeit dem Inhaber an Stelle der Rückzahlung des Nominalbetrags der Anleihe eine vorher festgelegte Anzahl von Aktien anzudienen. Mit der Ausübung der Option erlischt die Verpflichtung zur Rückzahlung des Nominalbetrags der Anleihe.

▷ Beim Erwerb eines **Discountzertifikats** bezogen auf eine Aktie erwirbt der Käufer einen Anspruch auf Zahlung eines in den Emissionsbedingungen festgelegten Geldbetrags oder auf Lieferung der Aktie. Unterschreitet der Schlusskurs der Aktie zu einem bestimmten Stichtag einen bestimmten Grenzwert, werden Aktien geliefert, anderenfalls wird der festgelegte Geldbetrag gezahlt.

Abweichend von der Gewinnermittlungsformel des § 20 Abs. 4 Satz 1 EStG werden bei Ausübung des Gestaltungs- oder Andienungsrechts die Anschaffungskosten der Kapitalforderung (z. B. Wandelanleihe, Umtauschanleihe, Aktienanleihe, Discountzertifikat) als Veräußerungspreis angesetzt. Folglich entsteht hieraus ein neutrales Veräußerungsergebnis. Weiterhin sind die **erlangten Wertpapiere** (z. B. Aktien, aber ggf. auch andere Wertpapiere) mit den **Anschaffungskosten der** (durch die Ausübung des Gestaltungs- oder Andienungsrechts untergegangenen) **Kapitalforderung** anzusetzen, § 20 Abs. 4a Satz 3 EStG. 154

Hinweis:
Insbesondere bei Aktienandienungsanleihen führt die steuerneutrale Behandlung der Andienung dazu, dass in den angedienten Aktien ein laten-

ter Aktienverlust enthalten ist. Bei Veräußerung der angedienten Aktien ist dieser Verlust nur mit entsprechenden Aktiengewinnen verrechenbar. Bei einem Verkauf der Aktienandienungsanleihe vor der Andienung ist ein etwaiger Veräußerungsverlust jedoch allgemein verrechenbar.

Beispiel:
Der Kunde hat am 1. September 2014 ein Discountzertifikat zum Preis von 100 Euro erworben. Basiswert sind Aktien der X-AG. Am 1. Juni 2015 erhält der Kunde 10 X-Aktien angedient. Der Börsenwert der angedienten Aktien beträgt zu diesem Zeitpunkt 85 Euro. Am 1. August 2015 verkauft der Kunde die X-Aktien zum Preis von 90 Euro.

Lösung:
Nach dem BMF-Schreiben vom 18. Januar 2016 sind die angedienten Aktien mit den Anschaffungskosten des Zertifikats zu bewerten (100 Euro). Die Andienung ist somit zunächst steuerlich neutral. Beim Verkauf der Aktien ergibt sich somit ein Verlust von (90 − 100 Euro) = −10 Euro, der als Aktienverlust zu behandeln ist.

155 Wird dem Anleger bei Tilgung der sonstigen Kapitalforderung neben Wertpapieren auch ein Geldausgleich geleistet, ist wie folgt zu unterscheiden: Die Abfindung von Bruchteilen an Aktien wird in voller Höhe als laufender Kapitalertrag behandelt. Die Anschaffungskosten der Kapitalforderung werden demgegenüber vollständig auf die eingebuchten Wertpapiere verteilt. Sehen die Emissionsbedingungen jedoch vor, dass eine teilweise Tilgung in bar und in Stücken erfolgt, ist anhand dieser Emittentenangaben eine prozentuale Aufteilung der Anschaffungskosten vorzunehmen. In diesem Fall wird ein Teil der Anschaffungskosten der Barkomponente der Kapitalforderung gegenübergestellt. Die restlichen Anschaffungskosten werden den eingebuchten Stücken zugeordnet. Vgl. hierzu die Rechenbeispiele in Rz. 106 und 107 des BMF-Schreibens vom 18. Januar 2016, siehe Anhang Nr. 2.1.

2.2.15.4 Kapitalerträge in unbarer Form

156 Neben „klassischen" Dividendenausschüttungen gibt es eine Reihe von unbaren Vorgängen, bei denen Rechtsprechung und Finanzverwaltung Kapitalertrag annehmen. Beispielhaft seien genannt:

▷ Ausgabe von Bonusaktien,

▷ Wahldividenden,

▷ Spin-off (Anteilsübertragung auf Aktionäre, vgl. BMF-Schreiben vom 18. Januar 2016, Rz. 113, siehe Anhang Nr. 2.1).

Vom Steuerabzug erfasste Kapitalerträge

Gemeinsames Merkmal der Maßnahmen ist die Einbuchung zusätzlicher Wertpapiere in das Kundendepot. Nach bisherigem Verständnis ist eine Bewertung der eingebuchten Stücke als Kapitalertrag vorzunehmen. Diese Bewertungen bereiteten in der Praxis mitunter erhebliche Schwierigkeiten.

157

Werden dem Kunden als Anteilseigner (z. B. Aktionär) von der Gesellschaft neue Anteile zugeteilt, ohne dass der Kunde hierfür eine gesonderte Gegenleistung zu entrichten hat, werden der **Kapitalertrag** und folglich die **Anschaffungskosten** dieser Anteile mit **0 Euro** eingebucht, **wenn** die **Höhe des Kapitalertrags nicht bestimmbar** ist, § 20 Abs. 4a Satz 5 EStG. Bislang war unklar, ob eine Einbuchung mit 0 Euro auch dann in Betracht kommt, wenn ein Börsenwert der eingebuchten Anteile zeitnah ermittelt werden kann.

158

Die Finanzverwaltung hat ihre Anwendungsregeln zu § 20 Abs. 4a Satz 5 EStG Ende 2014 stringenter formuliert (vgl. geänderte Rz. 111 des Abgeltungsteuererlasses, wiedergegeben im Anhang unter 2.1). Demnach wurde klargestellt, dass die Bank bei ausländischen Sachverhalten stets eine Einbuchung zusätzlicher Anteile mit 0 Euro vorzunehmen hat, sofern vom Anleger keine Gegenleistung zu erbringen ist. Ein Steuereinbehalt findet daher anlässlich der Einbuchung der zusätzlichen Anteile nicht statt.

Hierdurch wird dem Umstand Rechnung getragen, dass bei ausländischen Sachverhalten häufig die steuerliche Beurteilung Schwierigkeiten bereitet (zumal im Steuerabzugsverfahren eine zeitnahe Entscheidung über den Steuereinbehalt getroffen werden muss).

Wichtig: Zu beachten ist, dass die zusätzlichen Anteile als Neubestand behandelt werden. Bei einer späteren Veräußerung kommt es daher beim unbeschränkt steuerpflichtigen Privatanleger zu einer Bruttoversteuerung des Veräußerungserlöses. Dadurch unterscheidet sich die Einbuchung mit 0 Euro gemäß der Vorschrift des § 20 Abs. 4a Satz 5 EStG auch von einer Behandlung als Kapitalerhöhung aus Gesellschaftsmitteln nach §§ 1, 7 KapErhStG (bei dieser wird das Anschaffungsdatum der alten Aktien auf die neu zugeteilten Aktien übertragen).

Die Regelung des § 20 Abs. 4a Satz 5 EStG findet jedoch weiterhin **keine Anwendung bei** der Konstellation von **Wahldividenden** (Wahlrecht zwischen Dividende und Freianteilen, z. B. nach niederländischem Recht) oder wenn dem Anleger **mit ausländischer Quellensteuer belastete An-**

Steuerabzug vom Kapitalertrag

teile eingebucht werden. Ebenso geht die Finanzverwaltung bei **inländischen Emittenten** davon aus, dass die steuerliche Beurteilung keine Schwierigkeiten bereitet und die erforderlichen Angaben zur Ermittlung der Erträge bekannt gegeben werden. Der ermittelte Ertrag stellt dann zugleich die Anschaffungskosten der zusätzlich eingebuchten Anteile dar. Vgl. hierzu BMF-Schreiben vom 18. Januar 2016, Rz. 111 ff., siehe Anhang Nr. 2.1.

159 Überträgt die Körperschaft in ihrem Besitz befindliche **Anteile an einer weiteren Körperschaft** ohne Kapitalherabsetzung und ohne zusätzliches Entgelt auf ihre Anteilseigner (häufig als „spin-off" bezeichnet), ist nach Ansicht der Finanzverwaltung grundsätzlich von einer steuerpflichtigen Sachausschüttung auszugehen. Ist die Ermittlung des Kapitalertrags nicht möglich, kommt die Regelung des § 20 Abs. 4a Satz 5 EStG (Einbuchung mit Anschaffungskosten 0 Euro) zur Anwendung. Diese Konstellation liegt nach Sicht der Finanzverwaltung regelmäßig bei ausländischen Emittenten vor. Bei inländischen Emittenten kommt bei Vorliegen der Voraussetzungen des Umwandlungsteuergesetzes eine steuerneutrale Behandlung in Betracht. In diesem Fall sind die Anschaffungskosten nach dem vom Emittenten vorgegebenen Aufteilungsverhältnis – hilfsweise nach dem rechnerischen Aufteilungsverhältnis – auf die alten und neuen Anteile aufzuteilen. Der steuerliche Status der alten Anteile wird in den neuen Anteilen fortgeführt. Vgl. hierzu BMF-Schreiben vom 18. Januar 2016, Rz. 113 ff., siehe Anhang Nr. 2.1.

Für Fälle der Abspaltung regelt ab 2013 die Vorschrift des § 20 Abs. 4a Satz 7 EStG eine steuerneutrale Behandlung, d. h. die Anschaffungskosten der ursprünglichen Beteiligung werden auf die vorhandenen und neu eingebuchten Anteile verteilt. Diese Regelung findet sowohl auf inländische als auch auf ausländische Abspaltungsmaßnahmen Anwendung. Speziell bezogen auf ausländische Vorgänge müssen hierzu jedoch nach den Vorgaben der Finanzverwaltung bestimmte Nachweise erbracht werden (vgl. BMF-Schreiben vom 18. Januar 2016, Rz. 115, 115a, wiedergegeben im Anhang unter 2.1):

▷ Die ISIN der ursprünglichen Gattung (= Rumpfunternehmen) bleibt erhalten.

▷ Die ISIN der neu eingebuchten Gattung wurde neu vergeben und es handelt sich nicht um eine bereits börsennotierte Gesellschaft.

▷ Auf Grundlage der Emitteninformationen liegen die Strukturmerkmale einer Abspaltung gemäß Rz. 01.36 des BMF-Schreibens vom 11. November 2011 (BStBl. I S. 1314) vor.

Vom Steuerabzug erfasste Kapitalerträge

▷ Es ist ein Aufteilungsverhältnis angegeben.

▷ Es wird keine Quellensteuer einbehalten.

▷ Aus den Emitteninformationen ergeben sich keine Hinweise auf eine Gewinnverteilung.

▷ Der übertragende ausländische und der übernehmende in- oder ausländische Rechtsträger müssen einem vergleichbaren umwandlungsfähigen Rechtsträger inländischen Rechts entsprechen. Der Rechtstypenvergleich ausgewählter ausländischer Rechtsformen erfolgt entsprechend Tabellen 1 und 2 zum BMF-Schreiben vom 24. Dezember 1999 (BStBl. I S. 1076).

▷ Es wurde keine Barzuzahlung durch den Aktionär geleistet.

Für die Klassifikation als Abspaltung gemäß § 20 Abs. 4a Satz 7 EStG kommt es auf das Kriterium des Teilbetriebserfordernisses oder des Vorliegens einer Kapitalherabsetzung nicht an.

Hinweis:

Im Steuerabzugsverfahren sind die vorstehenden Prüfkriterien erst für Vorgänge ab 2014 verbindlich. Sofern die vom betreffenden Unternehmen gegenüber WM-Datenservice zur Verfügung gestellten Informationen eine Klassifizierung nach den dargestellten Kriterien als Abspaltung nicht rechtzeitig ermöglichen, bleibt es im Steuerabzugsverfahren bei einer Behandlung als (steuerpflichtige) Sachausschüttung.

Generell gilt nach der Aussage der Finanzverwaltung, dass bei Zweifeln an der steuerlichen Qualifikation der zusätzlich eingebuchten Stücke § 20 Abs. 4a Satz 5 EStG zur Anwendung kommt, sodass bei diesen offenen Zweifelsfällen eine Einbuchung mit 0 Euro vorzunehmen ist.

2.2.15.5 Steuerneutrale Behandlung von Anteilstauschvorgängen

Grundsätzlich stellt der Tausch von Anteilen eine Veräußerung der hingegebenen Anteile und zugleich eine Anschaffung der erlangten Anteile dar. Als Veräußerungspreis für die hingegebenen Anteile ist der Wert der erlangten Anteile anzusetzen. Als Anschaffungspreis der erlangten Anteile ist der Wert der hingegebenen Anteile anzusetzen („Überkreuzbewertung").

Steuerabzug vom Kapitalertrag

162 Das gilt insbesondere beim Tausch von Anleihen im Rahmen von Umschuldungsmaßnahmen. Nach der allgemeinen Regel, der sog. Überkreuzbewertung, gilt Folgendes:

Als Veräußerungspreis für die zum Umtausch eingereichten Wertpapiere ist der niedrigste Börsenkurs der erlangten Wertpapiere anzusetzen und als Anschaffungspreis der erlangten Wertpapiere ist der niedrigste Börsenkurs der hingegebenen Wertpapiere anzusetzen.

Dies kann zu Ungereimtheiten führen, wenn etwa der maßgebende Börsenkurs des erlangten Wertpapiers (= Veräußerungskurs des hingegebenen Wertpapiers) höher ist als der maßgebende Börsenkurs des hingegebenen Wertpapiers (= Anschaffungskosten des erlangten Wertpapiers). In einem solchen Fall droht eine Doppelversteuerung.

163 Zur Vermeidung dieses Effekts hatte die Finanzverwaltung bereits im Zusammenhang mit der 2012 durchgeführten Umschuldung von Anleihen der Republik Griechenland auf Antrag des Steuerpflichtigen einen modifizierten Bewertungsansatz für die steuerliche Bewertung des Umtauschs zugelassen. Dieser bestand darin, dass die steuerlichen Anschaffungskosten der erlangten Anleihen mit ihrem niedrigsten Börsenkurs im Zeitpunkt der Einbuchung angesetzt werden können. Somit werden Veräußerungspreis der hingegebenen Wertpapiere und Anschaffungspreis der erlangten Wertpapiere aus einem Börsenkurs (dem der erlangten Wertpapiere) abgeleitet. Hierdurch werden die oben dargestellten Bewertungsunterschiede zwischen dem Börsenkurs der hingegebenen und erlangten Wertpapiere vermieden.

164 Diese Regelung wird durch die aktuelle Fassung der Rz. 66a des BMF-Schreibens vom 18. Januar 2016 (wiedergegeben im Anhang unter 2.1) nunmehr generell für Umschuldungsfälle verbindlich vorgeschrieben. Werden im Rahmen von Umschuldungsmaßnahmen auf Veranlassung des Schuldners/Emittenten die ursprünglich ausgegebenen Wertpapiere durch den Schuldner gegen neue Wertpapiere getauscht, ist als Veräußerungserlös der hingegebenen Wertpapiere und als Anschaffungskosten der erhaltenen Wertpapiere der Börsenkurs der erhaltenen Wertpapiere anzusetzen. Ist der Börsenkurs der erhaltenen Wertpapiere nicht zeitnah ermittelbar, wird nicht beanstandet, wenn stattdessen auf den Börsenkurs der hingegebenen Wertpaperie abgestellt wird.

165 Bei Verschmelzungen, Aufspaltungen, Anteilstauschvorgängen gilt die „Fußstapfentheorie": Die Anschaffungskosten der hingegebenen Anteile werden in den neuen Anteilen fortgeführt. Hierdurch wird verhindert, dass bei Altanteilen, bei denen die bisher geltende Haltefrist von einem Jahr bereits überschritten ist, die stillen Reserven wieder steuerverstrickt werden. Praktisch bedeutet dies, dass der steuerliche „Status", den die hingegebenen Anteile besaßen, 1 zu 1 auf die erlangten Anteile übergeht, § 20 Abs. 4a Satz 1 EStG.

Der Anwendungsbereich der Regelung ist jedoch sachlich wie folgt beschränkt:

▷ Es muss sich um eine Maßnahme handeln, die von den beteiligten Unternehmen ausgeht. Entsprechende gesellschaftsrechtliche Maßnahmen sind insbesondere Verschmelzung- oder Aufspaltungsbeschlüsse oder Übernahmeangebote anderer Gesellschaften. Bei Tauschvorgängen, die auf Initiative eines Anteilseigners erfolgen (freiwilliger Tausch) sind die Regelungen nicht anwendbar.

Die Regelung des § 20 Abs. 4a Satz 1 EStG zur steuerneutralen Behandlung von Anteilstauschvorgängen wird ergänzt durch eine Regelung, wonach eine zusätzlich als Gegenleistung für die Hingabe der Anteile dem Anteilseigner gewährte Barkomponente als laufender Ertrag gemäß § 20 Abs. 1 Nr. 1 EStG (d. h. wie eine Bardividende) zu behandeln ist, § 20 Abs. 4a Satz 2 EStG. Dies gilt allerdings im Anschluss an das BFH-Urteil vom 20. Oktober 2016, VIII R 10/13, BStBl. II 2017, S. 262, nicht, wenn die ursprünglich gehaltenen Anteile vor 2009 erworben wurden und wegen Ablaufs der einjährigen Haltefrist bereits steuerentstrickt waren. Entsprechend bleibt in diesen Fällen die Barzahlung steuerfrei.

166

Die Umqualifizierung gilt weiterhin nicht für ausländische Anleger, d. h. die Barkomponente unterliegt nicht der beschränkten Steuerpflicht des § 49 EStG.

Vgl. hierzu Rz. 100a des BMF-Schreibens vom 18. Januar 2016, wiedergegeben im Anhang Nr. 2.1.

2.2.15.6 Zeitpunkt der Kapitalmaßnahme

Der steuerliche Zeitpunkt der Kapitalmaßnahme spielt künftig keine Rolle mehr, weil mit dem Wegfall der steuerlichen Jahresfrist eine Fristver- oder -entstrickung nicht mehr in Betracht kommt. Hinzu kommt, dass bei ausländischen Maßnahmen die zuverlässige Ermittlung eines Stichtags für das Wirksamwerden einer Kapitalmaßnahme häufig nicht möglich ist, insbesondere, wenn in dem ausländischen Sitzstaat keine dem deutschen Recht vergleichbare Publizitätspflichten (z. B. Handelsregister) bestehen.

167

Steuerabzug vom Kapitalertrag

Im Hinblick auf die künftigen Steuerabzugsverpflichtungen und um eine konsistente Ermittlung der Verbrauchsreihenfolge nach Fifo-Grundsätzen zu erreichen, wird bei Kapitalmaßnahmen auf den Zeitpunkt der Depoteinbuchung abgestellt.

Durch das Jahressteuergesetz 2009 wurde daher folgende **Vereinfachungsregel** eingefügt:

Soweit es auf die steuerliche Wirksamkeit einer Kapitalmaßnahme ankommt, ist auf den Zeitpunkt der Einbuchung in das Depot des Steuerpflichtigen abzustellen, § 20 Abs. 4a Satz 6 EStG.

2.2.15.7 Übersicht über Kapitalmaßnahmen

168 Die nachfolgende tabellarische Übersicht stellt die Auswirkungen unterschiedlicher Kapitalmaßnahmen auf die vorhandenen Anteile sowie die neu erlangten Anteile dar. Dabei wird auf Unterschiede in der Behandlung im Steuerabzugsverfahren durch die Bank einerseits und die materiell-rechtliche Behandlung andererseits hingewiesen. Soweit sich hierbei Abweichungen ergeben, ist eine Korrektur im Veranlagungsverfahren vorzunehmen.

Vom Steuerabzug erfasste Kapitalerträge

Lfd. Nr.	Produkt	Beschreibung	Geschäftsvorfall	KapSt Auswirkungen auf alte Anteile	KapSt Auswirkungen auf neue Anteile	KapSt-Rechtsgrundlage (§§ 43, 43a EStG i. V. m. ....)	Anmerkungen/Abweichungen des materiellen Rechts
1	Abfindung von Minderheitsaktionären in Form von neuen Anteilen	Abfindung der (verbliebenen) Altgesellschafter im Rahmen einer Gesellschaftsübernahme mit Aktien	Ausbuchung der alten Anteile und Einbuchung der neuen Anteile	Fußstapfentheorie, d. h. keine Veräußerung	Fußstapfentheorie, d. h. Fortführung der AK der alten Anteile	BMF v. 18. 01. 2016, Rz. 69, 70 § 20 Abs. 4a Satz 1 EStG	Eine daneben geleistete Barkomponente ist als laufender Kapitalertrag zu behandeln, § 20 Abs. 4a Satz 2 EStG (steuerfrei, wenn alte Anteile vor 2009 angeschafft oder wenn Anleger Steuerausländer).
2	Abspaltung, die den Voraussetzungen des § 20 Abs. 4a Satz 7 EStG entspricht	Abspaltung i. S. d. § 123 Abs. 2 UmwG oder aufgrund eines vergleichbaren ausländischen Vorgangs	Einbuchung neuer Anteile	Fußstapfentheorie, d. h. keine Veräußerung (Abspaltung der AK)	Fußstapfentheorie, d. h. Fortführung der AK der alten Anteile, anteilige abgespaltene AK	§ 20 Abs. 4a Satz 7 EStG; BMF v. 18. 01. 2016, Rz. 100, 101, 115, 115a: Aufteilung der AK nach Spaltungs-/Übernahmevertrag/Spaltungsplan oder Kursverhältnis; soweit dies nicht möglich ist, nach dem rechnerischen Bezugsverhältnis	
3	Abspaltung, die den Voraussetzungen des § 20 Abs. 4a Satz 7 EStG nicht entspricht	Vermögensübergang zwischen Körperschaften	Einbuchung neuer Anteile	keine Veräußerung (keine Abspaltung der AK)	Neuanschaffung, Bewertung ggf. mit 0 Euro	§ 20 Abs. 4a Satz 5 EStG, BMF v. 18. 01. 2016, Rz. 113, 114	
4	ADR-Umtausch (GDR, IDR) in die Aktie	Umbuchung von Depositary Receipts in die dahinterstehenden Aktien	Ausbuchung der alten Anteile und Einbuchung der neuen Anteile	keine Veräußerung	keine Anschaffung	BMF v. 18. 01. 2016, Rz. 68	
5	Aktienanleihe	Emittent hat Wahlrecht, statt Kapitalrückzahlung bestimmte Anzahl von Aktien zu übertragen	Ausübung Andienungsrecht	Veräußerung der Aktienanleihe zu den AK	Anschaffung der Aktien zu den AK der Anleihe (zzgl. Nebenkosten)	§ 20 Abs. 4a Satz 3 EStG	Eine daneben geleistete Barkomponente ist als laufender Kapitalertrag zu behandeln, § 20 Abs. 4a Satz 3 2. HS EStG.

Steuerabzug vom Kapitalertrag

Lfd. Nr.	Produkt	Beschreibung	Geschäftsvorfall	Auswirkungen auf alte Anteile	Auswirkungen auf neue Anteile	KapSt-Rechtsgrundlage (§§ 43, 43a EStG i. V. m. ....)	Anmerkungen/Abweichungen des materiellen Rechts
6	Aktiensplit	Erhöhung der Anzahl der Aktien eines Unternehmens bei unverändertem Grundkapital	Buchung Split	keine Veräußerung	keine Anschaffung, Aufteilung der AK nach dem rechnerischen Bezugsverhältnis	BMF v. 18. 01. 2016, Rz. 89	
7	Aktienumtausch – oder freiwillig – oder Tausch andere Wertpapiere (ohne Bezug zu gesellschaftsrechtlicher Maßnahme)	z. B. Aktientauschvertrag zwischen Privatanlegern oder Umschuldung von Anleihen	Ausbuchung der alten Anteile und Einbuchung der neuen Anteile	Veräußerung zum gemeinen Wert der erlangten Anteile	Anschaffung zum gemeinen Wert der hingegebenen Anteile/bei Umschuldung: Anschaffung zum gemeinen Wert der erlangten Anteile	BMF v. 18. 01. 2016, Rz. 64 ff;	Das Kreditinstitut wird den Privatttausch ggf. als entgeltlichen Depotübertrag abwickeln (§ 43 Abs. 1 Satz 4 EStG).
8	Bonusaktie	Aktionär erhält Bonusaktien als Sachdividende	Einbuchung Bonusaktie		Kapitalertrag + Neuanschaffung Wenn sich die Höhe des Kapitalertrags nicht ermitteln lässt, erfolgt ein Ansatz mit 0 Euro AK; davon i.:t bei ausländischen Sachverhalten auszugehen.	§ 20 Abs. 4a Satz 5 EStG, BMF v. 18. 01. 2016, Rz. 111	
9	Gattungswechsel	z. B. Umwandlung von Stammaktien in Vorzugsaktien	Ausbuchung der alten Anteile und Einbuchung der neuen Anteile	keine Veräußerung	keine Anschaffung	BMF v. 18. 01. 2016, Rz. 67	
10	Globalurkunde Wechsel des Verwahrortes		Transfer	keine Veräußerung	keine Anschaffung		

Vom Steuerabzug erfasste Kapitalerträge

Lfd. Nr.	Produkt	Beschreibung	Geschäftsvorfall	Auswirkungen auf alte Anteile	KapSt Auswirkungen auf neue Anteile	KapSt-Rechtsgrundlage (§§ 43, 43a EStG i. V. m. ....)	Anmerkungen/Abweichungen des materiellen Rechts
11	Investmentfonds Verschmelzung von inländischen Sondervermögen nach Maßgabe § 14 InvStG 2004/ § 23 InvStG 2018	Verschmelzung nach Maßgabe des § 189 KAGB	Ausbuchung der alten Anteile und Einbuchung der neuen Anteile	Fußstapfentheorie, d. h. keine Veräußerung	Fußstapfentheorie, d. h. Fortführung der AK der alten Anteile	§ 14 InvStG 2004/ § 23 InvStG 2018	Die nicht bereits ausgeschütteten ausschüttungsgleichen Erträge des letzten Geschäftsjahres des übertragenden Sondervermögens gelten den Anlegern dieses Sondervermögens mit Ablauf des Übertragungsstichtags als zugeflossen. Regelungen gelten analog für folgende Verschmelzungskonstellationen (Übertragung sämtlicher Vermögensgegenstände von ... auf ...): § 14 Abs. 7 Satz 1 Nr. 1 InvStG 2004: Sondervermögen auf InvestmentAG/Sondervermögen auf Teilgesellschaftsvermögen einer InvestmentAG § 14 Abs. 7 Satz 1 Nr. 2 InvStG 2004: Teilgesellschaftsvermögen einer InvestmentAG auf ein anderes Teilgesellschaftsvermögen derselben InvestmentAG § 14 Abs. 7 Satz 1 Nr. 3 InvStG 2004: Teilgesellschaftsvermögen einer InvestmentAG auf ein Teilgesellschaftsvermögen einer anderen InvestmentAG § 14 Abs. 7 Satz 1 Nr. 4 InvStG 2004: Investment-AG oder Teilgesellschaftsvermögen einer InvestmentAG auf ein Sondervermögen § 14 Abs. 7 Satz 1 Nr. 5 InvStG 2004: Investment-AG auf eine andere Investment-AG oder ein Teilgesellschaftsvermögen einer anderen Investment-AG

Steuerabzug vom Kapitalertrag

Lfd. Nr.	Produkt	Beschreibung	Geschäftsvorfall	KapSt Auswirkungen auf alte Anteile	KapSt Auswirkungen auf neue Anteile	KapSt-Rechtsgrundlage (§§ 43, 43a EStG i. V. m. ...)	Anmerkungen/Abweichungen des materiellen Rechts
12	Investmentfonds Verschmelzung von Investmentfonds, die dem Recht eines anderen EU-Mitgliedstaates unterstehen und die demselben Aufsichtsrecht unterstellt sind, nach Maßgabe § 17a InvStG 2004/ § 23 Abs. 4 InvStG 2018	Übertragung des Vermögens eines Investmentvermögens des Gesellschaftstyps (z. B. Luxemburger Aktiengesellschaft mit variablem oder festem Kapital – SICAV bzw. SICAF) auf ein anderes Investmentvermögen desselben Typs, wenn die Investmentvermögen demselben Aufsichtsrecht unterstehen	Ausbuchung der alten Anteile und Einbuchung der neuen Anteile	Fußstapfentheorie, d. h. keine Veräußerung	Fußstapfentheorie, d. h. Fortführung der AK der alten Anteile	§ 17a Satz 1 InvStG/ § 23 Abs. 4 InvStG 2018	Regelungen gelten entsprechend für EWR-Staaten, mit denen ein Abkommen über gegenseitige Amtshilfe in Steuersachen besteht.
13	Kapitalerhöhung aus Gesellschaftsmitteln nach §§ 207 ff. AktG mit Einbuchung von Teilrechten	Aktiengesellschaft erhöht ihr Grundkapital durch Umwandlung von Rücklagen entsprechend den aktienrechtlichen Bestimmungen und gibt hierzu Teilrechte an die Altaktionäre aus	Einbuchung der Teilrechte		keine Anschaffung; AK werden neu verteilt nach rechnerischem Bezugsverhältnis	§ 3 KapErhStG; bestätigt auch durch BMF v. 18. 01. 2016, Rz. 90	
14	Kapitalerhöhung aus Gesellschaftsmitteln nach §§ 207 ff. AktG ohne Einbuchung von Teilrechten	Aktiengesellschaft erhöht ihr Grundkapital durch Umwandlung von Rücklagen entsprechend den aktienrechtlichen Bestimmungen und gibt hierzu Gratis-/Berichtigungsaktien an die Altaktionäre aus	Einbuchung der Gratis- oder Berichtigungs-Aktien		keine Anschaffung; AK werden neu verteilt nach rechnerischem Bezugsverhältnis	§ 3 KapErhStG; bestätigt auch durch BMF v. 18. 01. 2016, Rz. 90	

Vom Steuerabzug erfasste Kapitalerträge

Lfd. Nr.	Produkt	Beschreibung	Geschäftsvorfall	Auswirkungen auf alte Anteile	KapSt Auswirkungen auf neue Anteile	KapSt-Rechtsgrundlage (§§ 43, 43a EStG i. V. m. ....)	Anmerkungen/Abweichungen des materiellen Rechts
15	Kapitalerhöhung aus Gesellschaftsmitteln, die **nicht** den Voraussetzungen der §§ 207 ff. AktG bzw. des § 7 KapErhStG entspricht	Ausgabe von Gratis-/Berichtigungsaktien, die mangels Vorliegen der aktienrechtlichen Voraussetzungen bzw. der Voraussetzungen des Kapitalerhöhungsteuerrechts als Sachausschüttung zu beurteilen ist	Einbuchung der Gratis- oder Berichtigungs-Aktien		Kapitalertrag + Neuanschaffung Wenn sich die Höhe des Kapitalertrags nicht ermitteln lässt, erfolgt ein Ansatz mit 0 Euro AK	§ 20 Abs. 4a Satz 5 EStG, BMF v. 18. 01. 2016, Rz. 116	
16	Kapitalerhöhung gegen Einlage gemäß §§ 182 ff. AktG, §§ 55 ff. GmbHG oder vergleichbares ausl. Recht	Zuteilung von Bezugsrechten, die den Anspruch auf entgeltlichen Erwerb von „jungen" Aktien beinhalten	Einbuchung Bezugsrechte		AD = Altaktien; AK = 0, bei AD vor 2009 Kurswert oder rechnerischer Wert des BZR	§ 20 Abs. 4a Satz 4 EStG; BMF v. 18. 01. 2016, Rz. 109, 110	
17	Kapitalerhöhung gegen Einlage gemäß §§ 182 ff. AktG, §§ 55 ff. GmbHG oder vergleichbares ausl. Recht		Ausübung Bezugsrechte		keine Veräußerung der Bezugsrechte; Neuanschaffung der jungen Aktien; AK = Zuzahlungsbetrag und ggf. Kurswert oder rechnerischer Wert des BZR	BMF v. 18. 01. 2016, Rz. 110	BMF folgt BFH-Urteil vom 09.05.2017, VIII R 54/14, wonach die steuerlich entstrickten Reserven der Bezugsrechte nicht erneut in den bezogenen Aktien steuerlich verstrickt werden dürfen.
18	Kapitalerhöhung gegen Einlage gemäß §§ 182 ff. AktG, §§ 55 ff. GmbHG oder vergleichbares ausl. Recht		Veräußerung Bezugsrechte		Veräußerung der Bezugsrechte; abgeltungsteuerpflichtig, wenn die Bezugsrechte nach dem 31. Dezember 2008 angeschafft wurden (bei zugeteilten Bezugsrechten ist insoweit auf den Anschaffungszeitpunkt der Altaktien abzustellen)	BMF v. 18. 01. 2016, Rz. 109	

Steuerabzug vom Kapitalertrag

Lfd. Nr.	Produkt	Beschreibung	Geschäftsvorfall	KapSt Auswirkungen auf alte Anteile	KapSt Auswirkungen auf neue Anteile	KapSt-Rechtsgrundlage (§§ 43, 43a EStG i. V. m. ...)	Anmerkungen/Abweichungen des materiellen Rechts
19	Kapitalherabsetzung		Auskehrung Kapitalherabsetzungsbetrag (soweit der Auskehrungsbetrag auf **Sonderausweis gemäß § 28 Abs. 2 Satz 2 KStG** entfällt)	keine Veräußerung, Kapitalertrag		§ 43 Abs. 1 Satz 1 Nr. 1, § 20 Abs. 1 Nr. 2 EStG, BMF v. 18. 01. 2016 Rz. 92	
20	Kapitalherabsetzung		Auskehrung Kapitalherabsetzungsbetrag (soweit der Auskehrungsbetrag **nicht auf Sonderausweis gemäß § 28 Abs. 2 Satz 2 KStG** entfällt)	keine Veräußerung, kein Kapitalertrag, sondern Kapitalrückzahlung (Folge: Minderung der AK)		BMF v. 18. 01. 2016 Rz. 92	
21	Liquidation einer Gesellschaft		Auskehrung Liquidationserlös	keine Veräußerung Abgrenzung Kapitalertrag von Kapitalrückzahlung		§ 43 Abs. 1 Satz 1 Nr. 1, § 20 Abs. 1 Nr. 2 EStG, BMF v. 18. 01. 2016 Rz 63	
22	Optionsanleihe	Bei der Optionsanleihe besitzt der Inhaber neben dem Recht auf Rückzahlung des Nominalbetrags ein in einem Optionsschein verbrieftes Recht, innerhalb der Optionsfrist eine bestimmte Anzahl von Wertpapieren (z. B. Aktien) zu einem festgelegten Preis zu erwerben.	Trennung Anleihe/Optionsschein	keine Veräußerung wenn möglich, Aufteilung der AK nach Angaben des Emittenten, ansonsten: Beibehaltung der AK	Optionsschein erhält Anschaffungsdatum; wenn möglich: Zuordnung anteiliger AK der Anleihe, ansonsten: AK 0 Euro	BMF v. 18. 01. 2016, Rz. 86	

Vom Steuerabzug erfasste Kapitalerträge

Lfd. Nr.	Produkt	Beschreibung	Geschäftsvorfall	KapSt Auswirkungen auf alte Anteile	KapSt Auswirkungen auf neue Anteile	KapSt-Rechtsgrundlage (§§ 43, 43a EStG i. V. m. ....)	Anmerkungen/Abweichungen des materiellen Rechts
23	Optionsanleihe		Ausübung des Optionsscheins	keine Veräußerung des Optionsscheins	Anschaffung Aktie Zuzahlung und Nebenkosten gehören zu den Anschaffungskosten, im Fall der Aufteilung der AK der Anleihe auch der entspr. Anteil der AK	BMF v. 18. 01. 2016, Rz. 86	
24	„Squeeze out" Barabfindung von Minderheitsaktionären bei Übernahmevorgängen	Abfindung der (verbliebenen) Altgesellschafter im Rahmen einer Gesellschaftsübernahme durch eine Barzahlung	Veräußerung gegen Barzahlung	Veräußerung		§ 20 Abs. 2 Satz 1 Nr. 1, Abs. 4 EStG	
25	Stockdividenden		Einbuchung neuer Anteile		Kapitalertrag, Einbuchung mit aktuellem Börsenkurs oder – wenn die Ermittlung der Höhe des Kapitalertrags nicht möglich ist, Ansatz mit 0 Euro	§ 20 Abs. 1 Nr. 1 EStG, § 20 Abs. 4a Satz 5 EStG	
26	stock-options	Bezugsrecht auf Aktien für den Arbeitnehmer	Ausübung der Option		Anschaffung der Aktien, zu den AK gehört neben der Zuzahlung auch der – ggf. steuerfrei bleibende – Wert des Optionsrechts	BMF v. 18. 01. 2016, Rz. 87	Voraussetzung für die Berücksichtigung im Steuerabzugsverfahren ist die rechtzeitige Mitteilung der lohnsteuerlichen Werte durch den Arbeitgeber bzw. durch den abgebenden Depotinhaber.
27	Umtausch Aktien aufgrund einer gesellschaftsrechtlichen Maßnahme	Anteilstausch aufgrund von Verschmelzungen, Aufspaltungen, Anteilstausch aufgrund Übernahmeangebot	Ausbuchung der alten Anteile und Einbuchung der neuen Anteile	Fußstapfentheorie, d. h. keine Veräußerung	Anwendung der Fußstapfentheorie, d. h. Übernahme der Anschaffungskosten und des Anschaffungszeitpunktes der hingegebenen Anteile	§ 20 Abs. 4a Satz 2 EStG	Eine daneben geleistete Barkomponente ist als laufender Kapitalertrag zu behandeln, § 20 Abs. 4a Satz 2 EStG (gilt nicht bei vor 2009 angeschafften hingegebenen Anteilen und bei Steuerausländern).
28	Umtauschanleihe	Inhaber kann anstelle Kapitalrückzahlung die Übertragung einer bestimmten Anzahl Aktien verlangen	Ausübung Umtauschrecht	Veräußerung der Umtauschanleihe zu den AK	Anschaffung der Aktien zu den AK der Anleihe (zzgl. Nebenkosten)	§ 20 Abs. 4a Satz 3 EStG	Eine daneben geleistete Barkomponente ist als laufender Kapitalertrag zu behandeln, § 20 Abs. 4a Satz 3 2. HS EStG.

Steuerabzug vom Kapitalertrag

Lfd. Nr.	Produkt	Beschreibung	Geschäftsvorfall	KapSt Auswirkungen auf alte Anteile	KapSt Auswirkungen auf neue Anteile	KapSt-Rechtsgrundlage (§§ 43, 43a EStG i. V. m. ....)	Anmerkungen/Abweichungen des materiellen Rechts
29	Vollrisikozertifikat mit Andienungsrecht	z. B. Discountzertifikat: Emittent hat das Recht, bei Vorliegen bestimmter Bedingungen eine bestimmte Anzahl von Aktien anzudienen	Ausübung Andienungsrecht	Veräußerung des Vollrisikozertifikats zu den AK	Anschaffung der Aktien zu den AK des Zertifikats zzgl. Nebenkosten	§ 20 Abs. 4a Satz 3 EStG in der geplanten Fassung des JStG 2010, im Vorgriff hierauf für Andienungen ab 2010: BMF v. 18. 01. 2016, Rz. 105	Eine daneben geleistete Barkomponente ist als laufender Kapitalertrag zu behandeln, § 20 Abs. 4a Satz 3 2. HS EStG.
30	Wahldividende mit Angabe Bardividende	Entspricht einer Wiederanlageoption des Aktionärs	Einbuchung neuer Anteile		Kapitalertrag in Höhe der ausgewiesenen Bardividende/Anschaffung	§ 20 Abs. 1 Nr. 1 EStG	
31	Wandelanleihe	Bei der Wandelanleihe besitzt der Inhaber das Recht, die Anleihe innerhalb einer bestimmten Frist in eine bestimmte Anzahl von Aktien des Emittenten umzutauschen.	Ausübung Wandlungsrecht	Veräußerung der Wandelanleihe zu den AK	Anschaffung der Aktien zu den AK der Anleihe (zzgl. Zuzahlungsbetrag und Nebenkosten)	§ 20 Abs. 4a Satz 3 EStG	Eine daneben geleistete Barkomponente ist als laufender Kapitalertrag zu behandeln, § 20 Abs. 4a Satz 3 2. HS EStG.

Vom Steuerabzug erfasste Kapitalerträge

2.2.16 Erträge aus Personengesellschaften

Die Einkünfte und Wirtschaftsgüter einer Personengesellschaft werden den Gesellschaftern entsprechend ihrem Beteiligungsumfang direkt zugerechnet. Während der bestehenden Mitgliedschaft behält das Kreditinstitut 25 Prozent Kapitalertragsteuer auf die Erträge der Gesellschaft ein. Ein Einbehalt von Kirchensteuer scheidet aus, insoweit bleibt es für kirchensteuerpflichtige Gesellschafter bei der Verpflichtung zur Veranlagung, § 51a Abs. 2d Satz 1 EStG. 169

Die Veräußerung der Beteiligung an der Personengesellschaft wird als Veräußerung der anteiligen Wirtschaftsgüter eingestuft, § 20 Abs. 2 Satz 3 EStG. Ein hierbei erzielter Veräußerungsgewinn ist somit ggf. materiell steuerpflichtig, § 20 Abs. 2 EStG. Ein Kapitalertragsteuerabzug erfolgt in diesem Zeitpunkt nicht, da es an einer auszahlenden Stelle i. S. d. § 44 Abs. 1 Satz 4 EStG fehlt. Ein steuerpflichtiger Gewinn aus der Veräußerung der anteiligen Wirtschaftsgüter muss infolgedessen im Rahmen der Veranlagung deklariert werden. Da dem einzelnen Mitglied anteilige Wirtschaftsgüter zugerechnet werden, ist auch die Frage eines Bestandsschutzes bezogen auf das einzelne Mitglied jeweils gesondert zu prüfen; dabei kommen die allgemeinen Übergangsvorschriften zur Anwendung. 170

Die Töpfe für den allgemeinen Verlust und den Aktienverlust werden vom Kreditinstitut für die Konten/Depots der Personengesellschaft geführt. Nach dem BMF-Schreiben vom 18. Januar 2016, Rz. 221 (siehe Anhang Nr. 2.1), ergeben sich aus dem Ausscheiden eines Mitglieds aus einer Personengesellschaft keine Auswirkungen auf die Führung des Verlusttopfes durch das Kreditinstitut. Der Verlusttopf muss zu diesem Zeitpunkt nicht geschlossen werden. Diese Regelung dient der Vereinfachung für den Kapitalertragsteuerabzug. Es kann aber nicht davon ausgegangen werden, dass die Finanzbehörden mit dieser Regelung auf die materiell-rechtlich zwingende Zuordnung der Erträge und Verluste aus der Beteiligung beim Gesellschafter verzichten. Hieraus folgt, dass der ausscheidende Gesellschafter am Jahresende grundsätzlich verpflichtet ist, das Ergebnis aus seiner Beteiligung im Rahmen der Einkommensteuererklärung zu deklarieren, § 32d Abs. 3 EStG. Im Rahmen der Festsetzung der Besteuerungsgrundlagen ist auch der auf ihn entfallende Verlustanteil von Relevanz. 171

In die Veranlagung kann dieser Verlust jedoch nur einbezogen werden, wenn der Steuerpflichtige über eine Verlustbescheinigung des Kreditinstituts verfügt.

Steuerabzug vom Kapitalertrag

2.2.16.1 Der Investmentclub als Gesellschaft bürgerlichen Rechts

172 Die vorstehenden Grundsätze finden auch auf die Beteiligung an einem Investmentclub Anwendung, der in der Rechtsform einer Gesellschaft bürgerlichen Rechts (GbR) geführt wird.

Für den Zeitraum der Mitgliedschaft hält das Kreditinstitut 25 Prozent Kapitalertragsteuer auf die Erträge des Clubs ein. Die Konten und Depots, Verlustverrechnungstöpfe und Quellensteuertopf werden von dem Kreditinstitut auf Ebene des Investmentclubs geführt; ein „Durchblicken" auf die einzelnen Mitglieder findet nicht statt.

173 Bei der Veräußerung der Wertpapiere wird das Kreditinstitut für den Einbehalt der Kapitalertragsteuer danach differenzieren, ob die Wertpapiere vor oder ab dem 1. Januar 2009 angeschafft wurden. Auch hierfür ist maßgebend das von dem Kreditinstitut einheitlich auf Club-Ebene erfasste Anschaffungsdatum. Diese Zuordnung stimmt nicht mit der materiell-rechtlichen Lage überein, wenn einzelne Mitglieder erst im Jahr 2009 neu in den Club eintreten und eine erstmalige Einlage leisten. Denn für diese Mitglieder stellen die bereits seit 2008 im Bestand des Clubs vorhandenen Wertpapiere Neufälle dar. Die Neumitglieder müssen die Erträge aus der Veräußerung der Wertpapiere deklarieren, § 32d Abs. 3 EStG.

174 Die Bemessungsgrundlage für den bei einer Veräußerung von Wertpapieren durch das Kreditinstitut vorzunehmenden Steuerabzug stimmt auch nach einem Gesellschafterwechsel regelmäßig nicht mehr mit der durch die Veräußerung materiell entstehenden Steuerpflicht überein. Denn der Altgesellschafter hat den durch den Neueintritt eines Gesellschafters entstehenden Veräußerungsgewinn bereits im Rahmen der Einkommensteuererklärung zu deklarieren. Der neu eintretende Gesellschafter hat dann im Vergleich zu den beim Kreditinstitut gespeicherten Anschaffungskosten höhere Anschaffungskosten, vgl. das Beispiel unter Rdn. 181. Der im Vergleich zur materiellen Steuerpflicht zu hohe Steuerabzug (beim Alt- und beim Neugesellschafter) wird im Rahmen der Veranlagung korrigiert.

Vom Steuerabzug erfasste Kapitalerträge

	Veräußerung von Wirtschaftsgütern – Wer macht was?	
PersG (Investmentclub)	Ermittlung des Veräußerungsgewinns je Gesellschafter	Ausbuchung der veräußerten Wertpapiere mit den auf die verschiedenen Gesellschafter entfallenden Anschaffungskosten aus der Bestandsführung
Gesellschafter	Eine ESt-Erklärung ist nur erforderlich, wenn beim KapSt-Einbehalt nicht die materiell zutreffenden Anschaffungskosten je Gesellschafter zugrunde gelegt wurden	
Kreditinstitut	Einbehalt von KapSt	–

Beispiel (vgl. auch Rz. 77 des BMF-Schreibens vom 18. Januar 2016):
An der X GbR sind A und B beteiligt. Mit ihrer Einlage von jeweils 5.000 Euro hatten sie im Jahr 2007 insgesamt 1.200 Aktien der Y-AG zu 5 Euro und im Jahr 2014 zusätzlich 800 Aktien der Z AG zu 5 Euro erworben.

Im Jahr 2015 tritt der C in die Gesellschaft ein. Im weiteren Verlauf des Jahres 2015 veräußert die Gesellschaft jeweils 100 Y-Aktien und 100 Z-Aktien zu jeweils 9 Euro das Stück. Da die Aktien von der GbR bereits vor 2009 angeschafft wurden (sog. Altfälle), wird keine Kapitalertragsteuer einbehalten.

Die Veräußerung der Y-Aktien führt bei den Gesellschaftern A und B nicht zu steuerpflichtigen Einkünften, da die Aktien von diesen vor dem 1. Januar 2009 erworben wurden und die im Erwerbszeitpunkt noch geltende Jahresfrist bei der Besteuerung privater Veräußerungsgewinne nach § 23 Abs. 1 Nr. 2 EStG bereits abgelaufen war. C muss die Gewinne aus der Veräußerung der Y-Aktien versteuern, da er sich erst im Jahr 2015 an der GbR beteiligt hat und somit die Anteile erst zu diesem Zeitpunkt erworben hat. Er muss sie in seiner Einkommensteuererklärung deklarieren, § 32d Abs. 3 EStG.

Die Anschaffungskosten für die Aktien betrugen für A und B jeweils 5 Euro, für C bei den Y-Aktien 8 Euro und den Z-Aktien 6,75 Euro, vgl. Rdn. 181.

Steuerabzug vom Kapitalertrag

> Investmentclub veräußert 100 Z-Aktien für 9 Euro/Stück
> Veräußerungsgewinn A und B aus Veräußerung Z-AG jeweils
>
> | | |
> |---|---:|
> | Veräußerungserlös (100 x 1/3 x 9 Euro) | 300,00 Euro |
> | Anschaffungskosten (100 x 1/3 x 5 Euro) | 166,67 Euro |
> | | 133,33 Euro |
> | **Veräußerungsgewinn C aus Veräußerung Z-Aktien** | |
> | Veräußerungserlös (100 x 1/3 x 9 Euro) | 300 Euro |
> | Anschaffungskosten (100 x 1/3 x 6,75 Euro) | 225 Euro |
> | Steuerpflichtiger Gewinn | 75 Euro |
> | **Veräußerungsgewinn C aus Veräußerung Y-Aktien** | |
> | Veräußerungserlös (100 x 1/3 x 9 Euro) | 300,00 Euro |
> | Anschaffungskosten (100 x 1/3 x 8 Euro) | 266,67 Euro |
> | Steuerpflichtiger Gewinn | 33,33 Euro |
>
> C muss den von ihm erzielten Veräußerungsgewinn i. H. v. 108,33 Euro (75 Euro + 33,33 Euro) in seiner Einkommensteuererklärung für das Jahr 2015 erklären. Außerdem muss die Personengesellschaft (der Investmentclub) eine Erklärung zur gesonderten und einheitlichen Feststellung nach § 180 Abs. 1 Nr. 2 a AO i. V. m. § 181 Abs. 2 Nr. 1 AO abgeben, vgl. Rdn. 177).

175 Zuzahlungen während einer bestehenden Mitgliedschaft erhöhen die Anschaffungskosten des Mitglieds für die Beteiligung und sind entsprechend in einer Nebenbuchführung zu verwalten.

Durch die Zuzahlung erhöht sich der Anteil des Gesellschafters am Gesamthandsvermögen der GbR. In der Zuzahlung liegt insoweit zugleich eine Veräußerung der (anteiligen) Wertpapiere des Clubvermögens durch die Altgesellschafter an den Neugesellschafter vor.

176 Zahlt der Investmentclub während der bestehenden Mitgliedschaft einem Mitglied einen Teil seiner ursprünglich geleisteten Einlage z. B. im Rahmen eines Auszahlplanes aus, reduzieren sich hierdurch die Anschaffungskosten des Mitglieds für die im Gesamtbestand des Clubs verwalteten Wirtschaftsgüter. Durch die Auszahlung verändert sich zugleich der Beteiligungsumfang des Mitgliedes, d. h. der Umfang seiner Beteiligung (in Prozent) reduziert sich, der Umfang der Beteiligung der Gesellschafter, die keine Auszahlung erhalten, erhöht sich. In der Auszahlung liegt somit zugleich eine (anteilige) Veräußerung der im Vermögen des Investmentclubs für den (ausgezahlten) Gesellschafter verwalteten Wirtschafts-

Vom Steuerabzug erfasste Kapitalerträge

güter an die anderen Gesellschafter. Die sich hieraus ergebenden Folgen entsprechen den Folgen des (teilweisen) Ausscheidens eines Gesellschafters, vgl. unter Rdn. 183.

Das einzelne Club-Mitglied muss Erträge aus dem Investmentclub in der Veranlagung deklarieren, wenn 177

▷ das Mitglied kirchensteuerpflichtig ist,

▷ das Mitglied aus dem Club austritt und dem Mitglied Wertpapiere anteilig zuzurechnen sind, die keinem Bestandsschutz unterliegen (z. B. die Wertpapiere wurden erst ab 2009 angeschafft oder die Wertpapiere wurden bereits vor 2009 vom Club angeschafft, das Mitglied ist aber erst nach dem 31. Dezember 2008 dem Club beigetreten),

▷ das Club-Mitglied während der bestehenden Mitgliedschaft eine Auszahlung erhält,

▷ ein neues Club-Mitglied in den Club eintritt und zu diesem Zeitpunkt Wertpapiere zum Vermögen der Gesellschaft gehören, die erst nach dem 1. Januar 2009 angeschafft wurden.

Die Erträge aus der Beteiligung an einem Investmentclub werden zur Feststellung der auf den einzelnen Gesellschafter entfallenden Erträge nach § 179 Abs. 2 i. V. m. § 180 Abs. 1 Nr. 2a AO durch die Finanzbehörden gesondert und einheitlich festgestellt. Die Feststellungen erfolgen auch, wenn eine Veranlagung der beteiligten Gesellschafter mit den aus der Beteiligung erzielten Erträgen zur Einkommensteuer nicht in Betracht kommt, vgl. Rz. 72 des BMF-Schreibens vom 18. Januar 2016, siehe Anhang Nr. 2.1.

Von einer gesonderten und einheitlichen Feststellung der Besteuerungsgrundlagen kann gemäß § 180 Abs. 3 Satz 1 Nr. 2 AO abgesehen werden, wenn es sich um einen Fall von geringer Bedeutung handelt und die Aufteilung der Erträge auf die verschiedenen Club-Mitglieder feststeht. In diesen Fällen reicht es aus, dass der Geschäftsführer bzw. Vermögensverwalter die anteiligen Einnahmen aus Kapitalvermögen auf die Mitglieder aufteilt und sie den Beteiligten mitteilt. Die Anrechnung der Kapitalertragsteuer bei den einzelnen Beteiligten ist nur zulässig, wenn neben der Mitteilung des Geschäftsführers bzw. Vermögensverwalters über die Aufteilung der Einnahmen und der Kapitalertragsteuer eine Ablichtung der Steuerbescheinigung des Kreditinstituts vorgelegt wird, vgl. Rz. 290 des BMF-Schreibens vom 18. Januar 2016, siehe Anhang Nr. 2.1. 178

Steuerabzug vom Kapitalertrag

Der Vermögensverwalter muss den Mitgliedern des Clubs daher in jedem Fall am Jahresende eine Kopie der vom Kreditinstitut erteilten Steuerbescheinigung übermitteln. Zusätzlich muss er die in der Steuerbescheinigung bescheinigten Größen den verschiedenen Mitgliedern zuordnen. Damit das einzelne Mitglied seine Erträge zutreffend deklarieren kann, muss es auch über die individuell beim Investmentclub für jedes Mitglied gespeicherten Anschaffungskosten informiert werden.

Bei der Zuordnung der in der Steuerbescheinigung aufgeführten Rechnungsgrößen ist neben dem Beteiligungsumfang auch entscheidend, ob das einzelne Mitglied während des gesamten Kalenderjahres Mitglied im Club war. So kann beispielsweise einem Mitglied, das erst im Dezember beitritt, nicht die vom Januar bis November von der Bank auf die Erträge des Clubs einbehaltene Kapitalertragsteuer zugerechnet werden. Kommt es während des Jahres zu einem Mitgliederwechsel, muss der Club daher in einer Nebenrechnung einen geeigneten Verteilungsschlüssel für die in der Steuerbescheinigung ausgewiesenen Rechnungsgrößen ermitteln.

179 Für Investmentclubs ergibt sich daraus ein Handlungserfordernis (Einführung bzw. Überprüfung der Nebenbuchführung), damit den Mitgliedern die erforderlichen Informationen zur Erfüllung ihrer steuerlichen Pflichten zur Verfügung gestellt werden können. Da die kirchensteuerpflichtigen Mitglieder zur Festsetzung der Kirchensteuer in der Regel bereits eine Einkommensteuerveranlagung beantragen müssen, erscheint die ggf. gewünschte Berücksichtigung des am Jahresende aufgelaufenen Verlusts im Rahmen einer Veranlagung nicht als besonders problematisch. Dabei ist davon auszugehen, dass die Veranlagung wesentlich vereinfacht abzuwickeln ist. Einzubeziehen wären im Regelfall nur die Erträge, die den einzelnen Mitgliedern aus der Beteiligung am Investmentclub zuzurechnen sind. Die dem Kapitalertragsteuerabzug unterliegenden Einkünfte werden dem Club durch eine Steuerbescheinigung des Kreditinstituts bescheinigt, die Verluste auf Antrag ebenfalls. Der Investmentclub gibt diese Bescheinigung zusammen mit dem Aufteilungsschlüssel an die Mitglieder weiter.

2.2.16.1.1 Eintritt eines neuen Mitglieds in den Investmentclub

180 Der Eintritt eines neuen Gesellschafters ist in der Regel jederzeit möglich. Tritt ein neues Mitglied in den Investmentclub ein, erwirbt es durch seine Einlage eine Beteiligung an einer Personengesellschaft.

Der Erwerb der Beteiligung gilt gemäß § 20 Abs. 2 Satz 3 EStG zugleich als Anschaffung der vom Investmentclub gehaltenen Wirtschaftsgüter

Vom Steuerabzug erfasste Kapitalerträge

(anteilig nach Beteiligungsquote). Steuerlich werden den Mitgliedern des Clubs die gemeinsam angeschafften Wirtschaftsgüter direkt zugerechnet. Da die Anschaffungskosten für das Mitglied bei einer späteren Veräußerung der Wirtschaftsgüter von Relevanz sind, müssen sie für die Besteuerung für jedes Wirtschaftsgut getrennt für jedes Mitglied (entsprechend seinem Anteil im Zeitpunkt des Erwerbs) abgespeichert werden, damit es seinen Deklarationspflichten im Rahmen der Einkommensteuererklärung nachkommen kann, wenn die GbR später die Wertpapiere veräußert oder das Mitglied seine Beteiligung an der GbR wieder veräußert.

Das klingt zunächst recht kompliziert. Auf dem Markt sind jedoch bereits verschiedene EDV-gestützte Programme für Investmentclubs verfügbar, die auch die Verwaltung der Mitgliederdaten unterstützen. Wird die Berechnung mit einer regelmäßigen Berichterstattung für das Mitglied verbunden, ggf. über ein Internet-basiertes Informationsmodul, lässt sich hieraus sogar ein Mehrwert für die Mitglieder generieren.

Durch den Neueintritt eines Mitglieds veräußern zugleich die Altgesellschafter einen Anteil der Wirtschaftsgüter an das neue Mitglied. Die Veräußerung wird von der Bank nicht berücksichtigt. Sie muss bei der Veranlagung der Altmitglieder im Jahr des Neueintritts des Mitglieds berücksichtigt werden. **181**

Hinweis:

In der Buchführung des Investmentclubs sollte stets zwischen dem bestandsgeschützten Altbestand und den ab 2009 erworbenen Wertpapieren unterschieden werden. Dieser Bestand ist bei Ein- und Austrittsfällen jeweils fortzuschreiben, weil sich hieraus Verschiebungen vom Alt- zum Neubestand ergeben. Aus der Buchführung des Investmentclubs müsse sich auch die von den Gesellschaftern für die jeweiligen Wirtschaftsgüter aufgewendeten Anschaffungskosten ermitteln lassen.

Tritt ein neues Mitglied ein, liegt aus Sicht der Altgesellschafter in Bezug auf die von diesen vor dem 1. Januar 2009 erworbenen Aktien ein Veräußerungstatbestand vor, der jedoch keine Abgeltungsteuer auslöst. Bei den ab dem Kalenderjahr 2009 neu erworbenen Wirtschaftsgütern müssen die Altgesellschafter in ihrer Steuererklärung die (anteilige) Veräußerung der Wirtschaftsgüter an den Neugesellschafter deklarieren. Da sich durch den Verkauf zugleich ihr Anteil am Wertpapierbestand reduziert, müssen in einer Nebenbuchführung nunmehr die reduzierten Anschaffungskosten des einzelnen (Alt-)Mitglieds festgehalten werden. Die Ver-

Steuerabzug vom Kapitalertrag

teilung des Veräußerungserlöses auf Altbestände und Neubestände muss nach dem Verhältnis der Verkehrswerte der Wirtschaftsgüter im Vermögen des Clubs erfolgen, vgl. Rz. 75 des BMF-Schreibens vom 18. Januar 2016, siehe Anhang Nr. 2.1. Bei der Berechnung des Veräußerungsgewinns ist wie bei der Depotbuchführung durch die Kreditinstitute die sog. Fifo-Methode anzuwenden. D. h., dass bei zu verschiedenen Zeitpunkten angeschafften Wertpapieren derselben Gattung die zuerst angeschafften Wertpapiere als zuerst veräußert gelten.

Der bei den Altgesellschaftern geltende Bestandsschutz für die vor 2009 erworbenen Wertpapiere lässt sich nicht auf das neue Mitglied übertragen. Das Kreditinstitut wird zwar bei einer späteren Veräußerung der Wertpapiere wegen des Anschaffungsdatums (vor dem 1. Januar 2009) keine KapSt einbehalten. Das neue Mitglied muss dann aber einen Veräußerungserlös in der Einkommensteuererklärung deklarieren.

Eintritt neuer Gesellschafter – Wer macht was?		
PersG (Investmentclub)	Feststellung der Anschaffungskosten der auf den neuen Gesellschafter entfallenden Wertpapiere	Ermittlung des anteiligen Veräußerungsgewinns je Altgesellschafter
Gesellschafter		Erklärung der Veräußerungsgewinne durch die Altgesellschafter in der Veranlagung
Kreditinstitut	–	–

Beispiel (vgl. auch Rz. 75 des BMF-Schreibens vom 18. Januar 2016):
An der X GbR sind A und B beteiligt. Mit ihrer Einlage von jeweils 5.000 Euro hatten sie im Jahr 2007 insgesamt 1.200 Aktien der Y-AG zu 5 Euro und im Jahr 2009 zusätzlich 800 Aktien der Z AG zu 5 Euro erworben.

Vom Steuerabzug erfasste Kapitalerträge

Die Anschaffungskosten der Aktien betragen:

A Einlage 5.000 Euro	B Einlage 5.000 Euro
Y-AG 1.200 x 5 Euro (6.000 Euro)	
Z-AG 800 x 5 Euro (4.000 Euro)	

Im Jahr 2014 beteiligt sich C, indem er an A und B jeweils 2.500 Euro zahlt. Er erhält ein Drittel der Anteile. Die Aktien der Y-AG haben zu diesem Zeitpunkt einen Verkehrswert von 9.600 Euro (= 8 Euro x 1.200 Stück, das entspricht 64 Prozent des Gesamtbestandes), die der Z-AG von 5.400 Euro (= 6,75 Euro x 800 Stück, das entspricht 36 Prozent des Gesamtbestandes).

Lösung:
Anschaffungskosten C:

C erhält jeweils ein Drittel der Anteile der Y-AG und der Z-AG. Da sich seine Anschaffungskosten nach dem Verhältnis des Verkehrswerts der Anteile bemessen, betragen die Anschaffungskosten hinsichtlich seines Anteils an den Aktien der Y-AG 3.200 Euro (64 Prozent von 5.000 Euro) sowie bezüglich des Anteils an den Aktien der Z-AG 1.800 Euro (36 Prozent von 5.000 Euro).

C		
Anschaffungskosten 5.000 Euro	
Verkehrswert der Aktien	
Y-AG 1.200 x 8 Euro (9.600 Euro)	Z-AG 800 x 6,75 Euro (5.400 Euro)
darauf entfallen auf C 1/3	
400 Aktien 3.200 Euro (64 Prozent)	266 Aktien 1.800 Euro (36 Prozent)
Anschaffungskosten für C	
8 Euro	6,75 Euro

Steuerabzug vom Kapitalertrag

Die Gesellschafter A und B erzielen durch die Veräußerung ihres Anteils an C einen Veräußerungsgewinn, der wie folgt berechnet wird:

Veräußerungsgewinn A und B jeweils 1/3 Anteil Y-AG = 200 Aktien	
Veräußerungserlös	1.600 Euro
Anschaffungskosten 200 x 5 Euro =	1.000 Euro
	600 Euro
Der Gewinn bleibt steuerfrei, da die Anteile vor dem Jahr 2009 erworben wurden.	
1/3 Anteil Z-AG = 133,33 Aktien	
Veräußerungserlös	900,00 Euro
	666,65 Euro
	233,35 Euro
Steuerpflichtiger Gewinn	233,35 Euro

Der Gewinn aus der Veräußerung ist nicht kapitalertragsteuerpflichtig. Der Gewinn aus der Veräußerung der Aktien der Z-AG ist im Rahmen der gesonderten und einheitlichen Feststellung der Erträge aus der Personengesellschaft zu erklären und in der Einkommensteuererklärung des Gesellschafters anzugeben, vgl. Rz. 75 des BMF-Schreibens vom 18. Januar 2016, siehe Anhang Nr. 2.1.

2.2.16.1.2 Verrechnung von Verlusten

182 Nach Rz. 220 und 221 des BMF-Schreibens vom 18. Januar 2016 (siehe Anhang Nr. 2.1) wird der Verlusttopf für den Club geführt. Bei der weiteren Abrechnung der Kapitalerträge nach Eintritt des neuen Gesellschafters wird der Verlusttopf für den Kapitalertragsteuerabzug auch mit Erträgen verrechnet, die anteilig auf den Neugesellschafter entfallen. Dies lässt sich durch das System der Verlustverrechnung mit den auf Summenbasis erfassten Kapitalerträgen nicht vermeiden. Hierdurch ergibt sich eine gewisse Ungenauigkeit, da auch dem Neugesellschafter Verluste aus einer Zeit zugutekommen, zu der er noch nicht Anteilseigner war. Diese Ungenauigkeit wird bei einer später ggf. folgenden Veranlagung der Erträge ausgeglichen.

Verlustverrechnung – Wer macht was?		
PersG (Investmentclub)	Ggf. Antrag auf Erteilung einer Verlustbescheinigung stellen	
Kreditinstitut	Verlusttopf für Konten der PersG führen	Verlustbescheinigung auf Antrag

Vom Steuerabzug erfasste Kapitalerträge

Verlustverrechnung – Wer macht was?		
Gesell-schafter		Ggf. Erklärung der Verluste im Rahmen der Veranlagung
Finanzamt		Einbeziehung des erklärten Verlustes in die Veranlagung

2.2.16.1.3 Ausscheiden eines Mitglieds aus dem Investmentclub

Verlässt ein Mitglied den Investmentclub und lässt es sich den gegenwärtigen Wert der ihm (anteilig) zustehenden Wirtschaftsgüter auszahlen, liegt eine Veräußerung der Beteiligung an einer Personengesellschaft (d. h. der auf das Mitglied entfallenden Wirtschaftsgüter) vor. **183**

Die Veräußerung wird nach § 20 Abs. 2 Satz 3 EStG als Veräußerung der anteiligen Wirtschaftsgüter eingestuft. Ein hierbei erzielter Veräußerungsgewinn ist somit nach § 20 Abs. 2 EStG steuerpflichtig. Ein Kapitalertragsteuerabzug erfolgt in diesem Zeitpunkt nicht, da es an einer auszahlenden Stelle i. S. d. § 44 Abs. 1 Satz 4 EStG fehlt.

Bei der Veranlagung muss das Mitglied den Veräußerungsgewinn nach § 32d Abs. 3 EStG deklarieren. Dabei ist zwischen den bereits vor dem 1. Januar 2009 (Altbestand) und den ab 2009 erworbenen Wirtschaftsgütern zu differenzieren. Die Veräußerung ist auch im Rahmen der gesonderten und einheitlichen Feststellung der Erträge aus der Personengesellschaft zu erklären, vgl. Rz. 79 des BMF-Schreibens vom 18. Januar 2016, siehe Anhang Nr. 2.1. **184**

Ausscheiden eines Gesellschafters – Wer macht was?		
PersG (Investmentclub)	Feststellung der Verkehrswerte der auf den ausscheidenden Gesellschafter entfallenden Wertpapiere	Ermittlung der Anschaffungskosten für die von den verbleibenden Gesellschaftern erworbenen Wertpapiere
Gesellschafter	Der ausscheidende Gesellschafter muss den Veräußerungsgewinn in der ESt-Erklärung deklarieren	
Kreditinstitut	–	–

Steuerabzug vom Kapitalertrag

Beispiel (vgl. Rz. 81 des BMF-Schreibens vom 18. Januar 2016):
Im Jahr 2015 tritt A aus der GbR aus. Zu diesem Zeitpunkt haben die 1.200 Aktien der Y-AG und die 800 Aktien der Z-AG jeweils einen Wert von 10 Euro. A erhält somit einen Auszahlungsbetrag von 6.667 Euro.

Ausscheiden des Gesellschafters A	
Verkehrswert der Aktien	
1.200 Y-Aktien x 10 Euro =	12.000,00 Euro
800 Z-Aktien x 10 Euro =	8.000,00 Euro
	20.000,00 Euro
Auszahlung 1/3 =	6.666,60 Euro
Veräußerungsgewinn A aus Y-AG Aktien	
Veräußerungserlös bleibt steuerfrei wegen Altfall (Erwerb vor 2009)	
Veräußerungsgewinn A aus Z-AG Aktien	
Veräußerungserlös 266,66 x 10 Euro=	2.666,60 Euro
Anschaffungskosten 266,66 x 5 Euro =	1.333,30 Euro
Steuerpflichtiger Gewinn	1.333,30 Euro

Auswirkungen auf B und C
B hält nach dem Ausscheiden des A
400 Y-AG x 5 Euro
200 Y-AG x 10 Euro
266,66 Z-AG x 5 Euro
133,33 Z-AG x 10 Euro
C hält nach dem Ausscheiden des A
400 Y-AG x 8 Euro
200 Y-AG x 10 Euro
266,66 Z-AG x 6,75 Euro
133,33 Z-AG x 10 Euro

185 Nach Rz. 220 und 221 des BMF-Schreibens vom 18. Januar 2016 (siehe Anhang Nr. 2.1) ergeben sich aus dem Ausscheiden eines Mitglieds einer GbR keine Auswirkungen auf die Führung des Verlusttopfes durch das Kreditinstitut. Der Verlusttopf muss zu diesem Zeitpunkt nicht geschlossen werden.

186 In die Veranlagung kann der Verlust nur einbezogen werden, wenn der Steuerpflichtige über eine Verlustbescheinigung des Kreditinstituts verfügt. Das ist der Fall, wenn der Investmentclub bei dem konto-/depotführenden Kreditinstitut eine Verlustbescheinigung für das Konto des Clubs beantragt. Dieser Verlust ist dann nach § 180 Abs. 1 Nr. 2a AO im Wege der gesonderten Feststellung auf die einzelnen Mitglieder des Investmentclubs zu verteilen, wenn nicht ein Fall von geringerer Bedeutung i. S. d. § 180 Abs. 3 Satz 1 Nr. 2 AO vorliegt, weil die Höhe des festgestellten Betrags und die Aufteilung feststehen. In diesem Fall kann die Anrechnung des Verlusts beim einzelnen Mitglied durch die Vorlage einer vom Club übersandten Kopie der Verlustbescheinigung zusammen mit einer Bestätigung über den Beteiligungsumfang erfolgen, vgl. BMF-Schreiben vom 18. Januar 2016, Rz. 290, siehe Anhang Nr. 2.1. Bei der einheitlichen und gesonderten Feststellung kann – je nach Sachverhalt – auch ein von dem in der Steuerbescheinigung durch das Kreditinstitut ausgewiesenen Verlust abweichender Verlust festgestellt werden.

2.2.16.2 Der Investmentclub als Verein

Bei einem Investmentclub handelt es sich nach Rz. 282 des BMF-Schreibens vom 18. Januar 2016 um einen nicht rechtsfähigen Verein, wenn die Personengruppe:

▷ einen gemeinsamen Zweck verfolgt,

▷ einen Gesamtnamen führt,

▷ einen für die Gesamtheit der Mitglieder handelnden Vorstand hat und

▷ unabhängig davon bestehen soll, ob neue Mitglieder aufgenommen werden oder bisherige Mitglieder ausscheiden.

Die Vereinssatzung muss in diesem Fall bestimmen, dass der Verein auch dann fortbesteht, wenn ein Mitglied kündigt bzw. ausscheidet. Der entsprechende Wille der Mitglieder kann alternativ auch durch eine Regelung verdeutlicht werden, nach der ein ausscheidendes Mitglied nach Beendigung der Mitgliedschaft keinen Anspruch auf das Vereinsvermögen hat. Fehlt es an einer solchen Satzungsregelung, wird der erforderliche Nachweis, dass die Personenvereinigung unabhängig von einem Mitgliederwechsel weiterbestehen soll, nicht geführt. Es handelt sich dann um eine BGB-Gesellschaft (GbR).

Der Investmentclub kann sich als Verein nach § 43 Abs. 2 Satz 3 Nr. 1 i. V. m. Satz 4 EStG ab dem Kalenderjahr 2009 von den neuen Tatbeständen bei der Kapitalertragsteuer freistellen lassen. Voraussetzung dafür ist, dass der Verein seiner Bank eine Bescheinigung des zuständigen Finanzamts vorlegt, dass es sich um eine unbeschränkt steuerpflichtige Körperschaft bzw. Personenvereinigung i. S. d. § 1 Abs. 1 Nr. 4 oder 5 KStG handelt.

Steuerabzug vom Kapitalertrag

Da der Verein mit seinen Erträgen selbst steuerpflichtig ist (15 Prozent Körperschaftsteuer z. B. auf Zinserträge) und auf die Ausschüttung an die Mitglieder dann noch zusätzlich die Abgeltungsteuer i. H. v. 25 Prozent entfällt, erscheint diese Rechtsform wegen der sich insgesamt ergebenden höheren Steuerbelastung gegenüber der GbR nicht als attraktive Alternative.

2.2.17 Kulanz- und Schadenersatzleistungen

189 Besondere Entgelte und Vorteile, die neben den in § 20 Abs. 1 und 2 EStG aufgezählten Kapitalerträgen oder an deren Stelle gewährt werden, sind gemäß § 43 Abs. 1 Satz 2 EStG ebenfalls dem Steuerabzug zu unterwerfen. Die Vorschrift regelt keinen selbstständigen Besteuerungstatbestand, sondern setzt lediglich die besonderen Entgelte oder Vorteile, die neben oder anstelle der in § 20 Abs. 1 und 2 EStG genannten Einnahmen aus Kapitalvermögen gewährt werden, diesen Einnahmen gleich. Besondere Entgelte und Vorteile sind alle Vermögensmehrungen, die bei wirtschaftlicher Betrachtung ein Entgelt für die Kapitalüberlassung darstellen.

190 Nach Ansicht der Finanzverwaltung sind auch **Entschädigungszahlungen für Verluste,** die aufgrund von Beratungsfehlern im Zusammenhang mit einer Wertpapier-Kapitalanlage gezahlt werden, **steuerabzugspflichtig,** wenn ein unmittelbarer Zusammenhang zu einer konkreten einzelnen Transaktion besteht, bei der ein konkreter Verlust entstanden ist oder ein steuerpflichtiger Gewinn vermindert wird.

Dies gilt auch dann, wenn die Zahlung ohne eine rechtliche Verpflichtung erfolgt und im Übrigen auch bei Entschädigungszahlungen für künftig zu erwartende Schäden (vgl. BMF-Schreiben vom 18. Januar 2016, Rz. 83, siehe Anhang Nr. 2.1). Für die kapitalertragsteuerrechtliche Behandlung ist nicht entscheidend, ob das Kreditinstitut schuldhaft einen Beratungsfehler begangen hat. Es kommt nur darauf an, dass die Bank freiwillig oder unfreiwillig eine Entschädigungszahlung bzw. Kulanzzahlung vornimmt.

Sofern die erlittenen Verluste in den Verlustverrechnungstopf eingestellt sind und nicht anderweitig verrechnet werden, führt die Zahlung der Entschädigungsleistung/Kulanzleistung zu einer Verrechnung der erlittenen Verluste. Vgl. zur Verlustverrechnung Rdn. 314 ff.

191 Die von der Finanzverwaltung getroffene Regelung ist nicht anwendbar auf Entschädigungszahlungen/Kulanzleistungen im Zusammenhang mit Beteiligungen an geschlossenen Investmentvermögen (Immobilien-,

Vom Steuerabzug erfasste Kapitalerträge

Film-, Schiffs-, Flugzeug- und Windenergiefonds etc.), da Erträge aus diesen geschlossenen Fonds nicht zu den Kapitalerträgen gehören. Dasselbe gilt für Leistungen im Zusammenhang mit Riester-Verträgen. Die Neuregelung ist jedoch auf Kapitalerträge anzuwenden, die zu den Einkünften aus Land- und Forstwirtschaft, Gewerbebetrieb, selbstständiger Arbeit oder Vermietung und Verpachtung gehören.

Handelt es sich bei den realisierten Verlusten bzw. geminderten Gewinnen um Tatbestände, die aufgrund der Bestandsschutzregelungen (vgl. Kapitel 13) nicht steuerpflichtig und auch nicht dem Steuerabzug zu unterwerfen sind, so ist auch eine Entschädigungszahlung bzw. Kulanzleistung nicht dem Steuerabzug zu unterwerfen. Die Bestandsschutzregelung greift sozusagen auf die Leistung von Entschädigungszahlungen bzw. Kulanzleistungen durch. 192

Eine Leistung von Kulanz- oder Schadenersatz seitens der Bank kann auch darin bestehen, dass sie bei fremdfinanzierten Kapitalanlagen auf die Rückzahlung des Darlehensbetrages (teilweise) verzichtet.

Entschädigungs- und Kulanzleistungen sind im manuellen Erfassungsdialog zu bearbeiten. Hierbei ist derjenige Ertragsartenschlüssel zu verwenden, der, bezogen auf die einzelne Transaktion, dem konkreten Geschäftsvorfall entspricht. Wird eine Entschädigung bzw. eine Kulanzzahlung für einen bestimmten realisierten Verlust gezahlt, so ist der Ertragsartenschlüssel zu verwenden, der dem entsprechenden Gewinn entspricht. 193

Beispiel 1:
Aufgrund eines Beratungsfehlers verkauft der Kunde einen zinsähnlichen Genussschein mit Verlust. Die Bank entschädigt den Kunden i. H. v. 120 Euro.

Im manuellen Erfassungsdialog ist ein „Gewinn aus der Veräußerung von Genussrechten" i. H. v. 120 Euro zu erfassen.

Beispiel 2:
Die Bank berät den Kunden falsch. Dieser kauft Aktien und veräußert diese mit Verlust. Verärgert geht er zu seiner Bank und handelt eine Entschädigung i. H. v. 250 Euro aus.

Im manuellen Erfassungsdialog ist ein „Kursdifferenzgewinn aus Aktien" i. H. v. 250 Euro zu erfassen.

Steuerabzug vom Kapitalertrag

Beispiel 3:
Die Bank beriet den Kunden bereits im Jahr 2008 falsch. Der Kunde kaufte im Jahr 2008 Aktien und veräußerte diese im Jahr 2009 mit Verlust. Die Bank zahlt eine Entschädigung i. H. v. 200 Euro.

Die Entschädigungsleistung unterliegt nicht dem Kapitalertragsteuerabzug, weil die Veräußerung der im Jahr 2008 erworbenen Aktien nicht zu Einkünften aus Kapitalvermögen führt. Ein Steuerabzug ist auch dann nicht vorzunehmen, wenn die Veräußerung der Aktien innerhalb der Jahresfrist erfolgt und ein privates Veräußerungsgeschäft vorliegt.

194 Ein und dieselbe Kulanz- oder Schadenersatzvereinbarung der Bank kann sich auch auf verschiedene Sachverhalte bzw. Beratungsfehler beziehen; in diesem Zusammenhang ist die Leistung der Bank betragsmäßig aufzuteilen auf die verschiedenen Sachverhalte, da die Teilbeträge ggf. unterschiedlich zu qualifizieren sind.

Beispiel 4:
Die Bank beriet den Kunden bereits im Jahr 2008 falsch. Der Kunde kauft im Dezember 2008 Aktien und veräußerte diese im Jahr 2009, wobei er einen Verlust i. H. v. 1.000 Euro realisiert.

Aufgrund desselben Beratungsfehlers (oder auch aufgrund eines anderen Beratungsfehlers) kauft der Kunde in 2009 Aktien und veräußert diese ebenfalls mit Verlust i. H. v. 700 Euro.

Der Kunde beschwert sich wegen beider Beratungsfehler bei seiner Bank und handelt eine Kulanzzahlung von insgesamt 850 Euro heraus, wobei sich 500 Euro davon auf die im Dezember 2008 gekauften Aktien beziehen und 350 Euro auf die im Jahr 2009 erworbenen Aktien.

Es liegen zwei Entschädigungszahlungen vor. Nur die im Zusammenhang mit den im Jahr 2009 erworbenen Aktien geleistete Zahlung i. H. v. 350 Euro unterliegt dem Steuerabzug (Bestandsschutz).

Anmerkung: Im Zweifel muss eine Kulanz- bzw. Schadenersatzzahlungsvereinbarung eine solche Aufteilung der einheitlichen Leistung enthalten. Notfalls muss die Bank auf ihre internen Berechnungsgrundlagen zurückgreifen, um eine ordnungsgemäße Kapitalertragsbesteuerung herzustellen.

195 Sollte der Kunde das Wertpapier noch nicht verkauft haben und leistet die Bank dennoch aus Kulanz eine Kompensationszahlung, so ist aus Vereinfachungsgründen die Besteuerung der Zahlung bereits im Zeitpunkt der Zahlung und nicht erst im Zeitpunkt der Verlustrealisation durch den

Vom Steuerabzug erfasste Kapitalerträge

Kunden zu empfehlen. Die Rechtslage zur Besteuerung ergibt sich in diesen Fällen nicht aus Rz. 83 des BMF-Schreibens vom 18. Januar 2016 (siehe Anhang Nr. 2.1), sondern vielmehr aus der unmittelbaren Anwendung von § 20 Abs. 3 EStG, wonach auch besondere Entgelte und Vorteile, die neben den in den Kapiteln 2.2.1 bis 2.2.14.2 genannten Erträgen geleistet werden, kapitalertragsteuerpflichtig sind.

Beispiel 5:
Die Bank berät den Kunden falsch. Dieser kauft Wertpapiere, deren Kurswert sinkt. Aufgrund des Wertverfalls verlangt der Bankkunde eine Entschädigungszahlung. Die Bank zahlt hierauf 300 Euro.

Obwohl die Wertpapiere noch nicht veräußert wurden, sollte die Entschädigungszahlung i. H. v. 300 Euro im Zeitpunkt der Zahlung besteuert werden.

Entschädigungs-/Kulanzzahlungen können auch für entgangene laufende Erträge gezahlt werden. Sie sind dann auch als laufender Ertrag mit dem entsprechenden Ertragsschlüssel zu erfassen, da sie gemäß § 20 Abs. 3 i. V. m. § 20 Abs. 1 EStG steuerpflichtig sind. **196**

Beispiel 6:
Die Bank rät dem Kunden zur Eröffnung eines Tagesgeldkontos mit einer Verzinsung von 1,5 Prozent, obwohl mündelsichere Wertpapiere mit einer Verzinsung von 2 Prozent verfügbar waren. Die Bank streitet jede Schuld ab. Obwohl die Bank nicht dazu verpflichtet ist, gleicht sie den „Schaden" aus und zahlt dem Kunden auf der Basis eines Vergleichs 100 Euro.

Im manuellen Erfassungsdialog sind die „Tagesgeldzinsen" i. H. v. 100 Euro zu erfassen. Dies gilt auch dann, wenn die Bank keine Schuld an der Fehlentscheidung des Kunden trifft.

Die Steuerabzugsverpflichtung besteht nur dann, wenn ein konkreter Zusammenhang mit einer Transaktion feststellbar ist. Fehlt ein solcher Zusammenhang, so besteht keine Steuerabzugsverpflichtung. **197**

Beispiel 7:
Die Bank berät den Kunden dahingehend, einen Kauf von Wertpapieren zu unterlassen. Der Kunde folgt dem Rat, der sich am Ende als Fehlberatung herausstellt. Die Bank zahlt dem Kunden dafür 150 Euro als Wiedergutmachung.

Keine Steuerabzugsverpflichtung, da ein Zusammenhang mit einer Transaktion fehlt.

2.3 Befreiung vom Kapitalertragsteuerabzug

198 Der Kapitalertragsteuerabzug hatte bis zur Einführung der Abgeltungsteuer einen nur eingeschränkten Umfang (kein Steuerabzug auf Erträge aus Stillhaltergeschäften, Wertpapierveräußerungen und Termingeschäften) und zudem nur Vorauszahlungscharakter. Der Kapitalertragsteuerabzug begründete stets einen Anrechnungsanspruch in Höhe der abgeführten Steuerbeträge im Rahmen der Veranlagung, vgl. § 36 Abs. 2 Nr. 2 EStG. Der Kapitalertragsteuerabzug konnte daher einheitlich und unabhängig von der Zugehörigkeit der Erträge zu den einzelnen Einkunftsarten erfolgen.

Die Einführung der Abgeltungsteuer hat den Kreis der Abzugstatbestände spürbar ausgeweitet und die Kapitalertragsteuer stark darauf ausgerichtet, dass die Besteuerung der Einkünfte aus Kapitalvermögen in möglichst großem Umfang bereits abschließend im Steuerabzugsverfahren vorgenommen wird. Die aufgrund der Abgeltungsteuer neu hinzugekommenen Steuerabzugstatbestände sind in § 43 Abs. 1 Satz 1 Nr. 6 und 8 bis 12 EStG genannt. Zu den einzelnen Tatbeständen vgl. Rdn. 10 ff.

Die starke Ausweitung des sachlichen Anwendungsbereichs der Kapitalertragsteuerregelungen wird aber den abweichenden Bedürfnissen der betrieblichen Empfänger von Kapitalerträgen nicht gerecht. Bei den Umsetzungsarbeiten zur Abgeltungsteuer hat sich zunehmend herausgestellt, dass bei den Gewinneinkünften des Einkommensteuergesetzes besondere Umstände vorliegen, die abweichende Regelungen im Steuerabzugsverfahren gebieten.

199 Während für private Einkünfte aus Kapitalvermögen eine Verrechnung von Einnahmen, Gewinnen und Verlusten sowie eine Anrechnung ausländischer Quellensteuer während des ganzen Kalenderjahres im Interesse des Anlegers zwingend durchgeführt wird, ist eine Verlustverrechnung und eine Anrechnung ausländischer Quellensteuer für den betrieblichen Anleger nicht möglich, vgl. § 43a Abs. 3 Satz 7 EStG. Denn die Einkünfte aus Kapitalvermögen, die zu anderen Einkunftsarten (insbesondere zu den betrieblichen Gewinneinkünften bzw. zu den Einkünften aus Vermietung und Verpachtung) gehören, werden zwingend in der jährlichen Veranlagung zur Einkommensteuer berücksichtigt. Eine Berücksichtigung von Verlusten und ausländischen Quellensteuern auf Ebene der Bank ist daher weder notwendig noch geboten.

Befreiung vom Kapitalertragsteuerabzug

Eine Berücksichtigung der Verluste und der ausländischen Quellensteuern im Kapitalertragsteuerverfahren ist auch deswegen ausgeschlossen, da Empfänger betrieblicher Kapitalerträge oftmals ein vom Kalenderjahr abweichendes Geschäftsjahr haben und eine auf das Kalenderjahr bezogene Verlustverrechnung zu einer steuerrechtlich unrichtigen Zuordnung zu den einzelnen Bemessungszeiträumen führen würde.

Schließlich werden Options- und Termingeschäfte von betrieblichen Anlegern sowie von Vermietern meist zu Absicherungszwecken abgeschlossen und während ihrer regelmäßig mehrjährigen Laufzeit als schwebendes Geschäft behandelt. Insbesondere werden mit Options- und Termingeschäften Darlehen abgesichert, die der Finanzierung vermieteter Immobilien dienen. Ein Bruttosteuerabzug mit 25 Prozent ohne Berücksichtigung von Verlusten passt nicht zu dieser Einstufung und könnte bei den Unternehmen massive Liquiditätsprobleme hervorrufen.

Um diese Liquiditätsprobleme zu lösen, hat der Gesetzgeber verschiedene Befreiungsmöglichkeiten vom Kapitalertragsteuerabzug **für die ab 2009 neu hinzukommenden Kapitalertragsteuertatbestände** geschaffen.

200

Eine Befreiung kann nur für folgende „neue Kapitalertragsteuertatbestände" gewährt werden:

▷ Ausländische Dividenden, die über inländische Zahlstellen ausbezahlt werden (§ 43 Abs. 1 Satz 1 Nr. 6 EStG),

▷ Stillhalterprämien (§ 43 Abs. 1 Satz 1 Nr. 8 EStG),

▷ Veräußerung von Anteilen an Kapitalgesellschaften, von dividendenähnlichen Genussrechten und ähnlichen Beteiligungen (§ 43 Abs. 1 Satz 1 Nr. 9 EStG),

▷ Veräußerung von Zinsscheinen und sonstigen Kapitalforderungen (§ 43 Abs. 1 Satz 1 Nr. 10 EStG),

▷ Erträge aus Termingeschäften (§ 43 Abs. 1 Satz 1 Nr. 11 EStG),

▷ Veräußerung von Anteilen an Körperschaften, die keine Kapitalgesellschaften sind (§ 43 Abs. 1 Satz 1 Nr. 12 EStG).

Die Freistellung des Betriebsvermögens von den neuen Kapitalertragsteuertatbeständen kann bei Treuhandkonten und -depots nicht angewendet werden, denn Treuhandkonten bzw. -depots sind für Zwecke der Verlustverrechnung und für die Anrechnung ausländischer Quellensteuer wie Privatkonten zu behandeln (vgl. BMF-Schreiben vom 18. Januar 2016, Rz. 222, siehe Anhang Nr. 2.1. Dies ist deshalb notwendig, weil das Kredit-

201

institut den Gläubiger/Treugeber regelmäßig nicht kennt. Die Höhe der Erträge, deren Qualifikation und Zurechnung sind in allen Treuhandfällen im Rahmen der Veranlagung zu klären. Entsprechendes gilt für Notaranderkonten und -depots sowie für Nießbrauchkonten und -depots.

202 Eine Ausnahme gilt für die treuhänderische Vermögensauslagerung auf sog. Contractual Trust Arrangements (CTA). Ein Contractual Trust Arrangement ist ein Modell der betrieblichen Altersvorsorge, bei dem Unternehmen die Pensionszahlungen und -forderungen auf eine eigene Treuhandgesellschaft ausgliedern. Diese verwaltet das Vermögen, darf es aber ausschließlich zum Zweck der Erfüllung der Pensionsverpflichtungen verwenden. Dem konto- bzw. depotführenden Kreditinstitut sind sowohl bei seinen eigenen CTA als auch bei den von dem Kreditinstitut für Kunden verwalteten CTA und Gruppen-CTA sämtliche Details der Strukturen vollinhaltlich bekannt. Insbesondere ist das Treugeberunternehmen, dem die Kapitalerträge zuzurechnen sind, dem Kreditinstitut bekannt. In diesem Fall sind die Erträge dem Betriebsvermögen des Treugeberunternehmens zuzurechnen. Das Kreditinstitut hat infolgedessen auch von betrieblichen Einnahmen auszugehen, mit der Folge, dass für die Freistellung vom Steuerabzug nach § 43 Abs. 2 Satz 3 EStG auf das Treugeberunternehmen abzustellen ist. Im Ergebnis kann also eine Befreiung von den neuen Kapitalertragsteuerabzugstatbeständen bei CTA gewährt werden.

203 **Rechtslage bis 31. Dezember 2017:** Eine Freistellung entsprechend § 43 Abs. 2 Sätze 3 bis 8 EStG ist auch zulässig, soweit in der Ausschüttung des Investmentvermögens Kapitalerträge i. S. d. § 43 Abs. 1 Satz 1 Nr. 6 und 8 bis 12 sowie Satz 2 EStG enthalten sind. Zur Umsetzung ist beim WM-Datenservice vorgesehen, dass die Kapitalanlagegesellschaften diese Kapitalerträge gesondert melden. Die inländische auszahlende Stelle kann danach bei ausgeschütteten Erträgen aus einem Investmentanteil, die den neuen Abzugstatbeständen (Rdn. 200) entsprechen, den Steuerabzug unterlassen. Dies ergibt sich aus § 7 Abs. 1 Satz 4 InvStG. Ab 2018 gilt ein neues intransparentes Fondsbesteuerungsregime. Der Investmentfonds vermittelt dann eine neue Einkunftskategorie „Investmenterträge". Die Befreiungsvorschriften des § 43 Abs. 2 Sätze 3 bis 8 EStG sind darauf nicht mehr anwendbar.

Die formellen Voraussetzungen, unter denen gemäß § 43 Abs. 2 Satz 3 ff. EStG die Befreiung vom Kapitalertragsteuerabzug gewährt wird, sind unterschiedlich ausgeprägt. Es ist danach zu differenzieren, welcher Rechtsform der Gläubiger angehört.

2.3.1 Freistellung betrieblicher Konten/Depots von natürlichen Personen und Personengesellschaften

Gehören die unter 2.3 aufgelisteten Kapitalerträge zu den Betriebseinnahmen aus einem inländischen Betriebsvermögen, so können 204

▷ Einzelunternehmer (eingetragener Kaufmann, Gewerbetreibender, Handwerker),

▷ Freiberufler (Rechtsanwälte, Steuerberater, Künstler, Heilpraktiker, usw.) oder

▷ Land- und Forstwirte

die Zugehörigkeit der Kapitalerträge zum Betriebsvermögen mittels der sog. Freistellungserklärung (siehe Anhang Nr. 3.2) bestätigen. Dasselbe gilt für beschränkt steuerpflichtige Kapitalgesellschaften und Genossenschaften, welche eine Betriebsstätte im Inland haben.

Ist Gläubiger eine 205

▷ Gesellschaft bürgerlichen Rechts (GbR),

▷ Kommanditgesellschaft (KG),

▷ Offene Handelsgesellschaft (OHG) oder eine

▷ GmbH & Co KG

und realisiert diese Personengesellschaft die oben genannten Kapitalerträge im Betriebsvermögen, kann ebenfalls die Freistellung vom Kapitalertragsteuerabzug in oben genanntem Umfang durch Abgabe einer Freistellungserklärung herbeigeführt werden. Die Erklärung kann ebenfalls von ausländischen Unternehmen abgegeben werden, die über eine im Inland steuerpflichtige Betriebsstätte (ständigen Vertreter) verfügen, wenn sie für diese Betriebsstätte im Inland Konten/Depots unterhalten oder Termingeschäfte abschließen.

Die Qualifikation der Einkünfte als betriebliche Einkünfte ist von der Personengesellschaft vorzunehmen. Eine ggf. abweichende Qualifikation der Einkünfte auf Ebene des Gesellschafters ist nach den amtlichen Hinweisen des Freistellungserklärungsformulars unschädlich.

Die Einstufung durch den Gläubiger in der Freistellungserklärung ist für 206 das Kreditinstitut bindend. Das Kreditinstitut darf sich bei der Freistellung vom Kapitalertragsteuerabzug hierauf verlassen und ist nicht zur Über-

Steuerabzug vom Kapitalertrag

prüfung der vom Gläubiger gemachten Angaben verpflichtet (BMF-Schreiben vom 18. Januar 2016, Rz. 176, siehe Anhang Nr. 2.1).

Hinweis:

Die Befreiung vom Steuerabzug betrifft nur die neuen Kapitalertragsteuertatbestände: Fließen dem Gläubiger Zinsen oder inländische Dividenden oder andere nicht in Kapitel 2.3 genannte Erträge zu, so kommt es auch zukünftig zum Kapitalertragsteuerabzug.

Beispiel: Ein Einzelunternehmer hält ein betriebliches Aktiendepot. Ihm fließen inländische Dividenden zu. Schließlich veräußert er die Aktien. Er hat eine Freistellungserklärung für das betriebliche Depot gegenüber dem Kreditinstitut abgegeben.

Lösung: Die Dividendenzahlung unterliegt dem Steuerabzug; der Veräußerungsgewinn aus der Veräußerung der Aktien wird aufgrund der Freistellungserklärung nicht dem Steuerabzug unterworfen.

207 Wählt der Steuerpflichtige bzw. die Personengesellschaft die Freistellung der neuen Kapitalertragsteuertatbestände vom Steuerabzug, übermittelt die auszahlende Stelle im Falle der Freistellung die bundeseinheitliche Steuernummer bzw. bei natürlichen Personen die Steueridentifikationsnummer (falls vorhanden), Vor- und Zuname, das Geburtsdatum, die Konto- oder Depotbezeichnung bzw. die sonstige Kennzeichnung des Geschäftsvorgangs (bei Termingeschäften) sowie die Anschrift des Gläubigers der Kapitalerträge an die Finanzverwaltung. Bei Personenmehrheiten treten die Firma oder vergleichbare Bezeichnungen an die Stelle von Vor- und Zunamen und des Geburtsdatums. Dies hat durch Datenfernübertragung nach einem amtlich vorgeschriebenen Datensatz zu erfolgen. Die Beschreibung des Datensatzes muss erst noch durch ein BMF-Schreiben erfolgen. Erst dann sind die oben genannten Meldungen vorzunehmen.

Hinweise zum amtlichen Formular Freistellungserklärung:

▷ Es ist nicht zu beanstanden, wenn Sachverhalte, die bei einer auszahlenden Stelle nicht vorkommen, im Freistellungsformular weggelassen werden (z. B. depotführende Kapitalanlagegesellschaften führen keine Termin- und Optionsgeschäfte für ihre Kunden aus, sodass die entsprechenden Ankreuzkästchen mit dazugehörigem Text in der Freistellungserklärung entfallen können), vgl. BMF-Schreiben vom 18. Januar 2016, Rz. 178, siehe Anhang Nr. 2.1.

Befreiung vom Kapitalertragsteuerabzug

▷ Weiterhin wird nicht beanstandet, wenn – je nach Fallgestaltung – in der Freistellungserklärung nur die Depots benannt und die Konten weggelassen werden. Außerdem kann statt der Formulierung „aus den Konten und Depots mit der Stammnummer ..." auch die Formulierung „aus den Konten und Depots mit der Kundennummer ..." verwendet werden, vgl. BMF-Schreiben vom 18. Januar 2016, Rz. 179, siehe Anhang Nr. 2.1.

Die auszahlende Stelle hat die Freistellungserklärung sechs Jahre aufzubewahren, wobei die Frist mit dem Schluss des Kalenderjahres, in dem die Erklärung letztmalig berücksichtigt wird, beginnt. **208**

Erläuterungen zur Abgrenzung Privatvermögen – Betriebsvermögen

▷ Ein Konto oder Depot gehört zum Betriebsvermögen, wenn es der Erzielung von Einkünften aus Gewerbebetrieb, aus selbstständiger Tätigkeit oder aus Land- und Forstwirtschaft dient. Beispielsweise gehört das Konto eines Kaufmanns, das Konto eines Freiberuflers (z. B. Arzt, Rechtsanwalt, Steuerberater, Ingenieur, Architekt, Wirtschaftsprüfer, Heilpraktiker, Journalist) oder auch ein Geschäftskonto eines Landwirts zum Betriebsvermögen, wenn der Kontoinhaber keine anderweitigen Angaben macht, die auf eine Zuordnung des Kontos/Depots zum Privatvermögen hindeuten. Das BMF hat der Kreditwirtschaft im Schreiben vom 18. Januar 2016, Rz. 216 (siehe Anhang Nr. 2.1) bestätigt, dass Banken hinsichtlich der Zuordnung entweder zum Privat- oder Betriebsvermögen auf die Angaben des Kunden vertrauen dürfen. Eine solche Angabe kann zum Beispiel ein erteilter FSA sein oder auch die Reaktion auf ein Kundenanschreiben, in dem bestimmte oder alle für den Kunden geführten Konten als zum Privatvermögen gehörend erklärt werden.

▷ **ACHTUNG:** Hat z. B. ein Freiberufler oder ein Gewerbetreibender einen Freistellungsauftrag erteilt, ohne ihn auf einzelne Konten zu beschränken, so ist er auf alle Konten anzuwenden. Die Konten sind als private Konten zu verschlüsseln. Erkennt die Bank, dass möglicherweise betriebliche Vorgänge über das Konto abgewickelt werden, sollte mit dem Kunden Kontakt aufgenommen

Steuerabzug vom Kapitalertrag

werden. Erklärt dieser Kunde, dass das Konto als Privatkonto einzustufen ist, so ist die Bank aufgrund dieser Angabe daran gebunden.

▷ Das Konto eines Vermieters für Mieteingänge oder Instandhaltungsrücklagen oder das Konto einer Wohnungseigentümergemeinschaft (eigenes Konto der WEG oder Treuhandkonto des Verwalters) hingegen dient in der Regel nur der privaten Vermögensverwaltung. Kapitalerträge, die auf solchen Konten gutgeschrieben werden, gehören zu den Einkünften aus Kapitalvermögen. Die Vermietung und Verpachtung kann in Einzelfällen auch zu Einkünften aus Gewerbebetrieb führen; eine gewerbliche Vermietung muss allerdings nach ständiger Rechtsprechung (BFH, Urteil v. 23. Januar 2003, IV R 75/00; BStBl. II 2003, S. 467) den Rahmen privater Vermögensverwaltung deutlich überschreiten, wobei das „Gesamtbild der Verhältnisse und die Verkehrsanschauung" maßgeblich sind. Es muss eine Vielzahl einzelner Faktoren dafür sprechen, dass der Rahmen privater Vermögensverwaltung überschritten ist; z. B. ein enger zeitlicher Zusammenhang zwischen Kauf bzw. Errichtung der Immobilie und deren Veräußerung oder Aktivitäten wie Erschließungen, Modernisierungen oder häufiger Mieterwechsel. Selbst wenn im Einzelfall die Vermietung und Verpachtung zu Einkünften aus Gewerbebetrieb führt, können Kapitalerträge aus der Überlassung der betrieblichen Vermietungseinkünfte privat sein. Dies wäre der Fall, wenn der Vermieter seine gewerblichen Einkünfte unmittelbar auf ein dem Privatvermögen zuzuordnendes Konto fließen lässt. Die Vermietung führt also grundsätzlich nicht zur Zuordnung zum Betriebsvermögen. Eine Freistellungserklärung im Rahmen von privater Vermietung und Verpachtung ist nur möglich, sofern Options- oder Termingeschäfte betroffen sind (vgl. Rdn. 209). Alle anderen Kapitalerträge unterliegen dem Steuerabzug, es sei denn, eine Abstandnahme vom Kapitalertragsteuerabzug aufgrund eines Freistellungsauftrages oder einer eingereichten NV-Bescheinigung ist gemäß § 44a EStG möglich (nur für den Vermieter zulässig, nicht hingegen für die WEG oder Treuhandkonten).

2.3.2 Freistellung von Termingeschäften bei Vermietung und Verpachtung

Ein Konto oder Depot eines Vermieters oder einer vermietenden Personengesellschaft ist grundsätzlich dem Privatvermögen zuzuordnen. Die Vermietung gehört zur privaten Vermögensverwaltung. Kapitalerträge auf einem solchen Konto gehören daher zu den Einkünften aus Kapitalvermögen. Daher kann ein Vermieter grundsätzlich nicht die Zugehörigkeit der Kapitalerträge zum Betriebsvermögen bestätigen, wie unter Rdn. 208 dargestellt.

209

In seltenen Fällen gehören Kapitalerträge zu den Einkünften aus Vermietung und Verpachtung. Dies ist insbesondere dann der Fall, wenn Termingeschäfte zur Absicherung von Finanzierungen eingesetzt werden. Beispielsweise kann ein Zinsswap der Absicherung eines Darlehens dienen, welches zur Finanzierung einer Vermietungsimmobilie eingesetzt wird.

Gehören die Kapitalerträge zu den Einkünften aus Vermietung und Verpachtung, besteht die Möglichkeit zur Freistellung von Options- und Termingeschäften i. S. d. § 43 Abs. 1 Satz 1 Nr. 8 und 11 EStG. Das amtliche Formular der Freistellungserklärung sieht die Möglichkeit vor, die Zugehörigkeit dieser Erträge zu den Einkünften aus Vermietung und Verpachtung zu erklären. Ausgleichszahlungen aus der Auflösung von Zinsswapgeschäften gehören nicht zu den Einkünften aus Vermietung und Verpachtung (BFH-Urteil vom 13. Januar 2015, IX R 13/14, BStBl. II S. 827; BMF-Schreiben vom 18. Januar 2016, Rz. 176, wiedergegeben im Anhang Nr. 2.1).

Beispiel:

Ein Vermieter sichert ein Darlehen, welches der Finanzierung einer vermieteten Immobilie dient, mit einem Termingeschäft ab. Er gibt eine Freistellungserklärung (siehe Anhang Nr. 3.2) ab.

Lösung:

Die Termingeschäftserträge unterliegen aufgrund der Freistellungserklärung nicht dem Kapitalertragsteuerabzug. Andere Kapitalerträge wie Zinsen, Dividenden und auch Veräußerungserlöse unterliegen demgegenüber dem Steuerabzug.

2.3.3 Freistellung kraft Rechtsform bei Kapitalgesellschaften und Genossenschaften

210 Bei unbeschränkt steuerpflichtigen Kapitalgesellschaften, eingetragenen Genossenschaften sowie anderweitigen Körperschaften i. S. d. § 1 Abs. 1 Nr. 1 bis 3 KStG erfolgt die Freistellung der „neuen Kapitalertragsteuertatbestände" vom Steuerabzug ohne Weiteres. Eine Freistellungserklärung ist nicht notwendig. Die Freistellung erfolgt aufgrund der Rechtsform.

Zu den Kapitalgesellschaften und Genossenschaften sowie zu den anderweitigen Körperschaften i. S. d. § 1 Abs. 1 Nr. 1 bis 3 KStG gehören folgende Rechtsformen:

▷ AG,

▷ GmbH,

▷ UG (Unternehmergesellschaften nach § 5a GmbHG; auch „1-Euro-GmbH" genannt),

▷ eG,

▷ Versicherungsvereine auf Gegenseitigkeit (VVaG) und

▷ KGaA,

▷ vergleichbare ausländische Rechtsformen wie z. B. eine „Limited" (vgl. Anlage 2 zu § 43b EStG, siehe Anhang Nr. 1.1.1), die Sitz oder Geschäftsleitung im Inland haben.

211 Hintergrund ist, dass bei Kapitalgesellschaften gemäß § 8 Abs. 2 KStG alle Kapitalerträge zu den gewerblichen Einkünften gehören, eine „Privatsphäre" somit von Gesetzes wegen nicht gegeben ist und die Einkünfte unter keinen Umständen den dahinterstehenden Beteiligten (Gesellschaftern) unmittelbar steuerlich zuzurechnen sind (so die Begründung im Regierungsentwurf zum Jahressteuergesetz 2009).

Eine Meldung bestimmter Informationen hat vor diesem Hintergrund bei einer Freistellung vom Kapitalertragsteuerabzug nicht zu erfolgen.

Hat die Gesellschaft ihren Sitz oder Geschäftsleitung nicht im Inland und ist sie deswegen nicht unbeschränkt steuerpflichtig, so ist eine Freistellung kraft Rechtsform nicht möglich. Diese beschränkt steuerpflichtigen ausländischen Körperschaften können lediglich eine Freistellung kraft Erklärung (vgl. Rdn. 204 ff.) bei ihrem Kreditinstitut abgeben. Kapitaleinkünfte gehören zu den inländischen gewerblichen Einkünften, wenn im Inland eine Betriebsstätte unterhalten wird oder ein inländischer Vertreter bestellt ist, § 49 Abs. 1 Nr. 2a EStG.

2.3.4 Freistellung von Körperschaften i. S. d. § 1 Abs. 1 Nr. 4 und 5 KStG

Steuerpflichtige Vereine (rechtsfähige und nichtrechtsfähige), Stiftungen (rechtsfähige und nichtrechtsfähige), Anstalten und Zweckvermögen können sich ebenfalls vom Steuerabzug auf die neuen Kapitalertragsteuertatbestände (vgl. Rdn. 200) befreien lassen. In der Praxis werden die neuen Kapitalertragsteuertatbestände bei Körperschaften eher selten vorliegen. Voraussetzung für die Freistellungsbescheinigung ist, dass **keine Steuerbefreiung nach § 5 KStG vorliegt.**

212

Weitere Voraussetzung ist, dass die Körperschaft bzw. der Verein dem Kreditinstitut eine Freistellungsbescheinigung (Gruppenzugehörigkeitsbescheinigung) des zuständigen Finanzamtes vorlegt, dass es sich um eine unbeschränkt steuerpflichtige Körperschaft, Personenvereinigung oder Vermögensmasse i. S. d. § 1 Abs. 1 Nr. 4 oder 5 KStG handelt, welche nicht steuerbefreit ist. Eine Freistellungsbescheinigung ergeht unter dem Vorbehalt des Widerrufs.

Steuerbefreite Körperschaften können daneben gemäß § 44a Abs. 4 EStG eine Abstandnahme vom Kapitalertragsteuerabzug per Nichtveranlagungsbescheinigung oder Freistellungsbescheid (als Anlage zum Körperschaftsteuerbescheid) erreichen (vgl. Rdn. 376). Eine Freistellungsbescheinigung kommt in diesen Fällen nicht in Betracht.

213

Hinweis:

Freistellungsbescheinigung und Freistellungsbescheid sind zwei unterschiedliche Dinge. Der **Freistellungsbescheid** ergeht gegenüber einer körperschaftsteuerbefreiten Körperschaft oder Vermögensmasse, z. B. für einen gemeinnützigen Verein.

Die **Freistellungsbescheinigung** ergeht niemals für eine körperschaftsteuerbefreite Körperschaft oder Vermögensmasse. Die Freistellungsbescheinigung wird daher in der Praxis keine überaus bedeutende Rolle einnehmen, da die meisten Vereine etc. steuerbefreit sind.

Beispiel: Für einen gemeinnützigen Verein sind die NV-Bescheinigungen der Art NV 2 B Nr. 2 (§ 44a Abs. 4 EStG) sowie die NV 2 B Nr. 3 (§ 44a Abs. 7 EStG) hinterlegt. Der Verein hat sowohl Zinserträge als auch Erträge aus der Veräußerung von Aktien realisiert.

Lösung: Da der Verein aufgrund seiner Gemeinnützigkeit steuerbefreit ist, kommt eine Freistellungsbescheinigung nicht in Betracht. Aufgrund der eingereichten NV-Bescheinigungen hingegen kann gemäß § 44a Abs. 4 EStG vom Steuerabzug Abstand genommen werden.

2.3.5 Interbankenbefreiung

214 Für Erträge aus Kapitalforderungen sowie bei den neuen Kapitalertragsteuertatbeständen (vgl. Rdn. 10) wird ein Steuerabzug nicht vorgenommen, wenn auch der Gläubiger der Erträge ein inländisches Kreditinstitut oder ein Finanzdienstleistungsinstitut ist. Dies gilt auch bei zugunsten eines inländischen Kreditinstituts oder inländischen Finanzinstituts verwahrten Anteilen an Investmentfonds.

Bausparkassen sind Kreditinstitute im Sinne dieser Regelung und über das Interbankenprivileg auch als Empfänger von Ausschüttungen aus Investmentvermögen (mit Ausnahme darin enthaltener inländischer Dividenden und ähnlicher Erträge – § 43 Abs. 1 Nr. 1 und 2 EStG) vom Steuerabzug befreit.

Ein Steuerabzug auf ausgeschüttete Wertpapierveräußerungsgewinne eines Investmentvermögens, das von einem Kreditinstitut gehalten wird, ist daher nicht vorzunehmen, da auf diese Ausschüttungen gemäß § 7 Abs. 1 Satz 2 InvStG die Steuerabzugsregeln für Zinsen gelten und somit auch die Interbankenbefreiung.

In Bezug auf ab 2018 zufließende Investmenterträge fällt die vorgenannte Unterscheidung in Bezug auf Investmentfonds weg; das Interbankenprivileg gilt dann uneingeschränkt auch bei zugunsten eines inländischen Kreditinstituts oder inländischen Finanzinstituts verwahrten Anteilen an Investmentfonds, vgl. Rz. 174 des BMF-Schreibens vom 18. Januar 2016, wiedergegeben im Anhang Nr. 2.1.

2.3.6 Befreiungsmöglichkeiten im Überblick

215 Die in Kapitel 2.3 beschriebenen Befreiungsmöglichkeiten vom Kapitalertragsteuerabzug können wie folgt graphisch zusammengefasst werden. Zu beachten ist, dass neben der hier dargestellten Befreiungsmöglichkeiten für bestimmte Gläubigergruppen die Möglichkeit der Abstandnahme vom Kapitalertragsteuerabzug gemäß § 44a EStG besteht, vgl. Rdn. 360 ff.

Steuerausländer

Befreiungsmöglichkeiten im Überblick

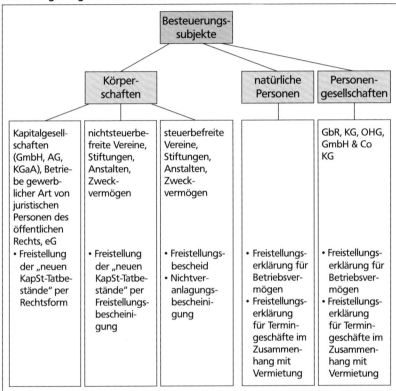

2.4 Steuerausländer

Beschränkt Steuerpflichtige sind nur mit ihren inländischen Einkünften steuerpflichtig, die in einem abschließenden Einkünftekatalog in § 49 EStG aufgezählt sind.

216

Die beschränkte Steuerpflicht ist bei natürlichen Personen gemäß § 1 Abs. 4 EStG anzunehmen, wenn die Person im Inland weder einen Wohnsitz noch ihren gewöhnlichen Aufenthaltsort hat. Einen Wohnsitz hat eine Person nach § 8 AO dort, wo sie eine Wohnung unter Umständen

Steuerabzug vom Kapitalertrag

innehat, die darauf schließen lassen, dass sie die Wohnung beibehalten und benutzen wird.

Einen gewöhnlichen Aufenthalt hat eine Person gemäß § 9 AO dort, wo sie sich unter Umständen aufhält, die erkennen lassen, dass sie an diesem Ort oder in diesem Gebiet nicht nur vorübergehend verweilt.

217 Trotz Bestehens eines Wohnsitzes oder eines gewöhnlichen Aufenthaltes im Inland kann die unbeschränkte Steuerpflicht durch besondere Regelungen ausgeschlossen sein. Nach einem Abkommen über von einem ausländischen Staat entsandte **Diplomaten und Konsuln** ist für Diplomaten, Konsuln, Verwaltungspersonal sowie technisches Personal und deren zum Haushalt gehörige Familienmitglieder im Tätigkeitsstaat eine Einkommensbesteuerung höchstens im Umfang der beschränkten Steuerpflicht zulässig. Diese Anleger sind wie Steuerausländer zu behandeln.

218 Nach Artikel 10 Abs. 1 Satz 1 des NATO-Truppenstatuts gelten Zeitabschnitte, in denen sich ein **Mitglied einer Truppe** oder eines **zivilen Gefolges** nur in dieser Eigenschaft im Hoheitsgebiet der Bundesrepublik aufhält, nicht als Zeiten des Aufenthaltes in diesem Gebiet oder als Änderung des Aufenthaltsortes oder Wohnsitzes.

Mitglieder einer Truppe oder des zivilen Gefolges unterliegen daher nicht der unbeschränkten Steuerpflicht, sondern sind als Steuerausländer zu behandeln. Dasselbe gilt für Fachkräfte, deren Dienste eine Truppe benötigt und die im Bundesgebiet ausschließlich auch für diese Truppe als Berater in technischen Fragen oder zwecks Aufstellung, Bedienung oder Wartung von Ausrüstungsgegenständen arbeiten.

Bedienstete der UNO sind ebenfalls als Steuerausländer zu behandeln.

219 Wird das Konto auf den Namen einer **Personengesellschaft** (GbR) geführt, so sind zwar die einzelnen Gesellschafter Gläubiger. Für die Frage, ob vom Steuerabzug abgesehen werden kann, ist jedoch auf alle Gesellschafter abzustellen. Von der Erhebung der Kapitalertragsteuer kann nur abgesehen werden, wenn alle Gesellschafter sog. Steuerausländer sind, vgl. BMF-Schreiben vom 18. Januar 2016, Rz. 305 (siehe Anhang Nr. 2.1).

Wird dagegen das Konto auf den Namen einer **Personenhandelsgesellschaft** (OHG, KG) geführt, die weder Sitz, Geschäftsleitung noch Betriebsstätte im Inland hat, ist der Kapitalertragsteuereinbehalt wegen der Ausländereigenschaft nicht vorzunehmen, vgl. BMF-Schreiben vom 18. Januar 2016, Rz. 306 (siehe Anhang Nr. 2.1).

Steuerausländer

220 Grundsätzlich ist bei Treuhandkonten/-depots der Steuereinbehalt unabhängig vom steuerlichen Status des Treugebers vorzunehmen. Wenn allerdings bei Treuhand- und Nießbrauchsverhältnissen sowohl Treuhänder/Nießbraucher als auch Treugeber/Inhaber der Forderung Steuerausländer sind, darf die Bank den Steuerabzug nach Maßgabe der Regeln für Steuerausländer vornehmen, d. h. es darf insbesondere bei Zinsen, ausländischen Dividenden und bei Veräußerungsgewinnen vom Steuerabzug Abstand genommen werden, vgl. Rz. 313 des BMF-Schreibens vom 18. Januar 2016, siehe Anhang Nr. 2.1.

221 Erträge aus Anteilen an Kapitalgesellschaften oder Genossenschaften, Erträge aus Wandelanleihen, Gewinnobligationen sowie Erträge aus einer Beteiligung als stiller Gesellschafter oder aus einem partiarischen Darlehen sowie Erträge aus Lebensversicherungen sind für den beschränkt Steuerpflichtigen nur dann steuerbar, wenn der Schuldner der Kapitalerträge Wohnsitz, Geschäftsleitung oder Sitz im Inland hat.

222 Erfolgt die Auszahlung der Kapitalerträge gegen Übergabe der Wertpapiere („Tafelgeschäft"), also als Bargeschäft am Schalter, so sind stets inländische und daher steuerpflichtige Einkünfte gegeben bei folgenden Erträgen, § 49 Abs. 1 Nr. 5 Buchst. d Doppelbuchst. bb EStG:

▷ Veräußerungen von Teilschuldverschreibungen sowie von Anleihen und Forderungen, die in ein öffentliches Schuldbuch oder ausländisches Register eingetragen sind, § 43 Abs. 1 Satz 1 Nr. 7 Buchst. b EStG;

▷ Veräußerungen von Anteilen an einer Körperschaft (z. B. Aktien oder Anteile an einer GmbH) sowie von eigenkapitalähnlichen Genussrechten, mit denen das Recht der Beteiligung am Gewinn und am Liquidationserlös verbunden ist, § 43 Abs. 1 Satz 1 Nr. 9 EStG;

▷ Veräußerungen von Zinsscheinen und sonstigen Kapitalforderungen, § 43 Abs. 1 Satz 1 Nr. 10 EStG.

223 Im Rahmen des Gesetzgebungsverfahrens zum Jahressteuergesetz 2009 wurde der Prüfbitte des Bundesrats entsprochen und bei der Definition der inländischen Einkünfte berücksichtigt, dass nach Art. 13 Abs. 5 sowie Art. 21 OECD-Musterabkommen grundsätzlich nur dort ein Besteuerungsrecht besteht, wo der Steuerausländer seinen Wohnsitz hat (Ansässigkeitsstaat). Termin- und Stillhaltergeschäfte können daher bei Steuerausländern nicht mit Kapitalertragsteuer belastet werden.

Zinsen und sonstige Erträge aus Kapitalforderungen sind für den beschränkt Steuerpflichtigen in Deutschland nicht steuerbar, soweit das Kapitalvermögen nicht durch inländischen Grundbesitz oder durch Schiffe,

Steuerabzug vom Kapitalertrag

die in ein inländisches Schiffsregister eingetragen sind, gesichert ist. Ein Kapitalertragsteuerabzug erfolgt daher in der Praxis grundsätzlich nicht.

224 Zinsähnliche Genussrechtserträge unterliegen hingegen gemäß § 49 Abs. 1 Nr. 5 EStG der beschränkten Steuerpflicht in Deutschland. Diese Erträge werden daher auch vom Steuerabzug erfasst. Der Kapitalertragsteuerabzug hat für den beschränkt Steuerpflichtigen gemäß § 50 Abs. 5 Satz 1 EStG grundsätzlich eine die beschränkte Steuerpflicht abgeltende Wirkung.

Soweit die Einkünfte des beschränkt Steuerpflichtigen dem Kapitalertragsteuerabzug unterliegen, enthalten die Doppelbesteuerungsabkommen in der Regel. Einschränkungen hinsichtlich der Höhe des Steuerabzugs oder den vollständigen Ausschluss des Steuerabzugs. Die Bundesrepublik hat damit in den jeweiligen Doppelbesteuerungsabkommen teilweise auf ihr Besteuerungsrecht verzichtet, indem sie es auf einen der Höhe nach beschränkten Steuerabzug zurückgeführt hat, oder hat es ganz aufgegeben.

Nach § 50d Abs. 1 Satz 1 EStG ist der Steuerabzug vom Kapitalertrag nach den allgemeinen innerstaatlichen Vorschriften durchzuführen, ohne Rücksicht darauf, ob sich aus dem Doppelbesteuerungsabkommen ein niedrigerer Abzugsteuersatz oder sogar ein Abzugsteuersatz von null ergibt. Den Anspruch auf Erstattung der zu viel einbehaltenen Kapitalertragsteuer kann der Gläubiger dann erst gegenüber dem Bundeszentralamt für Steuern (BZSt) geltend machen. Ein Antrag auf Erstattung zu viel einbehaltener Kapitalertragsteuer ist nach § 50d Abs. 1 Satz 4 EStG die Steuerbescheinigung für Steuerausländer beizufügen, aus der sich die Höhe der einbehaltenen Kapitalertragsteuer auf die einzelnen inländischen Kapitalerträge ergibt.

225 Veräußerungs- und Einlösungsvorgänge unterliegen nur dann dem Steuerabzug, wenn sie im Rahmen eines Tafelgeschäfts erfolgen.

Bei beschränkt Steuerpflichtigen erfolgt stets ein Bruttosteuerabzug, d. h. es wird keine Verlustverrechnung, keine Freistellungsverwaltung und keine Quellensteueranrechnung vorgenommen.

Steuerausländer

Wechsel des Steuerstatus

Der Bankkunde ist unbeschränkt steuerpflichtig (Steuerinländer), wenn er einen Wohnsitz in Deutschland hat oder aber im Inland seinen ständigen Aufenthalt hat. Gibt er seinen Wohnsitz im Inland auf oder verlegt er seinen ständigen Aufenthalt ins Ausland, so verliert er mit sofortiger Wirkung seinen Status als Steuerinländer und wird auch beim Einbehalt der Kapitalertragsteuer als beschränkt Steuerpflichtiger (Steuerausländer) behandelt.

226

Die Ausländereigenschaft eines Kunden wird anhand der Merkmale festgesetzt, die vom Kreditinstitut im Zusammenhang mit der Legitimationsprüfung nach § 154 AO bzw. der Identifizierung nach § 2 GwG bei der Kontoeröffnung erhoben werden, vgl. BMF-Schreiben vom 18. Januar 2016, Rz. 314, siehe Anhang Nr. 2.1. Ist im Einzelfall unklar, ob der Kunde Steuerausländer ist, kann das Institut auf die von einer ausländischen Finanzbehörde ausgestellte Wohnsitzbescheinigung vertrauen und für den Steuerabzug davon ausgehen, dass im Inland nur eine beschränkte Steuerpflicht besteht.

Verstirbt ein beschränkt steuerpflichtiger Bankkunde und sind dem Kreditinstitut die Erben nicht bekannt, so sind bei dem als Nachlasskonto gekennzeichneten Konto nicht nur die inländischen, sondern sämtliche Kapitalerträge i. S. d. § 43 Abs. 1 und 2 EStG dem Steuerabzug zu unterwerfen, da das Kreditinstitut die für den Steuerabzug für Steuerausländer geltenden Regelungen nicht länger anwenden darf. Die Steuerausländereigenschaft muss erneut nachgewiesen werden.

Bei Umzügen vom Inland ins Ausland sind strengere Maßstäbe an die Feststellung der Steuerausländereigenschaft anzulegen. Teilt ein Kunde seinem Kreditinstitut den Umzug vom Inland in das Ausland mit, kann das Kreditinstitut nur dann nicht mehr von einer unbeschränkten Steuerpflicht ausgehen, wenn dem Kreditinstitut der Statuswechsel durch schriftliche, beweiskräftige Unterlagen nachgewiesen wurde. Die bloße mündliche Aussage des Kunden, ein Wohnsitz sei im Inland nicht mehr gegeben, reicht für die Umschlüsselung des Kunden als Steuerausländer nicht aus. Schriftliche beweiskräftige Unterlagen sind nach Ansicht des BMF insbesondere die melderechtlichen Nachweise (Schreiben an Meldebehörde) des Wohnsitzwechsels oder die von einer ausländischen Finanzbehörde ausgestellte Wohnsitzbescheinigung. Kann der Statuswechsel nicht zweifelsfrei nachgewiesen werden, ist weiterhin davon auszugehen, dass im Inland eine unbeschränkte Steuerpflicht besteht.

227

Steuerabzug vom Kapitalertrag

> **Hinweis:**
> Wer aus einer Wohnung auszieht und keine neue Wohnung im Inland bezieht (Wegzug ins Ausland), ist verpflichtet, sich bei der Meldebehörde abzumelden. Hierzu muss ein Meldeschein ausgefüllt und der Meldebehörde zugeleitet werden. Der Meldepflichtige erhält von der Meldebehörde eine Abmeldebestätigung. Diese Abmeldebestätigung kann als Nachweis für den Statuswechsel dienen.

228 Die Voraussetzungen, dass keine unbeschränkte Steuerpflicht vorliegt, sind nach Ansicht der Finanzverwaltung „in einem zeitlich angemessenen Abstand vom Kreditinstitut entsprechend den Grundsätzen zu §§ 3 Abs. 2 Nr. 4, 4 Abs. 2 GwG zu überprüfen". Hieraus ergibt sich lediglich eine anlassbezogene Verpflichtung zur Aktualisierung von Kundendaten. Dies ist der Fall, wenn Zweifel an der Richtigkeit der erhobenen Angaben bestehen oder wenn auf Grund der äußeren Umstände Zweifel bestehen, dass früher erhobene Angaben weiterhin zutreffen.

229 Der Wechsel des Steuerstatus vom Steuerinländer zum Steuerausländer hat zur Folge, dass der Verlusttopf zu schließen ist, BMF-Schreiben vom 18. Januar 2016, Rz. 238, siehe Anhang Nr. 2.1.

Die Anwendung eines vom Kunden erteilten Freistellungsauftrags endet ebenfalls mit dem Wechsel des Steuerstatus vom Steuerinländer zum Steuerausländer, da der Sparer-Pauschbetrag nur unbeschränkt Steuerpflichtigen zur Verfügung steht.

Wechselt der Kunde vom Steuerausländerstatus zum Steuerinländerstatus, wird zu diesem Zeitpunkt ein Verlusttopf neu eröffnet und die von Kunden geführten Konten/Depot werden ab diesem Zeitpunkt in die Verlustverrechnung miteinbezogen. Auch die Erteilung eines Freistellungsauftrages ist ab diesem Zeitpunkt möglich.

2.5 Fehlerhafter Steuerabzug und die Folgen

2.5.1 Haftungsregelungen

230 Die Haftungsregelungen beim Kapitalertragsteuereinbehalt haben sich mit der Einführung der Abgeltungsteuer nicht geändert. Die Kreditinstitute haften dem Fiskus gegenüber für die Kapitalertragsteuer, die sie einzubehalten und abzuführen haben.

Fehlerhafter Steuerabzug und die Folgen

Der Haftungsmaßstab ist nach wie vor auf Vorsatz und grobe Fahrlässigkeit beschränkt, wobei es bei der Beweislastumkehrung bleibt, d. h. das gesetzlich vermutete Verschulden der Bank muss von der Bank selbst widerlegt werden, § 44 Abs. 5 EStG.

Die Haftung entfällt, wenn das Kreditinstitut nachweist, dass es die ihm auferlegten Pflichten weder vorsätzlich noch grob fahrlässig verletzt hat. Grob fahrlässig handelt, wer die im Verkehr erforderliche Sorgfalt im hohen Grade außer Acht lässt, wer also nicht beachtet, was unter den gegebenen Umständen jedem einleuchten müsste (ständige Rechtsprechung). Grob fahrlässig sind damit Pflichtverletzungen, die das gewöhnliche Maß erheblich übersteigen.

Rechnet das Kreditinstitut einen Ertrag des Kunden fehlerhaft ab und behält die Kapitalertragsteuer in unzutreffender Höhe ein (Beispiel: der FSA des Kunden wird fehlerhaft nicht berücksichtigt), ist es verpflichtet, die Abrechnung zu korrigieren.

Steht die Fehlerhaftigkeit des Kapitalertragsteuerabzugs dem Grunde oder der Höhe nach in Frage und können sich der Kunde und das Kreditinstitut nicht einigen, sollte der Bankmitarbeiter den Kunden auf die Überprüfungsmöglichkeit im Veranlagungsverfahren verweisen (vgl. Rdn. 264 ff.). Das Veranlagungsverfahren mündet in einem Steuerbescheid, gegen den der Kunde ggf. Einspruch einlegen und Klage erheben kann. 231

Ergibt sich jedoch die Sachlage, dass unstreitig ein Vorgang (objektiv) fehlerhaft im Steuerabzugsverfahren behandelt wurde, soll durch die in den §§ 20 Abs. 3a und 43a Abs. 3 Satz 7 EStG geschaffenen – und durch BMF-Schreiben vom 16. November 2010 konkretisierten – Sonderregeln auch dann eine abgeltende Besteuerung gewährleistet werden, wenn das Jahr, in dem der fehlerhaft behandelte Ertrag zugeflossen war, bereits abgelaufen ist.

2.5.2 Grundzüge der neuen Korrekturvorschrift

Die Abgeltungsteuer zielt auf eine endgültige Besteuerung privater Kapitalerträge beim Anleger. Eine Veranlagung der privaten Kapitaleinkünfte soll grundsätzlich nicht mehr erforderlich sein. Die Abgeltungsteuer basiert allerdings – wie die Einkommensteuer generell – auf dem Jahresprinzip. Das bedeutet, dass Kapitalerträge in dem Jahr zu versteuern sind, in dem sie materiell-rechtlich „zufließen". Nur soweit die Bank für diese Kapitalerträge die Kapitalertragsteuer in zutreffender Höhe einbehalten 232

Steuerabzug vom Kapitalertrag

und abgeführt hat, tritt die Abgeltungswirkung ein (§ 43 Abs. 5 EStG). Die Bank stellt dem Privatkunden nach Ablauf eines Kalenderjahres auf Verlangen eine Jahressteuerbescheinigung aus, in der die ermittelte Höhe der Kapitalerträge und der erfolgte Steuerabzug dokumentiert werden.

Bislang konnte jedoch ein Fehler beim Steuerabzugsverfahren (z. B. eine fehlerhafte steuerliche Beurteilung eines Ertrages, die zu einer zu niedrigen Bemessungsgrundlage und damit zu einem zu niedrigen Steuerabzug geführt hat), der erst nach Ablauf des Kalenderjahres des Ertragszuflusses und nach Erstellung der Jahressteuerbescheinigung erkannt wurde, nur im Wege der Veranlagung korrigiert werden. Da das Kreditinstitut zeitpunktbezogen die Steuer zu erheben hat, bestand bisher keine Rechtsgrundlage, den Steuereinbehalt nachträglich (nach Ablauf des betreffenden Kalenderjahres) noch „richtigzustellen". Andererseits ist das Kreditinstitut verpflichtet, eine als fehlerhaft erkannte Jahressteuerbescheinigung zu korrigieren und die fehlerhafte Steuerbescheinigung vom Kunden zurückzufordern. So musste das Institut in dem vorgenannten Fall die in der Jahressteuerbescheinigung auszuweisende „Höhe der Kapitalerträge" korrigieren. Dies bedingte bislang einen erheblichen administrativen Aufwand.

233 Vor diesem Hintergrund wurde im Rahmen des Jahressteuergesetzes 2010 folgende Regelung geschaffen:

Erfährt die auszahlende Stelle (Kreditinstitut) nach Ablauf des Kalenderjahres von der Veränderung einer Bemessungsgrundlage oder einer zu erhebenden Kapitalertragsteuer, hat sie die entsprechende Korrektur erst zum Zeitpunkt ihrer Kenntnisnahme vorzunehmen (vgl. § 43a Abs. 3 Satz 7 EStG).

Diese Korrekturen sind auch materiell-rechtlich erst in dem Zeitpunkt zu berücksichtigen, in dem die auszahlende Stelle die Korrektur vornimmt (= Verschiebung des materiell-rechtlichen Zuflusszeitpunktes). Eine Korrektur im Wege der Veranlagung kommt nur dann in Betracht, wenn der Steuerpflichtige durch eine Bescheinigung des Instituts nachweist, dass die auszahlende Stelle die Korrektur nicht vorgenommen hat und auch nicht vornehmen wird (vgl. § 20 Abs. 3a EStG).

234 Die Gesetzesregelung zielt darauf, den Kreditinstituten die Möglichkeit zu eröffnen, Fehler im Steuerabzugsverfahren, die nach Ablauf des Kalenderjahres des steuerlichen Zuflusses bekannt werden, mit Wirkung für die Zukunft zu korrigieren. Es spielt dabei keine Rolle, ob der Fehler von

Fehlerhafter Steuerabzug und die Folgen

der Bank verschuldet wurde oder nicht (vgl. zu Bankverschulden Rdn. 237). Es erfolgt hierbei eine punktuelle Verschiebung des Zuflusses, indem die Korrektur – mit materiell-rechtlicher Wirkung! – im Jahr des Bekanntwerdens des Fehlers vorgenommen wird. Der Korrekturvorgang wird in der Jahressteuerbescheinigung des laufenden Jahres berücksichtigt. Eine Korrektur bzw. Rückforderung der Steuerbescheinigung des Jahres, in dem der Fehler unterlaufen ist, ist nicht erforderlich.

Das Gesetz geht insoweit davon aus, dass Korrekturen von Fehlern im Steuerabzugsverfahren vorrangig durch das Kreditinstitut erfolgen. Daher sieht das Gesetz auch vor, dass der Kunde eine Korrektur über die Veranlagung nur erreichen kann, wenn er nachweist, dass die Korrektur nicht durch das Kreditinstitut vorgenommen wurde bzw. wird. Hierdurch soll vermieden werden, dass Korrekturen doppelt erfolgen (einmal durch das Kreditinstitut und zum anderen durch das Finanzamt). Allerdings gibt es Konstellationen, bei denen dem Kunden prinzipiell eine Veranlagung nicht „erspart" werden kann. Es wurde daher mit der Finanzverwaltung abgestimmt, dass in bestimmten, abschließend aufgezählten Fällen, keine Korrektur mit Wirkung für die Zukunft durch das Kreditinstitut erfolgt und folglich auch keine „Bescheinigung über die Nichtvornahme der Korrektur" auszustellen ist. Außerdem findet die Korrekturregelung bei bestimmten Kundengruppen keine Anwendung. Es handelt sich hierbei um folgende Fälle: **235**

▷ Bei Kapitalerträgen betrieblicher Kapitalanleger; in diesen Fällen erfolgt die richtige Festsetzung der Steuern ohnehin im Wege der Veranlagung, da die Kapitalertragsteuer nur eine Vorauszahlungssteuer ist. Es bleibt insoweit bei der bisherigen Verfahrensweise (Korrektur mit Wirkung für die Vergangenheit, d. h. ggf. Zurückforderung und Neuausstellung einer bereits ausgestellten – fehlerhaften – Steuerbescheinigung).

▷ Steuerausländer; auch in diesen Fällen kommt das neue Korrekturverfahren mangels abgeltender Besteuerung im Inland nicht zur Anwendung. Es bleibt insoweit bei der bisherigen Verfahrensweise (Korrektur mit Wirkung für die Vergangenheit, d. h. ggf. Zurückforderung und Neuausstellung einer bereits ausgestellten (fehlerhaften) Steuerbescheinigung).
Hinweis:
Diese Fallkonstellation gewinnt ab 2012 Bedeutung, weil Steuerausländer ab diesem Zeitpunkt für die Geltendmachung eines KapSt-Erstattungsanspruchs gegenüber dem Bundeszentralamt für Steuern (BZSt) zwingend eine Steuerbescheinigung vorlegen müssen.

Steuerabzug vom Kapitalertrag

▷ Korrektur der Ersatzbemessungsgrundlage, wenn diese bereits in der Steuerbescheinigung des Vorjahres ausgewiesen wurde.
Beispiel:
Das Kreditinstitut hat im Jahr 01 einen Wertpapierverkauf wegen fehlender Kenntnis über die Anschaffungskosten mit der Ersatzbemessungsgrundlage abgerechnet. Als Veräußerungspreis wurde ein Börsenkurs von 100 Euro zugrunde gelegt. Im Jahr 02 stellt sich heraus, dass der Börsenkurs tatsächlich 90 Euro betrug.
Eine Korrektur mit Wirkung für das Jahr 02 ist von der Bank nicht vorzunehmen. Die – wenn auch falsch ermittelte – Ersatzbemessungsgrundlage wurde in der Steuerbescheinigung für das Jahr 01 ausgewiesen. Der Kunden muss in der Veranlagung für das Jahr 01 die Anschaffungskosten und den richtigen Veräußerungspreis nachweisen.

▷ Bei Fehlern, die der Bank bei der Ermittlung des nachholenden Steuerabzugs (§ 7 Abs. 1 Satz 1 Nr. 3 InvStG 2004) im Fall der Rückgabe/Veräußerung von Anteilen an ausländischen thesaurierenden Investmentvermögen unterlaufen sind. Da dieser Steuerabzug vorrangig vom Kunden in der Veranlagung zu korrigieren ist, erfolgt auf Bankebene keine steuerliche Korrektur von falsch ermittelten Steuerbeträgen i. S. d. § 7 Abs. 1 Satz 1 Nr. 3 InvStG 2004, wenn diese Beträge bereits in einer Steuerbescheinigung für das Vorjahr ausgewiesen worden sind.

▷ Korrekturen bei der Anrechnung ausländischer Quellensteuer, wenn der Steuerpflichtige die Quellensteuer aufgrund einer Entscheidung des EuGH vom ausländischen Staat erstattet bekommt, sowie bei Änderung oder Wegfall der Bemessungsgrundlage aufgrund einer Entscheidung des EuGH, des Bundesverfassungsgerichts oder des Bundesfinanzhofs; in diesen Fällen wäre die Korrektur für die Institute unter Umständen mit hohem Aufwand verbunden; Korrekturen erfolgen insoweit ausschließlich über die Veranlagung (die bereits ausgestellten Steuerbescheinigungen sind in diesen Fällen auch nicht fehlerhaft).

▷ Ein Steuerpflichtiger beendet die Geschäftsbeziehung mit einer auszahlenden Stelle, ohne seine Wertpapiere auf ein anderes Institut zu übertragen; in diesen Fällen ist keine Kontinuität des Steuerabzugsverfahrens möglich, somit sind Korrekturen zwingend über die Veranlagung durchzuführen. Vgl. aber Rdn. 245 zu Besonderheiten bei ausländischen Quellensteuern.

2.5.3 Anwendung einer „Karenzzeit" für Korrekturen im Vorjahr

236 Solange für ein abgelaufenes Kalenderjahr noch keine Jahressteuerbescheinigung erstellt wurde, können Korrekturen weiterhin mit Wirkung

Fehlerhafter Steuerabzug und die Folgen

für die Vergangenheit durchgeführt werden. Daher werden folgende Sachverhalte aus der Anwendung der neuen Korrekturvorschriften ausgenommen:

▷ Korrekturen, die Kapitalerträge des laufenden Jahres betreffen. In diesen Fällen ist noch keine Jahressteuerbescheinigung erzeugt worden, sodass die Berücksichtigung im laufenden Jahr keine Probleme bereitet.

▷ Die gleiche Konstellation ist gegeben, wenn die Korrektur zwar einen Kapitalertrag des Vorjahres betrifft, im Zeitpunkt der Korrektur jedoch die sog. Karenzzeit noch nicht abgelaufen ist. Dieser Zeitraum erstreckt sich nach Abstimmung mit den Rechenzentralen auf den 1. Januar bis 31. Januar des Folgejahres. Korrekturerfordernisse, die das Vorjahr betreffen und die innerhalb dieses zeitlichen Korridors von der auszahlenden Stelle korrigiert werden, werden noch in der Jahressteuerbescheinigung für das abgelaufene Kalenderjahr berücksichtigt.

Sofern die Karenzzeit bereits abgelaufen ist und Fehler bekannt werden, die sich auf einen Kapitalertrag des vorangehenden Kalenderjahres beziehen, greift die „Korrektur mit Wirkung für die Zukunft".

Beispielsfall „Karenzzeit"

Das Kreditinstitut hat im Mai des Jahres 01 einen Kapitalertrag abgerechnet. Die steuerliche Bemessungsgrundlage wurde zunächst mit 50 Euro ermittelt. Zutreffend wäre ein Kapitalertrag von 100 Euro gewesen.

Varianten: (a) Der Fehler wird noch im Januar 02 erkannt und korrigiert. (b) Der Fehler wird erst im weiteren Verlauf des Jahres 02 erkannt und korrigiert. Schematische Darstellung der Lösung:

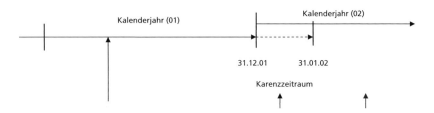

Zufluss Kapitalertrag Fehlerhaft ermittelte steuerliche Bemessungsgrundlage: Abgerechnet: 50 Euro (Richtig: 100 Euro)	(a) Bank erkennt und korrigiert Fehler innerhalb Karenzzeit: Korrektur in JStB für Jahr 01: Erhöhung steuerpflichtige Kapitalerträge um 50 Euro	(b) Bank erkennt Fehler außerhalb Karenzzeit: Korrektur in JStB für Jahr 02: Erhöhung steuerpflichtige Kapitalerträge um 50 Euro

2.5.4 „Offensichtlich selbst zu vertretende Fehler" der Bank

237 Die Korrekturregelungen unterscheiden grundsätzlich nicht nach der „Ursache" des Fehlers. Daher sind auch Fehler, die die Bank verschuldet hat, Gegenstand der „Korrektur mit Wirkung für die Zukunft". Im Einzelfall kann jedoch die Korrektur mit Wirkung für die Zukunft zu einem Nachteil für den Kunden führen und hierdurch den von der Bank ggf. dem Kunden zu ersetzenden Schaden vergrößern. Eine Schadensvergrößerung kann z. B. eintreten, wenn die Korrektur in der nachträglichen Berücksichtigung eines Kapitalertrags besteht und im Jahr des ursprünglichen Zuflusses noch ein nicht ausgenutzter FSA bestanden hat, während im laufenden Jahr (= Jahr, in dem der Fehler erkannt wurde) der FSA bereits durch andere Erträge verbraucht wurde. In diesem Fall besteht die Möglichkeit für die Bank, die Korrektur mit Wirkung für die Vergangenheit durchzuführen und dabei das noch nutzbare FSA-Volumen des Vorjahres zu berücksichtigen. Dies setzt allerdings eine Neuausstellung der Jahressteuerbescheinigung und Rückforderung einer bereits ausgehändigten fehlerhaften Steuerbescheinigung voraus. Hieraus kann ein administrati-

ver Mehraufwand für die Bank entstehen. Die Bank wird im Einzelfall geschäftspolitisch abwägen müssen, welcher Weg für sie ökonomisch am sinnvollsten ist.

Dieses „Wahlrecht" zwischen Korrektur in die Vergangenheit und Korrektur mit Wirkung für die Zukunft besteht jedoch nur bei „offensichtlich selbst zu vertretenden" Fehlern.

Abgrenzung „offensichtlich selbst zu vertretender Fehler" und „fremdverschuldeter Fehler"
Eine konkrete Definition ist von der Finanzverwaltung nicht vorgegeben. Es ist allerdings davon auszugehen, dass Fehler, die auf einer unzutreffenden Datenlieferung eines externen Datenlieferanten (insbesondere: Korrekturen des WM-Datenservice, worunter neben Korrekturen bereits erfolgter Ertragsdatenmeldungen auch zeitlich nachgelagerte Ertragsdatenmeldungen für Vorjahre fallen) nicht als selbst verschuldete Bankfehler zu werten sind. In diesen Fällen gibt es somit kein „Wahlrecht" zwischen „Korrektur in die Vergangenheit" und „Korrektur in die Zukunft". 238

Weitere Einschränkungen des Wahlrechtes können sich ergeben, soweit der Datenverarbeitungsprozess auf einen Dienstleister ausgelagert ist (insbesondere: Verantwortungsbereich der Zentralbank bzw. dwpbank) und das Verschulden bei dem Dienstleister liegt. Da in diesen Fällen im Innenverhältnis zwischen auftraggebender Bank und dem beauftragten Dienstleister ein Ausgleichsanspruch besteht, wird im Rahmen der Schadensminderungspflicht die Ausübung des Wahlrechtes auf den beauftragten Dienstleister zu übertragen sein.

Im Ergebnis ist somit festzuhalten, dass die Bank über das vorstehend dargestellte Wahlrecht insbesondere dann verfügt, wenn der Fehler aufgrund unsachgemäßer Auftragserfassung bzw. -bearbeitung auf Bankebene verursacht wurde.

Steuerabzug vom Kapitalertrag

2.5.5 Schematische Darstellung der neuen Korrekturregeln

239 Der Ablauf einer Fehlerkorrektur nach den neuen Verfahrensvorschriften (nach Ablauf der Karenzzeit) lässt sich schematisch wie folgt darstellen:

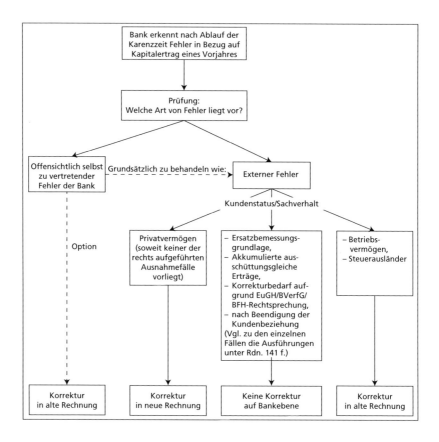

Fehlerhafter Steuerabzug und die Folgen

2.5.6 Beispielsfälle für Fehlerkorrekturen

	Korrektursachverhalte:	Behandlung im Jahr 01	Korrektur im Jahr 02	240
1a	A hat 100 Aktien der X-AG im Bestand (Anschaffungskosten: 1.000 Euro) und erhält im Jahr 01 eine Ausschüttung über 100 Euro, die in voller Höhe als Dividende behandelt wird. Im Jahr 02 stellt sich heraus, dass nur i. H. v. 50 Euro eine steuerpflichtige Dividende vorlag und i. H. v. weiteren 50 Euro eine steuerfreie Ausschüttung aus den Einlagenkonto, die zu einer Minderung der Anschaffungskosten der X-Aktien führt. Die Aktien sind im Jahr 02 noch im Bestand des Kunden.	Dividendenertrag 100 Euro **JStB 01:** Höhe der Kapitalerträge: 100 Euro	Die Korrektur erfolgt im Wertpapiersystem durch Stornierung und Neuabrechnung, die jeweils auch steuerliche Auswirkungen haben, wie nachfolgend dargestellt. Im Anschluss wird die Auswirkung auf die Jahressteuerbescheinigung (JStB) dargestellt, wobei unterstellt wird, dass keine weiteren Erträge in der JStB zu berücksichtigen sind. Storno Dividendenertrag: Einbuchung allg. Verlust –100 Euro Neuabrechnung Dividendenertrag: Stpfl. Dividende 50 Euro **Steuerbestand:** Minderung der Anschaffungskosten: 1.000 Euro – 50 Euro = 950 Euro **JStB 01:** unverändert **JStB 02:** Höhe der Kapitalerträge: (–100 + 50) = –50 Euro	

Steuerabzug vom Kapitalertrag

	Korrektursachverhalte:	Behandlung im Jahr 01	Korrektur im Jahr 02
			Fazit: Die Korrektur führt im Ergebnis zu einer Minderung der steuerpflichtigen Erträge im Jahr 02 von 50 Euro!
1b	Abwandlung von Beispiel 1a: Die Aktien wurden von A im Jahr 01 mit einem Verlust von 20 Euro (980 Euro − 1.000 Euro) veräußert. Das Kreditinstitut hat zur Korrektur des zu hohen Dividendenertrages einen allgemeinen Verlust i. H. v. 50 Euro und zur Korrektur der aufgrund der Kapitalrückzahlung verminderten Anschaffungskosten einen Aktienveräußerungsgewinn von 50 Euro einzubuchen.	Dividendenertrag 100 Euro Aktienveräußerungsverlust: −20 Euro **JStB 01:** Höhe der Kapitalerträge: 100 Euro Aktienverluste −20 Euro	Storno Dividendenertrag: Einbuchung allg. Verlust −100 Euro Neuabrechnung Dividendenertrag: Stpfl. Dividende 50 Euro Storno Aktienveräußerungsverlust: Einbuchung Aktiengewinn 20 Euro Neuabrechnung Aktiengewinn: Einbuchung Aktiengewinn 30 Euro **JStB 01:** unverändert **JStB 02:** Höhe der Kapitalerträge: (−100 + 50 + 20 + 30) = 0 Euro Fazit: Die Korrekturen heben sich im Ergebnis wieder auf!

Fehlerhafter Steuerabzug und die Folgen

	Korrektursachverhalte:	Behandlung im Jahr 01	Korrektur im Jahr 02
2	A hat im Jahr 01 Y-Aktien mit einen einem Erlös i. H. v. 3.000 Euro veräußert. Die Bank hat unter Zugrundelegung von Anschaffungskosten (AK) i. H. v. 1.000 Euro einen Aktienveräußerungsgewinn i. H. v. 2.000 Euro ermittelt. Im Jahr 02 wird festgestellt, dass die richtigen AK 3.500 Euro betrugen. Die Neuberechnung des Veräußerungsergebnisses aufgrund einer Fehlerkorrektur führt zu einem Aktienverlust i. H. v. 500 Euro (VP 3.000 Euro − 3.500 Euro).	Aktienveräußerungsgewinn 2.000 Euro **JStB 01:** Höhe der Kapitalerträge: 2.000 Euro Davon Aktiengewinn 2.000 Euro	Storno Aktienveräußerungsgewinn: Einbuchung allg. Verlust 2.000 Euro Neuabrechnung Aktienveräußerungsverlust: Einbuchung Aktienverlust 500 Euro **JStB 01:** unverändert **JStB 02:** Höhe der Kapitalerträge: −2.000 Euro Nicht ausgeglichener Aktienverlust 500 Euro Fazit: Zunächst wird der falsche Aktiengewinn wieder neutralisiert. Dies erfolgt allerdings nicht durch Einbuchung eines gleich hohen Aktienverlustes, denn ein Aktienverlust wäre nur verrechenbar, wenn entsprechende Aktienveräußerungsgewinne im Jahr 02 vorliegen würden. Daher erfolgt die Neutralisierung durch Einbuchung eines allg. Verlustes (der mit allen positiven Erträgen/Gewinnen verrechenbar ist). Der tatsächliche Veräußerungsverlust

Steuerabzug vom Kapitalertrag

Korrektursachverhalte:	Behandlung im Jahr 01	Korrektur im Jahr 02
		(–500 Euro) wird dann aber als Aktienveräußerungsverlust ausgewiesen (wenn keine Aktienveräußerungsgewinne im Jahr 02 angefallen sind – was vorstehend unterstellt wird – ergibt sich somit ein Ausweis in der JStB 02 in der Zeile: Nicht ausgeglichener Aktienverlust).
3a A kauft im Jahr 01 Anteile an einem Investmentfonds, der im Zeitpunkt des Kaufes einen Einkauf-Zwischengewinn (EK-ZwG) i. H. v. 10 Euro auswies. Dieser EK-ZwG wird im Jahr 01 in den allgemeinen Verlusttopf des A eingestellt. Im Jahr 02 stellt sich heraus, dass der EK-ZwG von der Fondsgesellschaft zu hoch ausgewiesen worden ist. Die Anteile befinden sich noch im Depotbestand des A.	Abrechnung Fondsanteilskauf mit EK-ZwG: Allgemeiner Verlust –10 Euro **JStB 01:** Höhe der Kapitalerträge: –10 Euro	Storno Fondsanteilskauf: Laufender Ertrag 10 Euro Neuabrechnung Fondsanteilskauf: Allgemeiner Verlust –5 Euro **JStB 01:** unverändert **JStB 02:** Höhe der Kapitalerträge (10 – 5) = 5 Euro Fazit: Im Ergebnis erhöhen sich die steuerpflichtigen Kapitalerträge im Jahr 02 um 5 Euro!

Fehlerhafter Steuerabzug und die Folgen

	Korrektursachverhalte:	Behandlung im Jahr 01	Korrektur im Jahr 02
3b	Abwandlung von Beispiel 3a: Die Fondsanteile werden im Jahr 02 mit einem Gewinn von 100 Euro veräußert. Der Fehler beim EK-ZwG wird erst nach Verkauf bemerkt. Da der EK-ZwG den steuerpflichtigen Veräußerungsgewinn erhöht, muss folglich die Korrektur des EK-ZwG auch eine Korrektur des Veräußerungsergebnisses nach sich ziehen.	Abrechnung Fondsanteilskauf mit EK-ZwG: Allgemeiner Verlust –10 Euro **JStB 01:** Höhe der Kapitalerträge: –10 Euro	Abrechnung Fondsanteilsverkauf (zunächst mit falschem EK-ZwG 10 Euro): Allgemeiner Gewinn 100 Euro Storno Fondsanteilskauf: Laufender Ertrag 10 Euro Neuabrechnung Fondsanteilskauf: Allgemeiner Verlust –5 Euro Storno Fondsanteilsverkauf: Allgemeiner Verlust – 100 Euro Neuabrechnung Fondsanteilsverkauf (mit richtigen EK-ZwG 5 Euro): Allgemeiner Gewinn 95 Euro **JStB 01:** unverändert **JStB 02:** Höhe der Kapitalerträge: (100 + 10 – 5 – 100 + 95) = 100 Euro Im Ergebnis heben sich die Korrekturen gegenseitig auf. Dennoch besteht die Finanzverwaltung auf der getrennten Korrektur.

Steuerabzug vom Kapitalertrag

	Korrektur-sachverhalte:	Behandlung im Jahr 01	Korrektur im Jahr 02
4a	A kauft im Jahr 01 Anteile an einem Investmentfonds mit einem EK-Zwischengewinn von 10 Euro. Im Jahr 02 wird der Zwischengewinn auf 20 Euro erhöht. Die Fondsanteile sind noch im Bestand des Kunden.	Abrechnung Fondsanteilskauf mit EK-ZwG: Allgemeiner Verlust −10 Euro **JStB 01:** Höhe der Kapitalerträge: −10 Euro	Storno Fondsanteilskauf: Laufender Ertrag 10 Euro Neuabrechnung Fondsanteilskauf: Allgemeiner Verlust −20 Euro **JStB 01:** unverändert **JStB 02:** Höhe der Kapitalerträge: (10 − 20) = −10 Euro Fazit: Im Ergebnis wird der Fehler, der im Jahr 01 verursacht wurde, im Jahr 02 durch einen allgemeinen Verlust von −10 Euro wieder behoben!

Fehlerhafter Steuerabzug und die Folgen

	Korrektur- sachverhalte:	Behandlung im Jahr 01	Korrektur im Jahr 02
4b	Abwandlung von Beispiel 4a: Die Fondsanteile werden im Jahr 02 mit einem Gewinn von 100 Euro veräußert. Der Fehler beim EK-ZwG wird erst nach Verkauf bemerkt. Da der EK-ZwG den steuerpflichtigen Veräußerungsgewinn erhöht, muss folglich die Korrektur des EK-ZwG auch eine Korrektur des Veräußerungsergebnisses nach sich ziehen.	Abrechnung Fondsanteilskauf mit EK-ZwG: Allgemeiner Verlust –10 Euro **JStB 01:** Höhe der Kapitalerträge: –10 Euro	Abrechnung Fondsanteilsverkauf (zunächst mit EK-ZwG 10 Euro): Allgemeiner Gewinn 100 Euro Storno Fondsanteilskauf: Laufender Ertrag 10 Euro Neuabrechnung Fondsanteilskauf: Allgemeiner Verlust –20 Euro Storno Fondsanteilsverkauf: Allgemeiner Verlust –100 Euro Neuabrechnung Fondsanteilsverkauf (mit richtigen EK-ZwG 5 Euro): Allgemeiner Gewinn 110 Euro **JStB 01:** unverändert **JStB 02:** Höhe der Kapitalerträge: (100 + 10 – 20 – 100 + 110) = 100 Euro Fazit: Im Ergebnis heben sich die Korrekturen gegenseitig auf. Dennoch besteht die Finanzverwaltung auf der getrennten Korrektur.

Steuerabzug vom Kapitalertrag

Korrektursachverhalte:	Behandlung im Jahr 01	Korrektur im Jahr 02
5 A veräußert im Jahr 01 Wertpapiere mit einem Verlust von 200 Euro. Die Bank behandelt die Verluste als Aktienveräußerungsverluste, die nur mit entsprechenden Aktiengewinnen verrechenbar sind. Der Verlust wird im Jahr 01 nicht ausgeglichen, sondern ins Jahr 02 vorgetragen. Im Jahr 02 stellt sich heraus, dass die veräußerten Wertpapiere keine Aktien, sondern Anleihen waren. Der Verlust aus dem Verkauf war somit allgemein verrechenbar.	Abrechnung Aktienveräußerungsverlust: Einbuchung Aktienverlust −200 Euro JStB 01: Höhe der Kapitalerträge: 0 Euro Nicht ausgeglichener Aktienverlust: −200 Euro	Storno Aktienveräußerungsverlust: Einbuchung Aktiengewinn 200 Euro Neuabrechnung Veräußerungsverlust: Einbuchung allg. Verlust −200 Euro JStB 01: Höhe der Kapitalerträge: (200 − 200) = 0 Euro Nicht ausgeglichener Aktienverlust: 0 Euro Nicht ausgeglichener allg. Verlust: 200 Euro Fazit: Im Ergebnis ändert sich nichts an der Höhe der Kapitalerträge, wohl aber in der steuerlichen Qualität des von Jahr 01 nach Jahr 02 vorgetragenen Verlustes. Dieser wird im Jahr 02 als allgemein verrechenbarer Verlust behandelt.

2.5.7 Sonderfall: Korrektur bei Anwendung eines gemeinsamen FSA nach dem Jahr des Todes eines Ehegatten

241 Die Finanzverwaltung wendet die Korrekturvorschrift auch auf folgenden Sachverhalt an (vgl. BMF-Schreiben vom 18. Januar 2016, Rz. 241, Beispielsfall 6):

Fehlerhafter Steuerabzug und die Folgen

„Ehegatten A und B erteilen einen gemeinsamen Freistellungsauftrag gegenüber der Bank i. H. v. 1.602 Euro. Bei der Bank werden jeweils Einzelkonten und gemeinschaftliche Konten geführt. A verstirbt im Jahr 01. Ehegatte B teilt dies seiner Bank erst im Jahr 04 mit. Die Bank hat für die Einzelkonten von A und B sowie für die gemeinschaftlichen Konten eine Korrektur nach § 43a Abs. 3 Satz 7 EStG im Jahr 04 für die Jahre 02 und 03 durchzuführen. Eine Korrektur für das Todesjahr erfolgt nicht. Die Steuerbescheinigungen der Jahre 02 und 03 werden nicht korrigiert. B kann mit Wirkung zum 1. Januar 04 einen neuen Freistellungsauftrag erteilen."

Der Beispielsfall bezieht sich auf fiktive Jahreszahlen (02, 03). Nach unserer Einschätzung kann es sich bei den zu korrigierenden Jahren nur um solche Jahre handeln, in denen bereits die Abgeltungsteuer Anwendung gefunden hat, d. h. ab 2009. War der Ehegatte bereits vor 2009 verstorben, scheidet daher eine Korrektur für die Kalenderjahre vor 2009 mangels Anwendung der Abgeltungsteuer von vornherein aus.

Die kreditwirtschaftlichen Verbände haben gegenüber dem BMF geltend gemacht, dass es sich bei dieser Konstellation nicht um einen Korrektursachverhalt i. S. d. Korrekturvorschrift handelt. Insbesondere wurde geltend gemacht, dass die Umsetzung der Korrektur unklar ist und letztendlich eine Veranlagung nicht vermieden werden kann. So muss der Ehegatte B die Möglichkeit haben, das ihm zustehende Einzel-FSA-Volumen über die Veranlagung geltend zu machen. Erträge, die nach dem Tod des A auf dessen Konten zugeflossen sind, stehen materiell-rechtlich dem oder den Erben des A zu; insoweit bestehen ebenfalls Veranlagungserfordernisse. Die gesetzliche Korrekturregelung hat aber gerade den Zweck, die Abgeltungswirkung zu stärken und dem Anleger eine Veranlagung zu ersparen. Dieser Zweck kann bei dem vorliegenden Sachverhalt jedoch nicht im Wege der Korrektur des Steuerabzugs auf Bankebene erreicht werden.

242

Die Finanzverwaltung hat durch Änderung des Beispielsfalls zwischenzeitlich klargestellt, dass **auch eine Korrektur zulasten der Einzelkonten/ -depots von A vorzunehmen ist.** Daher kann die noch in der Vorauflage dieses Buches ausgesprochene Empfehlung, in Bezug auf Einzelkonten/ -depots des verstorbenen A freigestellte Kapitalerträge lediglich eine Kontrollmeldung an die Finanzverwaltung vorzunehmen, nicht aufrechterhalten werden. Nachstehend wird eine aus unserer Sicht mögliche Verfahrensweise anhand eines Beispielsfalls erläutert.

243

Steuerabzug vom Kapitalertrag

244 Beispielsfall:

A und B verfügten bei der Bank jeweils über Einzelkonten und gemeinschaftliche Konten. Es wurde von A und B ein gemeinsamer Freistellungsauftrag über 1.602 Euro erteilt. A starb im Jahr 2016. B teilt dies der Bank erst am 31. August 2019 mit.

	Einzelkonten des A	Einzelkonten des B	Gemeinschaftskonten von A und B
In 2017 ausgenutztes Freistellungsvolumen:	800 Euro	300 Euro	500 Euro
In 2018 ausgenutztes Freistellungsvolumen:	100 Euro	500 Euro	200 Euro
In 2019 bis zur Kenntnisnahme vom Tod des A ausgenutztes Freistellungsvolumen:	50 Euro	50 Euro	50 Euro

Lösungsvorschlag:

a) Korrektur für das Sterbejahr (im Beispielsfall 2016)

Für das Jahr 2016 ist ausdrücklich keine Korrektur vorgesehen. In diesem Jahr ist der gemeinsame FSA, bezogen auf die Einzelkonten des B, noch wirksam. Hinsichtlich der Konten des A sowie der gemeinsamen Konten A/B sind zwar ebenfalls die materiell-rechtlichen Voraussetzungen für eine Abstandnahme vom Steuerabzug mit dem Tod des A weggefallen. Die Finanzverwaltung verlangt allerdings generell keine rückwirkende Abgrenzung von Erträgen auf den Todeszeitpunkt. Daher ist im Steuerabzugsverfahren keine Korrektur für 2016 vorzunehmen.

b) Korrektur für dem Sterbejahr nachfolgende Jahre

Die Korrektur sollte durch Nachbelastung von Kapitalertragsteuer, Solidaritätszuschlag und ggf. Kirchensteuer vorgenommen werden. Zu prüfen ist bereits im Vorfeld, ob eine Nachbelastung der Steuerbeträge zulasten der Konten des A vorgenommen werden kann. Ist dies nicht der Fall, bleibt es bei der Empfehlung, eine Anzeige an das Betriebsstätten-Finanz-

Fehlerhafter Steuerabzug und die Folgen

amt zu tätigen, § 44 Abs. 1 Satz 10 EStG. Ist eine Nachbelastung möglich, kann diese wie folgt durchgeführt werden:

▷ Für die Jahre zwischen Sterbejahr und aktuellem Jahr (im Beispielsfall: 2017 und 2018) wird ein „künstlicher" Kapitalertrag ermittelt, der isoliert zu besteuern ist. Eine Einbeziehung in die Kapitalerträge für das aktuelle Jahr (im Beispielsfall 2019) – und damit auch eine Berücksichtigung für die Jahressteuerbescheinigung dieses Jahres – darf nicht erfolgen.

▷ Für das aktuelle Jahr (im Beispielsfall: 2019) ist eine Rückabwicklung des gemeinschaftlichen FSA im Rahmen der gewöhnlichen Verrechnungsmöglichkeiten der Einkünfteverwaltung herbeizuführen. Der (bisherige) gemeinschaftliche FSA darf nicht mehr zur Anwendung kommen.

c) Korrektur im Beispielsfall für die Jahre 2017 und 2018

Ausgehend von diesen Grundsätzen ergeben sich – bezogen auf den obigen Beispielsfall – folgende nachzubelastende Steuerbeträge für die Jahre 2017 und 2018:

Einzelkonten des (verstorbenen) A:

Einzelkonten A	In Anspruch genommener FSA	Nachzuerhebende KESt (Formel entspr. § 32d Abs. 1 EStG)	Nachzuerhebender SolZ (5,5 % der KESt)	Nachzuerhebende KiSt (KiSt-Prozentsatz x KESt)
2017	800 €	800 €/4 = 200,00 €	200 € x 5,5 % = 11,00 €	0,00 €
2018	100 €	100 €/4 = 25,00 €	100 € x 5,5 % = 1,37 €	0,00 €

Einzelkonten des B sowie gemeinschaftliche Konten A/B:

Bezogen auf den obigen Beispielsfall ergeben sich folgende nachzubelastende Steuerbeträge (Annahme: für B gilt der 9 prozentige Kirchensteuersatz):

Steuerabzug vom Kapitalertrag

Einzelkonten B	In Anspruch genommener FSA	Nachzuerhebende KESt	Nachzuerhebender SolZ	Nachzuerhebende KiSt
2017	300 €	300 €/ (4+0,09) = 73,35 €	73,35 € x 5,5 % = 4,03 €	73,35 € x 9 % = 5,87 €
2018	500 €	500 €/ (4+0,09) = 122,25 €	122,25 € x 5,5 % = 6,72 €	122,25 € x 9 % = 11,00 €

Gemeinsame Konten A/B	In Anspruch genommener FSA	Aufteilung wegen hälftiger KiSt-Berücksichtigung	Nachzuerhebende KESt	Nachzuerhebender SolZ	Nachzuerhebende KiSt*
2017	500 €	Anteil A: 250 € Anteil B: 250 €	250 €/4 = 62,50 € 250 €/ (4+0,09) = 61,13 €	62,50 € x 5,5 % = 3,43 € 61,13 € x 5,5 % = 3,36 €	0,00 € 61,13 € x 9 % = 5,50 €
2018	200 €	Anteil A: 100 € Anteil B: 100 €	100 €/4 = 25,00 € 100 €/ (4+0,09) = 24,45 €	25,00 € x 5,5 % = 1,38 € 24,45 € x 5,5 % = 1,34 €	0,00 € 24,45 € x 9 % = 2,20 €

*Die Nacherhebung der Kirchensteuer könnte allerdings unter Verweis auf § 51a Abs. 2c Satz 7 EStG auch unterbleiben: Nach dem Tod des A handelt es sich um ein Nachlasskonto und nicht mehr um ein gemeinsames Ehegattenkonto; für Gemeinschaftskonten, die nicht Ehegattenkonten sind, ist keine KiStAM-Abfrage vorgesehen (vgl. zur Kirchensteuer Kapitel 8).

Fehlerhafter Steuerabzug und die Folgen

d) Korrektur im Beispielsfall für das Jahr 2019

Einzelkonten des (verstorbenen) A:
Die nachbelasteten Kapitalerträge sind regulär in der den „Erben nach A" für das Jahr 2019 auszustellenden Jahressteuerbescheinigung zu berücksichtigen.

→ Es erfolgt somit eine Rückrechnung der Erträge für 2019.

Einzelkonten A	In Anspruch genommener FSA	Nachzuerhebende KESt	Nachzuerhebender SolZ	Nachzuerhebende KiSt
2019	50 €	50 €/4 = 12,50 €	12,50 € x 5,5 % = 0,68 €	0,00 €

Einzelkonten des B:
Annahme 1: Kunde B erteilt keinen neuen (Einzel-)FSA für das Jahr 2019
Die Kapitalerträge werden „normal" in der Jahressteuerbescheinigung des Jahres 2019 berücksichtigt.
→ Vorgehen wie bei Kunde A
Der bisherige FSA ist auf den 31.12. des Vorjahres zu befristen.

Einzelkonten B	In Anspruch genommener FSA	Nachzuerhebende KESt	Nachzuerhebender SolZ	Nachzuerhebende KiSt
2019	50 €	50 €/ (4+0,09) = 12,23 €	12,23 € x 5,5 % = 0,67 €	12,23 € x 9 % = 1,10 €

Annahme 2: Kunde B erteilt neuen (Einzel-)FSA mit Wirkung für 2019:
In diesem Fall wird der neue FSA zur Freistellung der in 2019 auf den Einzelkonten des B zugeflossenen Kapitalerträge angewendet.

Die Kapitalerträge und das ausgenutzte FSA-Volumen werden „normal" in der Jahressteuerbescheinigung des Jahres 2019 berücksichtigt.

Steuerabzug vom Kapitalertrag

Wichtig: Auch in diesem Fall bleibt es aber bei der Nachbelastung der für die Jahre 2017 und 2018 nachbelasteten Steuerbeträge!

Gemeinsame Konten A/B:
Die Anwendung eines (neuen) FSA scheidet aus, da dieser nur auf Konten angewendet werden kann, die im Zeitpunkt des Zuflusses des Kapitalertrags auf den Namen des Gläubigers der Kapitalerträge (hier: Kunde B) lauten, vgl. § 44a Abs. 6 EStG.

→ Vorgehen somit wie bei Kunde A erforderlich. Es erfolgt eine anteilige Berücksichtigung der Kirchensteuer.

Gemeinsame Konten A/B	In Anspruch genommener FSA	Aufteilung wegen hälftiger KiSt-Berücksichtigung	Nachzuerhebende KESt	Nachzuerhebender SolZ	Nachzuerhebende KiSt
2019	50 €	Anteil A: 25 € Anteil B: 25 €	25 €/4 = 6,25 € 25 €/ (4+0,09) = 6,11 €	6,25 € x 5,5 % = 0,34 € 6,11 € x 5,5 % = 0,33 €	0,00 € 6,11 € x 9 % = 0,54 €

2.5.8 Besonderheiten bei Korrekturen ausländischer Quellensteuern

245 Wird in einem Folgejahr festgestellt, dass die auf einen ausländischen Ertrag entfallende anrechenbare ausländische Quellensteuer nicht korrekt berücksichtigt wurde, und handelt es sich nicht um eine Fallkonstellation, die zwingend über die Veranlagung zu korrigieren ist, wird die Korrektur nach der neuen Regelung wie folgt durchgeführt:

▷ Bislang nicht berücksichtigte anrechenbare ausländische Quellensteuer wird im Berichtigungsjahr in den Quellensteuertopf eingebucht. Sie wird daher auf die Kapitalertragsteuer angerechnet, die auf die Kapitalerträge im Berichtigungsjahr entfällt.

▷ Wurde eine ausländische Quellensteuer in einem früheren Jahr zu Unrecht als anrechenbare Steuer behandelt und wird der Fehler in einem Folgejahr erkannt, ist eine Korrektur zulasten des Kunden vorzuneh-

Fehlerhafter Steuerabzug und die Folgen

men. Hierzu ist der Quellensteuertopf des aktuellen Jahres zu mindern. Sofern kein ausreichendes Quellensteuerpotenzial im Berichtigungsjahr besteht, erfolgt eine KapSt-Nachbelastung des Kunden. Über diesen Vorgang erhält der Kunde einen Ausweis in der Jahressteuerbescheinigung („Nachbelastung Quellensteuer aus Vorjahr(en)").

Beispiel:
Kunde K erhält in 2018 eine ausländische Dividende i. H. v. brutto 100 Euro. Von der Bruttodividende wurde in dem ausländischen Staat eine Quellensteuer (QSt) i. H. v. 15 Euro einbehalten. Da K vorrangig einen Erstattungsanspruch gegenüber dem ausländischen Fiskus geltend machen kann, ist diese ausländische QSt nicht auf die deutsche Einkommensteuer anrechenbar. Irrtümlich wurde die ausländische QSt jedoch von der Bank im Jahr 2018 als anrechenbar behandelt.

Im Jahr 2019 (nach Ablauf der sog. Karenzzeit, d. h. nach dem 31. Januar 2019) wird der Fehler in der Behandlung der ausländischen QSt bemerkt. In diesem Zeitpunkt stellt sich der Quellensteuertopf (QSt-Topf) des K wie folgt dar:

(a) QSt-Topf = 50 Euro

(b) QSt-Topf = 10 Euro

Lösung:
In der Fallvariante (a) wird der fehlerhafte QSt-Betrag vom QSt-Topf des aktuellen Jahres in Abzug gebracht (50 Euro ./. 15 Euro = 35 Euro verbleibendes QSt-Anrechnungsvolumen).

In der Fallvariante (b) erfolgt ebenfalls eine Verrechnung mit dem aktuellen QSt-Topf. Der übersteigende Betrag (10 Euro ./. 15 Euro = –5 Euro) wird als Kapitalertragsteuer nachbelastet.

Anmerkung:
Kommt es in der Variante (b) im weiteren Verlauf des Jahres 2019 zu einem weiteren Ertragszufluss mit Vorbelastung durch anrechenbare QSt, wird die KapSt-Nachbelastung ggf. wieder rückgängig gemacht, indem die neu in den QSt-Topf eingebuchte QSt jetzt mit den 5 Euro „Korrektur"-QSt verrechnet wird.

Wenn der Kunde seine Bankverbindung zwischenzeitlich beendet hat und eine Korrektur gemäß den Korrekturvorschriften nicht mehr möglich ist, hat nach Vorgabe der Finanzverwaltung die Bank hierüber eine Meldung an ihr Betriebsstättenfinanzamt zu erstatten (§ 44 Abs. 1 Satz 10 und 11 EStG, vgl. Rz. 241d des BMF-Schreibens vom 18. Januar 2016, wiedergegeben im Anhang Nr. 2.1).

Steuerabzug vom Kapitalertrag

2.5.9 Änderung des Kundenstatus

246 Die Korrekturvorschriften gelten nur für Privatanleger, nicht für betriebliche Anleger und auch nicht für Steuerausländer. Hieraus ergibt sich die Frage, wie zu verfahren ist, wenn sich der Status des Kunden von einem Jahr zum anderen ändert, z. B. ein zunächst im Privatvermögen gehaltenes Depot vom Kunden in dessen Betriebsvermögen eingelegt wird und daraufhin von der Bank im Folgejahr als „Betriebsvermögen" geführt wird. Das BMF hat mit Schreiben vom 16. November 2010 klargestellt, dass für die Frage, ob und wie eine Korrektur im Einzelfall durchzuführen ist, auf den Status des Kunden im Zeitpunkt der Korrektur abzustellen ist.

2.5.10 Verhältnis zwischen KapSt-Haftungsvorschriften und den neuen Korrekturregeln

247 Von der Korrekturvorschrift unberührt bleibt eine eventuelle Haftung der Bank wegen nicht korrekt abgeführter Kapitalertragsteuer (§ 44 Abs. 5 EStG, siehe hierzu auch die Ausführungen unter Rdn. 230). In den Fällen, in denen das Kreditinstitut im Zeitpunkt des (ursprünglichen) Zuflusses eines Kapitalertrags die zu erhebende Kapitalertragsteuer zumindest grob fahrlässig falsch ermittelt hat, bleibt der Haftungstatbestand als solcher auch dann bestehen, wenn nach Maßgabe der neuen Korrekturregelung eine Korrektur erfolgt (= Neuermittlung des Kapitalertrags und Nacherhebung der Kapitalertragsteuer beim Gläubiger der Kapitalerträge). Soweit die Haftungsschuld sich auf den verkürzten Kapitalertragsteuerbetrag bezieht, wird diese durch die Nacherhebung der Kapitalertragsteuer beim Gläubiger der Kapitalerträge jedoch abgegolten.

2.5.11 Sonderfall: Veräußerung einer wesentlichen Beteiligung i. S. d. § 17 EStG

248 Veräußert ein Steuerpflichtiger Anteile an einer Kapitalgesellschaft, an der er mit mindestens 1 Prozent beteiligt ist (wesentliche Beteiligung), stellt der Veräußerungsgewinn (bzw. -verlust) Einkünfte aus Gewerbebetrieb (§ 17 EStG) dar.

Werden solche Anteile in einem Depot verwaltet, berechnet die depotführende Stelle auf einen Veräußerungsgewinn Kapitalertragsteuer. Im Fall einer Veräußerung mit Verlust erfolgt eine Einbuchung in den Verlusttopf (bei Aktien erfolgt Einbuchung in den Aktienverlusttopf). Die Finanzverwaltung hat sich mit der Frage befasst, wie verhindert werden

Fehlerhafter Steuerabzug und die Folgen

könnte, dass der Steuerpflichtige einen Veräußerungsverlust steuerlich „doppelt" nutzt – einmal durch Einbuchung eines Verlustes auf Ebene der depotführenden Stelle und des Weiteren durch Geltendmachung eines Verlustes bei den Einkünften aus Gewerbebetrieb im Rahmen der Steuerveranlagung. In einem BMF-Schreiben vom 16. Dezember 2014 (wiedergegeben im Anhang Nr. 2.6) sieht die Finanzverwaltung folgende Verfahrensweise vor:

> **Beispiel:**
> Anleger A hält an der X-AG eine Beteiligung von 1 Prozent. Es handelt sich somit um eine wesentliche Beteiligung i. S. d. § 17 EStG. Einen Teil der X-Aktien hält er in seinem privaten Depot bei der Y-Bank. Im Jahr 2015 veräußert A den bei der Y-Bank verwahrten Bestand und erleidet dabei einen Veräußerungsverlust von 1.000 Euro. Die Y-Bank verrechnet diesen Aktienverlust mit Aktiengewinnen von 200 Euro. Im Übrigen wird der verbleibende Aktienverlust (800 Euro) auf Ebene der Y-Bank ins Folgejahr weiter vorgetragen (eine Verlustbescheinigung für das Jahr 2015 wird von A nicht beantragt). In der Steuererklärung für das Veranlagungsjahr 2015 macht A den Verlust bei den Einkünften aus Gewerbetrieb steuermindernd geltend.
>
> Das Finanzamt hat A die Berücksichtigung des Veräußerungsverlustes zu bestätigen. A hat die Bestätigung der Y-Bank vorzulegen. Die Y-Bank soll nach Auffassung des BMF nunmehr eine Korrektur nach Maßgabe der Korrekturvorschrift des § 43a Abs. 3 Satz 7 EStG durchführen. Dabei soll der dann noch nicht verrechnete Aktienverlust auf Bankebene eliminiert werden. Die Y-Bank soll A für Zwecke der Veranlagung den Korrekturbetrag von 800 Euro und den übersteigenden Betrag von 200 Euro, für den keine Korrektur erfolgen konnte, bestätigen.
>
> Das Finanzamt des A berücksichtigt nach Vorlage der Bestätigung einen Veräußerungsverlust von 1.000 Euro nach § 17 EStG. Die Besteuerung der durch das depotführende Institut verrechneten Aktiengewinne i. H. v. 200 Euro nach § 20 Abs. 2 Satz 1 Nr. 1 EStG wird gemäß § 32d Abs. 3 EStG in der Veranlagung nachgeholt.

Eigene Stellungnahme: Die Anweisung des BMF, nachträglich ein Ergebnis aus der Veranlagung im Steuerabzugsverfahren zu berücksichtigen, stellt ein Novum dar. Die Rechtsgrundlage für die Korrektur auf Bankebene ist unklar. Die Korrekturvorschrift des § 43a Abs. 3 Satz 7 EStG, auf die sich die Finanzverwaltung beruft, ist nach unserer Einschätzung nicht einschlägig. Es liegt kein Fehler des Steuerabzugsverfahrens vor. § 17 EStG ist im Steuerabzugsverfahren nicht zu berücksichtigen. Zudem dient die Korrekturvorschrift der Vermeidung von Veranlagungsfällen. Bei § 17

Steuerabzug vom Kapitalertrag

EStG-Konstellationen ist dieses Ziel aber von vornherein nicht erreichbar (die Einkünfte aus § 17 EStG müssen zwingend veranlagt werden). Allerdings dürfte es sich in der Praxis um sehr seltene Fälle handeln, da Privatanleger in der Regel mit weniger als 1 Prozent an – zumal börsennotierten – Kapitalgesellschaften beteiligt sein dürften.

3 Veranlagung zur Einkommensteuer

Die Abgeltungsteuer soll die Erträge aus Kapitalvermögen bei der Auszahlung an der Quelle endgültig besteuern. Dies gelingt nicht in allen Fällen.

3.1 Welche Kapitalerträge müssen auch künftig veranlagt werden?

Die nachfolgenden Erträge unterliegen zwingend der Veranlagung zur Einkommensteuer. Dabei ist jeweils danach zu unterscheiden, ob die Kapitalerträge zum Abgeltungsteuersatz oder in Höhe der tariflichen Einkommensteuer belastet sind. Im Falle der tariflichen Steuer gemäß § 32d Abs. 2 EStG darf eine Verrechnung mit Verlusten aus Kapitaleinkünften, die dem Abgeltungsteuersatz gemäß § 32d Abs. 1 EStG unterliegen, nicht vorgenommen werden.

3.1.1 Kapitalerträge aus einem im Ausland geführten Konto/Depot

Werden Kapitalerträge von einer im Ausland ansässigen Zahlstelle oder von einem im Ausland ansässigen Schuldner ausgezahlt (Konto- bzw. Depotführung im Ausland), unterliegen diese Kapitalerträge nicht der Kapitalertragsteuer. Der Anleger muss diese Kapitalerträge in seiner Einkommensteuererklärung angeben. Es erfolgt eine Veranlagung zum Abgeltungsteuersatz i. H. v. 25 Prozent zzgl. Solidaritätszuschlag und Kirchensteuer. Die im Ausland ggf. einbehaltene Quellensteuer wird auf die deutsche Steuer angerechnet. Das gilt auch für die nach den Vorschriften der EU-Zinsrichtlinie in Österreich, Luxemburg, Belgien und in der Schweiz einbehaltene Quellensteuer.

Veranlagung zur Einkommensteuer

3.1.2 Kapitalerträge im Inland ohne Steuerabzug

252 Darüber hinaus kommt es zur Pflichtveranlagung mit Tarifbegrenzung auf 25 Prozent, wenn inländische Kapitalerträge erwirtschaftet werden, jedoch keine inländische Zahlstelle eingebunden ist und es deswegen nicht zu einem Steuerabzug kommt. Dies ist beispielsweise der Fall bei Erträgen aus einem im Ausland aufgelegten thesaurierenden Investmentvermögen (vgl. Rdn. 97 f.), bei der Darlehensgewährung an Privatpersonen (zu nahestehende Personen vgl. Rdn. 253), der Veräußerung eines partiarischen Darlehens bzw. bei der Veräußerung einer Beteiligung als stiller Gesellschafter ohne Einschaltung eines Kreditinstituts. Darüber hinaus werden Gewinne aus der Übertragung von Hypotheken und Grundschulden sowie Gewinne aus der Veräußerung von GmbH-Anteilen und von Versicherungsansprüchen und Zinsen, die von einem Finanzamt gezahlt werden, nicht der Kapitalertragsteuer unterworfen. Auch in diesen Fällen hat der Anleger die aus der Veräußerung erwirtschafteten Kapitalerträge in seiner Einkommensteuererklärung anzugeben. Eine Veranlagung für Kirchensteuerzwecke ist notwendig in Fällen, in denen bei einem Kirchenmitglied zwar die Kapitalertragsteuer durch das Kreditinstitut einbehalten wurde, jedoch noch nicht die darauf entfallende Kirchensteuer, vgl. Rdn. 413.

Hinweis:

Eine Veranlagung hat immer zu erfolgen, wenn der durch eine Veräußerung erzielte Gewinn höher ist als bei der Anwendung der Ersatzbemessungsgrundlage für den KapSt-Abzug zugrunde gelegte Gewinn, § 43 Abs. 5 Satz 1 EStG. Dies gilt auch in den Fällen des Depotübertrags, wenn der zugrunde gelegte Börsenkurs niedriger als der tatsächlich erzielte Veräußerungspreis ist.

Aus Billigkeitsgründen beanstandet es die Finanzverwaltung nicht, wenn eine Veranlagung unterbleibt, sofern die Differenz zwischen Ersatzbemessungsgrundlage und tatsächlich erzielten Gewinnen nicht mehr als 500 Euro beträgt und nicht aus anderen Gründen eine Veranlagung erfolgen muss (vgl. BMF-Schreiben vom 18. Januar 2016, Rz. 183, siehe Anhang Nr. 2.1).

3.1.3 Darlehen zwischen nahestehenden Personen

253 Bei Darlehen zwischen nahestehenden Personen sind die Zinseinkünfte mit dem Regelsteuersatz (progressiver Steuertarif) steuerpflichtig, § 32d Abs. 2 Nr. 1 Buchst. a EStG. Die Personen stehen sich „nahe", wenn ein

Welche Kapitalerträge müssen auch künftig veranlagt werden?

beherrschender Einfluss zwischen den Vertragspartnern besteht oder, wenn einer der Vertragspartner ein eigenes wirtschaftliches Interesse an der Erzielung der Einkünfte des anderen hat. Von einem solchen Beherrschungsverhältnis ist auszugehen, wenn der beherrschten Person aufgrund eines absoluten Abhängigkeitsverhältnisses (im wirtschaftlichen oder persönlichen Sinne) im Wesentlichen kein eigener Entscheidungsspielraum verbleibt. Die Gesetzesregelung soll Gestaltungen verhindern, bei denen betriebliche Investitionen nach der Entnahme von Eigenmitteln aus dem betrieblichen Bereich fremdfinanziert und die entnommenen Gelder zur Absenkung der Steuerbelastung auf den Abgeltungsteuersatz im Privatvermögen verzinslich angelegt werden. Das BMF hat zur Frage des Vorliegens „nahestehender Personen" im Schreiben vom 18. Januar 2016, Rz. 136, siehe Anhang Nr. 2.1, wie folgt Stellung genommen:

▷ Sind Gläubiger und Schuldner der Kapitalerträge Angehörige i. S. d. § 15 AO (Verlobte, Ehepartner, Verwandte und Verschwägerte in gerader Linie, Geschwister, Kinder der Geschwister, Ehegatten der Geschwister und Geschwister der Ehegatten, Geschwister der Eltern, Pflegeeltern und Pflegekinder), oder ist an einem Personenunternehmen der Steuerpflichtige und/oder ein Angehöriger beteiligt, liegt das Merkmal „nahestehende Person" vor.

▷ Liegt kein Angehörigenverhältnis i. S. d. § 15 AO vor, ist von „nahestehenden Personen" auszugehen, wenn die Vertragsbeziehungen den Fremdvergleichsgrundsätzen, wie sie von der Finanzverwaltung zu Darlehensverträgen zwischen Angehörigen entwickelt wurden, nicht entsprechen. Der Abgeltungsteuertarif kommt daher in diesen Fällen nur zur Anwendung, wenn:
– eine Vereinbarung über die Laufzeit und über Art und Zeit der Rückzahlung des Darlehens getroffen wurde,
– die Zinsen zu den Fälligkeitszeitpunkten entrichtet werden und
– der Rückzahlungsanspruch ausreichend besichert ist.

Für das Vorliegen der Tatbestandsmerkmale ist regelmäßig auf den Zeitpunkt des Zuflusses der Kapitalerträge in dem jeweiligen Veranlagungszeitraum abzustellen.

Veranlagung zur Einkommensteuer

Hinweis:
Die Besteuerung mit der Abgeltungsteuer kann erreicht werden, wenn das Darlehen nicht von einer Privatperson, sondern über ein Kreditinstitut ausgereicht wird. Die Geldanlage muss dann ebenfalls über das Kreditinstitut erfolgen. Dabei sind die Regelungen zur Back-to-back-Finanzierung zu beachten.

3.1.4 Mindestens zehnprozentige Beteiligung an Kapitalgesellschaften

254 Ferner werden sowohl die laufenden Erträge aus Kapitalforderungen und stillen Beteiligungen als auch die Veräußerungsgewinne aus einer stillen Beteiligung, einem partiarischen Darlehen sowie aus sonstigen Kapitalforderungen nach dem Regelsteuersatz besteuert, wenn sie von der Kapitalgesellschaft oder Genossenschaft an einen Anteilseigner gezahlt werden, der zu mindestens 10 Prozent an der Kapitalgesellschaft oder an der Genossenschaft beteiligt ist. Dies gilt auch, wenn der Gläubiger der Kapitalerträge unter den vorgenannten Voraussetzungen eine dem wesentlich beteiligten Anteilseigner nahestehende Person ist. Die Abgeltungsteuer findet auf diese Erträge keine Anwendung, § 32d Abs. 2 Satz 1 Nr. 1b EStG.

Wesentliche Beteiligungen an Kapitalgesellschaften

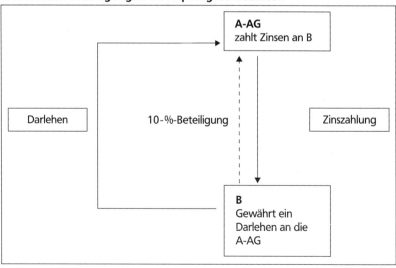

Welche Kapitalerträge müssen auch künftig veranlagt werden?

3.1.5 Back-to-back-Finanzierungen

255 Laufende Erträge bzw. Veräußerungsgewinne bei Kapitalforderungen bzw. stillen Gesellschaften und partiarischen Darlehen werden nach dem Regelsteuersatz besteuert, soweit ein Dritter (i. d. R. Bank) die Kapitalerträge schuldet und die Kapitalanlage mit der Kapitalüberlassung an einen Betrieb des Gläubigers der Kapitalanlage in Zusammenhang steht. Dabei ist es unerheblich, ob die Kapitalanlage bei der darlehensgewährenden Bank oder bei einer anderen Bank unterhalten wird (Back-to-back-Finanzierung).

Die Regelung findet auch Anwendung, wenn das Darlehen zur Erzielung von Einkünften aus nichtselbstständiger Arbeit, Vermietung und Verpachtung und sonstigen Einkünften i. S. d. § 22 EStG eingesetzt wird, § 32d Abs. 2 Satz 1 Nr. 1c EStG.

Back-to-back-Finanzierung: „Hausbank"-Fall

Back-to-back-Finanzierung: „Zwei-Banken"-Fall

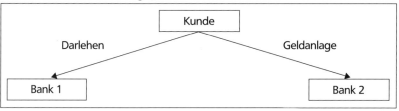

256 Dies gilt allerdings nur dann, wenn die Kapitalanlage und die Kapitalüberlassung auf einem einheitlichen Plan beruhen. Hiervon ist auszugehen, wenn

▷ der Anleger den Kredit in zeitlicher Nähe zur Kapitalanlage aufnimmt und die Kreditlaufzeit in etwa der Dauer der Kapitalanlage entspricht oder

▷ die Zinsvereinbarungen durch eine feste Zinsmarge miteinander verknüpft sind.

Veranlagung zur Einkommensteuer

257 Kein schädlicher Zusammenhang besteht, wenn – beispielsweise für betriebliche Investitionen – ein langfristiger Kredit aufgenommen wird und bei derselben Bank kurzfristig verfügbare Mittel angelegt sind.

Die Abgeltungsteuer greift für die im Privatvermögen erzielten Zinseinnahmen weiterhin aber nur dann nicht ein, wenn zusätzlich

▷ die vereinbarten Konditionen nicht marktüblich sind (Konditionen weichen nicht nur geringfügig von den Zinssätzen der EWU-Zinsstatistik für den betreffenden Monat ab) und

▷ der Abgeltungsteuersatz beim Steuerpflichtigen zu einem Belastungsvorteil führt.

Beispiel 1:
Bei einem Personenunternehmen führt die Kreditaufnahme bei einem Gesellschafter, der seine Einkünfte mit dem Spitzensteuersatz versteuert, zu folgender Berechnung:

Kreditzinsen eines Personenunternehmens	**4,50 Prozent**
▷ Gewerbesteuer-Entlastung	
Zinsaufwand 4,50 Prozent, davon abziehbar 75 Prozent	
4,50 Prozent x 75 Prozent x 3,50 Prozent (Messzahl) x 400 Prozent (Hebesatz) =	./. 0,47 Prozent
▷ Einkommensteuer-Entlastung	
Spitzensteuersatz (mit „Reichensteuer")	
4,50 Prozent x 45 Prozent =	./. 2,03 Prozent
▷ Solidaritätszuschlag-Entlastung	
2,03 Prozent x 5,5 Prozent =	./. 0,11 Prozent
▷ Minderung der Gewerbesteuer-Anrechnung (§ 35 EStG)	
4,50 Prozent x 75 Prozent x 3,50 Prozent x Faktor 3,8 =	+ 0,45 Prozent
Nettoaufwand	**2,34 Prozent**

Welche Kapitalerträge müssen auch künftig veranlagt werden?

Zinserträge (Guthabenzinsen) im Privatvermögen	**3,10 Prozent**
▷ Einkommensteuer (Abgeltungssteuer)	
3,10 Prozent x 25 Prozent =	./. 0,78 Prozent
▷ Solidaritätszuschlag	
0,78 Prozent x 5,50 Prozent =	./. 0,04 Prozent
Nettoertrag	**2,28 Prozent**

Es ergibt sich im vorstehenden Beispiel kein Belastungsvorteil, da dem Nettoertrag nach Abgeltungsteuer von 2,28 Prozent ein höherer Aufwand im Betriebsvermögen nach Steuern von 2,34 Prozent gegenübersteht.

Beispiel 2:
Handelt es sich bei dem Kreditnehmer um eine Kapitalgesellschaft, ergibt sich folgende Berechnung:

Kreditzinsen einer Kapitalgesellschaft	**4,50 Prozent**
▷ Gewerbesteuer-Entlastung	
Zinsaufwand 4,50 Prozent, davon abziehbar 75 Prozent	
4,50 Prozent x 75 Prozent x 3,50 Prozent (Messzahl) x 400 Prozent (Hebesatz) =	./. 0,47 Prozent
▷ Körperschaftsteuer-Entlastung	
4,50 Prozent x 15 Prozent =	./. 0,68 Prozent
▷ Solidaritätszuschlag-Entlastung	
0,68 Prozent x 5,5 Prozent =	./. 0,03 Prozent
▷ Einkommensteuer-Entlastung des Anteilseigners wegen	
um Zinsaufwand der Gesellschaft nach Steuern verminderte Ausschüttung	
Ausschüttung 3,31 x 25 Prozent =	./. 0,83 Prozent
▷ Solidaritätszuschlag-Entlastung	
0,83 Prozent x 5,5 Prozent =	./. 0,04 Prozent
Nettoaufwand	**2,45 Prozent**

Veranlagung zur Einkommensteuer

Zinserträge (Guthabenzinsen) im Privatvermögen	3,10 Prozent
▷ Einkommensteuer (Abgeltungssteuer)	
3,10 Prozent x 25 Prozent =	./. 0,78 Prozent
▷ Solidaritätszuschlag	
0,78 Prozent x 5,50 Prozent =	./. 0,04 Prozent
Nettoertrag	**2,28 Prozent**

Auch im vorliegenden Fall stellt sich durch die Fremdfinanzierung mit Wiederanlage der Gelder im Privatvermögen zum Abgeltungsteuersatz im Vergleich zur Eigenfinanzierung kein Belastungsvorteil ein. Die Zinserträge werden somit abgeltend mit der Abgeltungsteuer (25 Prozent) besteuert.

Ergebnis:
Bei einer Zinssatzdifferenz zwischen Kredit- und Anlagezins von mindestens 1,4 Prozent ergibt sich durch die Fremdfinanzierung kein (Belastungs-)Vorteil.

Nach der EWU-Zinsstatistik der Deutschen Bundesbank (per Dezember 2006) beträgt die Zinssatzdifferenz zwischen Kredit- und Anlagezins durchschnittlich 2,21 Prozent.

Nur offensichtlich steuerschädliche Gestaltungen werden damit zukünftig vom Anwendungsbereich der Abgeltungsteuer ausgenommen.

258 Die Regelungen zur Back-to back-Finanzierung finden auch Anwendung, wenn der Kapitalertrag durch einen Dritten (z. B. ein Kreditinstitut) geschuldet wird und

▷ das Darlehen an eine dem Gläubiger nahestehende Person oder

▷ eine Personengesellschaft, an der der Gläubiger oder eine diesem nahestehende Person als Mitunternehmer beteiligt ist, oder

▷ an eine Kapitalgesellschaft oder Genossenschaft, an der der Gläubiger oder eine diesem nahestehende Person zu mindestens 10 Prozent beteiligt ist,

überlassen wird, sofern der Dritte auf den Gläubiger oder eine diesem nahestehende Person zurückgreifen kann. Auch in diesen Fällen muss der vorstehend geschilderte schädliche Zusammenhang (Verknüpfung der Zinsvereinbarung, zeitlicher Zusammenhang, nicht marktübliche Konditionen und Belastungsvorteil) vorliegen.

Welche Kapitalerträge müssen auch künftig veranlagt werden?

Back-to-back-Finanzierung: Einschaltung eines Dritten

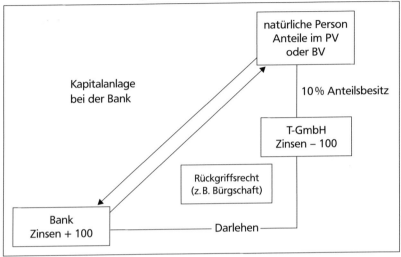

3.1.6 Kapitalerträge, die nicht zu den Einkünften aus Kapitalvermögen gehören

Die vom Kreditinstitut einbehaltene Kapitalertragsteuer kann nur ihre abgeltende Wirkung entfalten, sofern die Kapitalerträge zu den privaten Einkünften aus Kapitalvermögen gehören.

259

Befinden sich die Kapitalanlagen im Betriebsvermögen eines Gewerbetreibenden, Land- und Forstwirts oder eines selbstständig Tätigen oder gehören die Kapitalerträge ausnahmsweise zu den Einkünften aus Vermietung und Verpachtung (in der Praxis äußerst selten), so hat der gleichwohl vorgenommene Kapitalertragsteuerabzug weiterhin nur Vorauszahlungscharakter. Die endgültige Steuerschuld wird im Veranlagungsverfahren unter Anwendung des individuellen Steuersatzes ermittelt.

Veranlagung zur Einkommensteuer

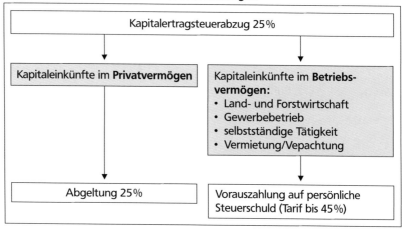

Steuerabzug im Privat- und Betriebsvermögen

Kapitalertragsteuerabzug 25%

Kapitaleinkünfte im **Privatvermögen**

Kapitaleinkünfte im **Betriebsvermögen:**
- Land- und Forstwirtschaft
- Gewerbebetrieb
- selbstständige Tätigkeit
- Vermietung/Vepachtung

Abgeltung 25%

Vorauszahlung auf persönliche Steuerschuld (Tarif bis 45%)

260 Betriebliche Konten müssen von privaten Konten unterschieden werden. Ansonsten kann die Kapitalertragsteuer nicht nach den vom Gesetzgeber geforderten Regelungen einbehalten werden. Denn neben der Berücksichtigung eines Freistellungsauftrages sind auch die Verlustverrechnung und die Anrechnung ausländischer Quellensteuer nur bei Privatkonten zugelassen (zur Abgrenzung betrieblicher von privaten Konten vgl. Rdn. 204 f.).

Privatkonten	Betriebskonten
voller KapSt-Abzug	voller KapSt-Abzug Freistellung für neue KapSt-Tatbestände durch Bescheinigung/Erklärung/Meldung § 43 Abs. 2 EStG
Verlustverrechnung	keine Verlustverrechnung § 43a Abs. 3 Satz 7 EStG
Anrechnung ausländischer Quellensteuer	keine Anrechnung ausländischer Quellensteuer § 43a Abs. 3 Satz 7 EStG
Berücksichtigung von FSA	keine Berücksichtigung von FSA

3.1.7 Einkünfte aus Vermietung und Verpachtung

Gehören die Kapitalerträge zu den Einkünften aus Vermietung und Verpachtung, müssen sie zusammen mit den anderen Einkünften im Rahmen der Veranlagung mit dem individuellen Steuersatz versteuert werden. Nur in seltenen Fällen gehören im Privatvermögen erwirtschaftete Kapitalerträge zu den Einkünften aus Vermietung und Verpachtung. Dies ist nach der Rechtsprechung beispielsweise bei Zinsen auf Bausparguthaben der Fall, wenn alleiniger Zweck des Vertragsabschlusses die Erlangung des Baudarlehens und die Verwendung der Kreditmittel zur Erzielung von Einkünften aus Vermietung und Verpachtung ist – zum Beispiel zur Anschaffung eines Vermietungsobjektes (vgl. hierzu BFH-Urteile vom 9. November 1982, VIII R 188/79, BStBl. II 1983, S. 172 und vom 8. Februar 1983, VIII R 163/81, BStBl. II 1983, S. 355 sowie BMF-Schreiben vom 28. Februar 1990, BStBl. I 1990, S. 124). Das Bausparkonto muss dann aus dem Anwendungsbereich eines Freistellungsauftrages herausgenommen werden. Es erfolgt ein Kapitalertragsteuerabzug, der im Rahmen der Veranlagung angerechnet wird.

261

Erträge aus Termingeschäften, die der Absicherung eines Darlehens/Kredits zur Finanzierung einer vermieteten Immobilie dienen, können vom Kapitalertragsteuerabzug freigestellt werden, vgl. Rdn. 209.

3.1.8 Verdeckte Gewinnausschüttung

Erhält der Anleger eine verdeckte Gewinnausschüttung von der Gesellschaft, wird diese nur dann abgeltend mit dem Abgeltungssteuersatz besteuert, wenn die Gewinnausschüttung bei der ausschüttenden Körperschaft nicht als Betriebsausgabe abgezogen wurde, § 32d Abs. 2 Nr. 4 EStG. Hierdurch soll die angemessene Besteuerung auf der Ebene des ausschüttenden Unternehmens und des Ausschüttungsempfängers sichergestellt werden.

262

3.2 Wahlweise Veranlagung zur Einkommensteuer

In einigen Fällen kann der Anleger die Veranlagung wählen (keine Pflicht). Es ist zu unterscheiden zwischen der wahlweisen Veranlagung zum Abgeltungssteuersatz und der wahlweisen Veranlagung zum individuellen Steuersatz (Günstigerprüfung).

263

Veranlagung zur Einkommensteuer

3.2.1 Wahlweise Veranlagung zum Abgeltungsteuersatz

264 Der Anleger hat gemäß § 32d Abs. 4 EStG bis zur Unanfechtbarkeit der Einkommensteuerfestsetzung bzw. solange eine Änderung nach den Vorschriften der Abgabenordnung zur Festsetzungsverjährungsfrist möglich ist, die Möglichkeit, den Kapitalertragsteuerabzug durch die Bank beim Finanzamt der Höhe und dem Grunde nach überprüfen zu lassen. Die Angabe von Gründen ist in diesem Zusammenhang nicht erforderlich.

Darüber hinaus bietet sich für den Steuerpflichtigen die Wahlveranlagung zum Abgeltungsteuersatz insbesondere in folgenden Fällen an:

▷ Der Sparer-Pauschbetrag wurde nicht vollständig ausgeschöpft. Dies ist der Fall, wenn der entsprechende Freistellungsauftrag nicht oder nicht in ausreichender Höhe gestellt wurde.

▷ Es kommt zur Anwendung einer Ersatzbemessungsgrundlage und der Anleger weist im Rahmen der Veranlagung die korrekte Bemessungsgrundlage nach. Dies ist insbesondere bei vorangegangenen Depotüberträgen denkbar. Ist der durch die Veräußerung erzielte Gewinn höher als der bei der Anwendung der Ersatzbemessungsgrundlage für den KapSt-Abzug zugrunde gelegte Gewinn, hat eine Veranlagung zu erfolgen, vgl. Rdn. 252.

▷ Es sollen sog. Altverluste berücksichtigt werden (letztmalig 2013).

▷ Der Anleger lässt sich zum Kalenderjahresende eine Verlustbescheinigung ausstellen. Die hierin bescheinigten Verluste sollen im Rahmen der Veranlagung mit den bei einem anderen Kreditinstitut erzielten Kapitalerträgen verrechnet werden.

▷ Nach der aktuellen BFH-Rechtsprechung (vgl. Urteil vom 29. August 2017, VIII R 23/15) kann die auf Bankebene vorgenommene Verlustverrechnung im Wege der Veranlagung geändert werden. So kann der Anleger ein Interesse haben, Aktiengewinne, die auf Bankebene mit sonstigen Verlusten verrechnet wurden, über die Veranlagung nachträglich mit bei einer anderen Bank erzielten Aktienverlusten zu verrechnen (und damit den sonstigen Verlust wieder herstellen zu lassen). Da Aktienverluste nur mit Aktiengewinnen, sonstige Verluste aber mit allen positiven Kapitalerträgen verrechnet werden können, kann dieser Austausch der Verlustverrechnung für den Steuerpflichtigen im Einzelfall vorteilhaft sein.

Wahlweise Veranlagung zur Einkommensteuer

▷ Ausländische Steuern sollen steuermindernd berücksichtigt werden, soweit dies noch nicht im Rahmen des Kapitalertragsteuerabzugsverfahrens geschehen ist.

▷ Der Anleger will den Kapitalertragsteuerabzug dem Grunde oder der Höhe nach vom Finanzamt überprüfen lassen.

3.2.2 Wahlveranlagung zum individuellen Steuersatz

Eine Veranlagung zum Regelsteuersatz kommt in Betracht, wenn der Anleger nur über geringe Einkünfte verfügt.

265

3.2.2.1 Der persönliche Steuersatz liegt unterhalb von 25 Prozent

Steuerpflichtige, deren persönlicher Steuersatz für ihre Einkünfte (Einkünfte aus Kapitalvermögen und alle anderen steuerpflichtigen Einkünfte) bei der Besteuerung mit dem Regeltarif unter dem Abgeltungsteuersatz (25 Prozent) liegt, haben die Möglichkeit, die Besteuerung ihrer Einkünfte aus Kapitalvermögen (gemeinsam mit ihren anderen Erträgen) mit ihrem individuellen Steuersatz zu beantragen. Die einbehaltene Kapitalertragsteuer wird dann angerechnet. Das Wahlrecht muss im Rahmen der Veranlagung geltend gemacht werden. Das Finanzamt ist verpflichtet zu prüfen, ob die Versteuerung zum individuellen Steuersatz für den Steuerpflichtigen günstiger ist als die Besteuerung mit dem Abgeltungsteuersatz (sog. Günstigerprüfung). Die Wahlmöglichkeit kann nur einheitlich für sämtliche Kapitalerträge geltend gemacht werden. Zusammen veranlagte Ehegatten können den Antrag nur gemeinsam für sämtliche Kapitalerträge beider Ehegatten stellen, § 32d Abs. 6 Satz 4 EStG.

266

Der Antrag auf Günstigerprüfung kann bis zur Unanfechtbarkeit des betreffenden Steuerbescheids gestellt werden bzw. solange eine Änderung nach den Vorschriften der Abgabenordnung zur Festsetzungsverjährungsfrist möglich ist.

Ob die Veranlagung für den Steuerpflichtigen günstiger ist, hängt einmal davon ab, wie hoch seine steuerpflichtigen Einkünfte insgesamt sind. Zusätzlich spielt auch eine Rolle, welcher Betrag der Gesamteinkünfte auf die Einkünfte aus Kapitalvermögen entfällt. Zu berücksichtigen ist in diesem Zusammenhang, dass die nicht in die Regelveranlagung einbezogenen, beim Kreditinstitut mit der Kapitalertragsteuer abgeltend besteuer-

267

Veranlagung zur Einkommensteuer

ten Kapitalerträge im Rahmen der Veranlagung keine Auswirkung auf den Steuersatz haben, mit dem die anderen Einkünfte des Steuerpflichtigen besteuert werden. Die abgeltend besteuerten Kapitalerträge werden somit nicht zur Festsetzung des Steuersatzes den anderen steuerpflichtigen Einkünften hinzugerechnet (kein Progressionsvorbehalt nach § 32b EStG). Denn dies wäre mit der angestrebten anonymen Steuererhebung an der Quelle nicht vereinbar. Auswirkungen der Einkünfte aus Kapitalvermögen auf den im Rahmen der Veranlagung für die gesamten Einkünfte des Steuerpflichtigen festzusetzenden Steuerbetrag ergeben sich somit nur dann, wenn der Steuerpflichtige im Rahmen der Veranlagung die Einbeziehung der Einkünfte aus Kapitalvermögen in die Regelbesteuerung beantragt und diese für ihn im Vergleich zur Anwendung des Abgeltungsteuersatzes auch tatsächlich günstiger ist (Günstigerprüfung durch das Finanzamt).

268 Bei der Günstigerprüfung sind vom Finanzamt zwei verschiedene Steuersätze zu unterscheiden. Der Durchschnittssteuersatz, das ist der Steuersatz, der sich rechnerisch ergibt, wenn die auf die gesamten steuerpflichtigen Einkünfte des Steuerpflichtigen entfallende Steuer zu diesen Einkünften in das Verhältnis gesetzt wird.

269 Davon ist der Grenzsteuersatz zu unterscheiden. Er weist die Steuerlast aus, die auf jedem zusätzlich zu dem bereits steuerpflichtigen Einkommen erzielten Euro lastet. Bei beiden Steuersätzen handelt es sich um persönliche Steuersätze. Sie unterscheiden sich wegen des im deutschen Einkommensteuerrecht bestehenden progressiven Steuertarifs, bei dem die Steuerlast mit steigenden Einkünften progressiv ansteigt. Bei einem zu versteuernden Einkommen von 20.000 Euro beträgt der Durchschnittssteuersatz für einen Alleinstehenden derzeit 13,5 Prozent, der Grenzsteuersatz für einen Euro zusätzlichen Ertrag liegt bei 27,0 Prozent. D. h., jeder zusätzliche Euro ist mit mindestens 27 Cent Einkommensteuer belastet. Bei einer Wahlveranlagung der Kapitalerträge ab dem Jahr 2009 wird das Finanzamt die Kapitalerträge als zusätzliche steuerpflichtige Erträge einstufen. Die Kapitalerträge erhöhen somit die anderen Erträge aus selbstständiger Tätigkeit, nichtselbstständiger Tätigkeit etc. Für die Frage, ob eine Veranlagung sinnvoll ist, kommt es somit zunächst auf den Grenzsteuersatz des Anlegers an. Das ist der Regelfall. Der Grenzsteuersatz liegt bei Alleinstehenden ab einem zu versteuernden Jahreseinkommen von ca. 16.000 Euro bei 25 Prozent (bei Verheirateten, die zusammen veranlagt werden bei ca. 32.000 Euro). Erzielt der Anleger diese Einkünfte z. B. bereits aus nichtselbstständiger Tätigkeit, bringt eine wahlweise Veranlagung zum Regelsteuersatz für die zusätzlich erzielten Kapitalerträge keine Entlastung. Die Günstigerprüfung durch das Finanzamt wird in diesem Fall ergeben, dass für den Anleger die Besteuerung mit der Abgeltungsteuer i. H. v. 25 Prozent die günstigste Lösung darstellt. Beträgt die Summe der Einkünfte aus den übrigen Einkunftsarten (ohne die Einkünfte aus Kapitalvermögen) weniger als 16.000 Euro bzw. 32.000 Euro bei zusammen Veranlagten, so kommt es in der Günstigerprüfung darauf an, wie hoch die Einkünfte aus Kapitalvermögen sind.

Bereits einbehaltene Kapitalertragsteuer wird erstattet, wenn auch nach der Einbeziehung der Einkünfte aus Kapitalvermögen der Gesamtbetrag der Einkünfte 16.000 Euro bzw. 32.000 Euro bei Zusammenveranlagung nicht überschreitet. 270

Überschreitet der Gesamtbetrag der Einkünfte die Grenze von 16.000 Euro bzw. 32.000 Euro bei Zusammenveranlagung, ist es eine Frage des Einzelfalls, ob einbehaltene Kapitalertragsteuer im Rahmen der Günstigerprüfung erstattet wird. 271

Beispiel:
Rentner R hat zu versteuernde Renteneinkünfte i. H. v. 12.000 Euro pro Jahr. Daneben erzielt er jährlich Zinserträge i. H. v. 36.000 Euro, die mit Abgeltungsteuer/Kapitalertragsteuer i. H. v. 9.000 Euro belastet werden.

Ein Antrag auf Günstigerprüfung würde nicht zur Erstattung von Kapitalertragsteuer führen.

Hat der Bankkunde mit seinem Antrag auf Günstigerprüfung „Erfolg", ermittelt das Finanzamt eine niedrigere durchschnittliche Steuerbelastung als 25 Prozent bezogen auf die Kapitalerträge und erstattet dem Bankkunden den Differenzbetrag. Hat der Bankkunde keinen „Erfolg", so gilt der Antrag auf Günstigerprüfung als nicht gestellt. Im Zweifel sollte der Antrag auf Günstigerprüfung daher stets gestellt werden. 272

3.2.2.2 Gesellschafter mit hoher Beteiligung/beruflich tätige Gesellschafter

Gesellschafter, die ihre im Privatvermögen gehaltene Beteiligung fremdfinanziert haben, können ein Interesse daran haben, die Einkünfte hieraus nicht mit dem Abgeltungsteuersatz, sondern nach dem Regeltarif zu versteuern. Dann können die mit der Beteiligung zusammenhängenden Finanzierungsaufwendungen (weiterhin) als Werbungskosten abgezogen werden. Nach § 32d Abs. 2 Nr. 3 EStG können Gesellschafter, die 273

Veranlagung zur Einkommensteuer

▷ unmittelbar oder mittelbar zu mindestens 25 Prozent an einer Kapitalgesellschaft beteiligt sind oder

▷ zu mindestens 1 Prozent an einer Kapitalgesellschaft beteiligt sind und durch eine berufliche Tätigkeit für diese maßgeblichen unternehmerischen Einfluss auf deren wirtschaftliche Tätigkeit nehmen können (beispielsweise als Gesellschafter-Geschäftsführer),

beantragen, dass die Kapitaleinkünfte aus der Beteiligung (Dividenden) nicht mit der Abgeltungsteuer, sondern mit dem Regelsteuersatz besteuert werden. An den Antrag ist der Gesellschafter für fünf Jahre gebunden. Der Antrag kommt insbesondere bei Gesellschaftern in Betracht, die an einer AG oder einer GmbH beteiligt sind. Nach Ablauf der 5-Jahres-Frist muss der Antrag erneut gestellt werden. Sinkt die Beteiligungsquote in nachfolgenden Veranlagungszeiträumen unter die Mindestgrenze, entfaltet die vorher ausgeübte Option keine Wirkung mehr.

274 Jeder Anteilseigner entscheidet für sich, ob er diesen Antrag stellt. Er ist in seiner Entscheidung nicht von der Entscheidung der anderen Gesellschafter abhängig. Nach einem Widerruf ist ein erneuter Antrag auf Regelbesteuerung für dieselbe Beteiligung nicht mehr möglich, § 32d Abs. 2 Nr. 3 Satz 6 EStG.

3.3 Beschränkung der Anrechenbarkeit der Kapitalertragsteuer (§ 36a EStG)

275 Vor dem Hintergrund sog. Cum/Cum-Gestaltungen, bei denen ein nicht anrechnungsberechtigter Anleger (insbesondere Steuerausländer) seine Aktienbeteiligungen kurz vor Dividendenstichtag auf einen anrechnungsberechtigten Anleger (z. B. inländisches Kreditinstitut) überträgt und sie kurz nach dem Dividendenstichtag wieder zurückübertragen bekommt, hat der Gesetzgeber mit Wirkung ab 1. Januar 2016 die materiellrechtlichen Voraussetzungen für die Anrechenbarkeit von Kapitalertragsteuer auf Dividenden und Erträge aus Genussscheinen eingeschränkt. Die Regelung hat allerdings keine Auswirkungen auf das Steuerabzugverfahren und hindert grundsätzlich auch nicht den abgeltenden Steuerabzug beim Privatanleger. Fokus der Regelung sind institutionelle Anleger (dabei auch Investmentfonds). Aus diesem Grund wird die Regelung, zu der im Übrigen ein umfangreiches Anwendungsschreiben ergangen ist (BMF-Schreiben vom 3. April 2017, wiedergegeben im Anhang Nr. 2.10) nachfolgend nur in Grundzügen dargestellt.

Beschränkung der Anrechenbarkeit der Kapitalertragsteuer (§ 36a EStG)

3.3.1 Grundzüge der Regelung

Eine Anrechnung der Kapitalertragsteuer auf Ebene des Anlegers in Bezug auf inländische Dividenden- und Genussscheinerträge (d. h. im Rahmen der Einkommen- bzw. Körperschaftsteuerveranlagung) findet nur statt, wenn folgende Voraussetzungen vorliegen:

276

Wenn die inländischen Dividenden- und Genussscheinerträge pro Anleger und Kalenderjahr weniger als 20.000 Euro betragen, ist die Anrechenbarkeit wie bisher uneingeschränkt möglich.

Sie ist ferner uneingeschränkt möglich, soweit der Steuerpflichtige bei Zufluss der betreffenden Kapitalerträge seit mindestens einem Jahr ununterbrochen wirtschaftlicher Eigentümer der Aktien oder Genussscheine ist.

Liegen diese Voraussetzungen nicht vor, gelten nachfolgende Einschränkungen:

Eine Anrechnung der KESt (25 Prozent) ist zu zwei Fünfteln (10 Prozent) weiterhin uneingeschränkt, zu den restlichen drei Fünfteln (15 Prozent) jedoch nur möglich, wenn der Anleger

▷ während einer **Mindesthaltedauer** ununterbrochen wirtschaftlicher Eigentümer der Aktien bzw. Genussrechte ist. Die Mindesthaltedauer beträgt 45 Tage und muss innerhalb eines Zeitraums von 45 Tagen vor und 45 Tagen nach der Fälligkeit der Kapitalerträge (91-Tage-Zeitraum) erreicht werden. Bei Anschaffungen und Veräußerungen ist zu unterstellen, dass die zuerst angeschafften Anteile oder Genussrechte zuerst veräußert wurden (Fifo-Methode). Weiterhin ist Voraussetzung, dass

▷ der Anleger während der Mindesthaltedauer ununterbrochen das sog. **Mindestwertänderungsrisiko** trägt. Der Steuerpflichtige muss unter Berücksichtigung von gegenläufigen Ansprüchen und Ansprüchen nahestehender Personen das Risiko aus einem sinkenden Wert der Anteile oder Genussscheine im Umfang von mindestens 70 Prozent tragen. Kein hinreichendes Mindestwertänderungsrisiko liegt insbesondere dann vor, wenn der Steuerpflichtige oder eine ihm nahestehende Person Kurssicherungsgeschäfte abgeschlossen hat, die das Wertänderungsrisiko der Anteile oder Genussscheine unmittelbar oder mittelbar um mehr als 30 Prozent mindern.

Veranlagung zur Einkommensteuer

▷ Zudem darf der Anleger schließlich nicht verpflichtet sein, die Kapitalerträge ganz oder überwiegend, unmittelbar oder mittelbar anderen Personen zu vergüten.

Soweit die Anrechnungsvoraussetzungen für drei Fünftel der Kapitalertragsteuer nicht erfüllt sind, sind diese Steuerbeträge auf Antrag (d. h. in der Regel im Rahmen der Einkommen-/Körperschaftsteuerveranlagung des Anlegers) bei der Ermittlung der Einkünfte abzuziehen. Die Steuer wirkt sich somit wie Werbungskosten oder Betriebsausgaben aus. Der Abzug ist auch beim abgeltungsteuerpflichtigen Anleger möglich, das Werbungskostenabzugsverbot (§ 20 Abs. 9 Satz 1 EStG) greift insoweit nicht.

Beispiel:
Wurde auf eine Brutto-Dividende von 100 Euro Kapitalertragsteuer i. H. v. 25 Euro erhoben und aufgrund der Anrechnungsbeschränkung ein Betrag von 15 Euro tatsächlich nicht angerechnet, hat der Steuerpflichtige nur die nach Abzug der nicht anrechenbaren Kapitalertragsteuer verbleibenden Dividendeneinkünfte i. H. v. 85 Euro zu versteuern. Die KESt wird i. H. v. 10 Euro (zwei Fünftel) auf die zu entrichtende Steuer angerechnet.

Einkommen- oder körperschaftsteuerpflichtige Personen, bei denen insbesondere aufgrund einer Steuerbefreiung kein Steuerabzug vorgenommen oder denen ein Steuerabzug erstattet wurde und die die Voraussetzungen für eine Anrechenbarkeit der Kapitalertragsteuer nicht erfüllen, haben dies gegenüber ihrem zuständigen Finanzamt anzuzeigen und eine Zahlung in Höhe des unterbliebenen Steuerabzugs auf die betreffenden Kapitalerträge zu leisten.

Treuhänder und Treugeber gelten für die Zwecke der Vorschrift als eine Person, wenn Dividenden- oder Genussrechtserträge einem Treuhandvermögen zuzurechnen sind, welches ausschließlich der Erfüllung von Altersvorsorgeverpflichtungen dient und dem Zugriff übriger Gläubiger entzogen ist. Eine weitere Ausnahme gilt für Anbieter fondsgebundener Versicherungen.

Weiterhin wird im Gesetz vorsorglich klargestellt, dass auch bei Vorliegen der Anrechnungsvoraussetzungen ein Missbrauch von rechtlichen Gestaltungsmöglichkeiten i. S. d. § 42 AO möglich ist.

3.3.2 Keine Auswirkungen auf das Steuerabzugverfahren

§ 36a EStG ist im Rahmen der Erhebung der Kapitalertragsteuer nach §§ 43 ff. EStG und bei der Bescheinigung der Kapitalertragsteuer nach § 45a Abs. 2 bis 7 EStG nicht zu berücksichtigen. Vgl. hierzu Rz. 122 des BMF-Schreibens vom 3. April 2017, wiedergegeben im Anhang Nr. 2.10.

277

3.3.3 Grundsätzlich keine Auswirkung auf Privatanleger

§ 36a EStG ist bei Steuerpflichtigen, die natürliche Personen sind und die Kapitaleinkünfte im Privatvermögen erzielen, nur in Ausnahmefällen anwendbar, wenn

278

▷ im Rahmen der Veranlagung (Wahlveranlagung oder Günstigerprüfung) eine Anrechnung der Kapitalertragsteuer begehrt wird oder

▷ vom Steuerabzug Abstand genommen oder der Steuerabzug erstattet wurde.

Auch in diesen Ausnahmefällen ist regelmäßig von einer Anwendung des § 36a EStG abzusehen, da die eingeschränkte Verrechenbarkeit von Aktienveräußerungsverlusten nach § 20 Abs. 6 Satz 4 EStG und der Ausschluss des Ansatzes der tatsächlichen Werbungskosten nach § 20 Abs. 9 Satz 1 2. HS EStG eine Beteiligung an Gestaltungen zur Umgehung der Dividendenbesteuerung weitestgehend ausschließen. Vgl. hierzu Rz. 131 des BMF-Schreibens vom 3. April 2017, wiedergegeben im Anhang Nr. 2.10.

4 Bemessungsgrundlage für die Abgeltungsteuer

Bei der Ermittlung der Bemessungsgrundlage für den Steuerabzug ist zwischen regelmäßigen Erträgen, Veräußerungsgewinnen und Erträgen aus Termingeschäften zu unterscheiden. 279

Eine Berücksichtigung konkreter Werbungskosten ist nur noch möglich, wenn eine unmittelbare Zuordnung zu einem Veräußerungsvorgang oder Termingeschäft möglich ist. Darüber hinaus werden bei der Ermittlung der Einkünfte aus Kapitalvermögen Werbungskosten nur bis zur Höhe des Sparer-Pauschbetrages von 801 Euro/1.602 Euro (ledig/verheiratet) berücksichtigt. Der Abzug anderweitiger tatsächlich entstandener Werbungskosten ist ab 2009 nicht mehr möglich.

4.1 Kapitalertragsteuerabzug bei regelmäßigen Erträgen

Für die Bemessung der Kapitalertragsteuer bei regelmäßigen Erträgen gilt, dass die vollen Kapitalerträge ohne jeden Abzug dem Steuerabzug unterliegen, § 43a Abs. 2 Satz 1 EStG. 280

Beispiel (ohne Berücksichtigung von Kirchensteuer):

Kapitalertrag brutto	100,00 Euro
Abgeltungsteuer 25 Prozent	25,00 Euro
SolZ (5,5 Prozent von 25 Euro)	1,37 Euro
Ertrag nach Steuern	73,63 Euro

Die Kapitalertragsteuer entsteht in dem Zeitpunkt, in dem die Kapitalerträge dem Anleger zufließen, § 44 Abs. 1 Satz 2 EStG. Als Zuflusszeitpunkt für Zinsen gilt die Fälligkeit (vgl. BMF-Schreiben vom 18. Januar 2016, Rz. 241, siehe Anhang Nr. 2.1). Entsprechendes gilt für endfällige Zertifi- 281 kate. Für den Zufluss von Dividenden gilt § 44 Abs. 2 EStG. Danach fließt die Dividende an dem Tag zu, der im Beschluss der Gesellschaft als Tag der Auszahlung bestimmt wurde. Für Ausschüttungen auf Anteile an Investmentvermögen gilt der Ausschüttungstermin, bei thesaurierten Investmentvermögen das Geschäftsjahresende als Zuflusszeitpunkt.

282 Für Erträge auf Fremdwährungskonten gelten diese Grundsätze entsprechend, d. h. auch Kapitalerträge, die in Fremdwährung zufließen, sind dem Steuerabzug zu unterwerfen. Sie sind vorher in Euro umzurechnen. Dabei gelten die Abrechnungs- und Devisenkurse zum Zuflusszeitpunkt (Devisenbriefkurs). Vgl. BMF-Schreiben vom 18. Januar 2016, Rz. 246, siehe Anhang Nr. 2.1.

4.2 Ermittlung der Erträge aus Stillhaltergeschäften

283 Die vereinnahmte Stillhalterprämie wird sofort steuerlich berücksichtigt. Soweit bei Abschluss des Stillhaltergeschäftes die Stillhalterprämie um Nebenkosten gemindert ist, stellt nur der tatsächlich zufließende Betrag (vor Steuerabzug) die Bemessungsgrundlage dar.

Kommt es später zu einem glattstellenden Gegengeschäft, werden die hierzu getätigten Aufwendungen im allgemeinen Verlusttopf steuermindernd berücksichtigt, vgl. BMF-Schreiben vom 18. Januar 2016, Rz. 25, siehe Anhang Nr. 2.1. Diese Verfahrensweise wurde mit der Finanzverwaltung vor dem Hintergrund abgestimmt, dass eine „nachträgliche" Korrektur der vereinnahmten Stillhalterprämie um die Aufwendungen für das glattstellende Gegengeschäft im Kapitalertragsteuerverfahren nicht möglich ist. Wenn Stillhaltergeschäft und Glattstellungsgeschäft im selben Kalenderjahr erfolgen, wirkt sich dieses Auseinanderfallen jedoch nicht aus.

284   Einnahmen aus Stillhaltergeschäft (Brutto-Besteuerung)
./. Aufwendungen für Glattstellungsgeschäft (Berücksichtigung im allgemeinen Verlusttopf)
=   Einkünfte aus Stillhaltergeschäft

4.3 Ermittlung des Veräußerungsgewinns

Ist der Gewinn zu ermitteln, so ist der Unterschiedsbetrag anzusetzen zwischen den Einnahmen aus der Veräußerung nach Abzug der Aufwendungen, die im unmittelbaren sachlichen Zusammenhang mit dem Veräußerungsgeschäft stehen, und den Anschaffungskosten, § 20 Abs. 4 Satz 1 EStG. Neben „echten" Veräußerungen gilt diese „Gewinnermittlungsformel" auch bei den einer Veräußerung gesetzlich gleichgestellten Vorgängen (Einlösung, Rückzahlung, Abtretung).

285

	Einnahmen aus der Veräußerung
./.	unmittelbar im Zusammenhang mit dem Veräußerungsgeschäft stehende Aufwendungen
./.	Anschaffungskosten
=	Gewinn/Verlust

Der Zeitpunkt, in dem das der Veräußerung/Einlösung zugrundeliegende obligatorische Rechtsgeschäft abgeschlossen wird, ist der maßgebliche Zeitpunkt für die Währungsumrechnung und die Berechnung des steuerlichen Veräußerungs- bzw. Einlösungsgewinns oder -verlustes sowie für die Freistellungsauftragsverwaltung und die Verlustverrechnung. Vgl. BMF-Schreiben vom 18. Januar 2016, Rz. 85, siehe Anhang Nr. 2.1.

286

Einnahmen in Fremdwährung werden mit dem Umrechnungskurs im Zeitpunkt der Veräußerung in Euro umgerechnet. Dies gilt auch dann, wenn der Veräußerungserlös einem Fremdwährungskonto gutgebracht wird und der erlangte Fremdwährungsbetrag nicht in Euro (oder eine andere Währung) konvertiert wird.

Zu den im Zusammenhang mit der Veräußerung zu berücksichtigenden Aufwendungen zählen die Transaktionskosten. Hierzu gehören neben Verkaufsprovisionen und Spesen auch Limitgebühren, die auf den Veräußerungsvorgang entfallen.

287

Zu den Anschaffungskosten gehören auch Gebühren, die bei der Anschaffung eines Wertpapiers oder der Begründung einer Forderung anfallen. Hierzu zählen auch Limitgebühren, die auf den Anschaffungsvorgang entfallen. Anschaffungskosten in fremder Währung werden mit dem Umrechnungskurs im Zeitpunkt der Anschaffung in Euro umgerechnet.

288

Bemessungsgrundlage für die Abgeltungsteuer

Beispiel zur Fremdwährungsumrechnung:
Kunde K hat im Februar 01 10.000 US-$ zum Kurs (1 Euro in US-$) von 1,35 US-$ erworben. Im Dezember 01 erwirbt der Kunde – unter Verwendung des Guthabens – Aktien der US-amerikanischen X-Corp. zum Preis von 9.500 US-$. Der Dollarkurs beträgt im Zeitpunkt des Kaufes 1,40 US-$. Im Mai 02 veräußert K die X-Aktien wieder und erhält hieraus einen Verkaufserlös von 10.500 US-$ auf sein Devisenkonto gutgeschrieben. Der Dollarkurs beträgt zu diesem Zeitpunkt 1,25 US-$. Im Laufe des Mai tauscht K seinen gesamten Dollarbestand von 11.000 US-$ (500 US-$ Restguthaben + 10.500 US-$ Veräußerungserlös) bei einem Dollarkurs von 1,20 US-$ in Euro um.

Lösung:
Es muss zwischen zwei Wirtschaftsgütern unterschieden werden. Das Dollar-Guthaben stellt ein Wirtschaftsgut i. S. d. § 23 Abs. 1 Satz 1 Nr. 2 EStG dar. Devisenkursschwankungen des Dollarbestandes unterliegen nicht der Abgeltungsteuer. Davon zu unterscheiden ist der Aktienbestand an der X-Corp. Hierbei handelt es sich um ein Wirtschaftsgut, dessen gesamte Wertschwankungen der Abgeltungsteuer unterliegen.

1. Kauf US-$ – Verwendung zum Kauf der Aktien

Nach Auffassung der Finanzverwaltung gilt das Devisenguthaben, soweit es zur Anschaffung der X-Aktien verwendet wird, als veräußert. Insoweit liegt ein privates Veräußerungsgeschäft i. S. d. § 23 EStG vor (Haltefrist von einem Jahr ist noch nicht abgelaufen). Veräußerungsgewinn = 9.500 / 1,40 – 9.500 / 1,35 = 251 Euro.

2. Verkauf der Aktien

Bei der Ermittlung des abgeltungsteuerpflichtigen Veräußerungsgewinns der X-Aktien ist die Änderung des Dollarkurses zwischen Anschaffungs- und Veräußerungszeitpunkt zu berücksichtigen. Berechnung: 10.500 / 1,25 – 9.500 / 1,40 = 1.614 Euro.

3. Umtausch des Dollarguthabens in Euro

Der spätere Umtausch des Guthabens von 11.000 US-$ ist i. H. v. 500 US-$ nicht steuerbar, weil insoweit ein außerhalb der Jahresfrist befindliches Guthaben umgetauscht wird. Der Zugang des Veräußerungspreises aus dem Aktienverkauf i. H. v. 10.500 US-$ stellt nach Auffassung der Finanzverwaltung die Anschaffung eines neuen Wirtschaftsguts Devisenguthaben dar, das dem § 23 EStG unterliegt. Dieses Guthaben wird innerhalb der Jahresfrist des § 23 EStG in Euro umgetauscht. Mithin liegt insoweit ein privates Veräußerungsgeschäft vor. Der Veräußerungsgewinn beträgt 10.500 / 1,20 – 10.500 / 1,25 = 350 Euro.

Ermittlung des Veräußerungsgewinns

Wenn von einem einheitlich abgerechneten Veräußerungs- oder Einlösungsvorgang sowohl Bestände betroffen sind, die der Abgeltungsteuer unterliegen, als auch Altbestände, die weiterhin steuerfrei veräußert werden, erfolgt eine anteilige Berücksichtigung der Transaktionskosten.

289

Bezahlt der Kunde eine all-in-fee für die Vermögensverwaltung, deckt diese Pauschale regelmäßig auch Transaktionskosten ab. Die Finanzverwaltung hat im Schreiben vom 18. Januar 2016, Rz. 93 ff., siehe Anhang Nr. 2.1, zur steuerlichen Berücksichtigung von all-in-fee-Beträgen umfangreich Stellung genommen.

Der Abzug der Transaktionskosten ist zum einen möglich, wenn im Vermögensverwaltungsvertrag festgehalten ist, wie hoch der in der All-in-fee enthaltene Transaktionskostenanteil ist. Da die pauschale Jahresgebühr keinem einzelnen Veräußerungsgeschäft zugeordnet werden kann, ist die in der All-in-fee enthaltene Transaktionskostenpauschale im Zeitpunkt der Verausgabung in den (allgemeinen) Verlusttopf einzustellen, vorausgesetzt, die Pauschale übersteigt nicht 50 Prozent der gesamten Gebühr.

290

Hinweis:

Die Finanzverwaltung plant folgende Konkretisierung im Zuge der Überarbeitung des BMF-Schreibens vom 18. Januar 2016: Voraussetzung für die Abzugsfähigkeit soll sein, dass die Ermittlung der in der All-in-fee enthaltenen Transaktionskostenpauschale auf einer „sachgerechten und nachprüfbaren Berechnung" beruht.

Diese Verfahrensweise hat zur Folge, dass Einzelveräußerungskosten grundsätzlich nicht zusätzlich berücksichtigt werden können. Diese Beschränkung gilt jedoch nicht für weiterberechnete Spesen von dritter Seite. Die Abgeltungswirkung erstreckt sich somit nur auf die Transaktionskosten, auf deren konkrete Höhe der Vermögensverwalter einen Einfluss hat, nicht jedoch auf Positionen, die von dem Verwalter nach den bestehenden Vereinbarungen lediglich durchgereicht werden.

Der Abzug ist des Weiteren auch dann möglich, wenn ein Ausweis des Transaktionskostenanteils alternativ in der jeweiligen Abrechnung der all-in-fee erfolgt. Diese Regelung ist wichtig, weil bei Vermögensverwaltungsverträgen, die vor Veröffentlichung dieser BMF-Regelungen abgeschlossen wurden, häufig kein gesonderter Ausweis des Transaktionskostenanteils im Vertrag erfolgte. Die Finanzverwaltung setzt allerdings

Bemessungsgrundlage für die Abgeltungsteuer

voraus, dass ein vorgegebener festgelegter Kostenschlüssel besteht. Hierdurch soll sichergestellt werden, dass der Transaktionskostenanteil nicht willkürlich in den jeweiligen Abrechnungen zugunsten des Kunden festgelegt wird.

Das BMF-Schreiben vom 18. Januar 2016 (siehe Anhang Nr. 2.1) enthält in Rz. 96 zwei instruktive Beispiele zur Anwendung dieser Regelung.

291 Die Regelungen dienen zwar in erster Linie einer praktikablen Abwicklung im Steuerabzugsverfahren der Banken. Dennoch hat die Finanzverwaltung bestätigt, dass diese Regeln auch im Falle der Veranlagung zur Anwendung kommen, vgl. BMF-Schreiben vom 18. Januar 2016, Rz. 94, siehe Anhang Nr. 2.1.

292 Die Regelungen sind auch bei Beratungsverträgen anwendbar. Im Unterschied zu Vermögensverwaltungsverträgen stehen die von der Bank empfohlenen Wertpapiertransaktionen jeweils unter dem Vorbehalt der Zustimmung des Kunden, vgl. BMF-Schreiben vom 18. Januar 2016, Rz. 95, siehe Anhang Nr. 2.1.

4.3.1 Besonderheiten bei Veräußerung und Einlösung verzinslicher Kapitalforderungen

293 Zu den Einnahmen aus der Veräußerung verzinslicher Wertpapiere gehören auch vereinnahmte Stückzinsen. Bei Erwerb gezahlte Stückzinsen werden bereits bei Zahlung als allgemeiner Verlust berücksichtigt und spielen daher bei der Ermittlung des Veräußerungsgewinns keine Rolle mehr.

Hinweis:

Zu der in der Vergangenheit streitigen Frage der steuerlichen Behandlung vereinnahmter Stückzinsen bei vor 2009 erworbenen festverzinslichen Wertpapieren (Nicht-Finanzinnovationen) vgl. Rdn. 51.

294 Mit der umfassenden Wertzuwachsbesteuerung, die auch alle ab 1. Januar 2009 vom Kunden erworbenen festverzinslichen Wertpapiere erfasst, wird auch ein bislang aufgrund einer Verwaltungsregelung steuerfrei behandeltes Emissionsdisagio bei Veräußerung des Wertpapiers in die Besteuerung einbezogen. Vor dem 1. Januar 2009 erworbene Disagio-Anleihen genießen aber Bestandsschutz (Bericht des BT-FA, BT-Drucks. 16/5491).

Ermittlung des Veräußerungsgewinns

Werden ab- oder aufgezinste Kapitalforderungen (z. B. Zerobonds oder abgezinste Sparbriefe) eingelöst, treten an die Stelle der Einnahmen aus der Veräußerung die Einnahmen aus der Einlösung.   **295**

Bei nicht verbrieften ab- oder aufgezinsten Kapitalforderungen (z. B. abgezinster Sparbrief oder Schuldscheindarlehen) bemisst sich der Steuerabzug nach dem vollen Kapitalertrag ohne jeden Abzug.   **296**

Wurde eine solche Kapitalforderung während der Laufzeit von dem Ersterwerber an einen (Zweit-)Erwerber abgetreten, findet in diesem Zeitpunkt kein Steuerabzug statt. Für den Zweiterwerber einer solchen Kapitalforderung bedeutet das weiterhin, dass er seine konkreten Anschaffungskosten nur im Rahmen der Veranlagung in Ansatz bringen kann.

4.3.2 Keine Besonderheiten bei sog. Finanzinnovationen

Da künftig nicht mehr zwischen der Ertrags- und Vermögensebene bei der Realisierung von Kapitalertrag unterschieden wird, spielt auch die Emissionsrendite (bei Veräußerungen bis Ende 2008 bei Finanzinnovationen zugrunde zu legen) keine Rolle mehr.   **297**

Bei der Ermittlung des Gewinns aus der Veräußerung von Finanzierungsschätzen ist ebenfalls der Bruttoertrag abzüglich der Veräußerungskosten zugrunde zu legen. Es ist eine taggenaue Abrechnung des Erwerbspreises vorzunehmen. Die Vereinfachungsregelung, wonach trotz unterschiedlicher Kaufzeitpunkte immer auf den höchsten Ausgabekurs abgestellt werden durfte, ist nicht mehr anwendbar.

4.3.3 Besonderheiten bei „Alt-Finanzinnovationen"

Für vor dem 1. Januar 2009 erworbene Finanzinnovationen kann unter Umständen der Unterschiedsbetrag zwischen den Einnahmen aus der Veräußerung nach Abzug von Transaktionskosten und den historischen Anschaffungskosten nicht ermittelt werden. Denn in Einzelfällen sind die erforderlichen Daten bei den Kreditinstituten nicht vorhanden, weil in der Vergangenheit regelmäßig die Anschaffungsnebenkosten nicht abgespeichert wurden. Grund hierfür ist, dass für die Ermittlung der Marktrendite zur Bemessung des Zinsabschlags bis einschließlich Veranlagungszeitraum 2008 die Anschaffungsnebenkosten nicht relevant waren.   **298**

Bemessungsgrundlage für die Abgeltungsteuer

299 Ferner ist bei Finanzinnovationen oftmals das Entgelt für den Erwerb nur in fremder Währung, nicht aber in Euro im Datenbestand erfasst und ein Umrechnungskurs nicht hinterlegt. Dies gilt insbesondere für nach dem 31. Dezember 2001 erworbene Finanzinnovationen, da nach der Übergangsregelung in § 52 Abs. 55 EStG die Marktrendite in ausländischer Währung nur für Papiere zu ermitteln ist, die nach diesem Zeitpunkt erworben wurden.

300 Es wird aus den oben genannten Gründen nicht beanstandet, wenn bei der Gewinnermittlung nicht verfügbare Anschaffungsnebenkosten nicht berücksichtigt werden. Insbesondere ist die Ermittlung des Unterschiedsbetrages (Gewinn) weiterhin in Fremdwährung möglich, sofern auf in ausländischer Währung lautende Wertpapiere angeschafft wurden und die Anschaffungskosten nicht mit dem jeweiligen Devisenumrechnungskurs in Euro abgespeichert wurden, vgl. BMF-Schreiben vom 18. Januar 2016, Rz. 56, siehe Anhang Nr. 2.1.

4.3.4 Einbeziehung von Wechselkursschwankungen

301 Bei Kapitalforderungen in fremder Währung ist – anders als bei Veräußerungen von Finanzinnovationen bis Ende 2008 – der Wert sowohl im Zeitpunkt der Anschaffung als auch im Zeitpunkt der Veräußerung jeweils in Euro umzurechnen. Dadurch werden die Währungsschwankungen in die Gewinnermittlung einbezogen. Vgl. zur Berechnung im Einzelnen das Beispiel in Rdn. 288.

4.3.5 Verdeckte Einlage

302 Wendet ein Gesellschafter einer Kapitalgesellschaft (oder eine ihm nahestehende Person) der Gesellschaft im Wege der verdeckten Einlage eine Kapitalforderung bzw. ein Wertpapier zu, wird eine Veräußerung angenommen, § 20 Abs. 2 Satz 2 EStG. An die Stelle der Einnahmen aus der Veräußerung tritt der gemeine Wert, § 20 Abs. 4 Satz 2 EStG.

> Gemeiner Wert der eingelegten Kapitalforderung bzw. des eingelegten Wertpapiers
> ./. unmittelbar im Zusammenhang mit der Einlage stehende Aufwendungen
> ./. Anschaffungskosten
> = Gewinn/Verlust

Ermittlung des Veräußerungsgewinns

In der Praxis wird die verdeckte Einlage mit einem Übertrag der eingelegten Wertpapiere von dem Depot des Gesellschafters in das Depot der Kapitalgesellschaft vollzogen. Es liegt somit regelmäßig ein Depotübertrag mit Gläubigerwechsel gemäß § 43 Abs. 1 Satz 4 ff. EStG vor, der ggf. dem Kapitalertragsteuerabzug unterliegt, vgl. Rdn. 510. Dieser Steuerabzug sollte vom Gesellschafter mit dem nach der oben genannten Formel ermittelten Ergebnis verglichen werden. Eine evtl. erforderliche Korrektur muss über die Veranlagung erfolgen.

4.3.6 Entnahme aus dem Betriebsvermögen oder Betriebsaufgabe

Wird ein Wertpapier (oder Wirtschaftsgut i. S. d. § 20 Abs. 2 EStG) aus dem Betriebsvermögen durch Entnahme in das Privatvermögen überführt, so ist sicherzustellen, dass die im Privatvermögen seit der Entnahme erwirtschafteten Wertsteigerungen im Rahmen der Abgeltungsteuer erfasst werden. Die Entnahme wird als anschaffungsähnlicher Vorgang behandelt. Das entnommene Wertpapier ist zu diesem Zweck im Zeitpunkt der Entnahme mit dem Teilwert als Anschaffungskosten anzusetzen, § 20 Abs. 4 Satz 3 EStG. Der Entnahmegewinn ist in der Einkommensteuererklärung anzugeben und wird als betrieblicher Ertrag mit dem persönlichen Steuersatz besteuert.

303

Bei einer späteren Veräußerung, Abtretung oder Einlösung ermittelt sich der Gewinn nach den so ermittelten Anschaffungskosten. Findet die Entnahme vor 2009 statt, unterliegen die entnommenen Wertpapiere den besonderen Anwendungsvorschriften (vgl. Rdn. 532 ff.).

> Einnahmen aus der Veräußerung
> ./. unmittelbar im Zusammenhang mit dem Veräußerungsgeschäft stehende Aufwendungen
> ./. Teilwert im Zeitpunkt der Entnahme (= Anschaffungskosten)
> = Gewinn/Verlust

Erfolgt die Entnahme durch einen Einzelunternehmer, so kommt es im Depot nicht zu einem Depotübertrag mit Gläubigerwechsel. Es ändert sich lediglich die steuerliche Zuordnung vom Betriebsvermögen zum Privatvermögen (bloßer Sphärenwechsel). Ein Kapitalertragsteuerabzug findet anlässlich der Entnahme auch dann nicht statt, wenn die Wertpapiere von dem betrieblichen Depot auf das private Depot übertragen

Bemessungsgrundlage für die Abgeltungsteuer

werden. In diesem Fall werden die gespeicherten Anschaffungsdaten unverändert übernommen. Bei einer späteren Veräußerung der Wertpapiere kann daher ein unzutreffendes Veräußerungsergebnis dem Steuerabzug zugrunde liegen. Eine Korrektur kann nur im Wege der Veranlagung erfolgen.

Erfolgt die Entnahme durch einen Personengesellschafter, so liegt regelmäßig ein Depotübertrag mit Gläubigerwechsel gemäß § 43 Abs. 1 Satz 4 ff. EStG vor, der ggf. dem Kapitalertragsteuerabzug unterliegt, vgl. Rdn. 510. Dieser Steuerabzug hat nur Vorauszahlungscharakter und wird im Rahmen der Veranlagung zur Einkommensteuer auf die festgesetzte Einkommensteuerschuld gemäß § 36 Abs. 2 Nr. 2 EStG angerechnet.

304 Die gleichen Regeln ergeben sich im Falle der Betriebsaufgabe, wenn also alle wesentlichen Betriebsgrundlagen in einem einheitlichen Vorgang entweder ins Privatvermögen überführt oder an einen oder mehrere Erwerber veräußert werden. Die im Rahmen der Betriebsaufgabe gemäß § 16 Abs. 3 EStG angesetzten Werte treten an die Stelle der Anschaffungskosten.

Beispiel:
Unternehmer U gibt seinen Betrieb auf. Er veräußert alle Maschinen und Grundstücke an den Konkurrenten K und überführt das Aktiendepot in sein Privatvermögen. Die ursprünglichen Anschaffungskosten betrugen 30.000 Euro. Der Börsenwert der Aktien im Zeitpunkt der Betriebsaufgabe liegt bei 100.000 Euro. Drei Jahre später veräußert U die Aktien für 150.000 Euro.

An die Stelle der Anschaffungskosten tritt der gemeine Wert im Zeitpunkt der Betriebsaufgabe (§ 16 Abs. 3 Satz 7 EStG). Die Überführung des Aktiendepots in das Privatvermögen wird nicht dem Kapitalertragsteuerabzug unterworfen. Der Aufgabegewinn beträgt hinsichtlich der Wertpapiere 70.000 Euro (100.000 − 30.000). Der Gewinn aus der späteren Veräußerung der im Privatvermögen gehaltenen Aktien beträgt (150.000 − 100.000 =) 50.000 Euro. Beim Steuerabzug werden jedoch die ursprünglichen Anschaffungskosten zugrunde gelegt. Bemessungsgrundlage ist somit (150.000 − 30.000 =) 120.000 Euro. Die Korrektur dieses Steuerabzugs erfolgt auf Antrag des U im Rahmen der Veranlagung.

4.3.7 Verbrauchsfolgeverfahren (Fifo-Methode)

Im Regelfall befinden sich depotverwahrte Wertpapierbestände in Girosammelverwahrung (§ 5 Depotgesetz). In Ausnahmefällen werden Wertpapiere auch noch im Streifband verwahrt. Das Gesetz fingiert bei Veräußerung aus Girosammelverwahrung eine Verbrauchsfolge. Dabei wird unterstellt, dass die zuerst angeschafften Wertpapiere zuerst veräußert wurden (sog. Fifo-Methode). Die Finanzverwaltung hat bestätigt, dass diese auch bei streifbandverwahrten Wertpapieren anzuwenden ist (vgl. BMF-Schreiben vom 18. Januar 2016, Rz. 99, siehe Anhang Nr. 2.1). 305

Die Verbrauchsfolge ist somit vom Anleger nicht frei bestimmbar.

Praktische Bedeutung gewinnt diese Regelung bei Wertpapieren, die zu unterschiedlichen Zeitpunkten (und damit i. d. R. zu unterschiedlichen Kursen) angeschafft wurden. Es kann dann eine eindeutige Zuordnung von Anschaffungskosten und Veräußerungspreis (sowie Transaktionskosten) vorgenommen werden.

Neben „echten" Veräußerungsgeschäften wird die Fifo-Methode auch bei allen gemäß § 20 Abs. 2 Satz 2 EStG einer Veräußerung gleichgestellten Vorgängen (Einlösung, Rückzahlung, Abtretung) angewendet.

Darüber hinaus wird die Fifo-Methode auch bei allen Formen von Depotüberträgen angewendet, vgl. Rdn. 498, 501 und 511.

Die Verbrauchsfolgeermittlung knüpft an das Anschaffungs- und Veräußerungsdatum an. Das ist der jeweilige Schlusstag (= Tag des Abschlusses des Ordergeschäftes). Bei fehlendem Anschaffungsdatum wird hilfsweise mit dem Einbuchungsdatum gerechnet. Nach einer Abstimmung der kreditwirtschaftlichen Spitzenverbände wird die Fifo-Methode ungeachtet bestehender gesperrter Bestände (Belegschaftsaktien mit Firmensperre, § 19a EStG, 5. Vermögensbildungsgesetz, Verpfändung von Wertpapieren) angewendet. Denn es handelt sich lediglich um eine steuerliche Fiktion zur eindeutigen Bestimmbarkeit des steuerlichen Veräußerungsgewinns/-verlustes. 306

Das Verbrauchsfolgeverfahren ist wie bisher schon depotbezogen anzuwenden. Als Depot in diesem Sinne ist auch ein Unterdepot anzusehen, vgl. BMF-Schreiben vom 18. Januar 2016, Rz. 97, 98, siehe Anhang Nr. 2.1.

Bemessungsgrundlage für die Abgeltungsteuer

Beispiel für die Fifo-Methode:

Kunde K hat folgende Aktien der Y-AG in seinem Depotbestand:

Kaufdatum	Stückzahl	Kurs/Stück
1. Oktober 2002	30	10 Euro
1. März 2007	40	13 Euro
1. August 2009	80	7 Euro

Am 12. September 2015 verkauft er 100 Y-Aktien aus seinem Depot zum Kurs von 9 Euro.

Zunächst gelten die am 1. Oktober 2002 und die am 1. März 2007 erworbenen Aktien als veräußert. Da der Anschaffungszeitpunkt vor 2009 liegt, unterliegt der Verkauf insoweit nicht der Abgeltungsteuer. Weiter gelten 30 Stück der am 1. August 2009 erworbenen Aktien als veräußert. Dieser Veräußerungsvorgang unterliegt der Abgeltungsteuer, weil es sich insoweit um Neubestand handelt, d. h. nach dem 31. Dezember 2008 angeschaffte Aktien. Der Veräußerungsgewinn berechnet sich wie folgt: Kursdifferenz 9 Euro./. 7 Euro = 2 Euro x 30 Stück = 60 Euro.

307 Wenn der Kunde für alle ab dem 1. Januar 2009 erworbenen Wertpapiere ein neues Depot einrichtet, kann er bei einer späteren Veräußerung frei entscheiden, ob er die ab 2009 erworbenen Wertpapiere aus dem neuen Depot oder die vor dem Jahr 2009 erworbenen Wertpapiere aus dem alten Depot veräußert möchte:

Beispiel: Abwandlung des vorstehenden Beispiels:

Depot 1

Kaufdatum	Stückzahl	Kurs/Stück
1. Oktober 2002	30	10 Euro
1. März 2007	40	12 Euro

Depot 2

Kaufdatum	Stückzahl	Kurs/Stück
1. August 2009	80	7 Euro

Ermittlung des Veräußerungsgewinns

Der Kunde hat jetzt die Wahl, ob er einen Verkaufsauftrag für die in Depot 1 oder die in Depot 2 verwahrten Wertpapiere erteilt. Auf diese Weise wird der Bestandsschutz für die sog. Altbestände (Erwerb vor dem 1. Januar 2009) gewährleistet.

4.3.8 Teilverzicht, Nennwertreduzierung und Teilrückzahlung bei Anleihen

Die Finanzverwaltung hat mit BMF-Schreiben vom 10. Mai 2017 zur steuerlichen Behandlung der Restrukturierung von Anleihen in Kombination von Teilverzicht, Nennwertreduzierung und Teilrückzahlung Stellung genommen. Danach gelten folgende Grundsätze: 308

Vereinbaren der Anleiheschuldner und die Gläubiger im Rahmen einer Restrukturierung eine Kombination von Einzelmaßnahmen dergestalt, dass

▷ auf einen Teilbetrag der Nominalforderung eine Rückzahlung zu erfolgen hat,

▷ auf einen Teilbetrag der Forderung verzichtet und

▷ für den Restbetrag eine Reduzierung des Nennwertes der Forderung vorgenommen wird,

liegt in Höhe des Teilverzichts ein Forderungsausfall vor, der einkommensteuer-rechtlich unbeachtlich sein soll (strittig, siehe Abschnitt 2.2.11). Die teilweise Rückzahlung der Kapitalforderung führt zu Einkünften i. S. d. § 20 Abs. 2 Satz 1 Nr. 7 Satz 2 EStG. Steuerpflichtiger Gewinn nach § 20 Abs. 4 EStG ist der Unterschiedsbetrag zwischen dem Rückzahlungsbetrag und den anteiligen Anschaffungskosten. Die Nennwertreduktion führt nicht zu einer Veräußerung der Anleihe. Das Anschaffungsdatum und die anteiligen Anschaffungskosten der reduzierten Nominalforderung sind zu berücksichtigen.

Beispiel:
A erwirbt am 15. Januar für 100 Euro eine Forderung mit einem Nominalwert i. H. v. 100 Euro. Gemäß einer Restrukturierungsvereinbarung wird am 15. Februar der Nominalwert der Forderung auf 30 Euro reduziert, auf den ursprünglichen Nominalwert von 100 Euro werden 20 Euro zurückgezahlt und i. H. v. 50 Euro Nominalwert wird ein Forderungsverzicht vereinbart.

Lösung:
Aufgrund der Teilrückzahlung i. H. v. 20 Prozent des Nominalwertes erzielt A einen Veräußerungsgewinn nach § 20 Abs. 2 Nr. 7 Satz 2 EStG

i. H. v. 0 Euro (Rückzahlungsbetrag von 20 Euro abzüglich anteiliger Anschaffungskosten von 20 Euro). Die anteiligen, auf den Teilverzicht entfallenden Anschaffungskosten von 50 Euro sind steuerlich nicht zu berücksichtigen. Die anteiligen, auf den reduzierten Nominalwert von 30 Euro entfallenden Anschaffungskosten betragen 30 Euro.

Das Anschaffungsdatum ändert sich infolge der Nominalwertreduzierung nicht, die Anschaffungskosten der Anleihe (100 Euro abzüglich 20 Euro, abzüglich 50 Euro) werden mit 30 Euro fortgeführt.

Abwandlung:
A erwirbt die gleiche Forderung am 15. Januar für 10 Euro mit einem Nominalwert i. H. v. 100 Euro.

Lösung:
Aufgrund der Teilrückzahlung i. H. v. 20 Prozent des Nominalwertes erzielt A einen Veräußerungsgewinn nach § 20 Abs. 2 Nr. 7 Satz 2 EStG i. H. v. 18 Euro (Rückzahlungsbetrag von 20 Euro abzüglich anteiliger Anschaffungskosten von 2 Euro). Die anteiligen, auf den Teilverzicht entfallenden Anschaffungskosten von 5 Euro sind steuerlich nicht zu berücksichtigen. Die anteiligen, auf den reduzierten Nominalwert von 30 Euro entfallenden Anschaffungskosten betragen 3 Euro. Das Anschaffungsdatum ändert sich infolge der Nominalwertreduzierung nicht, die Anschaffungskosten der Anleihe (10 Euro abzüglich 2 Euro, abzüglich 5 Euro) werden mit 3 Euro fortgeführt.

4.3.9 Bemessungsgrundlage beim „Bond-Stripping"

Ist ein Zinsschein oder eine Zinsforderung vom Stammrecht abgetrennt worden, gilt als Veräußerungserlös der Schuldverschreibung deren gemeiner Wert zum Zeitpunkt der Trennung, § 20 Abs. 4 Satz 8 EStG. Diese Regelung gilt ab dem Veranlagungszeitraum 2017. Die Finanzverwaltung hat mit BMF-Schreiben vom 11. November 2016, wiedergegeben im Anhang Nr. 2.11, zu Ermittlung der steuerlichen Bemessungsgrundlage Stellung genommen. Danach gelten folgende Grundsätze:

Als Veräußerungserlös gilt der gemeine Wert (§ 9 BewG) des einheitlichen Wirtschaftsguts zum Zeitpunkt der Trennung. Als gemeiner Wert ist bei börsennotierten Schuldverschreibungen in der Regel der niedrigste im regulierten Markt notierte Kurs am Tag der Trennung anzusetzen. Der gemeine Wert der Schuldverschreibung gilt gleichzeitig als Anschaffungskosten der neuen Wirtschaftsgüter. Um die Anschaffungskosten auf den Zinsschein bzw. die Zinsforderung und das Stammrecht aufteilen zu können, ist wiederum deren gemeiner Wert zu ermitteln.

Ermittlung des Veräußerungsgewinns

Da für diese Papiere im Zeitpunkt der Trennung typischerweise noch kein Börsenkurs existiert, ist deren gemeiner Wert grundsätzlich der nach finanzmathematischen Methoden ermittelte Barwert. Dabei ist der Barwert der „gestrippten" Anleihe aufgrund ihrer Unverzinslichkeit nach Maßgabe des § 12 Abs. 3 BewG mit einem Zinssatz von 5,5 Prozent und unter Berücksichtigung der Laufzeit abzuzinsen. Der Barwert des Zinsscheins/der Zinsforderung ist unter Berücksichtigung des Zinssatzes der ursprünglichen Anleihe und der Laufzeit des Zinsscheins/der Zinsforderung zu ermitteln.

Die Summe der Barwerte der neuen Wirtschaftsgüter dürfte in der Regel dem gemeinen Wert der Schuldverschreibung entsprechen. Sofern eine Abweichung auftritt, ist eine Verhältnisrechnung vorzunehmen.

Beispiel:
Ein Anleger hat eine Schuldverschreibung zum Nennwert von 100 Euro erworben. Bei der Abtrennung des Zinskupons beträgt der Kurswert der Schuldverschreibung 110 Euro. Durch die Trennung erzielt der Anleger auf Grund der Neuregelung einen Kursgewinn von 10 Euro. Für das Stammrecht wird ein Barwert von 70 Euro und für den Zinskupon ein Barwert von 39 Euro ermittelt. Daher entfallen auf das Stammrecht 70 × 110/109 = 70,64 Euro und auf den Zinskupon 39 × 110/109 = 39,36 Euro als Anschaffungskosten.

4.4 Ermittlung des Veräußerungsgewinns aus der Veräußerung von Anteilen an Investmentfonds

Das Investmentsteuerrecht wurde zum 1. Januar 2018 umfassend neu geregelt. Hiervon ist auch die Ermittlung der Bemessungsgrundlage für die Veräußerung (Rückgabe) von Anteilen an Investmentvermögen (künftig: Investmentfonds) betroffen. Nachstehend wird zunächst die 2018 geltende Rechtslage erörtert. Im Anschluss wird die bisherige Rechtslage dargestellt.

310

Bemessungsgrundlage für die Abgeltungsteuer

Bei der Veräußerung von Anteilen an Investmentfonds ab dem 1. Januar 2018 gilt folgendes Berechnungsschema:

1. Veräußerungspreis
2. ./. Anschaffungskosten
3. + Minderung der Anschaffungskosten um Substanzausschüttungen, § 17 Abs. 3 InvStG
4. ./. Während der Besitzzeit angesetzte Vorabpauschalen, § 19 Abs. 1 Satz 3 InvStG
5. = Gewinn/Verlust aus der Veräußerung der Anteile am Investmentfonds
6. ./. Teilfreistellung bei Aktien-, Misch- oder Immobilienfonds
7. = Steuerpflichtiger Veräußerungsgewinn/-verlust

Zu 2. und 3.:

Vgl. § 17 InvStG: Während der (einen Zeitraum von maximal fünf Kalenderjahre umfassenden) Abwicklungsphase eines Investmentfonds gelten Ausschüttungen nur insoweit als Ertrag, wie in ihnen der Wertzuwachs eines Kalenderjahres erhalten ist. Zur Ermittlung dieses Wertzuwachses ist die Summe der Ausschüttungen für ein Kalenderjahr zu ermitteln und mit dem letzten in dem Kalenderjahr festgesetzten Rücknahmepreis zusammenzurechnen. Übersteigt die sich daraus ergebende Summe den ersten im Kalenderjahr festgesetzten Rücknahmepreis, so ist die Differenz der Wertzuwachs. Der darüber hinausgehende Betrag gilt als steuerneutrale Substanzausschüttung; insoweit sind die Anschaffungskosten zu mindern (bzw. erhöht sich das Veräußerungsergebnis, daher im Berechnungsschema eine Hinzurechnung).

311 Bei der Veräußerung von Anteilen an Investmentvermögen bis zum 31. Dezember 2017 gilt folgendes Berechnungsschema:

1. Veräußerungspreis
2. ./. Anschaffungskosten
3. + Zwischengewinn bei Kauf, § 8 Abs. 5 Satz 2 InvStG 2004
4. ./. Zwischengewinn bei Verkauf, § 8 Abs. 5 Satz 2 InvStG 2004
5. ./. besitzzeitanteilige ausschüttungsgleiche Erträge, § 8 Abs. 5 Satz 3 InvStG 2004
6. + besitzzeitanteilige *ausgeschüttete* ausschüttungsgleiche Erträge, § 8 Abs. 5 Satz 4 InvStG 2004

Ermittlung des Veräußerungsgewinns

7. + aus dem Investmentvermögen gezahlte KapSt + SolZ, § 8 Abs. 5 Satz 3 InvStG 2004
8. + ausgeschüttete „Altveräußerungsgewinne", § 8 Abs. 5 Satz 5 InvStG 2004
9. ./. besitzzeitanteiliger Immobiliengewinn, § 8 Abs. 5 Satz 6 InvStG 2004
10. + Substanzauskehr
    = Bemessungsgrundlage

Zu 3. und 4.:

Der vom Anleger beim Kauf der Anteile am Investmentvermögen gezahlte Zwischengewinn ist bereits im Kaufzeitpunkt als negative Einnahme im allgemeinen Verlusttopf berücksichtigt worden. Um eine „doppelte" Berücksichtigung zu vermeiden, muss das Veräußerungsergebnis um diesen Betrag somit erhöht werden.

Der erhaltene Zwischengewinn stellt im Verkaufszeitpunkt eine positive Einnahme dar, die vom Veräußerungsgewinn getrennt besteuert wird. Um eine „doppelte" Besteuerung zu vermeiden, muss das Veräußerungsergebnis um diesen Betrag somit gemindert werden.

Zu 5. bis 7.:

Ausschüttungsgleiche Erträge gelten bereits mit Ablauf des jeweiligen Fondswirtschaftsjahrs beim Anleger als zugeflossen. Die ausschüttungsgleichen Erträge sind jedoch – sofern sie nicht zu einem späteren Zeitpunkt ausgeschüttet wurden – auch im Veräußerungspreis enthalten. Um eine Doppelbesteuerung zu vermeiden, ist eine Korrektur des Veräußerungsgewinns vorzunehmen. Handelt es sich um ein in Deutschland ansässiges Investmentvermögen, hat die Kapitalanlagegesellschaft auf die steuerpflichtigen thesaurierten Erträge bereits Kapitalertragsteuer und Solidaritätszuschlag abgeführt. Hierin liegt eine Verwendung der dem Anleger zustehenden Vermögenswerte (Abführung auf Rechnung des Kunden), die sich auf den Rücknahmepreis des Anteils am Investmentvermögen ausgewirkt hat. Da die Abführung eine Verwendung von Investmentvermögen für steuerliche Zwecke des Anlegers beinhaltet, ist das Veräußerungsergebnis um diese Performance-Minderung zu erhöhen.

Zu 8.:

Investmentvermögen können Gewinne aus dem Verkauf von Wertpapieren und Gewinne aus Termingeschäften auch nach dem 31. Dezember

Bemessungsgrundlage für die Abgeltungsteuer

2008 steuerfrei an Privatanleger ausschütten, sofern die Wertpapiere auf der Ebene des Investmentvermögens vor dem 1. Januar 2009 angeschafft wurden bzw. die Termingeschäfte vor dem 1. Januar 2009 eingegangen wurden. Bei Anlegern, die die Anteile nach dem 31. Dezember 2008 erworben haben, wird die Versteuerung dieser Ausschüttungen im Zeitpunkt der Veräußerung nachgeholt. Nur bei dieser Anlegergruppe erfolgt insoweit eine Hinzurechnung zum Veräußerungsergebnis.

Zu 9.:

Der Fonds-Immobiliengewinn drückt aus, wie viel nach Doppelbesteuerungsabkommen steuerfreie Einkünfte auf der Ebene des Investmentvermögens vorhanden sind, die noch nicht dem Anleger zugerechnet wurden. Er wird in Prozent des Anteilswertes bewertungstäglich veröffentlicht. Der Anleger-Immobiliengewinn ist im Kaufzeitpunkt und im Verkaufszeitpunkt zu errechnen:

Anleger-Immobiliengewinn bei Kauf =

Fonds-Immobiliengewinn im Kaufzeitpunkt x Anteilswert im Kaufzeitpunkt x Anzahl der Anteile

Anleger-Immobiliengewinn bei Verkauf =

Fonds-Immobiliengewinn im Verkaufszeitpunkt x Anteilswert im Verkaufszeitpunkt x Anzahl der Anteile

Die Differenz zwischen dem Anleger-Immobiliengewinn bei Verkauf und dem Anleger-Immobiliengewinn bei Kauf ist der besitzzeitanteilige Anleger-Immobiliengewinn.

Zu 10.:

Korrekturposten für weitere Substanzausschüttungen des Investmentvermögens, die beim Anleger nicht zu Kapitalertrag führen.

4.5 Ermittlung der Erträge aus Termingeschäften

Der Gewinn aus Termingeschäften ermittelt sich nach folgenden Regeln: 312

Bei Leistung eines Differenzausgleichs oder sonstigen Vorteils:
Differenzausgleich/Vorteil
./. Aufwendungen in unmittelbarem sachlichem Zusammenhang mit dem Termingeschäft
= Gewinn/Verlust aus Termingeschäft

Bei Veräußerung (Glattstellung):
Veräußerungspreis
./. Transaktionskosten (= Aufwand in unmittelbarem sachlichen Zusammenhang mit dem Veräußerungsgeschäft)
./. Anschaffungskosten (einschl. Anschaffungsnebenkosten)
= Gewinn/Verlust aus Termingeschäft

4.6 Veräußerungsgewinnermittlung bei fehlenden Anschaffungsdaten

Sind die Anschaffungskosten nicht nachgewiesen, bemisst sich der Steuerabzug nach 30 Prozent der Einnahmen aus der Veräußerung oder Einlösung der Wirtschaftsgüter (§ 43a Abs. 2 Satz 7 EStG). Transaktionskosten werden bei der Berechnung nicht berücksichtigt. Dies kann z. B. der Fall sein, wenn der Kunde vor 2009 die Depotbank gewechselt hat und die Anschaffungsdaten von dem abgebenden Kreditinstitut daher nicht an das aufnehmende Institut übertragen wurden. 313

In die Berechnung zur Ermittlung der Einnahmen aus der Veräußerung sind bei verzinslichen Wertpapieren die vereinnahmten Stückzinsen einzubeziehen.

Bei Rückgabe oder Veräußerung von Anteilen an Investmentvermögen ist Berechnungsgrundlage der Rücknahmepreis. Der vereinnahmte Zwischengewinn wird daneben gesondert besteuert (Rechtslage bis 31. De-

Bemessungsgrundlage für die Abgeltungsteuer

zember 2017, für Veräußerungen ab 1. Januar 2018 wurde die Rechengröße „Zwischengewinn" im Rahmen der Investmentsteuerreform abgeschafft).

5 Berücksichtigung von Verlusten

Die Abgeltungsteuer strebt eine endgültige Besteuerung der Erträge bei der Auszahlung an. Deshalb müssen auch mögliche Verluste bei der Steuerberechnung durch das Kreditinstitut berücksichtigt werden.

314

5.1 Verlustverrechnung

Verluste aus Kapitalanlagen können künftig nur noch mit entsprechenden positiven Erträgen aus anderen Kapitalanlagen verrechnet werden. Soweit die Kapitalanlagen über ein inländisches Kreditinstitut verwaltet werden, erfolgt die Verlustverrechnung bei der Bank. Hierzu wird der bisher aus dem Wertpapierverfahren bekannte Stückzinstopf zu einem umfassenden Verrechnungstopf, der eine konto- und depotübergreifende Verlustverrechnung ermöglicht, weiterentwickelt.

315

Bei Tafelgeschäften ist eine Verlustverrechnung nicht möglich, vgl. Rdn. 141.

Hinweise:

Die Verlustverrechnung ist nur für das Privatvermögen vorgesehen. Im Betriebsvermögen ist eine Berücksichtigung von Verlusten (Stückzinsen, Veräußerungsverluste etc.) durch Gesetz ausgeschlossen, § 43a Abs. 3 Satz 7 EStG. Negative Kapitalerträge, die anderen Einkunftsarten (z. B. Gewerbebetrieb, selbstständige Tätigkeit oder Vermietung und Verpachtung) zuzurechnen sind, sind somit nicht verrechenbar mit positiven Kapitalerträgen des Privatvermögens und umgekehrt.

Da Verluste aus der Veräußerung von Aktien nur mit entsprechenden Gewinnen aus der Veräußerung von Aktien verrechnet werden können, muss die Bank neben dem **allgemeinen Verlustverrechnungstopf** noch einen **gesonderten Aktienverlustverrechnungstopf** führen.

316

Berücksichtigung von Verlusten

Verlustverrechnung im Überblick

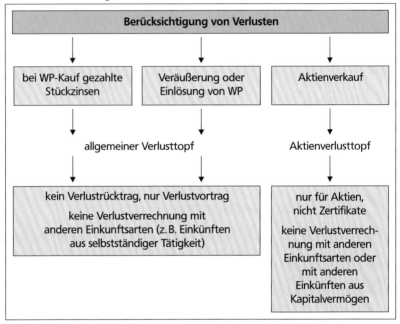

5.1.1 Verlustverrechnungstöpfe mit Erstattungsmöglichkeit

317 Im Steuerabzugsverfahren hat die Bank im Kalenderjahr die beim Anleger auftretenden negativen Kapitalerträge einschließlich gezahlter Stückzinsen bis zur Höhe der positiven Kapitalerträge auszugleichen, § 43a Abs. 3 Satz 2 EStG. Eine Verlustverrechnung darf nur bei Kapitalerträgen, die zu den Einkünften aus Kapitalvermögen gehören, vorgenommen werden, nicht aber bei Kapitalerträgen, die einer anderen Einkunftsart zuzurechnen sind (z. B. den Einkünften aus Gewerbebetrieb). Auch bei Körperschaften ist eine Verlustverrechnung nach dem Wortlaut des Gesetzes nicht zulässig, § 43a Abs. 3 Satz 7 EStG.

Hinweis:

Die Finanzverwaltung beanstandet es nicht, wenn für steuerpflichtige und nicht steuerbefreite Körperschaften entgegen dem Gesetzeswortlaut sowohl die Verlustverrechnung als auch die Quellensteueranrechnung im

Verlustverrechnung

Kapitalertragsteuerabzugsverfahren durchgeführt wird. Dies gilt auch für nichtrechtsfähige Vereine. Vgl. BMF-Schreiben vom 18. Januar 2016, Rz. 240 und 280, siehe Anhang Nr. 2.1.

Vom Anleger gezahlte Vorschusszinsen stellen Aufwendungen im Zusammenhang mit der Veräußerung einer Kapitalforderung i. S. d. § 20 Abs. 4 Satz 1 EStG dar. Übersteigen die Vorschusszinsen im Jahr der Veräußerung die Habenzinsen, ist der negative Saldo durch das Kreditinstitut in den Verlustverrechnungstopf einzustellen. Vgl. BMF-Schreiben vom 18. Januar 2016, Rz. 85a, siehe Anhang Nr. 2.1. 318

Die Verlustverrechnung darf nicht auf bestimmte private Konten/Depots des Kunden beschränkt werden, § 43a Abs. 3 Satz 2 EStG. Betriebliche Konten sind zwingend von der Verlustverrechnung auszunehmen. Ein Rücktrag des beim Kreditinstitut festgestellten Verlustes auf das Vorjahr ist nicht zulässig. Nicht am Ende des Kalenderjahres ausgeglichene Verluste sind allerdings ins nächste Jahr vorzutragen, wenn der Gläubiger keinen Antrag auf Ausstellung einer Verlustbescheinigung stellt, vgl. Rdn. 322. 319

Erzielt der Anleger zunächst einen Verlust und anschließend einen Ertrag, führt die Verlustverrechnung dazu, dass auf Erträge bis zum Betrag des gespeicherten Verlustes keine Kapitalertragsteuer einzubehalten ist. 320

Datum	Geschäftsvorfall	Ertrag	Verlusttopf	KapSt
01.02.2009	Verlust aus Wertpapierver	−100 →	100	0
01.03.2009	Zinsertrag	100 ←	−100	0
Summe		0	0	0

Erzielt der Anleger zunächst einen kapitalertragsteuerpflichtigen Ertrag und erst anschließend einen Verlust, wird die auf die mit dem Verlust verrechenbaren Erträge einbehaltene Kapitalertragsteuer nachträglich – im Zeitpunkt der Verlustrealisierung – wieder erstattet. 321

Berücksichtigung von Verlusten

Datum	Geschäftsvorfall	Ertrag	Verlusttopf	KapSt
01.02.2009	Zinsertrag	100	0	25
01.03.2009	Rentenverkauf	100	0	25
01.03.2009	Verlust aus Rentenverkauf		–100	./. 25 (Erstattung)
Summe		100	0	25

Der vorstehend dargestellte steuerliche Ausgleichsmechanismus vermeidet eine Vielzahl von Veranlagungsfällen. Das Kreditinstitut kann den Verlustausgleich bei jedem Ertrag oder erst zusammenfassend am Jahresende vornehmen. Die beim Kreditinstitut erfolgte Verlustverrechnung ist endgültig und wird auch im Rahmen der Veranlagung nicht korrigiert.

5.1.2 Verlustvortrag auf Folgejahr/Ausstellung einer Verlustbescheinigung

322 Verbleibt am Ende eines Kalenderjahres ein nicht ausgeglichener Verlust aus Kapitalanlagen (negative Erträge übersteigen die positiven Erträge), wird dieser Verlust bei der Bank auf das Folgejahr vorgetragen. Der vorgetragene Verlust wird dann mit zukünftigen positiven Kapitalerträgen des Kunden verrechnet. Alternativ kann der Kunde bis zum 15. Dezember des laufenden Kalenderjahres bei der Bank eine Verlustbescheinigung über den zum Ende des Kalenderjahres verbleibenden Verlust beantragen. In diesem Fall startet der Verlusttopf bei der Bank im Folgejahr mit „0 Euro". Die Verlustbescheinigung ist Bestandteil des amtlichen Musters einer Steuerbescheinigung nach § 45a EStG, im Anhang wiedergegeben unter 3.3.1. Die Frist für die Beantragung einer Verlustbescheinigung wurde vom Gesetzgeber bewusst in das „alte" Jahr gelegt. Würde die Antragstellung auch noch nachträglich nach dem Ablauf eines Kalenderjahres ermöglicht, würde dies die Banken in allen Fällen, in denen zwischenzeitlich im neuen Jahr bereits angefallene Erträge mit den auf dieses Jahr vorgetragenen Verlusten verrechnet wurden, vor organisatorisch nicht zu bewältigende Probleme stellen. Denn die Verlustverrechnung des laufenden Jahres müsste dann zunächst rückabgewickelt und ein unterlassener Kapitalertragsteuerabzug nachgeholt werden. Die gesetzliche Frist nimmt somit auf die organisatorischen Belange der Kreditinstitute als auszahlende Stellen Rücksicht. Es sollten daher keine Einwände der

Finanzverwaltung dagegen bestehen, wenn ein Kreditinstitut einen nach dem 15. Dezember gestellten Antrag auf Ausstellung einer Verlustbescheinigung noch berücksichtigt. Es ist aber nicht dazu verpflichtet. Der Antrag kann vom Kontoinhaber oder einem Bevollmächtigten gestellt werden. Bei einem Gemeinschaftskonto kann jeder Verfügungsberechtigte den Antrag stellen.

Der Kunde kann die bescheinigten Verluste im Rahmen der Veranlagung für eine Verrechnung mit positiven Erträgen, die er aus anderen Bankverbindungen erzielt hat, nutzen. Ein „Rückspielen" der Verluste zu der bescheinigenden Bank ist nach dem Ausstellen der Bescheinigung nicht mehr vorgesehen. Der Antrag auf Verlustbescheinigung kann getrennt für den „allgemeinen Verlustverrechnungstopf" und den „Aktienverlustverrechnungstopf" gestellt werden. 323

Zum Übertrag der Verlusttöpfe im Zusammenhang mit einem Depotübertrag vgl. Rdn. 506.

Bei Treuhandkonten, Anderkonten und bei Mietkautionskonten von WEG erfolgt eine Verlustverrechnung wie bei allen anderen Privatkonten, vgl. BMF-Schreiben vom 18. Januar 2016, Rz. 152, siehe Anhang Nr. 2.1. 324

5.1.3 Besonderheiten bei Gemeinschaftskonten und -depots

Bei Gemeinschaftskonten und -depots natürlicher Personen wird der Verlusttopf für die jeweilige Gemeinschaft geführt (z. B. nichteheliche Lebensgemeinschaft, eingetragene Lebenspartnerschaft). Dies gilt auch für andere Personengemeinschaften (z. B. private Investmentclubs, Sparclubs etc.). Die Verlustverrechnung erfolgt dabei unabhängig von einem Wechsel der Beteiligten (z. B. Ein- und Austritte bei Investmentclubs oder bei vermögensverwaltenden Personengesellschaften, Tod eines Gemeinschafters). Eine Aufteilung der Erträge und der Verluste oder sogar eine Zuordnung von Verlusttöpfen zu einzelnen Beteiligten kann durch die Bank weder unterjährig noch zum Jahresende erfolgen. Wird eine Verlustbescheinigung beantragt, wird diese für die (im Zeitpunkt der Erstellung) aktuelle Gemeinschaft ausgestellt. Sofern kein Antrag gestellt wird, hat die Bank einen am Jahresende gespeicherten Verlust auf das Folgejahr vorzutragen. Vgl. zu den Besonderheiten bei Ehegattengemeinschaftskonten/-depots Rdn. 341. 325

Berücksichtigung von Verlusten

5.1.4 Besonderheiten bei Ehegatten

326 Bei Ehegatten steht während des Kalenderjahres noch nicht abschließend fest, ob sie gemeinsam oder getrennt veranlagt werden. Deshalb sind bei Ehegatten bis zu sechs Verlusttöpfe vorzuhalten: Je ein allgemeiner Verlusttopf und ein Aktienverlusttopf für die Einzelkonten und Einzeldepots des Ehemannes, je ein allgemeiner Verlusttopf und ein Aktienverlusttopf für die Einzelkonten und Einzeldepots der Ehefrau und für die Gemeinschaftskonten und die Gemeinschaftsdepots der Ehegatten.

Ehefrau	Ehegatten-Gemeinschaft	Ehemann
VVT allgemein	VVT allgemein	VVT allgemein
VVT Aktien	VVT Aktien	VVT Aktien

Anm.: VVT = Verlustverrechnungstopf

5.1.4.1 Ehegattenübergreifende Verlustverrechnung

327 Der Gesetzgeber hat ab dem Kalenderjahr 2010 die Möglichkeit einer ehegattenübergreifenden Verlustverrechnung im Kapitalertragsteuerabzugsverfahren geregelt. Die Verlustverrechnungstöpfe werden bei Ehegatten allerdings weiterhin getrennt geführt.

5.1.4.2 Gemeinsamer Freistellungsauftrag als Voraussetzung für die ehegattenübergreifende Verlustverrechnung

328 Die ehegattenübergreifende Verlustverrechnung wird **nur** durchgeführt, **wenn** die Ehegatten am Ende eines Kalenderjahres einen **gemeinsamen Freistellungsauftrag** erteilt haben. Möchten die Ehegatten die übergreifende Verlustverrechnung und ist das Freistellungsvolumen i. H. v. 1.602 Euro durch die Erteilung eines Freistellungsauftrags bei einer anderen Bank schon verbraucht, so kann der gemeinsame Freistellungsauftrag auch über null Euro erteilt werden, siehe Ankreuzmöglichkeit im Formular des DG VERLAGES, Art.-Nr. 301 250, siehe Anhang Nr. 3.1.

Für die Erteilung eines gemeinsamen Freistellungsauftrags ist weiterhin Voraussetzung, dass die Eheleute **beide unbeschränkt steuerpflichtig** sind **und nicht dauernd getrennt** voneinander leben, also die Voraussetzun-

Verlustverrechnung

gen für die Zusammenveranlagung gemäß § 26 Abs. 1 Satz 1 EStG vorliegen.

Ist also einer der beiden Eheleute beispielsweise Steuerausländer, so kann ein gemeinsamer FSA nicht erteilt werden. Dasselbe gilt im Folgejahr einer Trennung.

Wollen die Eheleute keine ehegattenübergreifende Verlustverrechnung, so können diese Einzel-Freistellungsaufträge erteilen. **329**

Einzel-Freistellungsaufträge können jedoch – wie bislang auch – nicht zur Freistellung von Kapitalerträgen vom Kapitalertragsteuerabzug auf Gemeinschaftskonten/-depots führen.

Wichtige Hinweise:

Eheleute haben also ein **Wahlrecht**: Sie können entweder einen gemeinsamen Freistellungsauftrag erteilen oder aber Einzel-Freistellungsaufträge. Einzel-Freistellungsaufträge sind jedoch neben einem gemeinsamen Freistellungsauftrag nicht möglich.

Nur wenn die Voraussetzungen für die Erteilung eines gemeinsamen Freistellungsauftrages vorliegen, haben die Ehegatten das Wahlrecht zwischen gemeinsamem Freistellungsauftrag und Einzel-Freistellungsauftrag. Liegen die Voraussetzungen für die Erteilung eines gem. Freistellungsauftrags nicht vor, so sind zwingend Einzel-Freistellungsaufträge zu erteilen.

Sofern Anleger Einzel-Freistellungsaufträge erteilt haben und hiernach heiraten und das Kreditinstitut hiervon Kenntnis erlangt, kann der Einzel-Freistellungsauftrag weiterhin ausgeführt werden.

Insbesondere für getrennt veranlagte Ehegatten ist die Erteilung von Einzel-Freistellungsaufträgen sinnvoll um dem Veranlagungsergebnis zu entsprechen. **330**

Berücksichtigung von Verlusten

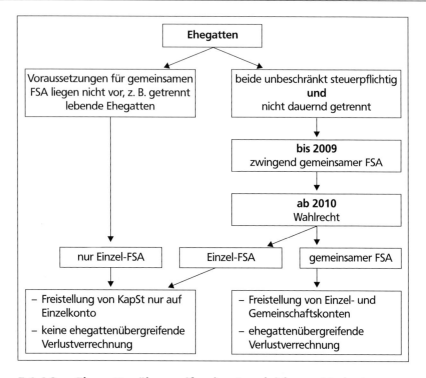

5.1.4.3 Ehegattenübergreifender Ausgleich von Verlusten am Jahresende

331 Der ehegattenübergreifende Ausgleich der Verluste findet erst am Kalenderjahresende statt. Während des Jahres werden die Verlustverrechnungstöpfe weiterhin getrennt geführt und personenbezogen verrechnet.

Kapitaleinkünfte sind unter Berücksichtigung des Freistellungsauftrags zunächst getrennt zu ermitteln, d. h. gesondert für die Einzelkonten und -depots des Ehemannes, der Ehefrau sowie für die Gemeinschaftskonten und -depots. Einmalig zum Jahresende erfolgt dann die Verrechnung bestehender Verlustüberhänge über einen Ausgleich der einzelnen Verlusttöpfe. Voraussetzung ist, dass am Jahresende ein gemeinschaftlich gestellter gültiger Freistellungsauftrag vorliegt.

Verlustverrechnung

Beispiel:
Die Ehegatten haben einen gemeinsamen Freistellungsauftrag über 0 Euro gestellt.

	Ehemann	Ehefrau
15.02. Einnahme	1.000 Euro	
20.03. Verlust		./. 1.000 Euro
28.06. Einnahme		500 Euro
Summe	1.000 Euro	./. 500 Euro
31.12. *Verlustverrechnung*	./. 500 Euro	500 Euro
Verbleiben	**500 Euro**	**0 Euro**

Eine fortlaufende Verlustverrechnung ist nicht zulässig, nur der Verlustsaldo am Jahresende kann ehegattenübergreifend verrechnet werden.

Beenden die Ehegatten die gesamte Geschäftsbeziehung im Laufe des Kalenderjahres, können die Kreditinstitute eine ehegattenübergreifende Verlustverrechnung nicht mehr durchführen. Eine Verlustverrechnung am Jahresende setzt voraus, dass noch mindestens ein Konto bzw. Depot der Kunden geführt wird, um den erforderlichen Geldausgleich für die Erstattung der Kapitalertragsteuer vorzunehmen. 332

5.1.4.4 Verrechnung von Verlusten aus Aktienveräußerungen

Bei der übergreifenden Verlustverrechnung werden zunächst der Aktienverlust und dann der allgemeine Verlust verrechnet. Dabei werden ausschließlich die „Verlustüberhänge" – wie oben beschrieben – verrechnet. Es erfolgt keine umfassende Verrechnung von Aktienverlusten zwischen den Ehegatten mit der Folge, dass ggf. der allgemeine Verlusttopf wieder auflebt (anders als bei der Verlustverrechnung für die Einzelperson). Eine Optimierung der Verlust**salden** kann demnach nur zur Ermittlung des übertragbaren Verlustsaldos eines Ehegatten bzw. der Ehegattengemeinschaft erfolgen. 333

Berücksichtigung von Verlusten

Beispiel:

		Ehemann	Ehefrau
15.02.	Aktiengewinn		100 Euro
20.03.	Aktienverlust	./. 100 Euro	
27.05.	allgemeiner Verlust	./. 100 Euro	
30.09.	allgemeiner Verlust		./. 50 Euro
31.12.	Saldo je Ehegatte	./. 100 Euro (Aktienverlust) ./. 100 Euro (allg. Verlust)	50 Euro (Aktiengewinn)
31.12.	übergreifende Verlustverrechnung	50 Euro (Aktiengewinn)	./. 50 Euro (Aktiengewinn)
	Verbleiben	./. 50 Euro (Aktienverlust) ./. 100 Euro (allg. Verlust)	0 Euro

334 Die übergreifende Verlustverrechnung am Jahresende führt nicht dazu, dass der Aktiengewinn der Ehefrau (100 Euro) in vollem Umfang mit dem Aktienverlust des Ehemannes verrechnet wird; die bereits erfolgte Verrechnung der 100 Euro Aktiengewinn mit dem allgemeinen Verlusttopf i. H. v. 50 Euro bei der Ehefrau bleibt vielmehr bestehen. Verrechnet wird nur der am Jahresende bestehende Verlustsaldo, also der noch nicht verrechnete Aktiengewinn der Ehefrau (50 Euro). Ein Wiederaufleben von Verlusttöpfen kommt nicht in Betracht. Eine Optimierung im Anschluss an die ehegattenübergreifende Verlustverrechnung ist hingegen nicht zulässig.

5.1.4.5 Berücksichtigung des gemeinsamen Freistellungsauftrages

335 Im Rahmen der Veranlagung wird der gemeinsame Sparer-Pauschbetrag auch dann gewährt, wenn nur ein Ehegatte positive Einkünfte aus Kapitalvermögen in dieser Höhe erzielt hat, die Ehegatten aber insgesamt einen Verlust aus Kapitalvermögen erzielt haben.

Für das Steuerabzugsverfahren sind zuerst die Einkünfte der Ehegatten unter Berücksichtigung des gemeinsamen Freistellungsauftrags zu ermitteln. Danach sind – wie dargestellt – die danach noch bestehenden Verluste am Jahresende zu verrechnen.

Verlustverrechnung

Beispiel:
Die Ehegatten haben einen gemeinsamen Freistellungsauftrag i. H. v. 1.602 Euro erteilt

Verlustverrechnung nach Berücksichtigung des Freistellungsauftrags:

	Ehemann	Ehefrau
Einnahme	10.000 Euro	./. 15.000 Euro
Freistellungsauftrag	./. 1.602 Euro	
Saldo	8.398 Euro	./. 15.000 Euro
Verlustverrechnung	*./. 8.398 Euro*	*8.398 Euro*
Verbleiben	*0 Euro*	*6.602 Euro*
Verlustvortrag	**0 Euro**	**./. 6.602 Euro**

Die Freistellung der Erträge des Ehemannes durch den Freistellungsauftrag wird durch die ehegattenübergreifende Verlustverrechnung nicht rückgängig gemacht. Vielmehr erfolgt die ehegattenübergreifende Verlustverrechnung **nach** Berücksichtigung des Freistellungsauftrags.

336

Durch die ehegattenübergreifende Verlustverrechnung wird also nicht der bereits ausgeführte Freistellungsauftrag zum Wiederaufleben gebracht.

5.1.4.6 Quellensteueranrechnung

Sofern ein gemeinsamer Freistellungsauftrag der Ehegatten vorliegt, hat die Quellensteueranrechnung gleichfalls ehegattenübergreifend zu erfolgen, um Veranlagungsfälle zu vermeiden.

337

Hierzu werden getrennte Quellensteuertöpfe geführt. Die übergreifende Anrechnung erfolgt im Rahmen der übergreifenden Verlustverrechnung am Jahresende.

Berücksichtigung von Verlusten

Beispiel 1:

	Ehemann	Ehefrau
– Saldo Kapitalerträge (inkl. ausländischer Erträge)	./. 1.000 Euro	5.000 Euro
– Verlustverrechnung	1.000 Euro	./. 1.000 Euro
– Kapitalerträge nach Verlustverrechnung	0 Euro	4.000 Euro
– nicht angerechnete Quellensteuer (vor Verlustverrechnung)	50 Euro	0 Euro
– Anrechnung Quellensteuer nach Verlustverrechnung		50 Euro

Es wird die beim Ehemann angefallene Quellensteuer auf die von der Ehefrau gezahlte Kapitalertragsteuer angerechnet. Nicht nur die Verluste werden also ehegattenübergreifend verrechnet, sondern auch die ausländischen Quellensteuern. Dies gilt auch, wenn eine Verlustverrechnung nicht durchgeführt wird. Dies vermeidet zugunsten der Anleger Veranlagungen.

Beispiel 2:

	Ehemann	Ehefrau
– Saldo Kapitalerträge	1.000 Euro	./. 1.000 Euro
– Verlustverrechnung	./. 1.000 Euro	1.000 Euro
– Kapitalerträge nach Verlustverrechnung	0 Euro	0 Euro
– angerechnete Quellensteuer vor Verlustverrechnung	50 Euro	0 Euro
– Anrechnung Quellensteuer nach Verlustverrechnung	0 Euro	0 Euro
– noch nicht verrechnete Quellensteuer	50 Euro	

Die bereits erfolgte Quellensteuer-Anrechnung wird wieder rückgängig gemacht, da nach der übergreifenden Verlustverrechnung keiner der Ehegatten mit Kapitalertragsteuer belastet ist. Die Anrechnung der Quellensteuer erfolgt rechtlich erst nach der Ermittlung der Kapitalertragsteuer. Wenn die ehegattenübergreifende Verlustverrechnung – wie in dem vorliegenden Beispiel – dazu führt, dass überhaupt keine KapSt erhoben wird, so muss die bereits angerechnete Quellensteuer wieder aufleben.

Verlustverrechnung

5.1.4.7 Kirchensteuer

Die bereits abgeführte Kirchensteuer der Ehegatten wird durch die übergreifende Verlust- und Quellensteuerverrechnung beeinflusst. Die Kirchensteuer des einen Ehegatten wird somit durch den Verlust des anderen Ehegatten gemindert.   338

5.1.4.8 Unterjähriger Wechsel vom gemeinsamen Freistellungsauftrag zum Einzel-Freistellungsauftrag

Einige Eheleute werden vom gemeinsamen Freistellungsauftrag zum Einzel-Freistellungsauftrag wechseln wollen mit dem Ziel, eine ehegattenübergreifende Verlustverrechnung zu vermeiden. Dies ist insbesondere dann der Fall, wenn sich die Eheleute getrennt zur Einkommensteuer veranlagen lassen und ihre finanziellen Angelegenheiten voneinander trennen möchten. Ein solcher Wechsel ist zulässig, führt jedoch zu einer zwingenden Nachversteuerung aller bereits auf Basis des gemeinsamen Freistellungsauftrages freigestellten Kapitalerträge auf Gemeinschaftskonten/-depots.   339

5.1.4.9 Hinweise für die Beratung

Bei der Ausübung des Wahlrechts (gemeinsamer FSA oder Einzel-FSA) ist Folgendes zu beachten: 340

▷ Die Freistellung von Erträgen auf gemeinschaftlichen Konten/Depots ist nur aufgrund eines gemeinsam erteilten Freistellungsauftrags möglich (vgl. § 44a Abs. 6 EStG). Wer sich für getrennte Freistellungsaufträge entscheidet, muss also den Kapitalertragsteuerabzug auf gemeinschaftlichen Konten/Depots hinnehmen. Dies kann im Einzelfall dazu führen, dass zur vollständigen Berücksichtigung des Freistellungsvolumens das Wahlrecht zur Veranlagung zur Einkommensteuer geltend gemacht werden muss, nämlich dann, wenn die Kapitalerträge auf den Einzelkonten/-depots nicht zur Ausschöpfung des Freistellungsvolumens ausreichen.

▷ Die ehegattenübergreifende Verlustverrechnung ist insbesondere für zusammen veranlagte Ehegatten empfehlenswert, da durch die übergreifende Verlustverrechnung Liquidität geschont wird und Veranlagungen vermieden werden können. Soweit die Verlustsalden am Ende des Jahres vollständig zum Ausgleich gebracht (verrechnet) werden, ist für Zwecke der zeitnahen Berücksichtigung von Verlusten eine Veranlagung nicht mehr notwendig. Es kann aber dennoch vorkommen, dass auch eine ehegattenübergreifende Verlustverrechnung nicht zu einem vollständigen Ausgleich führt. Haben die Ehegatten in einem solchen

Fall weitere Konten/Depots bei anderen Banken und haben sie dort Kapitalertragsteuern bezahlt (Nachweis per Steuerbescheinigung), so kann auch trotz der übergreifenden Verlustverrechnung eine Veranlagung ratsam sein. Für Zwecke dieser Veranlagung ist eine Verlustbescheinigung zu beantragen (ggf. für alle drei Verlustverrechnungskreise der Eheleute, vgl. oben unter 5.1.4).

▷ Ehegatten, die sich getrennt zur Einkommensteuer veranlagen lassen, werden wohl eher die ehegattenübergreifende Verlustverrechnung vermeiden wollen und Einzel-Freistellungsaufträge erteilen. Eine übergreifende Verlustverrechnung wäre jedoch trotzdem zulässig im Falle der Erteilung von gemeinsamen Freistellungsaufträgen. Fragt der Anleger, ob die Erteilung einzelner Freistellungsaufträge ratsam wäre, so sollte in der Beratung zunächst erfragt werden, ob sich die Eheleute getrennt zur Einkommensteuer veranlagen lassen. Die getrennte Erteilung von Freistellungsaufträgen macht vor allem bei getrennt zur Einkommensteuer veranlagten Eheleuten Sinn.

▷ Für die Beratung des Kunden sind immer die individuellen Gegebenheiten relevant. Die oben genannten Hinweise können nur Aspekte einer immer an den individuellen Bedürfnissen des Kunden auszurichtenden Beratung sein. In Zweifelsfällen sollte der Anleger an dessen steuerlichen Berater verwiesen werden.

5.1.4.10 Vorgehensweise bei Tod eines Ehegatten

341 Stirbt ein Ehegatte, ist der für dessen Einzelkonten geführte Verlusttopf zu schließen. Außerdem sind die Verlustverrechnungstöpfe für Gemeinschaftskonten/-depots zu schließen, vgl. BMF-Schreiben vom 18. Januar 2016, Rz. 223, 225, siehe Anhang Nr. 2.1.

Es ist zulässig, den Verlustsaldo aus dem Gemeinschaftskonto/-depot am Ende des Jahres, in dem der Ehegatte verstorben ist, in die übergreifende Verlustverrechnung einzubeziehen, um die letztmalige Einbeziehung der Kapitalerträge in die gemeinsame Veranlagung zu vermeiden.

5.1.5 Besonderheiten bei Treuhandkonten, Wohnungseigentümergemeinschaften u. a.

342 Bei Treuhandkonten, Mietkautionskonten und bei Wohnungseigentümergemeinschaften wird für jedes Treuhandkonto die Verlustverrechnung getrennt vorgenommen, vgl. BMF-Schreiben vom 18. Januar 2016, Rz. 222, siehe Anhang Nr. 2.1.

Verlustverrechnung

5.1.6 Schließen des Verlusttopfs beim Tod eines Kunden

Sobald die Bank vom Tod eines Kunden Kenntnis erlangt, ist der Verlusttopf zu schließen, BMF-Schreiben vom 18. Januar 2016, Rz. 223. Eine Abgrenzung der Erträge und Verluste zurück auf den Todestag ist nicht vorzunehmen. Beim Tod eines Ehegatten werden der für ihn selbst geführte Verlusttopf sowie der Topf für die Gemeinschaftskonten und -depots geschlossen, der Verlusttopf für den überlebenden Ehegatten wird hingegen fortgeführt. Vgl. hierzu BMF-Schreiben vom 18. Januar 2016, Rz. 223, siehe Anhang Nr. 2.1. Das BMF hat ferner bestätigt, dass beim Tod des Kunden der Antrag auf Ausstellung einer Verlustbescheinigung als gestellt gilt, BMF-Schreiben vom 18. Januar 2016, Rz. 237, siehe Anhang Nr. 2.1.

343

Zum Wechsel des Steuerstatus vgl. Rdn. 226 ff.

5.1.7 Verrechnung von Aktienverlusten (Aktientopf)

Da Verluste aus Aktienverkäufen nur mit Gewinnen aus Aktienverkäufen verrechnet werden dürfen, wird für diese Aktienverluste ein zusätzlicher Verlustverrechnungstopf geführt. Unter die beschränkte Verlustverrechnung fallen Aktien (auch Anteile an einer REIT AG), nicht hingegen Verluste aus der Veräußerung von (aus Kapitalerhöhungen stammenden) Teilrechten oder Bezugsrechten auf Aktien. Das BMF hat klargestellt, dass korrespondierend auch Gewinne aus der Veräußerung von Teilrechten oder Bezugsrechten nicht mit Aktienverlusten verrechnet werden können (siehe ergänzte Rz. 228 des Abgeltungsteuererlasses, wiedergegeben im Anhang unter 2.1).

344

Sog. ADRs (ebenso: GDRs, IDRs), die selbst keine Aktien sind, sondern lediglich die Rechtsstellung des Aktionärs in Form eines Zertifikats verbriefen, werden aufgrund einer geänderten Auffassung der Finanzverwaltung den Aktien gleichgestellt. Somit unterliegen auch Verluste aus der Veräußerung oder Einlösung von ADRs usw. der eingeschränkten Verlustverrechnung für Aktien.

345

Berücksichtigung von Verlusten

346 Gewinne aus der Veräußerung von Aktien, die nicht durch entsprechende Aktienveräußerungsverluste ausgeglichen werden, können hingegen mit dem allgemeinen Verlusttopf verrechnet werden. Falls nach der Verrechnung eines Aktienveräußerungsgewinns mit dem allgemeinen Verlusttopf im weiteren Verlauf des Jahres ein Aktienveräußerungsverlust realisiert wird, kann zur Optimierung der Aktienverlustverrechnung dieser Aktienverlust auch noch nachträglich mit den bereits mit allgemeinen Verlusten verrechneten Aktiengewinnen verrechnet werden, BMF-Schreiben vom 18. Januar 2016, Rz. 229, siehe Anhang Nr. 2.1. Der allgemeine Verlusttopf muss dann insoweit wieder aufleben. Hierdurch wird sichergestellt, dass die nur mit Aktiengewinnen verrechenbaren Aktienverluste

zeitnah verrechnet werden. Die zufällige Reihenfolge der Geschäftsvorfälle soll keine Auswirkungen auf das steuerliche Ergebnis haben. Darin kommt die „jahresbezogene" Ermittlung der Kapitalertragsteuer zum Ausdruck.

Die Optimierung der Verlustverrechnung erfolgt in drei Schritten: 347

▷ **1. Schritt: Verrechnung 1**
Der Verlust wird vorrangig mit den regelmäßigen Erträgen verrechnet. Ein danach noch verbleibender Verlust wird mit Aktiengewinnen verrechnet.

▷ **2. Schritt: Umbuchung**
Wird später ein Aktienverlust erzielt, wird die in der Vergangenheit mit dem Aktiengewinn praktizierte Verlustverrechnung insoweit wieder rückgängig gemacht. Der allgemeine Verlust erhöht sich entsprechend.
Jetzt kann die Verrechnung mit dem Aktiengewinn erfolgen.

▷ **3. Schritt: Verrechnung 2**
Im Ergebnis wird die bereits erfolgte Verrechnung der Aktiengewinne mit den allgemeinen Verlusten rückgängig gemacht und durch eine Verrechnung mit dem später eingetretenen Aktienverlust ersetzt.

5.1.8 NV-Bescheinigung und Verlusttopf

Liegt eine gültige Nichtveranlagungsbescheinigung vor, kommen weder ein KapSt-Abzug noch eine Verlustverrechnung oder eine Quellensteueranrechnung in Betracht. Kreditinstitute sind im Hinblick auf eine ggf. notwendige Veranlagung verpflichtet, die Verluste des Anlegers sowie die anrechenbare ausländische Quellensteuer in einem Schattentopf zu führen. Die nicht angerechnete Quellensteuer ist dem Kontoinhaber jährlich zu bescheinigen. Läuft die NV-Bescheinigung ab, dürfen die während der Gültigkeitsdauer der Bescheinigung gespeicherten Verluste im Schattentopf nicht im Steuerabzugsverfahren verrechnet werden. Ein während der NV-Phase entstandener Verlustüberhang ist zu bescheinigen, BMF-Schreiben vom 18. Januar 2016, Rz. 227, siehe Anhang Nr. 2.1. Im Folgejahr beginnt die Schattenrechnung in diesem Fall wieder bei null. 348

5.2 Einschränkung der Verlustverrechnung

Die Finanzverwaltung vertrat in Rz. 59 Satz 4 des BMF-Schreibens vom 18. Januar 2016 die Ansicht, dass eine Veräußerung i. S. d. § 20 Abs. 2 EStG nicht vorliegt, wenn der Veräußerungspreis die tatsächlichen Trans- 349

Berücksichtigung von Verlusten

aktionskosten nicht übersteigt. Im Ergebnis wurde der gleichwohl entstandene Verlust aus der Veräußerung der Wertpapiere steuerlich nicht anerkannt, mit der Folge, dass auch eine Verlustverrechnung nicht vorgenommen werden durfte.

Die steuerlichen Auswirkungen dieser Aussage werden an folgenden Beispielen erläutert:

Beispiel 1:
Kunde K hat in 2010 eine Aktie für 100 Euro erworben. Im Jahr 2015 notiert die Aktie nur noch mit einem Kurswert von 1,50 Euro. Beim Verkauf der Aktie werden Transaktionskosten von 3 Euro berechnet.

Lösung:
Da die Transaktionskosten höher sind als der Veräußerungserlös, erkennt die Finanzverwaltung den Veräußerungsverlust steuerlich nicht an. Eine Einstellung des rechnerischen Verlustes in den Aktienverlusttopf scheidet aus.

Beispiel 2:
Wie Fall 1; K veräußert das Papier aber zu einem Kurs von 3,10 Euro. Auch hierbei entstehen 3 Euro Transaktionskosten.

Lösung:
Da der Veräußerungserlös die Transaktionskosten übersteigt (3,10 Euro ./. 3 Euro = 0,10 Euro), ist der Veräußerungsverlust nach der Formel des § 20 Abs. 4 Satz 1 EStG steuerlich anzuerkennen:

Veräußerungspreis	3,10 Euro
./. Transaktionskosten	3,00 Euro
./. Anschaffungskosten	100,00 Euro
Aktienveräußerungsverlust	99,90 Euro

350   Das BMF hatte die steuerliche Anerkennung von Veräußerungsverlusten zwischenzeitlich noch weiter eingeschränkt. Die Regelung hierzu in Rz. 59 Satz 5 des BMF-Schreibens vom 18. Januar 2016, wiedergegeben im Anhang Nr. 2.1, lautet wie folgt (Satz 5 im Fettdruck):

"Eine Veräußerung liegt nicht vor, wenn der Veräußerungspreis die tatsächlichen Transaktionskosten nicht übersteigt. ***Wird die Höhe der in Rechnung gestellten Transaktionskosten nach Vereinbarung mit dem depotführenden Institut dergestalt begrenzt, dass sich die Transaktionskosten aus dem Veräußerungserlös unter Berücksichtigung eines Ab-***

zugsbetrages errechnen, wird zudem ein Veräußerungsverlust nicht berücksichtigt."

Eigene Stellungnahme: Die Auffassung der Finanzverwaltung ist nach unserer Ansicht mit dem Konzept der Abgeltungsteuer nicht vereinbar. Auf der einen Seite werden Wertzuwächse, ohne dass es auf eine Haltefrist ankäme, dem Steuerabzug unterworfen. Auf der anderen Seite sollen Verluste nur eingeschränkt berücksichtigt werden. Die Regelung wirft zudem viele Zweifelsfragen auf. Insbesondere ist unklar, wann ein „Abzugsbetrag" vorliegt und wie sich die Regelung zu generellen Gebührenmodellen, für die außersteuerliche Gründe angeführt werden können, verhält.

Zwischenzeitlich hat der Bundesfinanzhof (BFH) diese umstrittene Auffassung der Finanzverwaltung verworfen (Urteil vom 12. Juni 2018 VIII R 32/16). Mit BMF-Schreiben vom 10. Mai 2019 wurde Rz. 59 geändert und klargestellt, dass eine Veräußerung im Sinne des § 20 Abs. 2 Satz 1 Nr. 1 EStG weder von der Höhe der Gegenleistung noch von der Höhe der anfallenden Veräußerungskosten abhängig ist. Es wird nicht beanstandet, wenn dies im Steuerabzugsverfahren erst zum 1. Januar 2020 umgesetzt wird.

Wichtiger Hinweis: Im Referentenentwurf des JStG 2019 ist vorgesehen, die ganze oder teilweise Uneinbringlichkeit einer Kapitalforderung, die Ausbuchung wertloser Wirtschaftsgüter (Kapitalforderungen, Wertpapiere) oder deren Übertragung auf einen Dritten sowie „vergleichbare" Ausfälle von Wirtschaftsgütern steuerlich ab 1. Januar 2020 nicht mehr anzuerkennen. Damit soll der BFH-Rechtsprechung mit Wirkung für die Zukunft der Boden entzogen werden. Bei Redaktionsschluss stand die Gesetzesänderung allerdings noch nicht fest (vgl. die Ausführungen in Kapitel 2.2.12.3).

5.3 Institutsübergreifende Verlustverrechnung

Nach der aktuellen Rechtsprechung des BFH ist die auf Ebene der einzelnen Bank für den Kunden vorgenommene Verlustverrechnung nicht abschließend. Vielmehr kann der Kunde mit einem Antrag nach § 32d Abs. 4 EStG eine „optimierte" Verlustverrechnung im Wege der Veranlagung erreichen. Dem folgt die Finanzverwaltung. Um im Rahmen der Veranlagung eine depotübergreifende Verrechnung von Aktienveräußerungsver-

350a

Berücksichtigung von Verlusten

lusten mit Aktienveräußerungsgewinnen durchzuführen, hat der Steuerpflichtige von dem jeweils depotführenden Kreditinstitut eine Steuerbescheinigung i. S. d. § 45a Abs. 2 EStG einzureichen, in der die insgesamt erzielten Gewinne i. S. d. § 20 Abs. 2 EStG, „Gewinne aus Aktienveräußerungen im Sinne des § 20 Abs. 2 Satz 1 Nr. 1 EStG (Zeile 8 Anlage KAP)" und im nachrichtlichen Teil der „Gewinn aus Aktienveräußerungen i. S. d. § 20 Abs. 2 Satz 1 Nr. 1 EStG vor Verrechnung mit sonstigen Verlusten i. S. d. § 20 Abs. 2 EStG" aufgeführt werden. Diese zusätzliche Angabe in der Steuerbescheinigung ist allerdings erst für das Bescheinigungsjahr 2019 vorgesehen. Für die Veranlagungszeiträume bis einschließlich 2018 bestehen keine Bedenken, wenn der Steuerpflichtige die Aktienveräußerungsgewinne und die bereits mit Verlusten verrechneten Aktienveräußerungsgewinne durch geeignete Unterlagen nachweist.

Beispiel für die depotübergreifende Verlustverrechnung:
Folgende Einkünfte liegen im Jahr 2020 vor:

Bank A

Aktienveräußerungsgewinne	4.000 Euro
Verluste Termingeschäfte	3.000 Euro

Bank B

Gewinne Termingeschäfte	10.000 Euro
Verluste Risikozertifikate	2.000 Euro
Aktienveräußerungsverluste	4.000 Euro

Verlustverrechnung durch die Bank A

Aktienveräußerungsgewinne	4.000 Euro
./. Verluste Termingeschäfte	3.000 Euro
= Summe (§ 20 Absatz 2 EStG)	1.000 Euro

Ausweis Steuerbescheinigung (Bank A)

Höhe der Kapitalerträge Zeile 7 Anlage KAP	1.000 Euro
davon: Gewinne aus Aktienveräußerung Zeile 8 Anlage KAP	1.000 Euro

Institutsübergreifende Verlustverrechnung

nur nachrichtlich:
„Gewinn aus Aktienveräußerun- 4.000 Euro
gen im Sinne des § 20 Abs. 2
Satz 1 Nr. 1 EStG vor Verrechnung
mit sonstigen Verlusten im Sinne
des § 20 Abs. 2 EStG"

Verlustverrechnung durch die Bank B

Gewinne Termingeschäfte	10.000 Euro
./. Verluste Risikozertifikate	2.000 Euro
= Summe (§ 20 Abs. 2 EStG)	8.000 Euro

Ausweis Steuerbescheinigung (Bank B)

Höhe der Kapitalerträge Zeile 7 Anlage KAP	8.000 Euro
Nicht ausgeglichene Verluste aus der Veräußerung von Aktien Zeile 11 Anlage KAP	4.000 Euro

Verlustverrechnung im Veranlagungsverfahren gemäß § 32d Absatz 4 EStG:
Einkünfte § 20 Abs. 2 EStG (Aktien):

Aktienveräußerungsgewinne lt. Steuerbescheinigung Bank A	4.000 Euro
./. Aktienveräußerungsverlust lt. Steuerbescheinigung Bank B	4.000 Euro
= Verbleibender Verlust aus Aktienveräußerungen	0 Euro

Einkünfte § 20 Abs. 2 EStG (Kapitalerträge ohne Erträge aus Aktienveräußerungen):

Gewinne § 20 Abs. 2 EStG	8.000 Euro
Verluste § 20 Abs. 2 EStG	3.000 Euro
= Summe (§ 20 Abs. 2 EStG)	5.000 Euro

Berücksichtigung von Verlusten

Entsprechende Optimierungsmöglichkeiten über das Veranlagungsverfahren müssten auch dann bestehen, wenn der Anleger über beim Finanzamt festgestellte Aktienverluste verfügt und die Bank Aktiengewinne mit dem allgemeinen Verlusttopf verrechnet hat. Hier besteht das Interesse, über das Veranlagungsverfahren die vorrangige Verrechnung der Aktiengewinne mit den festgestellten Aktienverlusten zu erreichen und die – zuvor auf Bankebene bereits verrechneten – allgemeinen Verluste wieder aufleben zu lassen. Im Ergebnis würden dann die festgestellten Aktienverluste durch festzustellende allgemeine Verluste ersetzt (mit dem Ziel einer umfassenden Verrechenbarkeit mit künftigen positiven Kapitalerträgen über die Veranlagung).

6 Entlastung vom Kapitalertragsteuerabzug

Das Gesetz ermöglicht in einer Reihe von Fällen eine Entlastung vom Kapitalertragsteuerabzug. Dabei ist zwischen der Abstandnahme vom Steuerabzug und der – nachträglichen – Erstattung vom Steuerabzug zu unterscheiden. Beide Verfahren dienen der Verwaltungsvereinfachung. Bereits im Abzugsverfahren soll die persönliche Steuersituation des Kunden (z. B. Sparerpauschbetrag, NV-Bescheinigung, Überzahler) berücksichtigt werden und damit unnötige Veranlagungen vermieden werden.

351

Die Abstandnahme vom Kapitalertragsteuerabzug ist in § 44a EStG geregelt und bildet den Regelfall bei Auszahlung von Kapitalerträgen unter Einschaltung von Kreditinstituten. Das Erstattungsverfahren ist in § 44b EStG geregelt.

6.1 Abstandnahme vom Kapitalertragsteuerabzug

Unter den Voraussetzungen des § 44a EStG kann der Gläubiger der Erträge erreichen, dass vom Kapitalertragsteuerabzug von vornherein Abstand genommen wird. Das Kreditinstitut unterlässt in diesen Fällen von vornherein den Steuerabzug und zahlt dem Anleger die Kapitalerträge brutto aus.

352

Beispiel:
Der verheiratete Rentner R hat ein zu versteuerndes Einkommen von insgesamt 15.000 Euro, davon 2.500 Euro Zinserträge. R reicht eine Nichtveranlagungsbescheinigung (NV 1 B) bei seiner Bank ein.

Die Zinserträge werden ohne Abzug von Kapitalertragsteuern (§ 44a Abs. 1 Nr. 2 EStG, § 44a Abs. 2 Satz 1 Nr. 2 EStG) ausbezahlt. Eine Veranlagung zur Einkommensteuer ist nicht notwendig.

Entlastung vom Kapitalertragsteuerabzug

Die formellen Grundlagen für die Abstandnahme vom Kapitalertragsteuerabzug sind in § 44a Abs. 1 bis 10 EStG abschließend aufgezählt.

6.1.1 Identität von Gläubiger und Konto- bzw. Depotinhaber als Voraussetzung für die Abstandnahme

353 Voraussetzung für die Abstandnahme vom Kapitalertragsteuerabzug ist grundsätzlich, dass die Forderungen, aus denen die Erträge stammen, im Zeitpunkt des Zufließens der Einnahmen bei der auszahlenden Stelle unter dem Namen des Gläubigers verwahrt oder verwaltet werden, § 44a Abs. 6 EStG. Da dies bei offenen Treuhandkonten/-depots nicht der Fall ist, ist bei diesen Konten/Depots eine Abstandnahme vom Kapitalertragsteuerabzug grundsätzlich nicht möglich.

354 Es gilt allerdings eine **Ausnahme** für Konten/Depots für steuerbefreite unselbstständige Stiftungen, die von einem Treuhänder geführt werden. Diese Rechtsänderung ist durch das Steuervereinfachungsgesetz 2011 in den § 44a Abs. 6 Satz 3 EStG eingefügt worden.

Bei nicht rechtsfähigen Stiftungen hat die bis Ende 2011 geltende Rechtslage in der Vergangenheit in der Praxis dazu geführt, dass eine für das Stiftungsvermögen als Zweckvermögen erteilte Nichtveranlagungsbescheinigung der rechtlich unselbstständigen Stiftung nur dann berücksichtigt werden konnte, wenn das Konto bzw. das Depot auf den Namen der nicht rechtsfähigen Stiftung eröffnet wurde, also gerade kein offenes Treuhandkonto/-depot geführt wurde. Nur so konnte in der Vergangenheit die Abstandnahme vom Kapitalertragsteuerabzug auch ohne Verstoß gegen die Vorschrift des § 44a Abs. 6 EStG ermöglicht werden. Zivilrechtlich ist die Kontoführung durch eine unselbstständige Stiftung allerdings nicht zulässig. Nach alter Rechtslage führte daher eine NV-Bescheinigung nicht immer zu einer Entlastung von der Kapitalertragsteuer.

Die in der Deutschen Kreditwirtschaft (DK) zusammengeschlossenen Verbände haben daher eine für die kreditwirtschaftliche Praxis nützliche Ausnahmevorschrift gegenüber dem BMF bzw. dem Gesetzgeber angeregt, wonach ausnahmsweise auch bei offenen Treuhandkonten/-depots für nicht rechtsfähige Stiftungen die Abstandnahme vom Steuerabzug bzw. die Erstattung gemäß § 44b Abs. 6 EStG (Erstattung von Kapitalertragsteuer bei Beteiligungserträgen und Genussrechten) ermöglicht wird.

Abstandnahme vom Kapitalertragsteuerabzug

Mit der Neuregelung entfällt die Notwendigkeit zur Kontoführung bzw. Depotführung auf den Namen der nicht rechtsfähigen Stiftung. Es kann vielmehr ein offenes Treuhandkonto auf den Namen eines anderen Berechtigten (Treuhänders) geführt werden und dennoch die Befreiung vom Kapitalertragsteuerabzug in Form der Abstandnahme gemäß § 44a EStG bzw. der Erstattung nach § 44b Abs. 6 EStG bejaht werden.

355

Hinweis:

Die Umsetzung dieser Ausnahmeregelung erfordert bei den Rechenzentralen erhebliche Schritte, sodass die Umsetzung nur mittelfristig möglich ist.

Der BVR empfiehlt aufgrund der erst mittelfristig erfolgenden technischen Umsetzung, dass Konten/Depots für unselbstständige steuerbefreite Stiftungen trotz der zivilrechtlichen Bedenken weiterhin unter dem Namen der Stiftung geführt werden. Auf diese Weise kann eine Abstandnahme vom Steuerabzug bei Einreichung einer NV-Bescheinigung ermöglicht werden.

Schreiben Stiftungsverträge im Einzelfall die Kontoführung als Treuhandkonto ausdrücklich vor, kann der Steuerabzug erst einmal nicht vermieden werden. In diesem Fall kann die steuerbefreite unselbstständige Stiftung zur Vermeidung unbilliger Härten einen Antrag gegenüber dem für sie zuständigen Betriebsfinanzamt auf Erstattung der abgeführten Kapitalertragsteuer stellen.

Sobald die technische Umsetzung der Neuregelung erfolgt ist, sollten die in der Vergangenheit eröffneten Konten/Depots auf den Namen der nicht rechtsfähigen Stiftung auf eine treuhänderische Kontoführung umgestellt werden, wobei die betroffenen Stiftungen einen geeigneten Treuhänder benennen.

Wird Kapitalvermögen an Kinder verschenkt, kann die Einkommensteuerbelastung durch Ausnutzen des Freibetrages bzw. des Freistellungsvolumens des Kindes legal vermindert und die Nettorenditen der übertragenen Kapitalanlagen generationsübergreifend erheblich gesteigert werden.

356

Denn jedes Kind in der Familie kann, sofern keine anderen Einkünfte vorliegen, bis zu 9.621 Euro (2018 voraussichtlich: 9.801 Euro) an Kapitalerträgen steuerfrei vereinnahmen. Dabei wird vor allem der sog. Grundfreibetrag i. H. v. derzeit 8.820 Euro (2018 voraussichtlich: 9.000 Euro) ausgenutzt, also die Einkommensgrenze, bis zu der Einkommen grundsätzlich nicht besteuert wird. Bei den Eltern bleiben diese Kapitaleinkünfte anschließend ohne steuerliche Belastung.

Damit das Finanzamt aber die Kapitalerträge steuerlich den Kindern und nicht mehr den Eltern zurechnet, ist mehr nötig, als eine bloße Überlassung des Geldes. Die Verträge mit den Kindern müssen klar und eindeutig sein, zivilrechtlich wirksam zustande kommen und auch tatsächlich durchgeführt werden.

Die tatsächliche Durchführung der Schenkung erfordert, dass die Ansprüche gegen die Bank endgültig in das Vermögen der Kinder übergehen. Das Kapital muss strikt vom Vermögen der Eltern getrennt und von den Eltern auf Dauer wie fremdes Vermögen verwaltet werden. Darüber hinaus müssen für die steuerrechtliche Zurechnung des Kapitalvermögens auf die Kinder auch alle sonstigen Folgerungen gezogen werden, die sich aus einer endgültigen Vermögensübertragung ergeben.

Es wird nicht anerkannt, wenn Eltern das Kapital an ihre Kinder verschenken, sich im Ergebnis aber dennoch die Verfügungsmacht über das Geld und die Zinsen vorbehalten. Auf keinen Fall sollte die Rückholung des Kapitals durch eine Bankvollmacht offengehalten werden.

Die Eltern dürfen das Geld nur im Rahmen ihrer elterlichen Sorge ausgeben, also z. B. für die Ausbildung ihrer Kinder; dabei sollte allerdings darauf geachtet werden, dass die Vermögen mehrerer Kinder untereinander auch getrennt verwaltet werden, also Gelder des einen Kindes nicht für den Bedarf des anderen Kindes verwendet werden.

Um Auslegungsschwierigkeiten von vornherein zu vermeiden, empfiehlt es sich, bereits bei der Kontoeröffnung festzuhalten, dass die Eltern eine Verfügungsbefugnis nur aufgrund der elterlichen Vermögenssorge für das Kind entsprechend §§ 1626 ff. BGB haben.

Die Verwendung nur eines Teilbetrages für eigene Zwecke der Eltern reicht nach Ansicht der Rechtsprechung des Bundesfinanzhofs schon aus, um die Übertragung des ganzen Vermögens auf das Kind in steuerlicher Hinsicht in Frage zu stellen.

Diese strengen Anforderungen rechtfertigen sich aus dem allgemeinen Grundsatz, dass Verträge zwischen Eltern und Kindern steuerlich nur anzuerkennen sind, wenn sie tatsächlich durchgeführt werden.

6.1.2 Abstandnahme für Genossenschaftsdividenden

Seit 2012 kann bei Ausschüttung einer Genossenschaftsdividende an einen Kunden, der einen Freistellungsauftrag erteilt hat bzw. eine Nichtveranlagungsbescheinigung eingereicht hat, vom Kapitalertragsteuerabzug Abstand genommen werden. Dies gilt auch – wie bisher schon – für die Einreichung der NV-Bescheinigung des Typs NV 2 B Nr. 3 bzw. NV 2 B Nr. 4, wobei letztere nur zu einer teilweisen Kapitalertragsteuerentlastung i. H. v. 10 Prozentpunkten führt.

357

Auch bei Vorliegen allgemein verrechenbarer Verluste ist eine Abstandnahme vom Steuerabzug möglich, vgl. § 44a Abs. 4b Satz 3 EStG. Die Änderung betrifft auch Warengenossenschaften. Die Neuregelung führt jedoch nicht dazu, dass die 13. Kapitalertragsteueranmeldung völlig obsolet wird. Nur in den Fällen, soweit das genossenschaftliche Mitglied von der Kapitalertragsteuer entlastet wird, bedarf es keiner Anmeldung mehr.

358

Die Finanzverwaltung hat mit Schreiben vom 18. Januar 2016 in Rz. 298a klargestellt, dass statt einer NV-Bescheinigung die Abstandnahme vom Kapitalertragsteuerabzug auch bei Vorliegen eines Körperschaftsteuerfreistellungsbescheides bzw. einer vorläufigen Bescheinigung über die Gemeinnützigkeit vorgenommen werden darf. Rz. 275 gilt entsprechend, vgl. Rz. 276.

359

6.1.3 Freistellungsauftrag

Der Freistellungsauftrag ist eine nach amtlich vorgeschriebenem Muster zu erteilende formalisierte Erklärung. Gegenstand des Freistellungsauftrages ist der Auftrag an das Kreditinstitut, anfallende Kapitalerträge bis zu einem bestimmten Betrag vom Steuerabzug freizustellen bzw. die Erstattung von Kapitalertragsteuer vorzunehmen. Er ist als zivilrechtlicher Auftrag an die Bank zu qualifizieren. Ein Freistellungsauftrag gilt grundsätzlich so lange bis ein neuer erteilt wird, es sei denn, er ist von vornherein zeitlich befristet worden.

360

Unbeschränkt steuerpflichtige Personen können dem zum Steuerabzug Verpflichteten einen Freistellungsauftrag nach amtlichem Muster (siehe Anhang Nr. 3.1 bzw. 3.2) vorlegen.

Entlastung vom Kapitalertragsteuerabzug

Hinweis:
Für die Erteilung eines Freistellungsauftrags bis zum 30. Juni 2014 kann noch das „alte" Muster (siehe Anhang 3.2) verwendet werden. Ab dem 1. Juli 2014 ist zwingend das „neue" Muster (siehe Anhang 3.1) zu verwenden.

Ehegatten bzw. eingetragene Lebenspartner, die beide unbeschränkt einkommensteuerpflichtig i. S. d. § 1 Abs. 1 oder 2 EStG sind und nicht dauernd getrennt leben und bei denen diese Voraussetzungen zu Beginn des Veranlagungszeitraumes vorgelegen haben oder im Laufe des Veranlagungszeitraumes eingetreten sind, können entweder **einzelne Freistellungsaufträge** oder einen **gemeinsamen Freistellungsauftrag** erteilen. Die gemeinsame Erteilung eines FSA enthält neben der Beauftragung der Bank zur Freistellung vom Kapitalertragsteuerabzug den zusätzlichen Auftrag, die Verluste am Ende des Kalenderjahres ehegattenübergreifend zu verrechnen (vgl. Rdn. 328 ff.).

Bei Erteilung eines Freistellungsauftrags wird der Sparer-Pauschbetrag (maximal 801 Euro bei Alleinstehenden und 1.602 Euro bei Ehegatten/Lebenspartnern, die einen gemeinsamen Freistellungsauftrag erteilen) bereits im Kapitalertragsteuerabzugsverfahren berücksichtigt.

361 Unbeschränkt steuerpflichtigen und nicht steuerbefreiten Körperschaften, Personenvereinigungen und Vermögensmassen steht, wenn sie Einkünfte aus Kapitalvermögen erzielen, nach § 8 Abs. 1 KStG der Sparer-Pauschbetrag von 801 Euro (§ 20 Abs. 9 Satz 1 EStG) zu. Sie können mit dem gleichen Muster, das für natürliche Personen vorgesehen ist, einen Freistellungsauftrag erteilen, wenn das Konto auf ihren Namen lautet. Das BMF hat klargestellt, dass es für die Anwendung des Freistellungsauftrages unschädlich ist, wenn für diese Personengruppe **keine Steuer-Identifikationsnummer** in den Freistellungsauftrag eingetragen werden kann.

Anm.: Steueridentifikationsnummern werden nur gegenüber natürlichen Personen erteilt.

Das Feld für die Steuer-ID kann daher freigelassen werden.

362 Werden die Kapitalerträge nicht durch Abstandnahme vom Kapitalertragsteuerabzug vom Steuerabzug freigestellt, enthält der Freistellungsauftrag gegenüber dem zum Steuerabzug Verpflichteten den Auftrag, eine Erstattung der zu viel erhobenen Kapitalertragsteuer durch Verrech-

Abstandnahme vom Kapitalertragsteuerabzug

nung des Erstattungsbetrages in der nächsten Kapitalertragsteueranmeldung durchzuführen (Verrechnungsverfahren gemäß § 44b Abs. 6 EStG).

Sowohl im Falle der Abstandnahme vom Kapitalertragsteuerabzug als auch im Falle der Erstattung abgeführter Kapitalertragsteuern können die Kapitalerträge gegenüber dem Gläubiger von vornherein ohne Steuerabzug ausbezahlt werden (Vorfinanzierung des Steuererstattungsanspruchs durch die auszahlende Stelle). 363

In der Vergangenheit erteilte Freistellungsaufträge bleiben auch nach Einführung der Abgeltungsteuer auf private Kapitalerträge und Veräußerungsgewinne weiterhin wirksam.

Eine vom Kunden beauftragte beschränkte Anwendung des Freistellungsauftrages auf einzelne von mehreren privaten Konten/Depots ist ab 2009 nicht mehr zulässig. Das gilt auch für bereits vor 2009 erteilte Freistellungsaufträge. Es müssen also alle privaten Kapitalerträge einbezogen werden (vgl. BMF-Schreiben vom 2. Juli 2008).

6.1.3.1 Nachträgliche Einreichung eines Freistellungsauftrages

Reicht der Kunde einen Freistellungsauftrag ein, nachdem bereits Kapitalertragsteuer abgeführt wurde, ist die Bank nach § 44b Abs. 5 Satz 3 EStG verpflichtet, die abgeführte Kapitalertragsteuer nachträglich erstatten. Diese Verpflichtung gilt bis zur technischen Erstellung der Steuerbescheinigung, längstens bis zum 31. Januar des Folgejahres. Nach diesem Zeitpunkt kann die Bank die Erstattung aufgrund des nachträglich vorgelegten Freistellungsauftrags vornehmen, ist dazu aber nicht verpflichtet. Bei bereits aufgelösten Konten und Depots ist es nicht zu beanstanden, wenn nachträglich eingereichte Freistellungsaufträge nicht mehr berücksichtigt werden. Vgl. zu dieser Lesart des Gesetzes Rz. 307a des BMF-Schreibens vom 18. Januar 2016, wiedergegeben im Anhang Nr. 2.1. 364

Eine rückwirkende Erstattung bereits einbehaltener Kapitalertragsteuer ist auch im Jahr der Eheschließung/Begründung einer Lebenspartnerschaft aufgrund eines – nachträglich erteilten – gemeinsamen Freistellungsauftrages möglich, vgl. Rz. 232 des BMF-Schreibens vom 18. Januar 2016, wiedergegeben im Anhang Nr. 2.1. 365

6.1.3.2 Zeitliche Befristung und Widerruf eines Freistellungsauftrages

Freistellungsaufträge können vom Kunden jederzeit der Höhe nach auf den bereits ausgenutzten Betrag beschränkt werden. Sie können aber nur mit Wirkung zum Kalenderjahresende befristet werden. 366

Entlastung vom Kapitalertragsteuerabzug

Dieses Erfordernis ergibt sich aus der Verlustverrechnung, die bei der Erhebung der Kapitalertragsteuer zukünftig von den Kreditinstituten vorzunehmen ist. Nach § 20 Abs. 9 EStG kommt der Ansatz des Sparer-Pauschbetrages erst nach der Verlustverrechnung in Betracht.

Hieraus folgt, dass ein bereits ausgenutzter Pauschbetrag nach einer sich daran anschließenden Verlustverrechnung dem Anleger wieder zur Verfügung steht.

Beispiel:

Geschäftsvorfall	Ertrag/ Verlust	Verlusttopf/ Aktienveräußerung	Verlusttopf übrige	zur Verfügung stehendes Freistellungsvolumen	Abgeltungsteuer
1. Februar 2009 gezahlte Stückzinsen	–100		100	801	0
1. März 2009 Zinszahlung	+900		0	1	0
1. April 2009 Termingeschäft	–500		0	501 (lebt wieder auf)	0

In dem vorstehenden Beispiel lebt der Freistellungsauftrag i. H. v. 501 Euro nach der Verlustverrechnung wieder auf. Er steht dem Anleger somit für künftige Erträge wieder zur Verfügung. Würde der Freistellungsauftrag aufgrund einer Befristung vor der Verlustverrechnung enden, würde die Verlustverrechnung zwar dazu führen, dass der Pauschbetrag i. H. v. 501 Euro wiederum frei genutzt werden kann. Dieser Nutzung würde jedoch die zeitliche Befristung des Freistellungsauftrages entgegenstehen. Dieser Widerspruch lässt sich nur auflösen, wenn die zeitliche Befristung eines Freistellungsauftrages zukünftig immer nur auf das Kalenderjahresende zugelassen wird. Ansonsten würde nach einer Verlustverrechnung der dadurch „frei werdende" Freistellungsbetrag bei dem Kreditinstitut wegen einer vom Kunden ausgesprochenen Befristung nicht mehr genutzt werden können. Er würde insoweit ins Leere laufen.

367 Zu unterscheiden sind Widerruf und Befristung eines Freistellungsauftrags. Der **Widerruf** wirkt grundsätzlich auf den Zeitpunkt der Erteilung des Freistellungsauftrags bzw. auf den 1. Januar des laufenden Jahres zu-

Abstandnahme vom Kapitalertragsteuerabzug

rück. Ein Widerruf ist daher nur möglich, wenn im Jahr des Widerrufs der Freistellungsauftrag überhaupt (noch) nicht ausgeführt ist. Ein solcher (zulässiger) Widerruf muss schriftlich erfolgen und ist an keine weitere Form gebunden; für Zwecke des Widerrufs kann das Formular des DG VERLAGES für FSA (Art.-Nr. 301 250) verwendet werden. Dem gegenüber ist die **Befristung** des Freistellungsauftrags auch unterjährig möglich, weil hierdurch der Freistellungsauftrag für das laufende Jahr nicht vollständig „entzogen" wird. Die Befristung ist allerdings nur mit Wirkung zum Kalenderjahresende möglich, vgl. auch die Ausführungen auf dem amtlichen Muster für Freistellungsaufträge (siehe Anhang 3.1). Da es sich bei der Befristung um eine Änderung eines bestehenden Freistellungsauftrags handelt, ist die Verwendung des amtlichen Musters für Freistellungsaufträge zwingend erforderlich.

Beispiel 1:
Der Kunde erteilt gegenüber einer Volksbank/Raiffeisenbank im Januar 2015 einen Freistellungsauftrag i. H. v. 801 Euro. Bald darauf fällt ihm ein, dass er auch einer anderen Bank gegenüber einen Freistellungsauftrag in voller Höhe erteilt hat. Es sind von der Volksbank/Raiffeisenbank noch keine Erträge vom Steuerabzug freigestellt worden.

Der Kunde kann, weil noch keine Erträge geflossen sind, den Freistellungsauftrag gegenüber der Volksbank/Raiffeisenbank schriftlich widerrufen. Der Widerruf kann schriftlich per einfachem Brief bzw. Fax erfolgen oder aber durch Verwendung des amtlichen Musters für Freistellungsaufträge (Ankreuzfeld „Widerruf/Löschung eines bestehenden Freistellungsauftrags"). Eine Steueridentifikationsnummer ist in beiden Varianten nicht anzugeben.

Beispiel 2:
Der Kunde erteilt gegenüber einer Volksbank Raiffeisenbank im Januar 2014 einen Freistellungsauftrag i. H. v. 801 Euro. Im Februar 2014 fließen dem Kunden Erträge i. H. v. 300 Euro zu. Der Kunde kann den Freistellungsauftrag nicht mehr widerrufen, weil er schon i. H. v. 300 Euro ausgeführt wurde.

Er kann den Freistellungsauftrag jedoch unter Verwendung des amtlichen Musters herabsetzen und/oder zum 31. Dezember 2014 befristen. Die Angabe der Steueridentifikationsnummer ist in beiden Varianten notwendig.

Wird im Laufe des Kalenderjahres ein dem jeweiligen Kreditinstitut **bereits erteilter Freistellungsauftrag geändert,** handelt es sich insgesamt nur um einen Freistellungsauftrag. Wird der freizustellende Betrag herab-

Entlastung vom Kapitalertragsteuerabzug

gesetzt, muss das Kreditinstitut prüfen, inwieweit das Freistellungsvolumen bereits durch Abstandnahme vom Steuerabzug ausgeschöpft ist. Ein Unterschreiten des bereits freigestellten und ausgeschöpften Betrages ist nicht zulässig. Eine Erhöhung des freizustellenden Betrages darf ebenso wie die erstmalige Erteilung eines Freistellungsauftrages nur mit Wirkung für das Kalenderjahr, in dem der Antrag geändert wird, und spätere Kalenderjahre erfolgen.

369 Jeder Freistellungsauftrag muss nach amtlich vorgeschriebenem Muster erteilt werden. Das Muster sieht die Unterschrift des Kunden vor. Diese kann auch auf einem sog. PenPad erteilt werden. Eine Vertretung ist zulässig.

Der Freistellungsauftrag kann auch **per Fax** oder **als Datei per E-Mail** übermittelt, erteilt werden.

Daneben ist die Erteilung im **elektronischen Verfahren** zulässig. In diesem Fall muss die Unterschrift durch eine elektronische Authentifizierung des Kunden z. B. in Form des banküblichen gesicherten PIN/TAN-Verfahrens ersetzt werden. Hierbei wird zur Identifikation die persönliche Identifikationsnummer (PIN) verwendet und die Unterschrift durch Eingabe der Transaktionsnummer (TAN) ersetzt.

Bei Erteilung und Änderung des Freistellungsauftrags im elektronischen Verfahren ist das amtlich vorgeschriebene Muster vom Kreditinstitut mit der Maßgabe anzuwenden, dass der erstgenannte Ehegatte als Auftraggeber gilt. Der Auftraggeber hat zu versichern, dass er für die Erteilung oder Änderung durch seinen Ehegatten bevollmächtigt wurde. Für die Versicherung hat das Kreditinstitut eine entsprechende Abfragemöglichkeit einzurichten. Nach der Dokumentation des Freistellungsauftrags beim Kreditinstitut erhält der vertretene Ehegatte sowohl eine gesonderte schriftliche Benachrichtigung, mit der er über die Erteilung oder Änderung durch den Auftraggeber informiert wird, als auch eine Kopie des Freistellungsauftrags. Damit wird sichergestellt, dass der vertretene Ehegatte nicht bei der Erteilung eines weiteren Freistellungsauftrages das maximal zulässige Freistellungsvolumen von 1.602 Euro überschreitet.

6.1.3.3 Angabe der Steueridentifikationsnummer

370 Ein Freistellungsauftrag darf von der Bank nur berücksichtigt werden, wenn die Steueridentifikationsnummer (§ 139b AO) des Kunden und – bei gemeinsamen Freistellungsaufträgen – auch die Steueridentifikationsnummer des Ehegatten oder Lebenspartners vorliegt. Eine Ausnahme

Abstandnahme vom Kapitalertragsteuerabzug

besteht nur, wenn die Erteilung der Steueridentifikationsnummer rechtlich ausgeschlossen ist (bei Erteilung eines Freistellungsauftrags durch eine unbeschränkt steuerpflichtige und nicht steuerbefreite Körperschaft, Personenvereinigung und Vermögensmasse, z. B. nichtrechtsfähiger Verein). In allen anderen Fällen ist die Angabe der Steueridentifikationsnummer(n) bei Erteilung des Freistellungsauftrags daher zwingend – es sei denn, der Bank liegen diese Daten bereits vor.

Hinweis:

Es bestand eine Übergangsfrist für Freistellungsaufträge, die vor dem 1. Januar 2011 vom Kunden erteilt und seither nicht geändert wurden. Diese Freistellungsaufträge durften auch ohne Vorliegen der Steueridentifikationsnummer bis 31. Dezember 2015 weiter ausgeführt werden. Mit 1. Januar 2016 endete diese Übergangsfrist, d. h. ohne Vorliegen der Steueridentifikationsnummer ist ab diesem Zeitpunkt keine Ausführung dieser Freistellungsaufträge mehr möglich.

Besondere Fragen ergeben sich, wenn die vom Kunden mitgeteilte Steueridentifikationsnummer sich als nicht korrekt herausstellt. Aus Sicht der DK muss sich die Bank auf die Richtigkeit der vom Kunden gemachten Angaben verlassen können. Hinweise auf die Unrichtigkeit der Steueridentifikationsnummer können sich aus einem sog. Return code des BZSt ergeben, etwa im Wege einer Kirchensteuerabfrage oder einer Meldung der freigestellten Kapitalerträge nach § 45d EStG.

Die Finanzverwaltung vertritt im BMF-Schreiben vom 18. Januar 2016, Rz. 259a, wiedergegeben im Anhang Nr. 2.1, folgende Auffassung:

„Stellt sich ab diesem Zeitpunkt [gemeint ist: ab dem 1. Januar 2016, d.Verf.] im laufenden Kalenderjahr heraus, dass die mitgeteilte steuerliche Identifikationsnummer nicht korrekt ist und lässt sich die richtige steuerliche Identifikationsnummer im laufenden Kalenderjahr ermitteln, ist der Freistellungsauftrag als wirksam zu behandeln. Kann die korrekte steuerliche Identifikationsnummer nicht ermittelt werden, ist der Freistellungsauftrag als unwirksam zu behandeln."

Zum Hintergrund: Die Steueridentifikationsnummer wurde zum 1. Juli 2007 eingeführt und ist seit diesem Zeitpunkt bzw. für Neugeborene von Geburt an lebenslang geltend. Sie besteht aus zehn zufällig gebildeten Ziffern, die keinen Rückschluss auf Daten des Steuerpflichtigen zulassen, und einer zusätzlichen Prüfziffer. Zu der Identifikationsnummer werden

371

Entlastung vom Kapitalertragsteuerabzug

alle persönlichen Angaben gespeichert: Name(n), Anschrift(en), Geschlecht, Geburtstag und -ort sowie das zuständige Finanzamt. Die gesetzliche Grundlage enthält § 139b Abgabenordnung und die dazu ergangene Steueridentifikationsnummerverordnung.

Die Steueridentifikationsnummer ist nicht mit der Steuernummer zu verwechseln, unter welcher Steuerpflichtige vom Finanzamt zur Einkommensteuer veranlagt werden. Die zwingende Angabe der Steueridentifikationsnummer soll eine eindeutige Identifizierung des Steuerpflichtigen durch die Finanzverwaltung ermöglichen, an die gemäß § 45d EStG die freigestellten Kapitalerträge von den Kreditinstituten gemeldet werden. Mangels eines eindeutigen Zuordnungsmerkmals konnte die Finanzverwaltung die Meldungen für freigestellte Kapitalerträge nicht immer eindeutig den Steuerpflichtigen zuordnen.

372 Bei gemeinsam erteilten Freistellungsaufträgen von Eheleuten/Lebenspartnern ist auch die Steueridentifikationsnummer des Ehegatten/Lebenspartners im Antragsformular mitzuteilen.

373 Die Neuregelungen berühren die Beauftragung des Treugebers für einen losen Personenzusammenschluss zur Befreiung von der Kapitalertragsteuer nicht, weil dies kein Freistellungsauftrag i. S. d. Gesetzes (§ 44a Abs. 2 Satz 1 Nr. 1 EStG) ist. Bei der Beantragung der Freistellung von der Kapitalertragsteuer bei betrieblichen Kapitalerträgen (vgl. Rdn. 204 ff.) ist die Angabe einer Steueridentifikationsnummer ohnehin notwendig.

6.1.3.4 Freistellungsauftrag beim Tod des Kunden

374 Mit dem Tod des Steuerpflichtigen werden dessen Erben Gläubiger der Kapitalerträge. Der Freistellungsauftrag des Erblassers kann ab dem Zeitpunkt, in dem die Bank Kenntnis vom Tod des Kunden hat, von der Bank nicht mehr berücksichtigt werden. Vgl. Rdn. 353.

375 Verstirbt einer der Ehegatten oder Lebenspartner, so kann ein gemeinsam erteilter FSA nur noch auf die Konten/Depots des überlebenden Ehegatten/Lebenspartners angewendet werden. Zur Vorgehensweise bei Tod eines der Ehegatten/Lebenspartners vgl. Rdn. 341 f.

6.1.4 Nichtveranlagungsbescheinigung

376 Natürliche Personen, welche nicht zur Einkommensteuer veranlagt werden, können sich vom Finanzamt eine Nichtveranlagungsbescheinigung (NV 1 B) ausstellen lassen, die dieselben Kapitalerträge vom Kapitaler-

Abstandnahme vom Kapitalertragsteuerabzug

tragsteuerabzug freistellt, wie ein Freistellungsauftrag. Die Freistellung vom Kapitalertragsteuerabzug erfolgt aber – anders als beim Freistellungsauftrag – betragsmäßig unbegrenzt. Ab 2020 ist die Angabe der Steuer-Identifikationsnummer (bei Ehegatten/Lebenspartnern von beiden) zwingend erforderlich.

Für Körperschaften sind unterschiedliche NV-Bescheinigungen (NV 2 B bzw. NV 3 B) vorgesehen, welche zum Teil in Kombination ausgestellt werden können:

▷ **NV 02** für alle von der Körperschaftsteuer befreite inländische Körperschaften, Personenvereinigungen oder Vermögensmassen sowie inländische juristische Personen des öffentlichen Rechts (z. B. Gebietskörperschaften wie Gemeinden und Landkreise),

▷ **NV 03** für alle inländischen Körperschaften, Personenvereinigungen oder Vermögensmassen, die nach ihrer Satzung, dem Stiftungsgeschäft oder der sonstigen Verfassung und nach der tatsächlichen Geschäftsführung ausschließlich und unmittelbar gemeinnützigen, mildtätigen oder kirchlichen Zwecken dienen. Auch juristische Personen des öffentlichen Rechts, die ausschließlich und unmittelbar kirchlichen Zwecken dienen, können eine solche NV-Bescheinigung beantragen, zu den in 2018 neu kreierten **NV 35, 36 und 37**, die die NV 03 künftig ablösen sollen, siehe nachstehende Ausführungen,

▷ **NV 04** für alle anderen von der Körperschaftsteuer befreiten Körperschaften, Personenvereinigungen oder Vermögensmassen. Auch inländische juristische Personen des öffentlichen Rechts, die nicht ausschließlich und unmittelbar kirchlichen Zwecken dienen, können eine solche NV-Bescheinigung beantragen,

▷ **NV 08** für alle beschränkt oder unbeschränkt einkommensteuerpflichtigen Gläubiger, deren Kapitalerträge Betriebseinnahmen sind und die Kapitalertragsteuer aufgrund der Art der Geschäfte auf Dauer höher wäre als die festzusetzende Einkommensteuer bzw. Körperschaftsteuer, sog. Überzahlerbescheinigung.

▷ **NV 09** für Körperschaften, Personenvereinigungen und Vermögensmassen, deren Einkommen den Freibetrag von 5.000 Euro (§ 24 KStG) nicht übersteigt sowie kleine Körperschaften (R 24 Abs. 2, 31.1 Abs. 1 KStR)

Die Abstandnahme ist jeweils auf bestimmte Kapitalerträge beschränkt, vgl. die tabellarische Darstellung in Rdn. 384.

377

Entlastung vom Kapitalertragsteuerabzug

Hinweis:

Körperschaften, Personenvereinigungen oder Vermögensmassen, die ausschließlich und unmittelbar gemeinnützigen, mildtätigen oder kirchlichen Zwecken dienen, sowie juristische Personen des öffentlichen Rechts, die ausschließlich und unmittelbar kirchlichen Zwecken dienen, können statt einer NV 2 B Nr. 2 bzw. NV 2 B Nr. 3 auch eine amtlich beglaubigte Kopie des zuletzt erteilten Freistellungsbescheides, der für den fünften oder eine späteren Veranlagungszeitraum vor dem Veranlagungszeitraum des Zuflusses der Kapitalerträge erteilt wurde, dem zum Steuerabzug Verpflichteten überlassen.

Entsprechendes gilt, wenn eine amtlich beglaubigte Kopie des Feststellungsbescheides nach § 60a AO des Finanzamts überlassen wird, soweit bisher kein KöSt-Freistellungsbescheid oder keine Anlage zum KöSt-Bescheid erteilt wurde. Nach § 44a Abs. 2 Satz 3 i. V. m. § 44a Abs. 4 und 7 EStG gilt die Erlaubnis zur Abstandnahme vom Steuerabzug höchstens für drei Jahre; die Frist endet immer am Schluss des Kalenderjahres. Nach § 44a Abs. 4 und 7 EStG ist für die Abstandnahme vom Steuerabzug Voraussetzung, dass eine steuerbefreite Körperschaft, Personenvereinigung oder Vermögensmasse gegeben ist. Bei nach § 5 Abs. 1 Nr. 9 KStG befreiten Körperschaften, Personenvereinigungen oder Vermögensmassen liegen diese Voraussetzungen dann vor, wenn die Befreiung von der Körperschaftsteuer für den gesamten Veranlagungszeitraum gewährt werden kann (§ 60 Abs. 2 AO). Vgl. hierzu Rz. 297 des BMF-Schreibens vom 18. Januar 2016, wiedergegeben im Anhang Nr. 2.1.

Beispiel:

Der Bescheid nach § 60a AO über die gesonderte Feststellung der Einhaltung der satzungsmäßigen Voraussetzungen gemäß §§ 51, 59, 60 und 61 AO wird am 26. Juli 2018 erteilt und von der Körperschaft bei der Bank eingereicht.

Die Abstandnahme vom Kapitalertragsteuerabzug kann für Kapitalerträge erfolgen, die in den Kalenderjahren 2018, 2019 und 2020 der Körperschaft zufließen.

Die Abstandnahme vom Steuerabzug bei Kapitalerträgen nach § 43 Abs. 1 Satz 1 Nr. 1a EStG) wurde mit BMF-Schreiben vom 19. Dezember 2017 in Bezug auf § 60a AO Feststellungsbescheide ab 1. Januar 2018 auf maximal 20.000 Euro jährlich begrenzt. Ab 1. Januar 2019 gilt zudem eine Gesetzesänderung, wonach bei nach § 5 Abs. 1 Nr. 9 KStG steuerbegünstigten Körperschaften, Personenvereinigungen oder Vermögensmassen

Abstandnahme vom Kapitalertragsteuerabzug

(Fälle des § 44a Abs. 7 Satz 1 Nr. 1 EStG) eine Abstandnahme auf Dividenden und dividendenähnliche Genussrechtserträge auf 2/5 der Kapitalertragsteuer begrenzt wird, soweit die Erträge 20.000 Euro übersteigen und der Gläubiger nicht seit mindestens einem Jahr ununterbrochen wirtschaftlicher Eigentümer der Aktien oder Genussscheine ist, § 44 Abs. 10 Satz 1 Nr. 3 EStG. Hierzu wurden neue NV-Arten geschaffen (Nr. 35 für Anleger i. S. d. § 44a Abs. 7 Satz 1 Nr. 1 EStG, Nr. 36 für Anleger i. S. d. § 44a Abs. 7 Satz 1 Nr. 2 EStG, Nr. 37 für Anleger i. S. d. § 44a Abs. 7 Satz 1 Nr. 3 EStG).

Hinweis:
Die technische Umsetzung erfolgt im Jahr 2019 auf Basis einer Übergangsregelung. Auf Antrag erstattet das für den Steuerpflichtigen zuständige Finanzamt den Steuereinbehalt, wenn dieser die Anrechnungsvoraussetzungen nach § 36a Abs. 1–3 EStG nachweist (§ 44b Abs. 2 EStG).

Werden NV-Bescheinigungen nachträglich – bis zur technischen Erstellung der Steuerbescheinigung, spätestens bis 31. Januar des Folgejahres – eingereicht und kam es bereits zum Steuerabzug auf Kapitalerträge, so hat das Kreditinstitut die abgerechneten und besteuerten Kapitalerträge des aktuellen Kalenderjahres neu abzurechnen unter Berücksichtigung der NV-Bescheinigung, § 44b Abs. 5. Nach dem 31. Januar des Folgejahres kann die Bank die NV-Bescheinigung rückwirkend für das abgelaufene Kalenderjahr berücksichtigen, ist dazu allerdings nicht verpflichtet (berücksichtigt sie die NV-Bescheinigung, wäre eine bereits ausgestellte Steuerbescheinigung dann zu korrigieren, vgl. hierzu Kapitel 11). 378

Unterhalten steuerbefreite Körperschaften einen wirtschaftlichen Geschäftsbetrieb, bei dem die Freibeträge und Freigrenzen überschritten sind, sind sie jährlich zur Körperschaftsteuer zu veranlagen. In diesen Fällen ist die Steuerbefreiung für den steuerbegünstigten Bereich in Form einer Anlage zum Körperschaftsteuerbescheid zu bescheinigen (Muster wiedergegeben im Anhang unter 3.3.). Die Abstandnahme aufgrund dieser Anlage zum Körperschaftsteuerbescheid ist zulässig bis zum Ablauf des dritten Kalenderjahres, das auf das Kalenderjahr folgt, für das der Körperschaftsteuerbescheid erteilt wurde. Der Gläubiger der Kapitalerträge hat dem Kreditinstitut schriftlich mitzuteilen, ob die Kapitalerträge im steuerfreien oder steuerpflichtigen Bereich angefallen sind. 379

Die Finanzverwaltung lässt die Verwendung einfacher Kopien für Zwecke der Abstandnahme und Erstattung von Kapitalertragsteuer zu, sofern ein 380

Mitarbeiter des Kreditinstituts auf der Kopie vermerkt, dass das Original der Bescheinigung bzw. des Bescheides vorgelegen hat (BMF-Schreiben vom 18. Januar 2016, Rz. 256, siehe Anhang Nr. 2.1). Das Bundesministerium der Finanzen lässt die Verwendung von einfachen Kopien auf Initiative der kreditwirtschaftlichen Spitzenverbände auch dann zu, wenn ein Mitarbeiter eines anderen Kreditinstituts, wie z. B. eines Verbundunternehmens, tätig wird und dieser Mitarbeiter den entsprechenden Vermerk anbringt (BMF-Schreiben vom 18. Januar 2016, Rz. 304, siehe Anhang Nr. 2.1).

6.1.4.1 Nichtveranlagungsbescheinigung neben Freistellungsauftrag

381 Freistellungsauftrag oder Nichtveranlagungsbescheinigung können nur alternativ ausgeführt werden. In beiden Fällen erfolgt jedoch eine Abstandnahme vom Kapitalertragsteuerabzug.

Liegen jedoch die Kapitalerträge des Anlegers über dem maximalen Freistellungsbetrag und hat er nur geringe andere Einkünfte, kann es sinnvoller sein, eine Nichtveranlagungsbescheinigung beim Finanzamt zu beantragen und der Bank vorzulegen, als einen Freistellungsauftrag zu erteilen. Liegen die Kapitalerträge der Höhe nach über dem Freistellungsvolumen, so kommt es zum Kapitalertragsteuerabzug, eine NV-Bescheinigung gilt dagegen betragsmäßig unbegrenzt.

382 Reicht ein Bankkunde im Kalenderjahr des Zuflusses der Kapitalerträge eine NV-Bescheinigung neben dem FSA ein, so ist zu beachten, dass die freigestellten Kapitalerträge nach § 45d Abs. 1 EStG an das BZSt zu melden sind – differenziert nach Abstandnahmegrund „Freistellungsauftrag" und „NV-Bescheinigung" (vgl. § 45d Abs. 1 Satz 1). Hieraus ergibt sich für das Kreditinstitut die Verpflichtung, zwischen der Freistellung aufgrund FSA oder NV-Bescheinigung genau zu differenzieren.

Die Bank sollte den Kunden deshalb fragen, ob die Einreichung der NV-Bescheinigung zugleich ein Widerruf des FSA sein soll. Ist dies der Fall, so entfällt eine weitere Verwaltung des FSA. Noch vor dem Ablauf der Gültigkeitsdauer der NV-Bescheinigung sollte die Bank den Kunden an die Vorlage einer neuen NV-Bescheinigung oder eines FSA erinnern. Sollte der Widerruf nicht möglich sein, kann die Bank dennoch die NV-Bescheinigung für das (gesamte) laufende Kalenderjahr anwenden. Gegebenenfalls empfiehlt sich zur Vermeidung unnötiger Verwaltungskosten aber eine kundenseitige Befristung des FSA zum Kalenderjahresende (zur Abgrenzung von Widerruf und Befristung vgl. auch Rdn. 367).

Abstandnahme vom Kapitalertragsteuerabzug

Kommt es nicht zur Rücksprache mit dem Kunden bzw. erteilt der Kunde keine besondere Weisung, ist im Regelfall davon auszugehen, dass der FSA nach Beendigung des Gültigkeitszeitraums der NV-Bescheinigung weiter anzuwenden ist. Die NV-Bescheinigung verdrängt den FSA daher nur auf Zeit, nämlich für den Zeitraum der Gültigkeit der NV-Bescheinigung. Danach lebt der FSA wieder auf; er muss während der Gültigkeitsdauer der NV-Bescheinigung weiterverwaltet werden.

6.1.4.2 Geltungsdauer einer Nichtveranlagungsbescheinigung nach dem Tod eines Ehegatten

383

Ehegatten, die beide unbeschränkt einkommensteuerpflichtig sind und nicht dauernd getrennt leben und bei denen diese Voraussetzungen zu Beginn des Veranlagungszeitraums vorgelegen haben oder im Laufe des Veranlagungszeitraums eingetreten sind, werden in der Regel zusammen veranlagt, sodass auch nur eine gemeinsame NV-Bescheinigung erteilt werden kann.

Im Hinblick auf die Wirksamkeit der NV-Bescheinigung ist zwischen dem Veranlagungszeitraum des Todes des Ehegatten und dem nachfolgenden Veranlagungszeitraum zu differenzieren.

Im Veranlagungszeitraum des Todes des Ehegatten kann ohne Prüfung weiterer materieller Voraussetzungen (Gnadensplitting) eine Zusammenveranlagung nach § 26 Abs. 1 EStG durchgeführt werden, sodass die vorgelegte gemeinsame NV-Bescheinigung noch für das Kalenderjahr gültig ist.

Voraussetzung für die Abstandnahme vom Steuerabzug ist gemäß § 44a Abs. 6 EStG die Identität des Gläubigers der Kapitalerträge, des Konteninhabers sowie des Adressaten der NV-Bescheinigung erforderlich. Nach dem Tod eines Ehegatten besteht diese Identität nur bei Einzelkonten des überlebenden Ehegatten fort.

Hinsichtlich Gemeinschaftskonten der Ehegatten sowie der Einzelkonten des verstorbenen Ehegatten ist die NV-Bescheinigung erst einmal nicht anzuwenden. Erfährt die Bank vom Tod eines der Ehegatten, so darf sie ab diesem Zeitpunkt nicht mehr Abstand nehmen vom Kapitalertragsteuerabzug.

Im Folgejahr des Todes kann die den Ehegatten gemeinsam erteilte NV-Bescheinigung nicht mehr angewendet werden. Zwar besteht nach § 32a Abs. 6 Nr. 1 EStG auch im Folgejahr unter den dort genannten Voraussetzungen die Möglichkeit zur Anwendung des Splittingtarifs (Gnadensplitting). Diese materiellen Voraussetzungen kann ein Kreditinstitut jedoch nicht prüfen. Dies obliegt alleine dem Finanzamt.

6.1.5 Übersicht über die Abstandnahme vom Kapitalertragsteuerabzug aufgrund einer NV-Bescheinigung

384 Die Vorlage einer Nichtveranlagungsbescheinigung wirkt sich beim Steuerabzug wie folgt aus:

Abstandnahme vom Kapitalertragsteuerabzug

NV-B Art	betroffene Steuerpflichtige/ Kunden	Auswirkungen auf die steuerliche Beurteilung von:						
		Genossenschaftsdividenden	Isolierte Veräußerung von inländischen Dividendenscheinen	Inländische Aktiendividenden	Ausländische Dividenden / Isolierte Veräußerung von ausländischen Dividendenscheinen	Genussrechtserträgen (dividendenähnlich)	Genussrechtserträgen (zinsähnlich)	Stille Beteiligung/ partiarische Darlehen
		§§ 20 Abs. 1 Nr. 1,43 Abs. 11 S. 1 Nr. 1 EStG (Gleiches gilt für Erträge aus GmbH-Anteilen und nicht börsennotierten Namensaktien)	§§ 20 Abs. 2 S. 1 Nr. 2 Buchst. a,43 Abs. 1 S. 1 Nr. 1 EStG	§§ 20 Abs. 1 Nr. 1,43 Abs. 1 S. 1 Nr. 1a EStG	§§ 43 Abs. 1 S. 1 Nr. 6, 20 Abs. 1 Nr. 1 EStG	§§ 20 Abs. 1 Nr. 1,43 Abs. 1 S. 1 Nr. 1 EStG	§§ 20 Abs. 1 Nr. 7,43 Abs. 1 S. 1 Nr. 2 EStG	§§ 20 Abs. 1 Nr. 4,43 S. 1 Nr. 3 EStG
NV 1 B § 44a Abs. 2 S. 1 Nr. 2 EStG § 44a Abs. 10 EStG	Unbeschränkt steuerpflichtige natürliche Person	kein Steuerabzug	kein Steuerabzug	kein Steuerabzug	kein Steuerabzug	kein Steuerabzug	kein Steuerabzug	kein Steuerabzug
NV 2 B Nr. 2 § 44a Abs. 4 EStG	Steuerbefreite Körperschaft; inländische juristische Person öff. Rechts	KapSt-Abzug (25 Prozent), SolZ	KapSt-Abzug (25 Prozent), SolZ	KapSt-Abzug (25 Prozent), SolZ	kein KapSt-Abzug, SolZ	KapSt-Abzug (25 Prozent), SolZ	KapSt-Abzug (25 Prozent), SolZ	KapSt-Abzug (25 Prozent), SolZ
NV 2 B Nr. 3 § 44a Abs. 7 EStG	nach § 5 Abs. 1 Nr. 9 KStG befreite Körperschaft gemeinnützige oder mildtätige Stiftung; kirchl. tätige jurist. Person des öff. Rechts	kein Steuerabzug	kein Steuerabzug	kein Steuerabzug; soweit ab 2018 ausgestellt: Wirkung ab 2019 wie NV 2 B Nr. 35	kein Steuerabzug, wenn gleichzeitige NV 2 B Nr. 2 vorliegt	kein Steuerabzug; soweit ab 2018 ausgestellt: Wirkung ab 2019 wie NV 2 B Nr. 35	kein Steuerabzug	kein Steuerabzug SolZ

Entlastung vom Kapitalertragsteuerabzug

NV-B Art	betroffene Steuerpflichtige/Kunden	Genossenschaftsdividenden	Isolierte Veräußerung von inländischen Dividendenscheinen	Inländische Aktiendividenden	Ausländische Dividenden / Isolierte Veräußerung von ausländischen Dividendenscheinen	Genussrechtserträgen (dividendenähnlich)	Genussrechtserträgen (zinsähnlich)	Stille Beteiligung/partiarische Darlehen
		§§ 20 Abs. 1 Nr. 1,43 Abs. 1 S. 1 Nr. 1 EStG (Gleiches gilt für Erträge aus GmbH-Anteilen und nicht börsennotierten Namensaktien)	§§ 20 Abs. 2 S. 1 Nr. 2 Buchst. a,43 Abs. 1 S. 1 Nr. 1 EStG	§§ 20 Abs. 1 Nr. 1,43 Abs. 1 S. 1 Nr. 1a EStG	§§ 43 Abs. 1 S. 1 Nr. 6, 20 Abs. 1 Nr. 1 EStG	§§ 20 Abs. 1 Nr. 1,43 Abs. 1 S. 1 Nr. 1 EStG	§§ 20 Abs. 1 Nr. 7,43 Abs. 1 S. 1 Nr. 2 EStG	§§ 20 Abs. 1 Nr. 4,43 S. 1 Nr. 3 EStG
NV 2 B Nr. 35 § 44a Abs. 7 S. 1 Nr. 1 EStG (ab 2019) Übergangsregelungen für 2019 beachten: keine zwingende Prüfung von 20.000 Euro-FB und Jahresfrist, BMF-Schreiben vom 17.12.2018, enthalten in Anhang 2.12	nach § 5 Abs. 1 Nr. 9 KStG befreite Körperschaft	kein Steuerabzug	kein Steuerabzug	Ab 2019: Freibetrag 20.000 Euro, darüber hinaus Steuerabzug 15 Prozent, es sei denn, Haltedauer mindestens ein Jahr und ununterbrochen wirtschaftlicher Eigentümer der Anteile; FA erstattet KESt bei Nachweis der Anrechnungsvoraussetzung nach § 36a EStG	kein Steuerabzug, wenn gleichzeitige NV 2 B Nr. 2 vorliegt	kein Steuerabzug. Ab 2019: Freibetrag 20.000 Euro, darüber hinaus Steuerabzug 15 Prozent, es sei denn, Haltedauer mindestens ein Jahr und ununterbrochen wirtschaftlicher Eigentümer der Anteile; FA erstattet KESt bei Nachweis der Anrechnungsvoraussetzung nach § 36a EStG	kein Steuerabzug	kein Steuerabzug
NV 2 B Nr. 36 § 44a Abs. 7 S. 1 Nr. 2 EStG (ab 2019)	gemeinnützige oder mildtätige Stiftung des öff. Rechts;	kein Steuerabzug	kein Steuerabzug	kein Steuerabzug	kein Steuerabzug, wenn gleichzeitige NV 2 B Nr. 2 vorliegt	kein Steuerabzug	kein Steuerabzug	kein Steuerabzug
NV 2 B Nr. 37 § 44a Abs. 7 S. 1 Nr. 3 EStG (ab 2019)	kirchl. tätige jurist. Person des öff. Rechts	kein Steuerabzug	kein Steuerabzug	kein Steuerabzug	kein Steuerabzug, wenn gleichzeitige NV 2 B Nr. 2 vorliegt	kein Steuerabzug	kein Steuerabzug	kein Steuerabzug

Abstandnahme vom Kapitalertragsteuerabzug

NV-B Art	betroffene Steuerpflichtige/ Kunden	Auswirkungen auf die steuerliche Beurteilung von:						
		Genossenschaftsdividenden	Isolierte Veräußerung von inländischen Dividendenscheinen	Inländische Aktiendividenden	Ausländische Dividenden / Isolierte Veräußerung von ausländischen Dividendenscheinen	Genussrechtserträgen (dividendenähnlich)	Genussrechtserträgen (zinsähnlich)	Stille Beteiligung/ partiarische Darlehen
		§§ 20 Abs. 1 Nr. 1,43 Abs. 11 S. 1 Nr. 1 EStG (Gleiches gilt für: Erträge aus GmbH-Anteilen und nicht börsennotierten Namensaktien)	§§ 20 Abs. 2 S. 1 Nr. 2 Buchst. a,43 Abs. 1 S. 1 Nr. 1 EStG	§§ 20 Abs. 1 Nr. 1,43 Abs. 1 S. 1 Nr. 1a EStG	§§ 43 Abs. 1 S. 1 Nr. 6, 20 Abs. 1 Nr. 1 EStG	§§ 20 Abs. 1 Nr. 1,43 Abs. 1 S. 1 Nr. 1 EStG	§§ 20 Abs. 1 Nr. 7,43 Abs. 1 S. 1 Nr. 2 EStG	§§ 20 Abs. 1 Nr. 4,43 S. 1 Nr. 3EStG
NV 2 B Nr. 4 § 44a Abs. 8 EStG	nach § 5 Abs. 1 mit Ausnahme der Nr. 9 KStG steuerbefreite Körperschaft; jur. Pers. öff. Rechts (nicht in § 44a Abs. 7 EStG genannt)	teilweiser KapSt-Abzug (d. h. 15 Prozent), SolZ	teilweiser KapSt-Abzug (d. h. 15 Prozent), SolZ	teilweiser KapSt-Abzug (d. h. 15 Prozent), SolZ	kein Steuerabzug, wenn gleichzeitige NV 2 B Nr. 2 vorliegt	teilweiser KapSt-Abzug (d. h. 15 Prozent), SolZ	teilweiser KapSt-Abzug (d. h. 15 Prozent), SolZ	teilweiser KapSt-Abzug (d. h. 15 Prozent), SolZ
NV 2 B Nr. 5 § 11 Abs. 2 S. 4 InvStG 2004	Sondervermögen von Kapitalgesellschaften (Fonds etc.) bis 31. 12. 2017	kein Steuerabzug	kein Steuerabzug	kein Steuerabzug	kein Steuerabzug	kein Steuerabzug	kein Steuerabzug	kein Steuerabzug
Statusbescheinigung gemäß § 7 Abs. 3 InvStG	Investmentfonds ab 01. 01. 2018	Steuerabzug 15 Prozent (KapSt und SolZ)	Steuerabzug 15 Prozent (KapSt und SolZ)	Steuerabzug 15 Prozent (KapSt und SolZ)	kein Steuerabzug	Steuerabzug 15 Prozent (KapSt und SolZ)	Steuerabzug 15 Prozent (KapSt und SolZ) (lt. Gesetzeswortlaut)	Steuerabzug 15 Prozent (KapSt und SolZ)

Entlastung vom Kapitalertragsteuerabzug

NV-B Art	betroffene Steuerpflichtige/Kunden	Auswirkungen auf die steuerliche Beurteilung von:						
		Genossenschaftsdividenden	Isolierte Veräußerung von inländischen Dividendenscheinen	Inländische Aktiendividenden	Ausländische Dividenden / Isolierte Veräußerung von ausländischen Dividendenscheinen	Genussrechtserträgen (dividendenähnlich)	Genussrechtserträgen (zinsähnlich)	Stille Beteiligung/partiarische Darlehen
		§§ 20 Abs. 1 Nr. 1, 43 Abs. 1 1 S. 1 Nr. 1 EStG (Gleiches gilt für: Erträge aus GmbH-Anteilen und nicht börsennotierten Namensaktien)	§§ 20 Abs. 2 S. 1 Nr. 2 Buchst. a, 43 Abs. 1 S. 1 Nr. 1 EStG	§§ 20 Abs. 1 Nr. 1, 43 Abs. 1 S. 1 Nr. 1a EStG	§§ 43 Abs. 1 S. 1 Nr. 6, 20 Abs. 1 Nr. 1 EStG	§§ 20 Abs. 1 Nr. 1, 43 Abs. 1 S. 1 Nr. 1 EStG	§§ 20 Abs. 1 Nr. 7, 43 Abs. 1 S. 1 Nr. 2 EStG	§§ 20 Abs. 1 Nr. 4, 43 S. 1 Nr. 3 EStG
Statusbescheinigung gem. § 7 Abs. 3 InvStG + interne Klassifizierung als steuerbefreiter Fonds bzw. Anlegerklasse	Investmentfonds bzw. Anlegerklassen, an denen sich nur steuerbegünstigte Anleger beteiligen dürfen	soweit Fonds/Anteilsklasse nur Anlegern mit NV 03 (bzw. NV 35/36/37) zugänglich: kein Steuerabzug soweit Fonds/Anteilsklasse auch Anlegern mit NV 04 zugänglich: KapSt-Abzug (15 Prozent) und SolZ	soweit Fonds/Anteilsklasse nur Anlegern mit NV 03 (bzw. NV 35/36/37) zugänglich: kein Steuerabzug soweit Fonds/Anteilsklasse auch Anlegern mit NV 04 zugänglich: KapSt-Abzug (15 Prozent) und SolZ	soweit Fonds/Anteilsklasse nur Anlegern mit NV 03 (bzw. NV 35/36/37) zugänglich: kein Steuerabzug soweit Fonds/Anteilsklasse auch Anlegern mit NV 04 zugänglich: KapSt-Abzug (15 Prozent) und SolZ	kein Steuerabzug	soweit Fonds/Anteilsklasse nur Anlegern mit NV 03 (bzw. NV 35/36/37) zugänglich: kein Steuerabzug soweit Fonds/Anteilsklasse auch Anlegern mit NV 04 zugänglich: KapSt-Abzug (15 Prozent) und SolZ	soweit Fonds/Anteilsklasse nur Anlegern mit NV 03 (bzw. NV 35/36/37) zugänglich: kein Steuerabzug soweit Fonds/Anteilsklasse auch Anlegern mit NV 04 zugänglich: KapSt-Abzug (15 Prozent) und SolZ (lt. Gesetzeswortlaut)	soweit Fonds/Anteilsklasse nur Anlegern mit NV 03 (bzw. NV 35/36/37) zugänglich: kein Steuerabzug soweit Fonds/Anteilsklasse auch Anlegern mit NV 04 zugänglich: KapSt-Abzug (15 Prozent) und SolZ
NV 2 B Nr. 8 § 44a Abs. 5 S. 4 und 5 EStG	„Überzahler"; unbeschränkt bzw. beschränkt Steuerpflichtige	kein Steuerabzug	kein Steuerabzug	kein Steuerabzug	kein Steuerabzug	kein Steuerabzug	kein Steuerabzug	KapSt-Abzug (25 Prozent), SolZ

Abstandnahme vom Kapitalertragsteuerabzug

NV-B Art	betroffene Steuerpflichtige/ Kunden	Auswirkungen auf die steuerliche Beurteilung von:						
		Genossenschaftsdividenden	Isolierte Veräußerung von inländischen Dividendenscheinen	Inländische Aktiendividenden	Ausländische Dividenden / Isolierte Veräußerung von ausländischen Dividendenscheinen	Genussrechtserträgen (dividendenähnlich)	Genussrechtserträgen (zinsähnlich)	Stille Beteiligung/ partiarische Darlehen
		§§ 20 Abs. 1 Nr. 1,43 Abs. 11 S. 1 Nr. 1 EStG (Gleiches gilt für: Erträge aus GmbH-Anteilen und nicht börsennotierten Namensaktien)	§§ 20 Abs. 2 S. 1 Nr. 2 Buchst. a,43 Abs. 1 S. 1 Nr. 1 EStG	§§ 20 Abs. 1 Nr. 1,43 Abs. 1 S. 1 Nr. 1a EStG	§§ 43 Abs. 1 S. 1 Nr. 6, 20 Abs. 1 Nr. 1 EStG	§§ 20 Abs. 1 Nr. 1,43 Abs. 1 S. 1 Nr. 1 EStG	§§ 20 Abs. 1 Nr. 7,43 Abs. 1 S. 1 Nr. 2 EStG	§§ 20 Abs. 1 Nr. 4,43 S. 1 Nr. 3 EStG
Freistellungsbescheinigung gemäß § 43 Abs. 2 S. 4 EStG	Unbeschränkt steuerpflichtige, aber nicht steuerbefreite Vereine, Anstalten, Stiftungen, Zweckvermögen des privaten Rechts gemäß § 1 Abs. 1 Nr. 4 und 5 KStG	KapSt-Abzug (25 Prozent), SolZ	KapSt-Abzug (25 Prozent), SolZ	KapSt-Abzug (25 Prozent), SolZ	kein Steuerabzug	KapSt-Abzug (25 Prozent), SolZ	KapSt-Abzug (25 Prozent), SolZ	KapSt-Abzug (25 Prozent), SolZ
Befreiung vom Kapitalertragsteuerabzug gemäß § 43 Abs. 2 S. 3 Nr. 1 EStG (kraft Rechtsform)	Kapitalgesellschaften (GmbH, AG, KGaA) und Genossenschaften	KapSt-Abzug (25 Prozent), SolZ	KapSt-Abzug (25 Prozent), SolZ	KapSt-Abzug (25 Prozent), SolZ	kein KapSt-Abzug, SolZ	KapSt-Abzug (25 Prozent), SolZ	KapSt-Abzug (25 Prozent), SolZ	KapSt-Abzug (25 Prozent), SolZ
NV 3 B (NV 09) § 44a Abs. 2 Nr. 2 EStG i. V. m. § 31 KStG, KStR 24 Abs. 2	Unbeschränkt steuerpflichtige Körperschaften, Personenvereinigung oder Vermögensmassen „Kleinstgenossenschaften"	kein Steuerabzug	kein Steuerabzug	kein Steuerabzug	kein Steuerabzug	kein Steuerabzug	kein Steuerabzug	kein Steuerabzug

Entlastung vom Kapitalertragsteuerabzug

NV-B Art	betroffene Steuerpflichtige/Kunden	Auswirkungen auf die steuerliche Beurteilung von:					
		Genossenschaftsdividenden	Isolierte Veräußerung von inländischen Dividendenscheinen	Inländische Aktiendividenden	Ausländische Dividenden / Isolierte Veräußerung von ausländischen Dividendenscheinen	Genussrechtserträgen (dividendenähnlich)	Genussrechtserträgen (zinsähnlich)	Stille Beteiligung/ partiarische Darlehen
		§§ 20 Abs. 1 Nr. 1,43 Abs. 11 S. 1 Nr. 1 EStG (Gleiches gilt für: Erträge aus GmbH-Anteilen und nicht börsennotierten Namensaktien)	§§ 20 Abs. 1 Nr. 2 Buchst. a,43 Abs. 1 S. 1 Nr. 1 EStG	§§ 20 Abs. 1 Nr. 1,43 Abs. 1 S. 1 Nr. 1a EStG	§§ 43 Abs. 1 S. 1 Nr. 6, 20 Abs. 1 Nr. 1 EStG	§§ 20 Abs. 1 Nr. 1,43 Abs. 1 S. 1 Nr. 1 EStG	§§ 20 Abs. 1 Nr. 7,43 Abs. 1 S. 1 Nr. 2 EStG	§§ 20 Abs. 1 Nr. 4,43 S. 1 Nr. 3EStG
Feststellungsbescheid über satzungsmäßige Voraussetzungen steuerbegünstigter Zwecke gemäß § 60a AO	Steuerbefreite Körperschaften etc., insbesondere § 5 Abs. 1 Nr. 9 KStG (gemeinnützige Körperschaften)	kein Steuerabzug	kein Steuerabzug	vgl. NV 35	vgl. NV 35	kein Steuerabzug	kein Steuerabzug	kein Steuerabzug
KöSt-Freistellungsbescheid (keine Ordnungs-Nr.) Befreiungsgrund nach § 5 Abs. 1 Nr. 9 KStG – gemeinnützige, mildtätige, oder kirchliche Zwecke	Steuerbefreite Körperschaften etc., § 5 Abs. 1 Nr. 9 KStG	kein Steuerabzug	kein Steuerabzug	kein Steuerabzug	kein Steuerabzug	kein Steuerabzug	kein Steuerabzug	kein Steuerabzug

Abstandnahme vom Kapitalertragsteuerabzug

NV-B Art	betroffene Steuerpflichtige/ Kunden	Auswirkungen auf die steuerliche Beurteilung von:						
		Genossenschaftsdividenden	Isolierte Veräußerung von inländischen Dividendenscheinen	Inländische Aktiendividenden	Ausländische Dividenden / Isolierte Veräußerung von ausländischen Dividendenscheinen	Genussrechtsträgen (dividendenähnlich)	Genussrechtsträgen (zinsähnlich)	Stille Beteiligung/ partiarische Darlehen
		§§ 20 Abs. 1 Nr. 1, 43 Abs. 11 S. 1 Nr. 1 EStG (Gleiches gilt für: Erträge aus GmbH-Anteilen und nicht börsennotierten Namensaktien)	§§ 20 Abs. 2 S. 1 Nr. 2 Buchst. a, 43 Abs. 1 S. 1 Nr. 1 EStG	§§ 20 Abs. 1 Nr. 1, 43 Abs. 1 S. 1 Nr. 1a EStG	§§ 43 Abs. 1 S. 1 Nr. 6, 20 Abs. 1 Nr. 1 EStG	§§ 20 Abs. 1 Nr. 1, 43 Abs. 1 S. 1 Nr. 1 EStG	§§ 20 Abs. 1 Nr. 7, 43 Abs. 1 S. 1 Nr. 2 EStG	§§ 20 Abs. 1 Nr. 4, 43 S. 1 Nr. 3 EStG
KSt-Freistellungsbescheid (keine Ordnungs-Nr.) Befreiungsgrund nach § 5 Abs. 1 mit Ausnahme von § 5 Abs. 1 Nr. 9 KStG	Steuerbefreite Körperschaften etc., § 5 Abs. 1 mit Ausnahme von Nr. 9	teilweisen KapSt-Abzug (d. h. 15 Prozent), SolZ	teilweisen KapSt-Abzug (d. h. 15 Prozent), SolZ	teilweisen KapSt-Abzug (d. h. 15 Prozent), SolZ	kein KapSt-Abzug, SolZ	teilweisen KapSt-Abzug (d. h. 15 Prozent), SolZ	teilweisen KapSt-Abzug (d. h. 15 Prozent), SolZ	teilweisen KapSt-Abzug (d. h. 15 Prozent), SolZ

Entlastung vom Kapitalertragsteuerabzug

NV-B Art	betroffene Steuerpflichtige/Kunden	Auswirkungen auf die steuerliche Beurteilung von:					
		Kontenerträgen/ Investmenterträgen (Ausschüttungen, Vorabpauschalen)	Stillhalterprämien	Gewinne aus der Veräußerung von Aktien und Anteilen an Investmentfonds	Gewinne aus der isolierten Veräußerung von Zinsscheinen	Gewinne aus Termingeschäften bzw. aus der Veräußerung von Termingeschäften/Finanzinstrumenten	Gewinne aus der Veräußerung von sonstigen Kapitalforderungen
		§§ 20 Abs. 1 Nr. 7, 43 Abs. 1 Nr. 7 EStG/§§ 20 Abs. 1 S. 1 Nr. 3, 43 Abs. 1 S. 1 Nr. 5, 9 EStG	§§ 20 Abs. 1 Nr. 11, 43 Abs. 1 S. 1 Nr. 8 EStG	§§ 20 Abs. 2 S. 1 Nr. 1, 43 Abs. 1. 1 Nr. 9 EStG	§§ 20 Abs. 2 S. 1 Nr. 2b, 43 Abs. 1 S. 1 Nr. 10 EStG	§§ 20 Abs. 2 S. 1 Nr. 3, 43 Abs. 1 S. 1 Nr. 11 EStG	§ 20 Abs. 2 S. 1 Nr. 7, i. V. m. § 20 Abs. 1 Nr. 7 EStG, § 43 Abs. 1 S. 1 Nr. 10
NV 1 B; § 44a Abs. 2 Nr. 2 EStG § 44a Abs. 10 EStG	Unbeschränkt steuerpflichtige natürliche Person	kein Steuerabzug	kein Steuerabzug	kein Steuerabzug	kein Steuerabzug	kein Steuerabzug	kein Steuerabzug
NV 2 B Nr. 2; § 44a Abs. 4 EStG	Steuerbefreite Körperschaft; inländische juristische Person öff. Rechts	kein Steuerabzug	kein Steuerabzug	kein Steuerabzug	kein Steuerabzug	kein Steuerabzug	kein Steuerabzug
NV 2 B Nr. 3 § 44a Abs. 7 EStG	Nach § 5 Abs. 1 Nr. 9 KStG befreite Körperschaft; gemeinnützige oder mildtätige Stiftung; kirchl. tätige jurist. Person des öff. Rechts	kein Steuerabzug, wenn gleichzeitige NV 2 B Nr. 2 vorliegt	kein Steuerabzug, wenn gleichzeitige NV 2 B Nr. 2 vorliegt	kein Steuerabzug, wenn gleichzeitige NV 2 B Nr. 2 vorliegt	kein Steuerabzug, wenn gleichzeitige NV 2 B Nr. 2 vorliegt	kein Steuerabzug, wenn gleichzeitige NV 2 B Nr. 2 vorliegt	kein Steuerabzug, wenn gleichzeitige NV 2 B Nr. 2 vorliegt
NV 2 B Nr. 35 § 44a Abs. 7 S. 1 Nr. 1 EStG (ab 2019)	nach § 5 Abs. 1 Nr. 9 KStG befreite Körperschaft	kein Steuerabzug, wenn gleichzeitige NV 2 B Nr. 2 vorliegt	kein Steuerabzug, wenn gleichzeitige NV 2 B Nr. 2 vorliegt	kein Steuerabzug, wenn gleichzeitige NV 2 B Nr. 2 vorliegt	kein Steuerabzug, wenn gleichzeitige NV 2 B Nr. 2 vorliegt	kein Steuerabzug, wenn gleichzeitige NV 2 B Nr. 2 vorliegt	kein Steuerabzug, wenn gleichzeitige NV 2 B Nr. 2 vorliegt
NV 2 B Nr. 36 § 44a Abs. 7 S. 1 Nr. 2 EStG (ab 2019)	gemeinnützige oder mildtätige Stiftung des öff. Rechts	kein Steuerabzug, wenn gleichzeitige NV 2 B Nr. 2 vorliegt	kein Steuerabzug, wenn gleichzeitige NV 2 B Nr. 2 vorliegt	kein Steuerabzug, wenn gleichzeitige NV 2 B Nr. 2 vorliegt	kein Steuerabzug, wenn gleichzeitige NV 2 B Nr. 2 vorliegt	kein Steuerabzug, wenn gleichzeitige NV 2 B Nr. 2 vorliegt	kein Steuerabzug, wenn gleichzeitige NV 2 B Nr. 2 vorliegt
NV 2 B Nr. 37 § 44a Abs. 7 S. 1 Nr. 3 EStG (ab 2019)	kirchl. tätige jurist. Person des öff. Rechts	kein Steuerabzug, wenn gleichzeitige NV 2 B Nr. 2 vorliegt	kein Steuerabzug, wenn gleichzeitige NV 2 B Nr. 2 vorliegt	kein Steuerabzug, wenn gleichzeitige NV 2 B Nr. 2 vorliegt	kein Steuerabzug, wenn gleichzeitige NV 2 B Nr. 2 vorliegt	kein Steuerabzug, wenn gleichzeitige NV 2 B Nr. 2 vorliegt	kein Steuerabzug, wenn gleichzeitige NV 2 B Nr. 2 vorliegt

Abstandnahme vom Kapitalertragsteuerabzug

NV-B Art	betroffene Steuerpflichtige/Kunden	Auswirkungen auf die steuerliche Beurteilung von:					
		Kontenerträgen/ Investmenterträgen (Ausschüttungen, Vorabpauschalen)	Stillhalterprämien	Gewinne aus der Veräußerung von Aktien und Anteilen an Investmentfonds	Gewinne aus der isolierten Veräußerung von Zinsscheinen	Gewinne aus Termingeschäften bzw. aus der Veräußerung von Termingeschäften/Finanzinstrumenten	Gewinne aus der Veräußerung von sonstigen Kapitalforderungen
		§§ 20 Abs. 1 Nr. 7, 43 Abs. 1 Nr. 7 EStG/§§ 20 Abs. 1 S. 1 Nr. 3, 43 Abs. 1 S. 1 Nr. 5, 9 EStG	§§ 20 Abs. 1 Nr. 11, 43 Abs. 1 S. 1 Nr. 8 EStG	§§ 20 Abs. 2 S. 1 Nr. 1, 43 Abs. 1 S. 1 Nr. 9 EStG	§§ 20 Abs. 2 S. 1 Nr. 2b, 43 Abs. 1 S. 1 Nr. 10 EStG	§§ 20 Abs. 2 S. 1 Nr. 3, 43 Abs. 1 S. 1 Nr. 11 EStG	§ 20 Abs. 2 S. 1 Nr. 7, i. V. m. § 20 Abs. 1 Nr. 7 EStG, § 43 Abs. 1 S. 1 Nr. 10
NV 2 B Nr. 4 § 44a Abs. 8 EStG	nach § 5 Abs. 1 mit Ausnahme der Nr. 9 KStG steuerbefreite Körperschaft; jur. Pers. öff. Rechts (nicht in § 44a Abs. 7 EStG genannt)	kein Steuerabzug, wenn gleichzeitige NV 2 B Nr. 2 vorliegt	kein Steuerabzug, wenn gleichzeitige NV 2 B Nr. 2 vorliegt	kein Steuerabzug, wenn gleichzeitige NV 2 B Nr. 2 vorliegt	kein Steuerabzug, wenn gleichzeitige NV 2 B Nr. 2 vorliegt	kein Steuerabzug, wenn gleichzeitige NV 2 B Nr. 2 vorliegt	kein Steuerabzug, wenn gleichzeitige NV 2 B Nr. 2 vorliegt
NV 2 B Nr. 5 § 11 Abs. 2 S. 4 InvStG	Sondervermögen von Kapitalgesellschaften (Fonds etc.) bis 31.12.2017	kein Steuerabzug	kein Steuerabzug	kein Steuerabzug	kein Steuerabzug	kein Steuerabzug	kein Steuerabzug
Statusbescheinigung gemäß § 7 Abs. 3 InvStG	Investmentfonds ab 01. 01. 2018	kein Steuerabzug	kein Steuerabzug	kein Steuerabzug	kein Steuerabzug	kein Steuerabzug	kein Steuerabzug
NV 2 B Nr. 8 § 44a Abs. 5 S. 2 EStG	„Überzahler"; unbeschränkt bzw. beschränkt Steuerpflichtige	kein Steuerabzug	kein Steuerabzug	kein Steuerabzug	kein Steuerabzug	kein Steuerabzug	kein Steuerabzug
Freistellungsbescheinigung gemäß § 43 Abs. 2 S. 4 EStG	Unbeschränkt steuerpflichtige, aber nicht steuerbefreite Vereine, Anstalten, Stiftungen, Zweckvermögen des privaten Rechts gemäß § 1 Abs. 1 Nr. 4 und 5 KStG	KapSt-Abzug (25 Prozent), SolZ	kein Steuerabzug	kein Steuerabzug	kein Steuerabzug	kein Steuerabzug	kein Steuerabzug

Entlastung vom Kapitalertragsteuerabzug

NV-B Art	betroffene Steuerpflichtige/Kunden	Auswirkungen auf die steuerliche Beurteilung von:					
		Kontenerträgen/ Investmenterträgen (Ausschüttungen, Vorabpauschalen)	Stillhalterprämien	Gewinne aus der Veräußerung von Aktien und Anteilen an Investmentfonds	Gewinne aus der isolierten Veräußerung von Zinsscheinen	Gewinne aus Termingeschäften bzw. aus der Veräußerung von Termingeschäften/Finanzinstrumenten	Gewinne aus der Veräußerung von sonstigen Kapitalforderungen
		§§ 20 Abs. 1 Nr. 7, 43 Abs. 1 Nr. 7 EStG/§§ 20 Abs. 1 S. 1 Nr. 3, 43 Abs. 1 S. 1 Nr. 5, 9 EStG	§§ 20 Abs. 1 Nr. 11, 43 Abs. 1 S. 1 Nr. 8 EStG	§§ 20 Abs. 2 S. 1 Nr. 1, 43 Abs. 1 1 Nr. 9 EStG	§§ 20 Abs. 2 S. 1 Nr. 2b, 43 Abs. 1 S. 1 Nr. 10 EStG	§§ 20 Abs. 2 S. 1 Nr. 3, 43 Abs. 1 S. 1 Nr. 11 EStG	§ 20 Abs. 2 S. 1 Nr. 7, i. V. m. § 20 Abs. 1 Nr. 7 EStG, § 43 Abs. 1 S. 1 Nr. 10
Befreiung vom Kapitalertragsteuerabzug gemäß § 43 Abs. 2 S. 3 Nr. 1 EStG	Kapitalgesellschaften (GmbH, AG, KGaA) und Genossenschaften	KapSt-Abzug (25 Prozent), SolZ	kein Steuerabzug	kein Steuerabzug	kein Steuerabzug	kein Steuerabzug	kein Steuerabzug
NV 3 B (NV 09) § 44a Abs. 2 Nr. 2 EStG i. V. m. § 31 KStG KStR 24 Abs. 2	Unbeschränkt steuerpflichtige Körperschaften, Personenvereinigung oder Vermögensmassen „Kleinstgenossenschaften"	kein Steuerabzug	kein Steuerabzug	kein Steuerabzug	kein Steuerabzug	kein Steuerabzug	kein Steuerabzug
Feststellungsbescheid über satzungsmäßige Voraussetzungen steuerbegünstigter Zwecke gemäß § 60a AO	Steuerbefreite Körperschaften etc., insbesondere § 5 Abs. 1 Nr. 9 KStG (gemeinnützige Körperschaften)	kein Steuerabzug	kein Steuerabzug	kein Steuerabzug	kein Steuerabzug	kein Steuerabzug	kein Steuerabzug
KöSt-Freistellungsbescheid (keine Ordnungs-Nr.) Befreiungsgrund nach § 5 Abs. 1 Nr. 9 KStG – gemeinnützige, mildtätige, oder kirchliche Zwecke	Steuerbefreite Körperschaften etc.	kein Steuerabzug	kein Steuerabzug	kein Steuerabzug	kein Steuerabzug	kein Steuerabzug	kein Steuerabzug

Abstandnahme vom Kapitalertragsteuerabzug

NV-B Art	betroffene Steuerpflichtige/Kunden	Auswirkungen auf die steuerliche Beurteilung von:					
		Kontenerträgen/ Investmenterträgen (Ausschüttungen, Vorabpauschalen)	Stillhalterprämien	Gewinne aus der Veräußerung von Aktien und Anteilen an Investmentfonds	Gewinne aus der isolierten Veräußerung von Zinsscheinen	Gewinne aus Termingeschäften bzw. aus der Veräußerung von Termingeschäften/Finanzinstrumenten	Gewinne aus der Veräußerung von sonstigen Kapitalforderungen
		§§ 20 Abs. 1 Nr. 7, 43 Abs. 1 Nr. 7 EStG/§§ 20 Abs. 1 S. 1 Nr. 3, 43 Abs. 1 S. 1 Nr. 5, 9 EStG	§§ 20 Abs. 1 Nr. 11, 43 Abs. 1 S. 1 Nr. 8 EStG	§§ 20 Abs. 2 S. 1 Nr. 1, 43 Abs. 1. 1 Nr. 9 EStG	§§ 20 Abs. 2 S. 1 Nr. 2b, 43 Abs. 1 S. 1 Nr. 10 EStG	§§ 20 Abs. 2 S. 1 Nr. 3, 43 Abs. 1 S. 1 Nr. 11 EStG	§ 20 Abs. 2 S. 1 Nr. 7, i. V. m. § 20 Abs. 1 Nr. 7 EStG, § 43 Abs. 1 S. 1 Nr. 10
KöSt-Freistellungsbescheid (keine Ordnungs-Nr.) Befreiungsgrund nach § 5 Abs. 1 mit Ausnahme von § 5 Abs. 1 Nr. 9 KStG	Steuerbefreite Körperschaften etc., § 5 Abs. 1 mit Ausnahme von Nr. 9	kein Steuerabzug	kein Steuerabzug	kein Steuerabzug	kein Steuerabzug	kein Steuerabzug	kein Steuerabzug

Entlastung vom Kapitalertragsteuerabzug

6.2 Erstattung einbehaltener Kapitalertragsteuer

385 Wurde durch den Schuldner der Kapitalerträge bereits Kapitalertragsteuer abgezogen, kommt nur eine Erstattung der Kapitalertragsteuer in Betracht. Das gleiche gilt, wenn zunächst von der auszahlenden Stelle Kapitalertragsteuer einbehalten wurde und sich nachträglich herausstellt, dass die Voraussetzungen für eine Abstandnahme vorlagen. Nachfolgend werden die verschiedenen Erstattungsverfahren, die das Gesetz vorsieht, dargestellt. Die Erstattungsregeln ergänzen somit die unter Rdn. 352 ff. dargestellten Abstandnahmevorschriften.

Folgende Erstattungsverfahren, in die Kreditinstitute involviert sein können, sind in § 44b EStG geregelt:

▷ **Erstattung** von zuviel erhobener Kapitalertragsteuer nach § **44b Abs. 1 EStG** aufgrund von Kapitalrückzahlungen nach § **17 InvStG (mit Wirkung ab 1. Januar 2018).**

▷ **Nachträgliche Erstattung** in Fällen, in denen die NV-Bescheinigung oder der Freistellungsauftrag nicht rechtzeitig beim Kreditinstitut eingereicht wurde und es deswegen nicht vom Steuerabzug Abstand nehmen konnte, wenn also bei rechtzeitiger Vorlage eines Freistellungsauftrags bzw. einer NV-Bescheinigung nach § 44a Abs. 2 S. 1 Nr. 2 EStG vom Steuerabzug hätte Abstand genommen werden können, § 44b Abs. 5 (vgl. Rdn. 387);

▷ **Vereinfachtes Erstattungsverfahren** für Erträge nach § 43 Abs. 1 Satz 1 Nr. 1 und 2 EStG, das vom Kredit- oder Finanzdienstleistungsinstitut, welches Wertpapiere, Wertrechte oder sonstige Wirtschaftsgüter für den Gläubiger verwahrt, betrieben wird (Ersatz für das Sammelantragsverfahren mit Wirkung für ab 2010 zufließende Erträge), § 44b Abs. 6 EStG.

6.2.1 Erstattung aufgrund von Kapitalrückzahlungen nach § 17 InvStG

386 Es handelt sich um eine neue Erstattungsregelung auf Grundlage der Investmentsteuerreform. Die Regelung gilt ab dem Jahr 2018. Nach § 44b Abs. 1 EStG ist die auf Ausschüttungen eines Investmentfonds in dessen Liquidationsphase erhobene Kapitalertragsteuer zu erstatten, soweit die Ausschüttungen Kapitalrückzahlungen darstellen. Die depotführende Stelle (Bank, die die Anteile an Investmentfonds für den Anleger verwal-

tet) hat die Erstattung der zuviel entrichteten Kapitalertragsteuer vorzunehmen.

Ob die Ausschüttungen steuerneutrale Kapitalrückzahlungen oder steuerpflichtige Investmenterträge darstellen, bestimmt sich nach § 17 Abs. 1 InvStG. Steuerpflichtig ist der Mehrbetrag, um den die Summe aller Ausschüttungen und des Rücknahmepreises am Ende des Kalenderjahres den Rücknahmepreis am Anfang des Kalenderjahres übersteigt.

Beispiel (nach BMF-Schreiben vom 18. Januar 2016, Rz. 308a):

Am Anfang des Jahres 01 beträgt der Rücknahmepreis für einen Anteil an dem A-Investmentfonds 100 Euro. Der A-Investmentfonds schüttet 20 Euro pro Anteil während des Jahres 01 aus. Am Ende des Jahres 01 beträgt der Rücknahmepreis für einen Anteil 85 Euro.

Steuerpflichtig sind (20 Euro + 85 Euro) – 100 Euro = 5 Euro; steuerneutrale Kapitalrückzahlung sind 15 Euro. Die auf die Ausschüttungen i. H. v. 15 Euro erhobene Kapitalertragsteuer hat die zum Steuerabzug verpflichtete Stelle nach § 44b Abs. 1 EStG an den Anleger nach Ablauf des Jahres 01 zu erstatten.

Vorgehensweise bei mehreren Ausschüttungen

Nimmt ein Investmentfonds mehrere Ausschüttungen während eines Kalenderjahres vor, ist die Kapitalrückzahlung quotal aufzuteilen.

Beispiel:

Wenn im o. a. Beispiel erst 5 Euro und anschließend 15 Euro ausgeschüttet wurden, dann sind der ersten Ausschüttung 3,75 Euro (5 * 15 / 20) und der zweiten Ausschüttung 11,25 Euro (15 * 15 / 20) an Kapitalrückzahlung zuzuordnen.

Behandlung ausländischer Quellensteuer

Bei Ausschüttungen ausländischer Investmentfonds ist die Erhebung von Quellensteuer im ausländischen Staat möglich. Diese ausländische Quellensteuer kann grundsätzlich gemäß § 43a Abs. 3 Satz 1 EStG – nach Maßgabe des § 32d Abs. 5 EStG – im Steuerabzugsverfahren auf die auf die Investmenterträge entfallende Kapitalertragsteuer angerechnet werden. Wenn bei der Erhebung der Kapitalertragsteuer ausländische Quellensteuer angerechnet wurde, ist bei der Erstattung der auf die Kapitalrückzahlung entfallenden Kapitalertragsteuer eine Korrektur der anrechenbaren ausländischen Quellensteuer vorzunehmen.

Entlastung vom Kapitalertragsteuerabzug

Die quellensteuerbelastete Ausschüttung stellt nach Auffassung der Finanzverwaltung keinen einheitlichen Kapitalertrag i. S. d. § 32d Abs. 5 EStG dar, sondern es handelt sich nur zum Teil um einen Kapitalertrag und im Übrigen um eine Kapitalrückzahlung. Die ausländische Quellensteuer ist quotal auf die Kapitalrückzahlung und den verbleibenden Ertrag aufzuteilen.

Beispiel:

Wenn im o. a. Beispiel 4 Euro ausländische Quellensteuer angerechnet wurden, dann sind 3 Euro (4 * 15 / 20) der Kapitalrückzahlung und 1 Euro (4 * 5 / 20) dem verbleibenden Ertrag zuzuordnen.

Unterjähriger Erwerb und unterjährige Veräußerung von Anteilen an Investmentfonds

Die vorstehenden Regelungen sind gleichermaßen in den Fällen eines unterjährigen Erwerbs oder einer unterjährigen Veräußerung von Anteilen an Investmentfonds anzuwenden. Berechnungsgrundlage für die Ermittlung der steuerneutralen Kapitalrückzahlung sind ebenfalls der Rücknahmepreis am Anfang und Ende des Jahres sowie die gesamten Ausschüttungen während des Jahres. Eine Erstattung ist allerdings nur insoweit vorzunehmen, wie dem Anleger eine steuerneutrale Kapitalrückzahlung zugeflossen ist.

Beispiel:

Am Anfang des Jahres 01 beträgt der Rücknahmepreis für einen Anteil an dem A-Investmentfonds 100 Euro. Der A-Investmentfonds schüttet am 10. März 01 5 Euro pro Anteil aus. Am 1. April 01 erwirbt der Anleger A einen Investmentanteil zu einem Preis von 96 Euro. Am 30. Oktober 01 nimmt der A-Investmentfonds eine weitere Ausschüttung i. H. v. 15 Euro vor. Am Ende des Jahres 01 beträgt der Rücknahmepreis für einen Anteil 85 Euro. Anfang des Jahres 02 veräußert Anleger A den Anteil zu einem Preis von 85 Euro.

Lösung:

Steuerpflichtig sind (20 Euro + 85 Euro) − 100 Euro = 5 Euro; steuerneutrale Kapitalrückzahlung sind 15 Euro. Der Ausschüttung vom 10. März 01 sind 3,75 Euro (5 * 15 / 20) und der Ausschüttung vom 30. Oktober 01 11,25 Euro (15 *15 / 20) an Kapitalrückzahlung zuzuordnen. Die Bank hat nur im Hinblick auf die in der Ausschüttung vom 30. Oktober 01 enthaltene Kapitalrückzahlung von 11,25 Euro eine Erstattung vorzunehmen. Anleger A hat damit im Jahr 01 3,75 Euro zu versteuern. Im

Jahr 02 fällt ein steuerpflichtiger Veräußerungsgewinn i. H. v. 0,25 Euro an (85 Euro Veräußerungserlös – [96 Euro Anschaffungskosten – 11,25 Euro Kapitalrückzahlung] = 0,25 Euro). Über die gesamte Haltedauer hat Anleger A 4 Euro zu versteuern.

6.2.2 Nachträgliche Erstattung

§ 44b Abs. 5 EStG sieht die Erstattung der einbehaltenen **oder abgeführten** Kapitalertragsteuer **auf Antrag des zum Steuerabzug Verpflichteten** (d. h. des Schuldners der Kapitalerträge bzw. des Kreditinstituts als die Kapitalerträge auszahlenden Stelle) vor, wenn 387

▷ die Kapitalertragsteuer einbehalten oder abgeführt wurde, obwohl eine Verpflichtung hierzu nicht bestand oder wenn der Gläubiger der Kapitalerträge, für den die Abstandnahme vom Steuerabzug vom Kapitalertrag in Betracht kommt, den Freistellungsauftrag, die NV-Bescheinigung oder die Überzahlerbescheinigung nach § 44a Abs. 5 EStG dem Kreditinstitut **erst zu einem Zeitpunkt** vorgelegt hat, in dem die Kapitalertragsteuer bereits abgeführt war;

▷ der Gläubiger der Kapitalerträge dem Kreditinstitut erst nach Abführung der Kapitalertragsteuer die Freistellungsbescheinigung (§ 43 Abs. 2 S. 4 EStG, vgl. hierzu Rdn. 212) oder die Freistellungserklärung (§ 43 Abs. 2 S. 3 Nr. 2 EStG, vgl. Rdn. 205) vorlegt.

Die Erstattung erfolgt entweder durch Änderung der Kapitalertragsteueranmeldung oder (einfacher) durch Verrechnung (Kürzung) der in der nächsten Kapitalertragsteueranmeldung abzuführenden Steuerbeträge. 388

Die nachträgliche Erstattung gemäß § 44b Abs. 5 EStG wird durch das Kreditinstitut angestoßen; der Gläubiger selbst kann eine solche Erstattung nicht eigenmächtig veranlassen. Solange noch keine Steuerbescheinigung nach § 45a EStG erteilt ist, hat die Bank das Erstattungsverfahren zu betreiben. Nach den Ausführungen in Rz. 307a des BMF-Schreibens vom 18. Januar 2016, wiedergegeben im Anhang Nr. 2.1, gilt diese Verpflichtung bis zur technischen Erstellugn der Steuerbescheinigung und längstens bis zum 31. Januar des Folgejahres. Nach diesem Zeitpunkt kann der zum Steuerabzug Verpflichtete eine Korrektur des Steuerabzugs vornehmen. Es besteht jedoch keine Verpflichtung (§ 44b Abs. 5 Satz 1 EStG). Bei bereits aufgelösten Konten und Depots ist es nicht zu beanstanden, wenn nachträglich eingereichte Bescheinigungen, Nichtveranlagungs-Bescheinigungen und Freistellungsaufträge nicht mehr berücksichtigt werden. Für Fälle, in denen die Steuererstattung tatsächlich nicht durch die Bank erfolgt, hat die Finanzverwaltung eine Billigkeitsregelung geschaffen (vgl. BMF-Schreiben vom 18. Januar 2016, Rz. 300, siehe Anhang Nr. 2.1).

Entlastung vom Kapitalertragsteuerabzug

389 Ist die Kapitalertragsteuer bei Kapitalerträgen, die steuerbefreiten inländischen Körperschaften, Personenvereinigungen und Vermögensmassen oder inländischen juristischen Personen des öffentlichen Rechts zufließen, deswegen einbehalten worden, weil dem Schuldner der Kapitalerträge oder der auszahlenden Stelle die Bescheinigung nach § 44a Abs. 4 Satz 3 EStG nicht vorlag, und ist eine Änderung der Steueranmeldung nach § 44b Abs. 5 EStG durch den Schuldner der Kapitalerträge oder die auszahlende Stelle tatsächlich nicht erfolgt, gilt Folgendes:

Bei den genannten Einrichtungen ist die Körperschaftsteuer grundsätzlich durch den Steuerabzug vom Kapitalertrag abgegolten (§ 32 Abs. 1 KStG). Eine Veranlagung findet nicht statt. Zur Vermeidung von sachlichen Härten wird die Kapitalertragsteuer auf Antrag der betroffenen Organisation von dem für sie zuständigen Finanzamt erstattet. Vgl. hierzu Rz. 300 des BMF-Schreibens vom 18. Januar 2016, wiedergegeben im Anhang Nr. 2.1.

Ist in den Fällen des § 44a Abs. 7, 8 und 10 Satz 1 Nr. 3 und 4 EStG ein Steuerabzug vom Kapitalertrag deswegen vorgenommen worden, weil dem Schuldner der Kapitalerträge oder der auszahlenden Stelle die Bescheinigung i. S. d. § 44a Abs. 7 oder 8 EStG nicht vorlag, und hat der Schuldner der Kapitalerträge oder die auszahlende Stelle von der Möglichkeit der Änderung der Steueranmeldung nach § 44b Abs. 5 EStG keinen Gebrauch gemacht, wird zur Vermeidung von Härten zugelassen, dass die Kapitalertragsteuer auf Antrag der betroffenen Körperschaft in der gesetzlich zulässigen Höhe von dem Finanzamt, an das die Kapitalertragsteuer abgeführt wurde, erstattet wird. Vgl. hierzu Rz. 300a des BMF-Schreibens vom 18. Januar 2016, wiedergegeben im Anhang Nr. 2.1.

Ist in Fällen, in denen eine Institution i. S. d. § 44a Abs. 7 oder 8 EStG als Erbe eingesetzt worden ist, ein Steuerabzug vom Kapitalertrag vorgenommen worden, weil dem Schuldner der Kapitalerträge oder der auszahlenden Stelle die Bescheinigung i. S. d. § 4a Abs. 7 oder 8 EStG nicht oder erst verspätet vorgelegt werden konnte, und hat der Schuldner der Kapitalerträge oder die auszahlende Stelle von der Möglichkeit der Änderung der Steueranmeldung nach § 44b Abs. 5 EStG keinen Gebrauch gemacht, so erstattet auf Antrag der betroffenen Körperschaft das Finanzamt, an das die Kapitalertragsteuer abgeführt worden ist, die Kapitalertragsteuer unter den Voraussetzungen des § 44a Abs. 4, 7, 8 oder Abs. 10 Satz 1 Nr. 3 und 4 EStG in dem dort beschriebenen Umfang. Dem Antrag ist die Bescheinigung i. S. d. § 44a Abs. 7 oder 8 EStG, die Steuerbescheinigung im Original und ein Nachweis über die Rechtsnachfolge, beizufügen. Das Finanzamt, an das die Kapitalertragsteuer abgeführt wurde, erstattet auch die Kapitalertragsteuer auf Kapitalerträge, die einer Institution i. S. d. § 44a Abs. 7 oder 8 EStG vor dem 1. Januar 2013 zugeflossen sind. Die Erstattung erfolgt nicht über das (inzwischen abgeschaffte) Sammelantragsverfahren beim Bundeszentralamt für Steuern. Vgl. hierzu Rz. 300b des BMF-Schreibens vom 18. Januar 2016, wiedergegeben im Anhang Nr. 2.1.

Eine nachträgliche Erstattung der abgeführten Kapitalertragsteuern durch das Finanzamt ist dann ausgeschlossen, wenn Kapitalerträge gemäß § 43 Abs. 1 Satz 1 Nr. 1 und 2 EStG betroffen sind und die Wertpapiere, Wertrechte oder sonstigen Wirtschaftsgüter von einem inländischen Kredit- oder Finanzdienstleistungsinstitut unter dem Namen des Gläubigers verwahrt oder verwaltet werden. In diesen Fällen findet ausschließlich das vereinfachte Erstattungsverfahren Anwendung (siehe Rdn. 392 und § 44b Abs. 5 Satz 3 EStG). 390

Erstattung der Kapitalertragsteuer von Erträgen aus Treuhandkonten

Bei Kapitalerträgen, die inländischen juristischen Personen des öffentlichen Rechts über einen Treuhänder zufließen, sieht das geltende Recht keine Abstandnahme vom Steuerabzug vor, weil bei Treuhandkonten der Kontoinhaber und der steuerliche Gläubiger auseinanderfallen und gemäß § 44a Abs. 6 EStG deshalb keine Abstandnahme vom Steuerabzug möglich ist. Eine Erstattung der einbehaltenen Kapitalertragsteuer ist gesetzlich nicht vorgesehen. Eine Veranlagung zur Körperschaftsteuer findet nicht statt; die Körperschaftsteuer ist durch den Steuerabzug vom Kapitalertrag abgegolten (§ 32 KStG). 391

Zur Vermeidung von sachlichen Härten wird von der Finanzverwaltung zugelassen, dass die Kapitalertragsteuer auf Antrag der betroffenen Körperschaft in der gesetzlich zulässigen Höhe von dem für sie zuständigen Finanzamt erstattet wird, vgl. BMF-Schreiben vom 18. Januar 2016, Rz. 302, siehe Anhang Nr. 2.1.

Hinweis:

Die Finanzverwaltung gesteht diesen Billigkeitsantrag nur inländischen juristischen Personen des öffentlichen Rechts zu, nicht hingegen den nach § 5 KStG körperschaftsteuerbefreiten Körperschaften. Wenn also ein gemeinnütziger Verein Treugeber ist, so ist eine Erstattung ausgeschlossen. Eine Erweiterung des Billigkeitsantrages auf nach § 5 KStG steuerbefreite Körperschaften wäre u. E. wünschenswert.

Entlastung vom Kapitalertragsteuerabzug

6.2.3 Vereinfachtes Erstattungsverfahren

392 Mit dem Ziel der Entbürokratisierung hat der Gesetzgeber für Kreditinstitute, die mit der Einführung der Abgeltungsteuer zusätzliche und verwaltungsintensive Aufgaben zu bewältigen haben, das Sammelantragsverfahren zur Erstattung abgeführter Kapitalertragsteuern abgeschafft. Anstelle eines Antragsverfahrens beim Bundeszentralamt für Steuern mit gesonderter Prüfung der Anträge wird eine vereinfachte Erstattung durch die Kreditinstitute selbst eingeführt, bei der die gegenüber dem erstattungsberechtigten Kunden ausbezahlte Kapitalertragsteuer von der anzumeldenden Kapitalertragsteuer abgezogen wird. Das Bundeszentralamt für Steuern ist in dieses Erstattungsverfahren somit nicht mehr involviert. Aufgrund der Ausweitung der Abstandnahmevorschriften (vgl. Kapitel 6.1) verliert das vereinfachte Erstattungsverfahren stark an Bedeutung. Denn soweit das Kreditinstitut nach § 44a EStG vom Steuerabzug Abstand nehmen kann, ist für eine Erstattung kein Raum. Denkbar ist eine vereinfachte Erstattung beispielsweise bei Dividendenerträgen aus Aktien, die nicht sammelverwahrt sind, also Erträgen gemäß § 43 Abs. 1 Satz 1 Nr. 1 (nicht: Nr. 1a).

6.2.3.1 Voraussetzungen für die vereinfachte Erstattung

393 Voraussetzung für die Erstattung der Kapitalertragsteuer ist, dass dem inländischen Kredit- oder Finanzdienstleistungsinstitut alternativ eine der folgenden Bescheinigungen vorliegt:

▷ **Nichtveranlagungsbescheinigung** gemäß § 44a Abs. 2 Satz 1 Nr. 2 EStG **(NV 1);**

▷ **NV 3-Bescheinigung** gemäß § 44a Abs. 2 Satz 1 Nr. 2 EStG i. V. m. KStR 72 Abs. 2;

▷ **NV 2-Bescheinigung** für sog. Dauerüberzahler;

▷ **NV 3-Bescheinigung** gemäß § 44a Abs. 7 Satz 2 EStG. Eine Abstandnahme nach § 44a Abs. 7 Satz 1 EStG darf nicht möglich sein. Die Abstandnahme vom Kapitalertragsteuerabzug ist vorrangig. Dies betrifft Erträge aus Anteilen an Gesellschaften mit beschränkter Haftung und Namensaktien nicht börsennotierter Aktiengesellschaften;

▷ **NV 4-Bescheinigung** gemäß § 44a Abs. 8 Satz 2 EStG. Die Erstattung ist nur i. H. v. zwei Fünftel der Kapitalertragsteuer möglich, sodass der Gläubiger mit 15 Prozent der Erträge belastet bleibt. Der Steuerabzug entspricht dem Körperschaftsteuersatz i. H. v. 15 Prozent. Die Erstattung ist nicht möglich in den Fällen, in denen vom Kapitalertragsteuer-

Erstattung einbehaltener Kapitalertragsteuer

abzug (teilweise) Abstand genommen werden kann, vgl. zur teilweisen Abstandnahme die Übersicht in Rdn. 384;

▷ Inländische Kredit- und Finanzdienstleistungsinstitute haben eine Erstattung auch unter Anrechnung auf das Freistellungsvolumen im Falle der Erteilung eines **Freistellungsauftrags** vorzunehmen. Auf diese Weise erstattete Erträge sind nach § 45d Abs. 1 Satz 1 Nr. 3 Buchst. a EStG dem Bundeszentralamt für Steuern zu melden (FSADV-Meldung). Ein Sammelantrag inländischer Kredit- oder Finanzdienstleistungsinstitute auf der Basis eines erteilten Freistellungsauftrages ist für Kapitalerträge, die nach dem 31. Dezember 2009 zufließen, nicht mehr möglich.

Weitere Voraussetzung ist, dass die Wertpapiere bzw. Wertrechte von der Bank verwahrt oder verwaltet werden. **394**

Das Bundesministerium der Finanzen beanstandet es nicht, wenn statt der oben genannten Bescheinigungen der auszahlenden Stelle bzw. dem Schuldner der Kapitalerträge eine amtlich beglaubigte Kopie des zuletzt erteilten **Körperschaftsteuerfreistellungsbescheids** überlassen wird, der für einen nicht älter als fünf Jahre zurückliegenden Veranlagungszeitraum vor dem Veranlagungszeitraum des Zuflusses der Kapitalerträge erteilt worden ist. Die Kapitalerträge dürfen allerdings nicht in einem wirtschaftlichen Geschäftsbetrieb anfallen, für den die Befreiung von der Körperschaftsteuer nicht gilt.

Wird der Körperschaftsteuer-Freistellungsbescheid beispielsweise für die Jahre 2011 bis 2013 ausgestellt, so kann der Bescheid für Zwecke der Abstandnahme vom Kapitalertragsteuerabzug gemäß § 44a EStG sowie für Zwecke der Erstattung von Kapitalertragsteuer gemäß § 44b Abs. 6 EStG bei Kapitalerträgen herangezogen werden, die bis zum 31. Dezember 2018 dem Gläubiger zufließen, vgl. Rz. 298a des BMF-Schreibens vom 18. Januar 2016, siehe Anhang Nr. 2.1.

Entsprechendes gilt, wenn eine amtlich beglaubigte Kopie der vorläufigen Bescheinigung des Finanzamts über die Gemeinnützigkeit oder ein Feststellungsbescheid nach § 60a AO (vgl. Rz. 276) überlassen wird, deren Gültigkeitsdauer nicht vor dem Veranlagungszeitraum des Zuflusses der Kapitalerträge endet. **395**

6.2.3.2 Vornahme der Erstattung durch Verrechnung mit der abzuführenden Kapitalertragsteuer

Das Kredit- oder Finanzdienstleistungsinstitut zieht die abgeführte Kapitalertragsteuer auf Kapitalerträge gemäß § 43 Abs. 1 Satz 1 Nr. 1 und 2 **396**

Entlastung vom Kapitalertragsteuerabzug

EStG nach Vornahme der Erstattung bei der von ihm abzuführenden Kapitalertragsteuer ab. Auf diese Weise refinanziert sich das Kredit- oder Finanzdienstleistungsinstitut, welches dem Gläubiger der Erträge trotz Einbehalts der Kapitalertragsteuern den Kapitalertrag in der Praxis brutto, d. h. ohne eine Kürzung um die einbehaltene Steuer ausbezahlt. Das Kredit- oder Finanzdienstleistungsinstitut finanziert die zu erstattende Kapitalertragsteuer dem Gläubiger daher in der Praxis vor.

Der Abzug der Erstattungsbeträge von der anzumeldenden Kapitalertragsteuer darf bei Kapitalerträgen gemäß § 43 Abs. 1 Satz 1 Nr. 1 und 2 EStG etc. nicht bereits zum Zeitpunkt der Abführung der Kapitalertragsteuer durch den Schuldner auf die entsprechenden Erträge erfolgen. Denn dies würde im Ergebnis zu einer Abstandnahme vom Kapitalertragsteuerabzug und zur Umgehung von § 44a EStG führen. Nach dem Gesetzeswortlaut ist nur die „einbehaltene und abgeführte Kapitalertragsteuer" (vgl. § 44b Abs. 6 Satz 1) erstattungsfähig.

So ist beispielsweise bei einer Auszahlung von Erträgen gemäß § 43 Abs. 1 Satz 1 Nr. 1 EStG durch ein Kreditinstitut die Kapitalertragsteuer zunächst einzubehalten und abzuführen. Erst **im Rahmen der darauffolgenden Kapitalertragsteueranmeldung** bis zum 10. des Folgemonats (vgl. § 44 Abs. 1 Satz 5 EStG) kann der Erstattungsbetrag abgezogen werden. Während dieses Zeitraums finanziert das Kredit- oder Finanzdienstleistungsinstitut dem Anteilseigner die erstattete Kapitalertragsteuer vor.

6.2.3.3 Angabe der Erstattungsbeträge in der Steueranmeldung

397 Das Kreditinstitut hat die erstatteten Kapitalertragsteuern in der Steueranmeldung gesondert anzugeben. Die gesonderte Aufzeichnungspflicht in der Steueranmeldung ist notwendig, um die im Finanzverwaltungsgesetz angeführten Regelungen zur Vermeidung eines Verschiebungseffektes beim Steueraufkommen durchzuführen. Vgl. auch Rdn. 444.

Hintergrund ist, dass die auf der Basis einer vorgelegten **NV-Bescheinigung** erstattete Kapitalertragsteuer von den Bundesländern in dem Verhältnis getragen wird, in dem sie an dem Aufkommen der betreffenden Steuern beteiligt sind. Maßstäblich ist hierfür das jeweilige Aufkommen des Vorjahrs, vgl. § 5 Abs. 2 FVG. Der Erstattungsbetrag ist in Zeile 11 der Kapitalertragsteueranmeldung gesondert anzugeben.

Erstattung einbehaltener Kapitalertragsteuer

Beispiel (vereinfacht):
Der Kunde erteilt eine NV-Bescheinigung (NV 1 B).

Der Anleger erhält Dividenden aus nicht sammelverwahrten Aktien gutgeschrieben i. H. v. jeweils 100 Euro.

Lösung:
Die Dividende wird von der Kapitalertragsteuer im Wege der vereinfachten Erstattung freigestellt für den Gläubiger. Die Dividendenerträge werden zunächst vom Kreditinstitut mit 25 Prozent Kapitalertragsteuer belastet. Die Anmeldung dieser Kapitalertragsteuer erfolgt in Zeile 9.

Das Kreditinstitut erstattet dem Kunden gegenüber aufgrund der eingereichten NV-Bescheinigung diese Kapitalertragsteuer bereits bei Auszahlung der Dividende. Das Kreditinstitut trägt den Erstattungsbetrag i. H. v. 25 Euro Kapitalertragsteuer und den hierauf bezogenen Solidaritätszuschlag in Zeile 11 der (folgenden) Kapitalertragsteueranmeldung ein. Der Erstattungsbetrag führt zu einer Kürzung der vom Kreditinstitut anzumeldenden Kapitalertragsteuer.

Die auf Basis eines vorgelegten **Freistellungsauftrags** vorgenommene Erstattung hingegen ist von der vom Kredit- bzw. Finanzdienstleistungsinstitut in der Funktion als auszahlende Stelle abzuführenden Kapitalertragsteuer in Abzug zu bringen. Dieser Erstattungsbetrag mindert das Zahlstellensteueraufkommen, welches in der Kapitalertragsteueranmeldung in Zeile 8 einzutragen ist. Eine gesonderte Angabe des Erstattungsbetrages gemäß § 44b Abs. 6 Satz 4 EStG unterbleibt somit entgegen dem Gesetzeswortlaut.

398

Beispiel (vereinfacht):
Der Kunde hat einen Freistellungsauftrag i. H. v. 250 Euro erteilt.

Er erhält Zinsen gutgeschrieben i. H. v. 100 Euro.

Außerdem erhält er Dividendenerträge gemäß § 43 Abs. 1 Nr. 1 EStG gutgeschrieben i. H. v. ebenfalls 100 Euro.

Lösung:
Von der Kapitalertragsteuer auf Zinsen wird Abstand genommen. Die Kapitalertragsteuer auf die Dividende i. H. v. 25 Euro wird von dem Kreditinstitut als Schuldner der Kapitalerträge zunächst abgeführt und in Zeile 10 der Kapitalertragsteueranmeldung angemeldet. Da das Kreditinstitut aufgrund des FSA eine Entlastung von der Kapitalertragsteuer in Form einer Erstattung herbeiführen darf, kann es in der folgenden

Entlastung vom Kapitalertragsteuerabzug

Kapitalertragsteueranmeldung in Zeile 8 den aufgrund des erteilten Freistellungsauftrages erstatteten Betrag an Kapitalertragsteuern i. H. v. 25 Euro von der anzumeldenden Kapitalertragsteuer abziehen. Entsprechendes gilt für den Solidaritätszuschlag.

399 Dies hat zur Konsequenz, dass die Erstattungen aufgrund eines Freistellungsauftrages nicht nach dem in § 5 Abs. 2 FVG genannten Maßstab von den Bundesländern zu tragen sind. Vielmehr bemessen sich die Zerlegungsanteile gemäß § 8 Abs. 1 Satz 1 ZerlG nach Prozentsätzen des nach Wohnsitz oder Sitz des Steuerschuldners auf das jeweilige Bundesland entfallenden Anteils am Zahlstellensteueraufkommen. Zur Ermittlung der Prozentsätze hat das Kredit- oder Finanzdienstleistungsinstitut die in Zeile 8 der Kapitalertragsteueranmeldung anzumeldende Kapitalertragsteuer nach dem Wohnsitz der Gläubiger aufzuteilen.

Somit hat die Abschaffung des Sammelantragsverfahrens im Ergebnis doch einen gewissen Verschiebungseffekt bzgl. des Kapitalertragsteueraufkommens hinsichtlich derjenigen Erstattungsbeträge, die auf die Erteilung eines Freistellungsauftrages oder auf Verlustverrechnung zurückgeht. Diesen Effekt sah der Gesetzgeber wohl als vernachlässigbar an.

6.2.3.4 Erstattung bei nachträglicher Einreichung von Bescheinigungen oder Nachweisen

400 Bei nachträglicher Einreichung der in Rdn. 393 genannten Bescheinigungen ist eine Erstattung durch das Kreditinstitut nur möglich, wenn die Einreichung bis zum 31. März des auf den Zufluss der Kapitalerträge folgenden Jahres erfolgt. Eine Erstattung gemäß § 44b Abs. 5 EStG kommt in den Fällen des § 44b Abs. 6 nicht in Betracht. Auch die Härtefallregelung im BMF-Schreiben vom 18. Januar 2016, Rz. 300, siehe Anhang Nr. 2.1, kann nicht angewendet werden, da sie nur bei Nichtvorliegen der Bescheinigung gemäß § 44a Abs. 4 Satz 3 EStG greift. Eine Ausweitung der Härtefallregelung auch auf die übrigen Fälle des § 44b Abs. 6 EStG wäre unseres Erachtens wünschenswert und sachdienlich.

6.2.3.5 Entlastung von Kapitalertragsteuer im Falle der Ausstellung von sog. Sammelsteuerbescheinigungen

401 Im Zuge des OGAW-IV-Umsetzungsgesetzes wird der Steuerabzug bei Dividenden aus sammelverwahrten Aktien mit Wirkung zum 1. Januar 2012 von der Aktiengesellschaft auf die auszahlende Stelle verlagert. Das heißt, die Dividende wird grundsätzlich in voller Höhe (brutto) innerhalb der Verwahrkette weitergeleitet und erst bei Auszahlung an den Kunden durch das Kreditinstitut, mit dem er den Depotvertrag geschlossen hat

Erstattung einbehaltener Kapitalertragsteuer

(depotführende Stelle), werden die Kapitalertragsteuer und der Solidaritätszuschlag einbehalten.

Eine Ausnahme gilt für die Fälle, in denen die Dividenden an ein ausländisches Institut weitergeleitet werden. In den Auslandsfällen hat die letzte inländische Stelle (i. d. R. Clearstream Banking AG, nachfolgend CBF genannt) den Steuerabzug **(erster Kapitalertragsteuerabzug)** vorzunehmen, sodass nur die Netto-Dividende an das ausländische Institut weitergeleitet wird. Die Wertpapiersammelbank ist somit selbst auszahlende Stelle. Somit wird in den Fällen der Dritt- oder Zwischenverwahrung im Ausland durch CBF auch dann ein Steuereinbehalt in voller Höhe von 25 Prozent vorgenommen, wenn dies aus Sicht des Kunden materiell-rechtlich nicht gerechtfertigt ist, weil dieser Verlustverrechnungspotenzial hat oder die Steuer aufgrund der Kirchensteuerverpflichtung zu senken wäre. Auch die Berücksichtigung von Freistellungsaufträgen bzw. NV-Bescheinigungen ist bei diesem ersten Steuerabzug nicht möglich, weil der Gläubiger nicht bei CBF als Kunde legitimiert ist, es also an einer direkten Kundenbeziehung fehlt.

Sobald dann das inländische Kreditinstitut, das die Aktien bzw. Investmentanteile im Ausland verwahrt, die Dividende seinen Kunden gutschreibt, muss es erneut einen Steuerabzug vornehmen und über diesen Steuereinbehalt auch eine Steuerbescheinigung auf Verlangen des Kunden ausstellen **(zweiter Kapitalertragsteuerabzug)**.

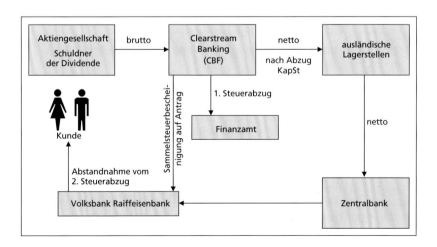

Entlastung vom Kapitalertragsteuerabzug

402 Dem Kunden könnte in Fällen der Auslandsverwahrung nur die um die doppelte Kapitalertragsteuer gekürzte Aktiendividende ausgezahlt werden. Da eine Doppelbelastung mit Kapitalertragsteuer vom Gesetzgeber nicht gewollt ist, wurde mit der Finanzverwaltung folgende Lösung abgestimmt:

Wenn sicher ist, dass die von der letzten inländischen Stelle (i. d. R. CBF) mit Kapitalertragsteuer belasteten Aktiendividenden nachweisbar aus mit Dividendenberechtigung gelieferten Beständen (Cum-Dividende) des verwahrenden ausländischen Instituts stammen, es sich somit um eine echte Dividende handelt und nicht nur um eine Kompensationszahlung (= künstliche Dividende), dann ist es inländischen Kreditinstituten (depotführende Stelle im Inland) gestattet, **von dem (zweiten) Kapitalertragsteuerabzug Abstand zu nehmen.**

Die Abstandnahme ist nach Ansicht der Finanzverwaltung möglich, wenn

▷ dem inländischen Institut der Nachweis vorliegt, dass die Wertpapiere bei der ausländischen Lagerstelle für den Anleger bereits zum Dividendenstichtag mit Dividendenberechtigung beliefert waren,

▷ beim inländischen Institut am Dividendenstichtag bei der jeweiligen letzten ausländischen Lagerstelle in der Verwahrkette keine offenen Positionen aus Käufen bestanden; es liegen insoweit ausschließlich mit Dividendenberechtigung erworbene und belieferte Bestände vor, oder

▷ die Aktien sich bereits zum vorhergehenden Dividendenstichtag im Depot des Anlegers befanden und über den Dividendenstichtag weder verliehen noch in Pension gegeben wurden.

Dies gilt auch für im Ausland zwischenverwahrte Investmentanteile.

Der beauftragte zentrale Wertpapierdienstleister wird das Vorliegen dieser Voraussetzungen überwachen bzw. administrieren.

Wird nach den o. g. Voraussetzungen vom zweiten Kapitalertragsteuerabzug Abstand genommen, so hat das inländische Kreditinstitut hierüber auch keine Einzelsteuerbescheinigung auszustellen.

403 Auf Antrag des Kreditinstituts hat jedoch CBF eine Sammelsteuerbescheinigung über alle Steuerabzugsbeträge für diejenigen Dividendenerträge auszustellen, die in der Verwahrkette über das Kreditinstitut entweder an die eigenen Kunden ausgezahlt werden (Depot B) oder für eigene Rechnung erwirtschaftet werden (Depot A). Der Antrag darf vom Kreditinstitut nur für Aktien gestellt werden, die mit Dividendenberechtigung

Erstattung einbehaltener Kapitalertragsteuer

erworben und mit Dividendenanspruch geliefert wurden, wenn also ein Kapitalertragsteueranrechnungsanspruch besteht.

Die Sammelsteuerbescheinigung dient dem Zweck, dass die Depotbank des Kunden die inländischen Dividendenerträge so abrechnen kann, wie dies geschehen würde, wenn eine Auslandsverwahrung nicht gegeben wäre. § 44a Abs. 10 Satz 7 EStG verweist zu diesem Zweck auf die entsprechende Anwendung der Vorschriften zum vereinfachten Erstattungsverfahren (vgl. Rdn. 392). **404**

Die Entlastung von der (von CBF) gezahlten Kapitalertragsteuer kann in NV-Fällen oder in FSA-Fällen dann durch Verrechnung der vom Kreditinstitut abzuführenden Kapitalertragsteuer im Rahmen der nächsten Kapitalertragsteueranmeldung mit den Erstattungsbeträgen vorgenommen werden. Dem Gläubiger der Kapitalerträge gegenüber wird die Dividende in diesen Fällen brutto, d. h. ohne Kapitalertragsteuerabzug, ausgezahlt. Auch die teilweise Entlastung von der Kapitalertragsteuer bei kirchensteuerpflichtigen Kunden kann so nachträglich hergestellt werden.

7 Anrechnung ausländischer Quellensteuer

Die Abgeltungsteuer wird um die auf ausländische Einkünfte entfallende anrechenbare ausländische Steuer gemindert, § 32d Abs. 1 Satz 2 i. V. m. Abs. 5 EStG. Diese Sonderregelung ist aus Gründen der Verfahrenserleichterung zweckmäßig, damit das depotführende Kreditinstitut die anfallende ausländische Quellensteuer gemäß § 43a Abs. 3 Satz 1 EStG bereits anrechnen kann. So kann eine Veranlagung nur zum Zwecke der Anrechnung ausländischer Quellensteuern vermieden werden. **405**

Bei jedem ausländischen Kapitalertrag ist die ausländische Steuer auf die deutsche Steuer anzurechnen. Die Anrechnung setzt die unbeschränkte Steuerpflicht voraus. Für die Anrechnung ausländischer Quellensteuern aus einem Staat, mit dem kein Doppelbesteuerungsabkommen (DBA) abgeschlossen wurde, ist es erforderlich, dass ausländische Einkünfte aus Kapitalvermögen i. S. d. § 34d Nr. 6 EStG vorliegen und die Tatbestandsbestandsmerkmale des § 34c Abs. 1 Satz 1 EStG erfüllt sind. Die ausländische Steuer muss insbesondere der deutschen Einkommensteuer entsprechen. **406**

Liegt ein DBA mit dem Quellenstaat vor, so ist vorrangig dem DBA zu entnehmen, wer zur Anrechnung befugt ist, was ausländische Einkünfte sind und welche ausländische Steuer angerechnet werden kann. **407**

Regelt ein DBA, dass eine Anrechnung von Quellensteuern erfolgen kann, obwohl der Quellenstaat keine oder eine niedrigere Quellensteuer erhebt (Anrechnung „fiktiver" Quellensteuern), so ist eine Anrechnung nur dann möglich, wenn die Anrechnung nicht von weiteren materiellen Voraussetzungen (z. B. bestimmte Investitionen durch den Emittenten des Wertpapiers) abhängig ist. Sind weitere Voraussetzungen für die Anrechnung zu prüfen, so kann nach Ansicht der Finanzverwaltung eine Anrechnung nicht im Kapitalertragsteuerverfahren, sondern nur im Rahmen der Veranlagung durch die zuständigen Finanzämter erfolgen.

Anrechnung ausländischer Quellensteuer

408 Die Anrechnung ist begrenzt auf höchstens 25 Prozent ausländische Steuer auf den einzelnen Kapitalertrag. Die deutsche Einkommensteuer auf den einzelnen Kapitalertrag kann daher auf null reduziert werden – zu einer Erstattung des über 25 Prozent hinausgehenden Quellensteuerbetrags kann es hingegen beim Steuereinbehalt durch das Kreditinstitut nicht kommen.

Es sind auch nur diejenigen ausländischen Steuern berücksichtigungsfähig, für die nach dem nationalen Recht im Quellenstaat oder aufgrund eines DBA kein Ermäßigungsanspruch im Quellenstaat geltend gemacht werden kann. Die Kapitalertragsteuer ist ohne Anrechnung ausländischer Steuern zu erheben, wenn im betreffenden ausländischen Staat nach dem Recht dieses Staates ein Anspruch auf teilweise oder vollständige Erstattung der ausländischen Steuer besteht.

Beispiel norwegische Quellensteuer auf Dividenden:
Dividendenzahlungen einer norwegischen Kapitalgesellschaft an eine in Deutschland ansässige natürliche Person unterliegen der norwegischen Quellensteuer i. H. v. derzeit 25 Prozent. Die mit Quellensteuer belasteten Anteilseigner mit Wohnsitz in einem EU- oder EWR-Staat haben einen Anspruch auf vollständige oder teilweise Erstattung der Quellensteuer. Dividenden sind in Höhe eines fiktiven risikofreien Ertrags aus dem investierten Kapital steuerfrei (sog. „shielding deduction"). Dieser steuerfreie Ertrag wird aus den tatsächlichen Anschaffungskosten der natürlichen Person für ihre Beteiligung mit einem Prozentsatz ermittelt, der sich nach dem Zinssatz für 3-monatige Regierungsanleihen richtet. Soweit der steuerfreie Betrag die Dividende übersteigt, kann er vorgetragen und mit künftigen Dividenden aus derselben Beteiligung verrechnet werden. Der steuerfreie Ertrag ist für jede Beteiligung getrennt zu ermitteln.

Dividendenempfänger mit Wohnsitz im Europäischen Wirtschaftsraum erhalten die Steuerbefreiung der „shielding deduction" in Form einer vollständigen oder teilweisen Erstattung der i. H. v. 25 Prozent einbehaltenen Quellensteuer.

Ein Antrag auf Erstattung der Quellensteuer, die auf die „shielding deduction" entfällt, schließt einen Antrag auf Erstattung der Quellensteuer aus, die die nach DBA zulässige Quellensteuer von 15 Prozent übersteigt.

Da in Abhängigkeit der gewählten Variante ein Anspruch auf Erstattung norwegischer Quellensteuer bestehen kann, ist die Kapitalertragsteuer ohne Berücksichtigung der ausländischen Steuer zu erheben.

Anrechnung ausländischer Quellensteuer

Die Finanzverwaltung (vgl. BMF-Schreiben vom. 18. Januar 2016, Rz. 202 und 206, siehe Anhang Nr. 2.1) hat klargestellt, dass die länderbezogene Ermittlung des Anrechnungshöchstbetrags (per country limitation) im Rahmen der Abgeltungsteuer nicht gilt. Anrechenbare, aber noch nicht angerechnete ausländische Quellensteuer kann daher auch auf Kapitalertragsteuern angerechnet werden, welche auf inländische Kapitalerträge entfallen. Dies ist insbesondere dann relevant, wenn die auszahlende Stelle vor einer etwaigen Anrechnung ausländischer Quellensteuern eine Verrechnung der positiven Kapitalerträge aus dem Ausland mit Verlusten vornimmt. Denn die Verlustverrechnung hat Vorrang vor der Anrechnung ausländischer Quellensteuern, vgl. § 43a Abs. 3 Satz 2 EStG. Nach Verrechnung der Verluste kann die Kapitalertragsteuer so niedrig ausfallen, dass eine Anrechnung der ausländischen Quellensteuer nicht mehr möglich ist. Die auszahlende Stelle trägt die anrechenbaren, noch nicht angerechneten Quellensteuern dann innerhalb desselben Kalenderjahres vor bis zur Abrechnung weiterer Kapitalerträge, sodass der Steuerpflichtige nicht nur wegen der Anrechnung ausländischer Quellensteuern die Veranlagung zur Einkommensteuer beantragen muss. Auch der Anrechnungsanspruch geht dem Steuerpflichtigen nicht verloren. **409**

Auf Initiative des ZKA (jetzt: der DK) hat das BMF eine Liste der im Rahmen des Kapitalertragsteuerabzugsverfahrens anrechenbaren ausländischen Quellensteuern erstellt[1]. Grundsätzlich ist diese Liste bei der Anrechnung der ausländischen Quellensteuer ab dem 1. Januar des laufenden Jahres zu berücksichtigen. **410**

Um eine reibungslose Abwicklung auf Ebene der Kreditinstitute zu ermöglichen, wird es von der Finanzverwaltung nicht beanstandet, wenn die sich aus der Übersicht ergebenden Änderungen erst ab dem 1. Juli des jeweiligen Kalenderjahres im Steuerabzugsverfahren berücksichtigt werden.

Bei Treuhand-, Nießbrauch- und Nachlasskonten wird ein jeweils eigener Verlustverrechnungskreis pro Konto geführt. Entsprechend kann auch die ausländische Quellensteuer angerechnet werden, vgl. BMF-Schreiben vom 18. Januar 2016, Rz. 210, wiedergegeben im Anhang unter 2.1. **411**

Die Anrechnung ausländischer Steuern bei Ausschüttungen aus kanadischen Income Trusts ist nicht möglich. Bei kanadischen Income Trusts handelt es sich aus Sicht des deutschen Steuerrechts nicht um ein selbstständi- **412**

---

1 Abrufbar über http://www.bzst.de/DE/Steuern_International/Auslaendische_Quellensteuer/auslaendische_quellensteuer_node.html

ges Steuersubjekt. Da diese Gebilde zudem nur in ein einziges Objekt investieren, kommen die Vorschriften des Investmentsteuergesetzes nicht in Betracht. Vielmehr erfolgt ein Durchgriff auf die in Deutschland ansässigen Anleger. Bei der Zurechnung behalten die Einkünfte des Trusts – je nach Anlageform – ihre ursprüngliche steuerliche Qualität. Demzufolge fallen auch nicht alle Ausschüttungsbestandteile unter die Abgeltungsteuer und eine Anrechnung ausländischer Quellensteuern kann daher generell nicht im Rahmen des Kapitalertragsteuerabzugsverfahrens erfolgen. Die Anrechenbarkeit ist vielmehr erst im Rahmen der Veranlagung zu klären, BMF-Schreiben vom 18. Januar 2016, Rz. 211, wiedergegeben im Anhang unter 2.1.

8 Kirchensteuer

Nach den Bestimmungen der Landeskirchensteuergesetze ist ab dem 1. Januar 2009 auch auf die Kapitalertragsteuer Kirchensteuer zu erheben, wenn der Bankkunde einer erhebungsberechtigten Religionsgemeinschaft angehört. Während eines Übergangszeitraums bis Ende 2014 wurde Kirchensteuer von den Kreditinstituten jedoch nur dann einbehalten, wenn ein schriftlicher Antrag vom Kunden auf Kirchensteuereinbehalt (siehe Anhang 3.5) gestellt wurde. Machte der Bankkunde hiervon keinen Gebrauch, erfolgte die Festsetzung von Kirchensteuer im Veranlagungsverfahren durch das Finanzamt, bei dem der Kirchensteuerpflichtige die Summe der Kapitalertragsteuer als Bemessungsgrundlage anzugeben hat. Im Verlauf des Jahres 2014 erfolgte erstmals die automatisierte Erfassung der Kirchensteuermerkmale („KiSTAM") der Kunden durch die Kreditinstitute. Auf dieser Grundlage wird ab 2015 automatisch Kirchensteuer auf Kapitalertragsteuer erhoben. Die nachfolgende Darstellung konzentriert sich auf dieses neue Verfahren. Die obersten Finanzbehörden der Länder haben mit Stand 10. August 2016 (geändert am 1. März 2017) gleichlautende Erlasse zum elektronischen Kirchensteuerverfahren veröffentlicht, auf die nachfolgend verwiesen wird („Kirchensteuererlasse"). 413

Die Kirchensteuer ist als Sonderausgabe zu berücksichtigen und führt damit zu einer Verringerung der Kapitalertragsteuer und infolge dessen auch des Solidaritätszuschlags. Bei einer Kirchensteuer von 9 Prozent (8 Prozent) beträgt die Kapitalertragsteuer rund 24,45 Prozent (24,51 Prozent). 414

Beispiel:
Kirchensteuer-Erhebung auf inländischen Dividendenzahlung von 100 Euro

Schüttet die börsennotierte A-AG an den Aktionär eine Dividende von 100 Euro aus, muss die depotführende Bank bei einem kirchensteuer-

pflichtigen Anleger Kapitalertragsteuer, Solidaritätszuschlag und
– nach Maßgabe des ihr vom BZSt mitgeteilten KiSTAM und Kirchensteuersatzes – Kirchensteuer gegenüber ihrem Betriebsstättenfinanzamt anmelden und abführen. Dabei berücksichtigt die Bank auch den Sonderausgabenabzug. Auf Grundlage der kirchensteuergläubiger „scharfen" Kapitalertragsteueranmeldung kann die Finanzverwaltung die Kirchensteuer an den Kirchensteuergläubiger weiterleiten.

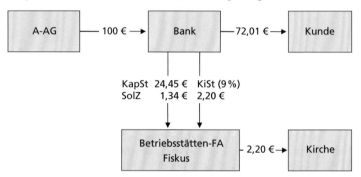

Unterschiedliche Auswirkung der Kirchensteuersätze von 8 bzw. 9 Prozent

KiSt	KapSt	SolZ	KapSt-Entlastung	SolZ-Entlastung	KiSt-Belastung
	nach Sonderausgabenabzug der Kirchensteuer				
9 Prozent	24,45 Prozent	1,34* Prozent	0,55 Prozent	0,03* Prozent	2,20 Prozent
8 Prozent	24,51- Prozent	1,34* Prozent	0,49 Prozent	0,03* Prozent	1,96 Prozent
* Wegen der Rundungsregeln ergibt sich in dieser Darstellung kein Unterschied.					

8.1 Automatisiertes Kirchensteuerverfahren

415 Das Gesetz verpflichtet die Banken, einmal jährlich das Kirchensteuerabzugsmerkmal („KiStAM") der Kunden abzufragen (sog. Regelabfrage). Hierdurch soll sichergestellt werden, dass neben dem Kapitalertragsteuerabzug – im Fall bestehender Kirchenmitgliedschaft – auch die geschuldeten Kirchensteuerbeträge automatisch einbehalten werden. Das KiStAM

Automatisiertes Kirchensteuerverfahren

besteht aus zwei Komponenten: Kirchensteuersatz und einem sechsstelligen Religionsschlüssel. Mit Letzterem wird die betreffende Religionsgemeinschaft (der Steuergläubiger) bezeichnet.

Das Verfahren ändert dabei nichts an der materiellen Kirchensteuerpflicht als solcher: Kunden, die keiner kirchensteuererhebungsberechtigten Religionsgemeinschaft angehören, sind von dem Verfahren nicht betroffen (sie werden zwar in die Abfrage einbezogen, allerdings erhalten die Banken in diesen Fällen jeweils sog. Nullwerte zurückgeliefert). **416**

Das automatisierte Verfahren stellt zudem auch für Kirchenmitglieder (genauer: Mitglieder einer kirchensteuererhebungsberechtigten Religionsgemeinschaft) keine Steuererhöhung dar. Kirchensteuer auf Kapitalerträge ist von diesen Personen nach wie vor nur dann zu entrichten, wenn auch Kapitalertragsteuer geschuldet wird. Die Änderung betrifft nur die Form der Erhebung geschuldeter Kirchensteuer: bislang wurde von den Banken nur auf Antrag Kirchensteuer im Steuerabzugsverfahren erhoben, ohne Antrag musste die Kirchensteuer in der Veranlagung festgesetzt werden. Künftig erfolgt der Kirchensteuereinbehalt aufgrund eines automatisierten Abfrageverfahrens. Gleichwohl erfolgt eine Abfrage des Kirchensteuermerkmals auch bei Privatkunden, die bislang aufgrund FSA oder NV-Bescheinigung keine Kapitalertragsteuer (und folglich auch keine Kirchensteuer) zu zahlen hatten. Dies hängt damit zusammen, dass die Abfrage zukunftsgerichtet erfolgt: die Regelabfrage im Jahr 2017 gilt für das gesamte Kalenderjahr 2018, die Regelabfrage im Jahr 2018 gilt für das gesamte Kalenderjahr 2019 usw. Die Bank weiß im Abfragezeitpunkt aber nicht mit Sicherheit, ob auch im jeweiligen Folgejahr Kapitalerträge – und wenn ja, in welcher Höhe – anfallen werden. Allerdings vertritt die Finanzverwaltung die Auffassung, dass eine Regelabfrage zu unterbleiben hat, wenn zum Zeitpunkt der Regelabfrage eine für das Folgejahr gültige Nichtveranlagungsbescheinigung vorliegt; diese Rechtsauffassung ist von den Instituten für nach dem 31. Dezember 2017 zufließende Kapitalerträge zu berücksichtigen, vgl. Rz. 44, 56 der Kirchensteuererlasse, wiedergegeben im Anhang Nr. 2.9. **417**

Die **Regelabfrage** erfolgt jährlich im Zeitraum von September bis Oktober durch elektronische Übermittlung der IdNr und des Geburtsdatums des jeweiligen Kunden an das BZSt. Sofern die Bank über die IdNr des Kunden noch nicht verfügt, kann die Bank die Adressdaten des Kunden an das BZSt übermitteln und erhält die IdNr von dort zurückgemeldet (IdNr-Abfrage). Beide Abfragen (IdNr- und KiSTAM-Abfrage) können auch kombiniert werden. Ist der Bank die IdNr bereits bekannt, erfolgt nur die Ki- **418**

STAM-Abfrage. Eine einmal erhobene IdNr kann die Bank für alle steuerlichen Zwecke verwenden. Insoweit bringt das Abfrageverfahren auch einen Nutzen z. B. im Hinblick auf die Erfüllung der gesetzlichen Pflicht, ab dem Jahr 2016 erteilte Freistellungsaufträge nur noch anzuwenden, wenn die IdNr vorliegt. Das BZSt liefert bei erfolgreichem Datenabgleich aufgrund der Regelabfrage das betreffende KiSTAM und den Steuersatz bzw. einen Nullwert (letzteres im Fall fehlender Kirchensteuerpflicht des Kunden oder wenn der Kunde einen Sperrvermerk eingelegt hat – siehe hierzu nachfolgende Ausführungen); scheitert der Datenabgleich, wird ein sog. Returncode zurückgemeldet.

419 Neben der Regelabfrage ist auch eine **Anlassabfrage** möglich. Die Abfrage erfolgt auf Kundenwunsch oder anlässlich der Begründung einer Kundenbeziehung. Es handelt sich allerdings nicht um eine Pflichtabfrage. Im Unterschied zur Regelabfrage wird bei der Anlassabfrage stets der aktuelle Status des Kunden im Zeitpunkt der Abfrage zurückgemeldet. Ebenfalls im Unterschied zur Regelabfrage ist das Abfrageergebnis von der Bank sofort zu berücksichtigen. Hieraus können Probleme resultieren, weil im Hinblick auf die jahresbezogene Berechnung der Steuerabzugsbeträge und die Pflicht zur Ausstellung einer einheitlichen (Jahres-)Steuerbescheinigung keine unterjährige Änderung des Steuerstatus des Kunden berücksichtigt werden kann (siehe im Einzelnen Abschnitt 8.3).

420 Der (kirchensteuerpflichtige) Kunde kann gegenüber dem BZSt einen Sperrvermerk beantragen (Widerspruchsrecht). Wird der Antrag bis 30. Juni des jeweiligen Jahres gestellt, wird er bei der Regelabfrage des laufenden Jahres berücksichtigt. In diesem Fall erhält die Bank aufgrund der KiSTAM-Abfrage einen Nullwert zurückgemeldet. Bei bestehender Kirchensteuerpflicht löst der Sperrvermerk eine Kontrollmitteilung an das Wohnsitzfinanzamt aus, wenn ein Kreditinstitut eine Abfrage für diesen Kunden durchführt. Der Kunde wird dann von seinem Wohnsitzfinanzamt ggf. zur Abgabe einer Steuererklärung aufgefordert.

421 Die Banken sind während der Dauer der Kundenbeziehung („während der Dauer der rechtlichen Verbindung") zumindest einmal verpflichtet, die Kunden über die Datenabfrage und das gegenüber dem BZSt bestehende Widerspruchsrecht, das sich auf die Übermittlung der Daten zur Religionszugehörigkeit bezieht, schriftlich oder in anderer geeigneter Form zu informieren. Der Hinweis hat rechtzeitig vor der Regel- oder Anlassabfrage zu erfolgen.

Zeitlicher Ablaufplan (am Beispiel der Regelabfrage 2019) 422

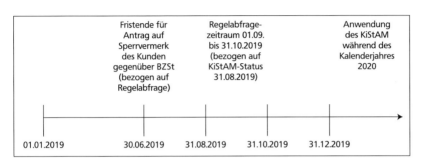

Die betriebsinternen Systeme der Bank (des Kirchensteuerabzugsverpflichteten) müssen so ausgelegt sein, dass nur die für die Verarbeitung der Daten und den jeweiligen Kundenkontakt zwingend erforderlichen Berechtigten **Zugriff auf das KiStAM** haben (§ 51a Abs. 2c Satz 9 EStG). Das gilt auch für den jeweiligen Zugriff auf nur eine der beiden Komponenten Kirchensteuersatz und Religionsschlüssel der Religionsgemeinschaft. Für Zwecke außerhalb des Kirchensteuerabzugs dürfen die Bank und die beteiligte Finanzbehörde das KiStAM nur verwenden, wenn der Gläubiger der Kapitalerträge zustimmt oder dies gesetzlich zugelassen ist (§ 51a Abs. 2c Satz 10 EStG). Eine gesetzlich zugelassene Nutzung ist die Verwendung des KiStAM zur Nacherhebung der Kirchensteuer im Wege der Veranlagung gemäß § 51a Abs. 2e Satz 4 und 5 EStG.

8.2 Welche Kunden sind in das Abfrageverfahren einzubeziehen?

In die Regelabfrage sind grundsätzlich alle potenziellen Gläubiger von Kapitalerträgen einzubeziehen, mit denen die Bank im Abfragezeitpunkt in einer rechtlichen Verbindung steht, vgl. Rz. 4, 27 der Kirchensteuererlasse, wiedergegeben im Anhang Nr. 2.9. Problematisch ist die Aussage der Finanzverwaltung, dass auch betriebliche Konten und Depots einzubeziehen sind; insoweit wurde allerdings eine großzügige Übergangsfrist bis zum 31. Dezember 2019 eingeräumt, die Gelegenheit schaffen soll, den Gesetzeswortlaut auf das Privatvermögen (nur dafür macht die Kirchensteuererhebung im Steuerabzugsverfahren Sinn!) einzugrenzen, Rz. 40, 56 der Kirchensteuererlasse, wiedergegeben im Anhang Nr. 2.9. Die Finanzverwaltung definiert zudem Ausnahmen von der Ab- 423 frage (vgl. Rz. 42 bis 46 der Kirchensteuererlasse, wiedergegeben im Anhang Nr. 2.9) von denen folgende für Banken als Abfragepflichtige relevant sind:

▷ Kunde hat Status als **Steuerausländer.** In diesen Fällen ist eine Anfrage der IdNr und eine Abfrage des KiStAM nicht erforderlich. Bei Aufgabe des inländischen Wohnsitzes ist der Statuswechsel vom Steuerinländer zum Steuerausländer dem Kirchensteuerabzugsverpflichteten durch schriftliche, beweiskräftige Unterlagen nachzuweisen, vgl. Rz. 314 des BMF-Schreibens vom 18. Januar 2016, wiedergegeben im Anhang Nr. 2.1. Kann der Status nicht zweifelsfrei nachgewiesen werden, ist weiterhin davon auszugehen, dass im Inland unbeschränkte Steuerpflicht besteht.

▷ Eine Anfrage der IdNr und eine Abfrage des KiStAM sind nicht erforderlich, wenn die rechtliche Verbindung ausschließlich zur Ausreichung eines Kredits besteht und sonst keinerlei kapitalertragsteuerlich relevante Aktivitäten für den Kreditnehmer unternommen werden. Ist ausnahmsweise Kapitalertragsteuer abzuführen z. B. soweit ein Nutzungsersatz auf rückabgewickelte Kreditbearbeitungsgebühren an den Kreditnehmer gezahlt wird, der die auf die Gebühren gezahlten Kreditzinsen übersteigt, besteht eine Verpflichtung zum Kirchensteuerabzug nur, wenn auf Veranlassung des Kunden eine Anlassabfrage an das BZSt gerichtet wird und der Kirchensteuerabzugsverpflichtete das erhaltene KiStAM nach seinen innerbetrieblichen Abläufen nutzen kann. Andernfalls ist die Kirchensteuer im Rahmen der Veranlagung des Kreditnehmers zur Kirchensteuer festzusetzen (§ 51a Abs. 2d EStG).

▷ Kunde verfügt über eine für das Folgejahr gültige **Nichtveranlagungsbescheinigung,** die der Bank vorliegt.

424 Die vorstehenden Aussagen grenzen entsprechend die Pflicht der Bank zur Hinweiserteilung auf das Abfrageverfahren sowie das Widerspruchsrecht (Antragsrecht auf Setzen des Sperrvermerks gegenüber dem BZSt) ein.

425 Das automatisierte Kirchensteuerverfahren zielt darauf, im Fall einer bestehenden Kirchensteuerpflicht des Privatanlegers die Kirchensteuer auf Kapitalertragsteuer bereits im Steuerabzugsverfahren zu erheben. Die Aussage, dass es darauf ankommt, **ob der Kunde potenziell Schuldner von Kapitalertragsteuer sein kann,** macht eine Prognose erforderlich. Zu beachten ist, dass eine **reine Vorratsdatenspeicherung** datenschutzrechtlich unzulässig wäre.

Welche Kunden sind in das Abfrageverfahren einzubeziehen?

Im Ergebnis ist daher eine am Gesetzeszweck und den Aussagen der Finanzverwaltung orientierte Selektion des relevanten Kundenkreises erforderlich. Dabei ist zu beachten, dass es im Fall der Regelabfrage um potenziell im Folgejahr zufließende Kapitalerträge geht. Nach den bisherigen Abstimmungsgesprächen lässt sich der relevante Kundenkreis wie folgt bestimmen: **426**

> In die Abfrage einzubeziehen sind Kunden, die zumindest über ein auf ihren Namen lautendes privates Konto oder Depot verfügen und bei denen zumindest die Möglichkeit besteht, dass sie künftig kapitalertragsteuerpflichtige Kapitalerträge erzielen.

Besonderheiten bestehen bei Konten/Depots, die auf Personenmehrheiten lauten. Sind an den Kapitalerträgen **ausschließlich Ehegatten oder Lebenspartner** beteiligt, wird für Zwecke der Kirchensteuererhebung im Steuerabzugsverfahren die Kapitalertragsteuer auf Erträge aus gemeinsamen Anlagen hälftig aufgeteilt (ein abweichender Aufteilungsmaßstab ist für das Steuerabzugsverfahren nicht zugelassen). Dadurch wird sichergestellt, dass jeder Ehegatte/Lebenspartner nach seiner Religionszugehörigkeit/Nichtzugehörigkeit zu einer Religionsgemeinschaft bzw. danach, ob ein Sperrvermerk eingelegt wurde oder nicht, getrennt behandelt wird. Bei anderen Personenmehrheiten (z. B. Gemeinschaftskonten von Geschwistern, Konten/Depots von Investmentclubs, WEG-Konten) findet das Abfrageverfahren hingegen keine Anwendung. Die Kirchensteuer auf Kapitalerträge kann in diesen Fällen nur im Wege der Veranlagung festgesetzt werden (§ 51a Abs. 2d EStG). **427**

Bei **Tafelgeschäften** (z. B. einzelverbriefte Zinsscheine) hat ein Kirchensteuerabzug nur dann zu erfolgen, wenn die Kapitalerträge über ein inländisches Kreditinstitut ausgezahlt werden, mit dem der Gläubiger der Kapitalerträge bereits vor der Einreichung der Zinsscheine in einer laufenden rechtlichen Verbindung steht und dem Kreditinstitut dessen KiStAM vorliegt. Andernfalls ist die Kirchensteuer im Veranlagungsverfahren festzusetzen (§ 51a Abs. 2d EStG). Vgl. hierzu Rz. 38 der Kirchensteuererlasse, wiedergegeben im Anhang Nr. 2.9. **428**

Demnach können – ohne Anspruch auf Vollständigkeit – aus rein steuerrechtlicher Sicht folgende Kundengruppen vom Abfrageverfahren ausgenommen werden (im Einzelnen hängt die Selektion allerdings auch von den technischen Gegebenheiten ab):

Kirchensteuer

Kundenart:	Relevanz für IDNr- bzw. KiSTAM-Abfrage?
Kunde ist Steuerausländer	Nein
Kunde verfügt ausschließlich über betriebliche Konten/Depots	Nein (bzw. Übergangsregelung der Finanzverwaltung bis 31. Dezember 2019)
Nur-Bevollmächtigte – ohne Bezug zu einem Freistellungsauftrag	Nein
Wirtschaftlich Berechtigte nach GwG z. B. für jur. Personen	Nein
Vertreter von jur. Personen	Nein
Abweichend wirtschaftlich Berechtigte (z. B. bei Anderkonten, Mietkautionskonten-Altbestand)	Nein
Lose Personenzusammenschlüsse	Nein
Nachlassfälle	Nein
Kunden mit ausschließlich Avalkonten oder Darlehenskonten	Nein
Kunden mit nur noch aufgelösten Konten/Depots	Nein
Abwicklungsengagements	Nein
Nur Bürge/Kreditsicherheit	Nein
Nur Kreditkarteninhaber	Nein, es sei denn: Habenverzinsung möglich
Nur Safe-Inhaber/-Bevollmächtigter	Nein
Nur Gewinnsparlose-Inhaber	Nein
Nur sonstige Rollen und Berechtigungen (z. B. Hinterlegung Verwahrstücke, Vertrag z. G. Dritter, Bote)	Nein

429 Zu beachten ist bei der Selektion allerdings auch, dass ein Kunde, der künftig erstmals ein privates Konto oder Depot eröffnet, ab diesem Zeitpunkt in Bezug auf das Kirchensteuerverfahren wie ein Neukunde zu behandeln ist.

Weiterhin ist die Frage aufgekommen, ob Kunden, die derzeit nicht über **430** kapitalertragsteuerpflichtige Kapitalerträge verfügen (z. B. Konto ohne Verzinsung oder Kunde mit ausreichendem FSA), aus dem Abfrageverfahren ausgeklammert werden können. Da es nach Auffassung der Finanzverwaltung auf die „potenzielle" Kapitalertragsteuerpflicht ankommt (vgl. Rz. 27 der Kirchensteuererlasse, wiedergegeben im Anhang Nr. 2.9), ist die Einbeziehung dieser Fälle in das Abfrageverfahren zu bejahen. Diese Verfahrensweise kann mit der hypothetischen Annahme begründet werden, dass künftig ein höherer Geldbetrag (z. B. aus einer Erbschaft) angelegt werden könnte, der FSA überschritten werden könnte oder die Bank eine Verzinsung bislang zinsloser Konten vornehmen könnte.

8.3 Besonderheiten der Anlassabfrage

Die Anlassabfrage war ursprünglich vom Gesetzgeber für Einzelerträge **431** (bei Versicherungen) konzipiert worden. Erst im Nachhinein wurde der Anwendungsbereich auf Banken ausgedehnt. Die Abfrage kann demnach auch auf Kundenwunsch oder anlässlich der Begründung einer Kundenbeziehung erfolgen. Wichtig: die Bank ist nicht verpflichtet, diese Abfragemodalität zur Verfügung zu stellen; verpflichtend ist nur die jährliche Regelabfrage.

Zwischen Regelabfrage und Anlassabfrage bestehen folgende Unterschiede: **432**

Kirchensteuer

Regelabfrage	Anlassabfrage
Die Regelabfrage erfolgt verpflichtend einmal jährlich.	Die Anlassabfrage erfolgt entweder auf Veranlassung der Bank oder auf Kundenwunsch.
Das Ergebnis der Regelabfrage bezieht sich stets auf den kirchensteuerlichen Status des Kunden am **31. August** des Abfragejahres.	Das Ergebnis der Anlassabfrage bezieht sich auf den **jeweils aktuellen Stand** der Datenbank im Zeitpunkt der Abfrage.
Das aufgrund der Regelabfrage erlangte Merkmal (KiSTAM oder Nullwert) ist von der abfragenden Bank beim Steuerabzug des **Folgejahres** zu berücksichtigen.	Das aufgrund der Anlassabfrage erlangte Merkmal (KiSTAM oder Nullwert) gilt **ab sofort,** d. h. ab Übermittlung des Merkmals an die Bank. Hieraus ergeben sich Besonderheiten bei Kunden, die im Zeitpunkt der Anlassabfrage bereits Kapitalerträge gutgeschrieben bekommen haben (siehe nachstehende Ausführungen).

433 Die Anlassabfrage kann für folgende Kunden von Interesse sein:

▷ **Kirchensteuerpflichtige Kunden, für die noch kein KiSTAM vorliegt.** Das betrifft insbesondere Neukunden, die nach der letzten Regelabfrage eine Kundenbeziehung begründen.

▷ **Kunden, deren kirchensteuerlicher Status sich nach dem letzten Stichtag (31. August) geändert hat** (z. B. Kirchenaustritt, aber auch: Änderung des Kirchensteuergläubigers bzw. des Steuersatzes aufgrund Wohnsitzwechsel; z. B. Umzug eines katholischen Kunden im September 2017 von Hessen nach Bayern, wodurch sich der Kirchensteuergläubiger – die Diözese – und der Kirchensteuersatz – künftig 8 statt 9 Prozent – ändern). War der Kunde (Kirchenmitglied) bisher Steuerausländer und wird Steuerinländer, begründet er damit auch die inländische Kirchensteuerpflicht. Für diese Fälle könnte ggf. zum Jahresende eine Anlassabfrage erfolgen.

▷ **Kunden, die einen Sperrvermerk beantragt haben, der bei der letzten Regelabfrage der Bank noch nicht berücksichtigt werden konnte.** Beantragt ein Kunde erst nach dem 30. Juni eines Jahres einen Sperrvermerk, kann dieser bei der Regelabfrage 2014 nicht mehr berücksichtigt werden. Die Bank erhält dann aufgrund der Regelabfrage ein KiSTAM, auch wenn der Kunde dies womöglich vermeiden will. Für diese Fälle könnte ggf. zum Jahresende eine Anlassabfrage erfolgen. Wenn diese

Kunden den Antrag auf Sperrvermerk nachgeholt haben, kann eine Anlassabfrage dazu führen, dass das KiSTAM wieder gelöscht wird (es kommt dann aber wiederum zu einer Kontrollmitteilung an die Wohnsitzfinanzämter). Zu beachten ist dabei, dass das BZSt zwei Monate Bearbeitungszeit für Anträge auf Sperrvermerk vom Gesetzgeber eingeräumt bekommen hat! Wenn daher ein Kunde erst nach dem 31. Oktober 2017 einen Sperrvermerk beantragt, ist auch bei einer Ende Dezember 2017 durchgeführten Anlassabfrage nicht sichergestellt, dass dann der Sperrvermerk bereits in der BZSt-Datenbank eingepflegt ist; somit wäre in diesem Fall nicht gewährleistet, dass für den Kirchensteuerpflichtigen der Nullwert anstelle des KiSTAM zurückgemeldet würde.

Darüber hinaus ist bei Anlassabfragen wie folgt zu unterscheiden: 434

▷ **Kunde hat im Zeitpunkt der Verarbeitung der Antwort aus der Anlassabfrage bereits Erträge abgerechnet bekommen**
In diesem Fall kann die Anlassabfrage erst zum Jahresende mit Wirkung für das Folgejahr durchgeführt werden. Da das Ergebnis der Anlassabfrage erst ab dem Zeitpunkt der Abfrage gilt, kann das übermittelte KiSTAM oder der Nullwert nur für zukünftige Erträge verwendet werden. Dies kollidiert aber mit der Anforderung der Finanzverwaltung, dem Kunden eine einheitliche Jahressteuerbescheinigung für den Zeitraum 1. Januar bis 31. Dezember auszustellen. Dies könnte nicht gewährleistet werden, wenn unterjährig ab dem Abfragezeitpunkt erstmals ein KiSTAM, ein geändertes KiSTAM, ein geänderter Kirchensteuersatz oder ein Nullwert (z. B. infolge Kirchenaustritt) berücksichtigt werden müsste. In der Jahressteuerbescheinigung kann nämlich nur ein Kirchensteuersatz und ein Kirchensteuergläubiger angegeben werden. Eine Differenzierung nach unterschiedlichem Steuerstatus innerhalb des Jahres (z. B. für den ersten Teil des Jahres Kirchensteuerpflicht, für den zweiten Teil des Jahres keine Kirchensteuerpflicht) ist mit dieser Anforderung derzeit nicht vereinbar.

▷ **Kunde hat im Zeitpunkt der Verarbeitung der Antwort aus der Anlassabfrage noch keine Erträge abgerechnet bekommen**
In diesem Fall ist die Anlassabfrage unproblematisch, weil das aufgrund der Abfrage dann gelieferte Merkmal (KiSTAM oder Nullwert) auf alle Erträge des betreffenden Jahres angewendet werden kann – damit kann grundsätzlich auch dem Gebot einer einheitlichen Jahressteuerbescheinigung Rechnung getragen werden.

Kirchensteuer

435 **Anlassabfrage und Widerspruchsrecht**

Auch vor der Anlassabfrage ist der Kunde nach dem Gesetz auf die Abfrage und das Widerspruchsrecht gegenüber dem BZSt von der Bank hinzuweisen. Aus Sicht der Finanzverwaltung ist dies allerdings dann nicht erforderlich, wenn die Anlassabfrage **auf Wunsch des Kunden** (Gläubigers der Kapitalerträge) erfolgt, weil in diesem Fall der Kunde ein eigenes Interesse an der Übermittlung der Informationen hat, vgl. Rz. 16 der Kirchensteuererlasse, wiedergegeben im Anhang Nr. 2.9. Darüber hinaus soll bei **Anlassabfrage anlässlich der Kontoeröffnung** ohne Einhaltung einer Frist eine Anlassabfrage durchgeführt werden, wenn bereits bei Kontoeröffnung auf die Datenabfrage und das Widerspruchsrecht hingewiesen wurde (der Hinweis zu Beginn der rechtlichen Verbindung sei stets rechtzeitig), vgl. Rz. 15 der Kirchensteuererlasse, wiedergegeben im Anhang Nr. 2.9. Die Durchführung der Anlassabfrage „ohne Einhaltung einer Frist" erscheint problematisch, da der Kunde dann möglicherweise nicht mehr rechtzeitig einen Sperrvermerk beantragen kann, zumal das BZSt nach dem Gesetz eine zweimonatige Bearbeitungsfrist für die Berücksichtigung des Sperrvermerks hat.

Am einfachsten ist es daher, wenn die Anlassabfrage nur erfolgt, sofern der Kunde die Bank hierzu ausdrücklich beauftragt. Ein entsprechendes Auftragsformular gegenüber der Bank hat der DG VERLAG zur Verfügung gestellt (Art.-Nr. 264 620, wiedergegeben im Anhang unter 3.5).

8.4 Fehlschlagen der Abfrage

436 Zur Abfrage des KiSTAM benötigt die Bank die ID-Nummer sowie das Geburtsdatum des Kunden. Liegt dem Kirchensteuerabzugsverpflichteten die IdNr. des Gläubigers der Kapitalerträge bereits vor (etwa weil der Gläubiger der Kapitalerträge diese bereits mit dem Freistellungsauftrag mitgeteilt hat), so ist eine Anfrage der IdNr. im automatisierten Verfahren nicht erforderlich. Nach § 51a Abs. 2c Satz 1 Nr. 2 Satz 1 1. HS EStG müssen die dem Kirchensteuerabzugsverpflichteten bekannten IdNrn. genutzt werden. Vgl. Rz. 21 der Kirchensteuererlasse, wiedergegeben im Anhang Nr. 2.9. Mit anderen Worten: Eine Nutzung des automatisierten IdNr.-Abfrageverfahrens zur Qualitätssicherung der vom Kunden der Bank mitgeteilten Daten ist nach Ansicht der Finanzverwaltung nicht zulässig.

8.4 Fehlschlagen der Abfrage

Sofern die IdNr. des Kunden der Bank nicht bekannt ist oder die ihm vom Kunden mitgeteilte IdNr. unzutreffend ist, kann die Bank sie – unter Angabe der Kundendaten (letzte bekannte Anschrift) – beim BZSt elektronisch anfragen (§ 51a Abs. 2c Satz 1 Nr 2 EStG). Vgl. Rz. 22 der Kirchensteuererlasse, wiedergegeben im Anhang Nr. 2.9.

Scheitern diese Bemühungen, empfiehlt die Finanzverwaltung eine Anfrage der Bank beim Kunden. In der Abfrage beim Gläubiger der Kapitalerträge kann der Kirchensteuerabzugsverpflichtete darauf hinweisen, dass die IdNr. im Einkommensteuerbescheid, auf einer Lohnsteuerbescheinigung oder einem aktuellen „Ausdruck" des Finanzamts über die gespeicherten elektronischen Lohnsteuerabzugsmerkmale (ELStAM) zu finden ist.

Führen die Abfragebemühungen der Bank nicht zum Erfolg, kann zunächst für diesen Kunden (sofern er denn kirchensteuerpflichtig ist!) keine Kirchensteuer einbehalten und abgeführt werden. Die Kirchensteuer ist bei Nichtermittelbarkeit der IdNr. im Veranlagungsverfahren festzusetzen (§ 51a Abs. 2d EStG). Die IdNr. kann dann erst ermittelt werden, wenn die vom Kirchensteuerabzugsverpflichteten an das BZSt übermittelte, möglicherweise veraltete Anschrift beim Kirchensteuerabzugsverpflichteten aktualisiert worden ist oder aber die Meldedaten korrigiert worden sind. Kirchensteuerabzugsverpflichtete müssen daher für diese Gläubiger im Vorfeld der nächsten Regel- oder Anlassabfrage erneut versuchen, die IdNr. zu ermitteln. Kann die IdNr. nicht ermittelt werden, sollte der Kirchensteuerabzugsverpflichtete dieses Ergebnis dokumentieren. Vgl. Rz. 25 der Kirchensteuererlasse, wiedergegeben im Anhang Nr. 2.9.

Kirchensteuer

437 Ablaufschema für die IdNr./KiStAM-Abfrage:

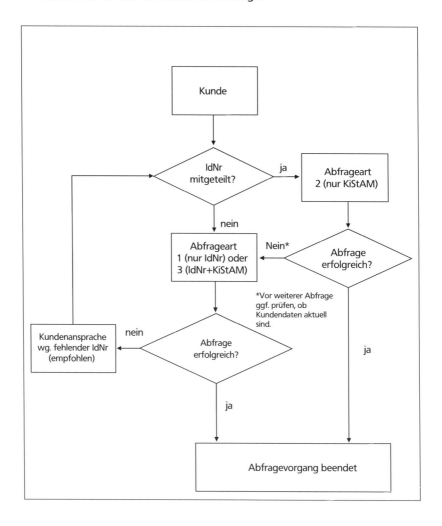

9 Berechnung von Kapitalertragsteuer, Solidaritätszuschlag und Kirchensteuer

Wie bereits früher bei der Zinsabschlagsteuer erfolgt auch im Rahmen der Abgeltungsteuer der Einbehalt der Kapitalertragsteuer im Zeitpunkt des Zuflusses der Kapitalerträge. Zur Berechnung der Höhe des Steuerabzugs erfolgt jedoch eine zeitraumbezogene Betrachtung, vgl. BMF-Schreiben vom 18. Januar 2016, Rz. 212 ff., siehe Anhang 2.1.

438

Mit zeitraumbezogener Betrachtung wird der Effekt beschrieben, dass Verluste im Laufe des Kalenderjahres auch rückwirkend zu berücksichtigen sind. Im Ergebnis wird der Steuereinbehalt durch die Kreditinstitute bei jedem Kapitalertrag in ähnlicher Weise bemessen, wie es auch im Rahmen der Veranlagung durch den Veranlagungsbeamten erfolgen würde. Es werden stets alle bis zum Zeitpunkt des abzurechnenden Geschäftsvorfalls zugeflossenen Erträge und realisierte Verluste berücksichtigt, sodass die Reihenfolge der Geschäftsvorfälle sich nicht auf die Höhe der zu erhebenden Kapitalertragsteuer auswirkt. Dies hat zur Folge, dass die Kapitalertragsteuer auch nicht mehr einzelnen Erträgen zugeordnet werden kann. Die Besteuerung erfolgt vielmehr auf Basis von Summen- bzw. (wenn eine Verlustverrechnung erfolgt ist) auf Saldenbasis. Dem entsprechend erhält der Privatkunde auch eine Jahressteuerbescheinigung, in der die Summen- bzw. Saldenwerte aufgrund der jahresbezogenen Verrechnung ausgewiesen werden. Es bleibt dem Kreditinstitut jedoch unbenommen, die bei der Saldierung berücksichtigten Einzelerträge dem Kunden in einer in einer Erträgnisaufstellung auszuweisen. Um die Berechnung der Kapitalertragsteuer (und darauf basierend der Zuschlagsteuern, d. h. SolZ und KiSt) nachvollziehen zu können, ist folgende Reihenfolge zu beachten:

1. Verrechnung von positiven und negativen Kapitalerträgen (Aktienverluste nur mit Aktiengewinnen!)
2. Sofern ein positiver Betrag aus 1 verbleibt: Anwendung des FSA.

Berechnung von Kapitalertragsteuer, Solidaritätszuschlag und Kirchensteuer

3. Errechnung der Kapitalertragsteuer auf verbleibenden positiven Betrag aus 2.
4. Anrechnung ausländischer Quellensteuer auf den Betrag aus 3.
5. Einzubehaltende und abzuführende Kapitalertragsteuer berechnet auf verbleibenden Betrag aus 4.

439 Die Kapitalertragsteuer wird bei der Berechnung kaufmännisch gerundet. Bei der Berechnung des Solidaritätszuschlags (5,5) auf die Kapitalertragsteuer wird das Ergebnis nach der zweiten Nachkommastelle abgeschnitten. Ebenso wird bei der Berechnung der Kirchensteuer verfahren. Zur Berechnung der Kirchensteuer vgl. Rdn. 414.

Gesamtsteuerbelastung eines Anlegers auf 100 Euro Kapitalertrag (ohne Berücksichtigung von Sparerpauschbetrag)			
	Konfessionsloser Anleger	Kirchensteuerpflichtiger Anleger (8 KiSt-Satz)	Kirchensteuerpflichtiger Anleger (9 KiSt-Satz)
Kapitalertragsteuer	25,00 Euro	24,51 Euro	24,45 Euro
Solidaritätszuschlag	1,37 Euro	1,34 Euro	1,34 Euro
Kirchensteuer	0 Euro	1,96 Euro	2,20 Euro
Gesamtbelastung	**26,37 Euro**	**27,81 Euro**	**27,99 Euro**

10 Anmeldung und Abführung der Kapitalertragsteuer

Die einbehaltene Kapitalertragsteuer muss das Kreditinstitut jeweils bis zum 10. des folgenden Monats bei dem Betriebsstättenfinanzamt anmelden. Dies gilt auch für Aktiendividenden sowie für die isolierte Veräußerung von Dividendenscheinen, da für diese Erträge ab dem 1. Januar 2012 das Zahlstellenprinzip eingeführt wurde (vgl. Rdn. 21). 440

Für Genossenschaftsdividenden, GmbH-Dividenden gilt, dass die Kapitalertragsteuer bereits zum Zeitpunkt des Zuflusses anzumelden (und abzuführen) ist.

Die Anmeldung kann seit dem 1. Januar 2009 nicht mehr nach amtlich vorgeschriebenem Formular abgegeben werden, sondern ist auf elektronischem Wege zu übermitteln.

Die bisher für die Datenübermittlung in der StDÜV geregelten Vorgaben wurden mit Wirkung zum 1. Januar 2017 in die Vorschriften der §§ 72a, 87a bis e AO integriert.

Für eine authentifizierte Übermittlung ist eine einmalige Registrierung im ElsterOnline-Portal[1] erforderlich. Mit dem bei der Registrierung erzeugten und bei der Übermittlung verwendeten elektronischen Zertifikat kann die Finanzverwaltung feststellen, von welcher Bank eingehende Steuerdaten übermittelt wurden. Dieses Übermittlungsverfahren gewährleistet die notwendige Datensicherheit.

Die Kapitalertragsteueranmeldung ist eine Steuererklärung, in der das Kreditinstitut die Steuer selbst zu berechnen hat. Die Anmeldung ist einer Steuerfestsetzung unter dem Vorbehalt der Nachprüfung gleichgestellt. Das Finanzamt hat die Steuer nur dann durch einen Steuerbescheid festzusetzen, wenn dies zu einer abweichenden Steuer führt (§§ 150 Abs. 1, 441

---

1 Siehe www.elsteronline.de/eportal

Anmeldung und Abführung der Kapitalertragsteuer

168, 167 Abs. 1 AO). Die Steueranmeldung ist dann zu ändern, wenn Kapitalertragsteuer einbehalten und abgeführt worden ist, obwohl eine Verpflichtung hierzu nie bestand.

Grundsätzlich gilt dasselbe, wenn ein Freistellungsauftrag oder eine NV-Bescheinigung erst zu einem Zeitpunkt vorgelegt wird, nachdem die Kapitalertragsteuer bereits abgeführt worden ist (vgl. § 44b Abs. 5 EStG). Statt einer Änderung der bereits angemeldeten Steuer kann aber auch die nächste Steueranmeldung entsprechend gekürzt (verrechnet) werden.

442 In der Anmeldung der Kapitalertragsteuer ist der Steuerbetrag auf volle Hundertstel kaufmännisch zu runden. Dieser Betrag ist abzuführen.

443 Das Aufkommen an Kapitalertragsteuern, die von Zahlstellen abgeführt werden, ist ab dem Jahr 2009 aufzuteilen nach dem Wohnsitz oder Sitz des Gläubigers und in der Steueranmeldung den einzelnen Bundesländern zuzuordnen. Diese Zuordnung zu den einzelnen Bundesländern dient der Zerlegung des Kapitalertragsteueraufkommens auf die Länder und Gemeinden der Bundesländer. Zieht ein Gläubiger in ein anderes Bundesland um, so sind die jeweils aktuellen Wohnsitzdaten maßgeblich. Das Gesetz lässt offen, ob auf den Zeitpunkt des Zuflusses der Kapitalerträge oder den Zeitpunkt der Vornahme der Kapitalertragsteueranmeldung abzustellen ist. Beide Alternativen halten wir daher für rechtmäßig.

444 Das Zahlstellensteueraufkommen wird nach den Grundsätzen des ZerlG auf die verschiedenen Bundesländer verteilt. Die Zerlegung erfolgt gemäß § 8 Abs. 1 Satz 1 ZerlG nach Prozentsätzen des nach Wohnsitz oder Sitz des Steuerschuldners (= Gläubiger) auf das jeweilige Bundesland entfallenden Anteils am Zahlstellensteueraufkommen. Zur Ermittlung der Prozentsätze hat die das Kredit- oder Finanzdienstleistungsinstitut die in Zeile 8 der KapESt-Anmeldung anzumeldende KapESt nach dem Wohnsitz der Gläubiger aufzuteilen.

445 Im Hinblick auf die Erfordernisse nach dem Zerlegungsgesetz (ZerlG) besteht eine besondere Behandlung inländischer Dividendenerträge (aus girosammelverwahrten bzw. streifbandverwahrten Aktien) in der Kapitalertragsteueranmeldung. In das Formular zur KapSt-Anmeldung wurde daher eine neue Zeile 9 eingefügt, in die das Kapitalertragsteueraufkommen aus Dividenden und anderen Erträgen einzutragen ist. Dieses Steueraufkommen wird nach § 1 Abs. 3a ZerlG nach dem Ort der Leitung des

Anmeldung und Abführung der Kapitalertragsteuer

Schuldners zerlegt, siehe auch die zusätzliche Spalte in den Zeilen 75 bis 91 des Anmeldeformulars.

Die Zuordnung der Kapitalertragsteuer von gebietsfremden Staatsbediensteten (z. B. Botschaftsangehörigen, Bundeswehrangehörigen), die mit ihren Kapitalerträgen unbeschränkt steuerpflichtig sind, aber keinen Wohnsitz im Inland haben, zu einem Bundesland ist nicht möglich. Für diesen Fall ist in der Kapitalertragsteueranmeldung ein Resttopf (Zeile 65 der Kapitalertragsteueranmeldung) vorgesehen.

446

In diesem Resttopf wird auch die Kapitalertragsteuer auf Erträge aus Treuhandkonten gemeldet. Prinzipiell wäre zwar das Bundesland, in dem der Treugeber als Steuergläubiger seinen Wohnsitz oder Sitz hat, zu melden. Diese Information liegt den Kreditinstituten aber regelmäßig nicht vor, daher kann nur ein Eintrag im Resttopf erfolgen (Zuordnung nach Wohnsitz oder Sitz des Gläubigers der Kapitalerträge nicht möglich).

Zur gesonderten Aufzeichnung der vom Kreditinstitut gemäß § 44b Abs. 6 EStG erstatteten Kapitalertragsteuern vgl. Rdn. 397.

11 Steuerbescheinigung

Für Kapitalerträge, die nach § 43 Abs. 1 EStG dem Steuerabzug unterliegen, wird dem Gläubiger auf Verlangen eine Steuerbescheinigung nach amtlich vorgeschriebenem Muster ausgestellt, welche die nach § 32d EStG erforderlichen Angaben enthält. Werden die Kapitalerträge durch ein inländisches Kreditinstitut oder Finanzdienstleistungsinstitut für Rechnung des Schuldners ausgezahlt, so hat das inländische Kreditinstitut oder Finanzdienstleistungsinstitut die Steuerbescheinigung auszustellen. Welche Angaben nach § 32d EStG im Einzelnen erforderlich sind, hat das Bundesministerium für Finanzen in drei verschiedenen Musterbescheinigungen bestimmt, vgl. BMF-Schreiben vom 15. Dezember 2017, siehe Anhang Nr. 2.2.

Für alle Privatkonten und -depots von Steuerinländern ist Muster I (siehe Anhang Nr. 3.3.1) zu verwenden. Muster II (im Anhang nicht enthalten) ist von Körperschaften, Personenvereinigungen oder Vermögensmassen zu verwenden, welche keine Kredit- oder Finanzdienstleistungsinstitute sind (z. B. Lebensversicherungsunternehmen, GmbH, Genossenschaften oder Aktiengesellschaften, sofern die Aktien der Gesellschaft nicht im Depot gehalten werden und die Dividende unmittelbar durch die ausschüttende Körperschaft an den Anteilseigner ausgezahlt wird). Muster II kann demnach unabhängig von einer Abgeltungswirkung des Steuerabzugs für alle Kapitalerträge sowohl für Privatanleger als auch für den betrieblichen Anleger ausgestellt werden, nicht jedoch von Kreditinstituten. Muster II gilt ab 2018 auch für Ausschüttungen und ausschüttungsgleiche Erträge, auf die Spezial-Investmentfonds Steuern einzubehalten haben.

Schließlich gilt Muster III (siehe Anhang Nr. 3.3.2) der Steuerbescheinigungen für Kapitalerträge, welche zu den Einkünften aus Land- und Forstwirtschaft, Gewerbebetrieb und selbstständiger Arbeit oder zu den Einkünften aus Vermietung und Verpachtung gehören. Da der Kapitalertragsteuerabzug bei diesen Einkünften niemals Abgeltungswirkung haben kann, dient eine nach Muster III erteilte Steuerbescheinigung im

Steuerbescheinigung

Gegensatz zu einer nach Muster I erteilten Steuerbescheinigung immer der Anrechnung bereits abgeführter Kapitalertragsteuer im Veranlagungsverfahren.

449 Muster III ist darüber hinaus auch für Steuerausländer (beschränkt Steuerpflichtige) zu verwenden, und zwar unabhängig davon, ob das Kapitalvermögen dem Privat- oder Betriebsvermögen des Steuerausländers zuzuordnen ist. Vgl. zu den Besonderheiten bei Steuerbescheinigungen für Steuerausländer Rdn. 486 ff. Ab 2018 gilt Muster III auch bei Einkünften eines Investmentfonds oder eines Spezial-Investmentfonds.

450 Inhalt, Aufbau und Reihenfolge der Bescheinigungen müssen den amtlichen Musterbescheinigungen entsprechen. Lediglich die Gestaltung der Felder für die Bezeichnung des Instituts und des Gläubigers sind nicht vorgeschrieben. Es wird allerdings nicht beanstandet, wenn in Fällen, in denen ein in dem amtlichen Muster enthaltener Sachverhalt nicht gegeben ist, die entsprechenden Zeilen oder Textteile des amtlichen Musters entfallen. Entsprechendes gilt auch für die mit Ankreuzfeldern versehenen Zeilen.

451 Die Ausstellung erfolgt grundsätzlich für den zivilrechtlichen Gläubiger. Das Kreditinstitut kann mangels gegenteiliger Anhaltspunkte davon ausgehen, dass der Konto-/Depotinhaber auch Inhaber der Wertpapiere ist. Dem Konto-/Depotinhaber ist deshalb auch grundsätzlich die Steuerbescheinigung auszustellen. Liegt ein Treuhandkonto/Nießbrauchkonto bzw. -depot vor, oder handelt es sich um ein Anderkonto von Rechtsanwälten, Notaren oder Angehörigen der wirtschaftsprüfenden oder steuerberatenden Berufe, bestehen keine Bedenken dagegen, dass die Steuerbescheinigung auf den Namen des Kontoinhabers ausgestellt wird. Eine Steuerbescheinigung nach Muster I muss jedoch durch den entsprechenden Hinweis „Nießbrauchkonto", „Treuhandkonto" oder „Anderkonto" gekennzeichnet werden, damit das Finanzamt erkennt, dass es den Steuerschuldner noch ermitteln muss. Entsprechendes gilt für Depots. In diesen Fällen muss das Finanzamt, bei dem die Anrechnung der Kapitalertragsteuer beantragt wird, nach Vorlage der Steuerbescheinigung prüfen, wem die Kapitalerträge steuerlich zuzurechnen sind. In Fällen treuhänderischer Vermögensauslagerung auf sog. Contractual Trust Arrangements (CTA) kann die Steuerbescheinigung direkt an den steuerpflichtigen Treugeber (Arbeitgeber) gesendet werden. Vgl. zu diesen Konstruktionen Rz. 156 des BMF-Schreibens vom 18. Januar 2016, wiedergegeben im Anhang Nr. 2.1.

Steuerbescheinigung für Privatkonten/-depots

Für Kapitalerträge, die ab 2016 zufließen, kann die Steuerbescheinigung dem Kunden (Steuerpflichtigen) in elektronischer Form übermittelt werden. Hiermit trägt der Gesetzgeber einer langjährigen Forderung der Kreditwirtschaft Rechnung. Hierdurch wird z. B. die Übersendung der Steuerbescheinigung in eine elektronische PostBox des Kunden ermöglicht (auch die Übermittlung per eMail wäre – theoretisch – möglich). Durch den elektronischen Versand wird das Recht auf papierhafte Erteilung der Steuerbescheinigung nicht ausgeschlossen. Hierdurch sollen Kunden ohne Internetzugang geschützt werden. Wird dem Kunden nach elektronischer Übermittlung die Steuerbescheinigung auf seinen Wunsch zusätzlich eine papierhafte Ausfertigung der Steuerbescheinigung übermittelt, ist diese als „Ersatzbescheinigung" zu kennzeichnen. Voraussetzung ist, dass der Kunde in Textform versichert, dass er die elektronischen Daten nicht weiterverwendet. **452**

Die Finanzverwaltung beanstandet es nicht, wenn die Bank auch für Zeiträume von 2009 bis 2015 Steuerbescheinigungen elektronisch übermittelt, sofern noch keine (papierhafte) Original-Steuerbescheinigung ausgestellt wurde. Dies gilt auch für die Übermittlung einer Ersatzbescheinigung für die betreffenden Jahre. Vgl. Rz. 72 des BMF-Schreibens vom 15. Dezember 2017, wiedergegeben im Anhang Nr. 2.2.

11.1 Steuerbescheinigung für Privatkonten/ -depots

Mit Einführung der Abgeltungsteuer ist die Einkommensteuer in der Regel durch den Kapitalertragsteuerabzug abgegolten und ein Veranlagungsverfahren nicht mehr notwendig. In der Praxis wird daher für den privaten Anleger häufig keine Steuerbescheinigung erforderlich sein. Auf Verlangen des Kunden ist allerdings eine Steuerbescheinigung auszustellen. In einem besonderen Fall (Anwendung der Ersatzbemessungsgrundlage bei Ermittlung des fiktiven Veräußerungsgewinns aus Investmentanteilen) regelt das Gesetz inzwischen auch eine verpflichtende Ausstellung der Steuerbescheinigung, vgl. hierzu nachfolgend Rdn. 477. Die Steuerbescheinigung benötigt der Kunde, soweit die darin enthaltenen Kapitalerträge in die Einkommensteuerveranlagung einzubeziehen sind. Typische Anwendungsfälle: **453**

▷ Nutzung eines noch nicht ausgeschöpften Sparerpauschbetrages

▷ Geltendmachung des persönlichen Freibetrags von 100.000 Euro auf Gewinne aus der Veräußerung bestandsgeschützter Alt-Anteile i. S. d. § 56 Abs. 6 InvStG 2018

Steuerbescheinigung

▷ Durchführung der Günstigerprüfung, § 32d Abs. 6 EStG
▷ Korrektur des Steuereinbehalt, etwa bei Anwendung von Ersatzbemessungsgrundlagen
▷ Geltendmachung einer abweichenden steuerlichen Sicht bei der Behandlung von Kapitalerträgen (z. B. ausländische Kapitalmaßnahmen)
▷ Bankübergreifende Verlustverrechnung über den Veranlagungsweg (erfordert parallel die rechtzeitige Beantragung einer Verlustbescheinigung von der „anderen" Bank)

Die Steuerbescheinigung enthält für den privaten Anleger alle für die jeweiligen im Gesetz vorgesehenen Veranlagungsfälle notwendigen Informationen. Für den Fall, dass der Kunde Alt-Anteile an Investmentfonds veräußern (zurückgeben), sieht das amtliche Muster ergänzende Informationen vor. Die Steuerbescheinigung nach Muster I wird grundsätzlich als kundenbezogene Jahressteuerbescheinigung ausgestellt. Einzelsteuerbescheinigungen sind für den Privatanleger deshalb grundsätzlich nicht mehr möglich, weil Kreditinstitute bei der Bemessung des Steuerabzugs auch negative Kapitalerträge berücksichtigen müssen und ein Ausweis des Steuerbetrages für einen bestimmten Geschäftsvorfall deshalb nicht möglich ist, vgl. Rdn. 438.

454 Auf einen Zahlungstag bezogene Einzelsteuerbescheinigungen können jedoch für Treuhand-, Nießbrauch- und Anderkonten und -depots ausgestellt werden. Der Ausweis der erhobenen Kapitalertragsteuer erfolgt in diesen Fällen nach Muster I (vgl. BMF-Schreiben vom 15. Dezember 2017, Rz. 9, siehe Anhang Nr. 2.2).

455 Ändern sich die Besteuerungsmerkmale des Kunden (z. B. Umzug ins Ausland oder vom Ausland ins Inland), so wird es von der Finanzverwaltung aus Gründen der Vereinfachung nicht beanstandet, wenn die auf das abgelaufene ganze Kalenderjahr bezogene Kapitalertragsteuer in zwei oder ggf. mehreren Steuerbescheinigungen aufgeteilt wird. Die Steuerbescheinigungen sind in diesem Fall fortlaufend zu nummerieren. Weiterhin ist die Gesamtzahl der erstellten zeitraumbezogenen Steuerbescheinigungen anzuführen, vgl. BMF-Schreiben vom 15. Dezember 2017, Rz. 9, siehe Anhang Nr. 2.2). So kann der Finanzbeamte erkennen, wie viele Steuerbescheinigungen der Anleger vorlegen muss, damit das ganze Kalenderjahr abgebildet wird.

456 Auch bei Tafelgeschäften ist grundsätzlich eine Einzelsteuerbescheinigung zu erteilen. Für Tafelgeschäfte sind die Verlustverrechnung und die Anrechnung ausländischer Quellensteuern ausgeschlossen. Die auf das

Steuerbescheinigung für Privatkonten/-depots

Tafelgeschäft entfallende Kapitalertragsteuer ist daher endgültig und kann sofort vom Kreditinstitut bescheinigt werden.

Schließlich kann die Kapitalertragsteuer auf inländische Dividenden auf Veranlassung eines ausländischen Kreditinstituts für den Anteilseigner auch von einem inländischen Kreditinstitut bescheinigt werden, wenn das ausländische Kreditinstitut in Vertretung des Anteilseigners eine solche Steuerbescheinigung verlangt, vgl. BMF-Schreiben vom 15. Dezember 2017, Rz. 67, siehe Anhang Nr. 2.2.

In den Fällen der ausländischen Zwischenverwahrung von Wertpapieren kann von dem inländischen Kreditinstitut, das als letzte inländische Stelle gemäß § 44 Abs. 1 Satz 4 Nr. 3 EStG vor der Zahlung in das Ausland einen Steuerabzug vorgenommen hat, eine Sammelsteuerbescheinigung über den vorgenommenen Kapitalertragsteuerabzug ausgestellt werden (vgl. Rdn. 401). Soweit keine Sammelsteuerbescheinigung ausgestellt wurde, kann die letzte inländische Stelle i. S. d. § 44 Abs. 1 Satz 4 Nr. 3 EStG eine Einzelsteuerbescheinigung über den von ihr vorgenommenen Steuerabzug für den Anteilseigner ausstellen. Auch diese Steuerbescheinigung ist von der ausstellenden Stelle nach § 45a Abs. 2 und § 44a Abs. 6 EStG entsprechend zu kennzeichnen. Vgl. BMF-Schreiben vom 15. Dezember 2017, Rz. 68, wiedergegeben im Anhang unter 2.2. **457**

Die Steuerbescheinigung kann auch gleichzeitig eine Verlustbescheinigung (§ 43a Abs. 3 Satz 4 EStG) enthalten, sofern der Anleger die Bescheinigung der realisierten Verluste bei seinem Kreditinstitut beantragt. Wünscht der Anleger neben seiner Verlustbescheinigung jedoch keine Steuerbescheinigung, so ist in Muster I lediglich das Feld „Verlustbescheinigung" anzukreuzen, die Personalien sind anzugeben und die in Betracht kommenden Zeilen für die allgemeinen Verluste und/oder die Aktienveräußerungsverluste sind auszufüllen. Alle anderen Zeilen können in einer Verlustbescheinigung entfallen. **458**

Für **Gemeinschaftskonten** ist die Steuerbescheinigung/Verlustbescheinigung grundsätzlich auf den Namen der entsprechenden Gemeinschaft auszustellen. Wird allerdings für Ehegatten ein gemeinschaftliches Konto oder Depot unterhalten, so lautet die Steuerbescheinigung auf den Namen beider Ehegatten. Dasselbe gilt für Gemeinschaftskonten/-depots von eheähnlichen Lebensgemeinschaften sowie von eingetragenen Lebenspartnern nach dem Lebenspartnerschaftsgesetz. Wird die Steuerbescheinigung den Ehegatten/Lebenspartnern in **elektronischer Form** übermittelt, ist sicherzustellen, dass sie von beiden Ehegatten/Lebenspartnern **459**

Steuerbescheinigung

zur Kenntnis genommen werden kann. Dafür ist es beispielsweise ausreichend, dass die Steuerbescheinigung an die Kontaktdaten versandt wird, die für die elektronische Übermittlung von den Ehegatten/Lebenspartnern angegeben wurden. Vgl. BMF-Schreiben vom 15. Dezember 2017, Rz. 11, wiedergegeben im Anhang unter 2.2.

11.1.1 Erläuterungen zu einzelnen Angaben der Steuerbescheinigung

460 Das Kreditinstitut hat die „Höhe der Kapitalerträge" nach Verlustverrechnung und vor Berücksichtigung des Freistellungsauftrages (positiver Saldo) anzugeben. Es sind also diejenigen Kapitalerträge auszuweisen, die dem Grunde nach dem Kapitalertragsteuerabzug unterliegen. Bei unbaren Kapitalerträgen ist kein Ausweis vorzunehmen, wenn der Bank keine Steuerliquidität zur Verfügung stand und folglich eine Kontrollmeldung vorzunehmen war, § 44 Abs. 1 EStG. Vgl. BMF-Schreiben vom 15. Dezember 2017, Rz. 26, wiedergegeben im Anhang unter 2.2.

Beispiel:

Erträge des Kunden:	
Zinsen	100 Euro
Dividenden	100 Euro
Verluste allgemein	50 Euro
Verluste Aktienveräußerung	100 Euro
erteilter Freistellungsauftrag	801 Euro

Ausweis in der Steuerbescheinigung:	
„Höhe der Kapitalerträge" (nach Verlustverrechnung/ vor FSA)	150 Euro

Hinweis:
Die Verluste aus der Veräußerung von Aktien dürfen nur mit Gewinnen aus der Veräußerung von Aktien verrechnet werden.

Ist der Saldo aus positiven und negativen Einnahmen insgesamt negativ, erfolgt ein Ausweis in den entsprechenden Zeilen für allgemeine Verluste oder Aktienveräußerungsverluste, sofern ein Antrag auf Bescheinigung der Verluste gestellt wird, § 43a Abs. 3 Satz 4 EStG. Es werden grundsätzlich alle Arten von Kapitalerträgen in einer Gesamtsumme ausgewiesen. Es wird hierbei nicht nach der Quelle der Kapitalerträge unterschieden.

Steuerbescheinigung für Privatkonten/-depots

Beispiel:

Erträge des Kunden:	
Zinsen	100 Euro
Dividenden	100 Euro
Verluste allgemein	300 Euro
Verluste Aktienveräußerung	100 Euro
erteilter Freistellungsauftrag	801 Euro

Ausweis in der Steuerbescheinigung:	
„Höhe der Kapitalerträge" =	–
„allgemeine Verluste"	100 Euro
„Aktienverluste"	100 Euro

Auch die Summe der als zugeflossen geltenden, noch nicht dem Steuerabzug unterworfenen Erträge aus Anteilen an ausländischen Investmentvermögen (akkumulierter Ertrag) ist in der Zeile „Höhe der Kapitalerträge" auszuweisen. Die „Höhe der Kapitalerträge" enthält demnach auch die Bemessungsgrundlage für den bei der Veräußerung der Anteile „nachholenden" Kapitalertragsteuerabzug gemäß § 7 Abs. 1 Satz 1 Nr. 3 InvStG 2004. Soweit der Anleger in der Veranlagung nachweist, dass diese Erträge in den vorangegangenen Veranlagungszeiträumen ordnungsgemäß versteuert wurden, wird ihm dieser Steuerabzug vom Finanzamt erstattet. Um dem Anleger für den Fall der Veranlagung zur Einkommensteuer zu ermöglichen, diese im Jahr der Veräußerung nicht steuerpflichtigen, aber dem Steuerabzug unterworfenen Kapitalerträge aus der „Höhe der Kapitalerträge" herauszurechnen, wird die „Höhe der ausschüttungsgleichen Erträge aus ausländischen thesaurierenden Investmentvermögen" in der Steuerbescheinigung nachrichtlich angegeben. Durch den Abzug der akkumulierten ausschüttungsgleichen Erträge von der Höhe der Kapitalerträge können sich negative Kapitalerträge ergeben.

461

Diese Verfahrensweise gilt auch, sofern die Rückgabe/Veräußerung von Anteilen an ausländischen thesaurierenden Investmentfonds nach dem 31. Dezember 2017 erfolgt. Der Gesetzgeber ordnet zwar an, dass alle Fondsanteile zum 31. Dezember 2017 als fiktiv veräußert und zum 1. Januar 2018 als fiktiv angeschafft gelten. Die steuerlichen Folgen aus dieser fingierten Veräußerung werden aber erst bei tatsächlicher Veräußerung/Rückgabe der Fondsanteile gezogen. Daher kann sich der Ausweis der akkumulierten ausschüttungsgleichen Erträge auch in einer künftigen

Steuerbescheinigung

- für Jahre nach 2017 – auszustellenden Steuerbescheinigung niederschlagen, je nachdem wann die Anteile an ausländischen thesaurierenden Fonds tatsächlich veräußert/zurückgegeben werden.

Vereinfachtes Beispiel:

Anleger A hat im Jahr 2005 Anteile an einem ausländischen thesaurierenden Fonds mit Anschaffungskosten von 100 Euro erworben. Das Fondswirtschaftsjahr entspricht dem Kalenderjahr. Der Fonds thesauriert jährlich 1 Euro. Zum 31. Dezember 2017 beträgt der besitzzeitanteilige akkumulierte Ertrag 13 Euro. Der Rücknahmepreis des Fonds beträgt am 31. Dezember 2017 113 Euro. Im Jahr 2020 gibt der Anleger die Fondsanteile zurück. Bei tatsächlicher Veräußerung (Rückgabe) im Jahr 2020 kommt es zum nachholenden Steuerabzug auf die akkumulierten Mehrbeträge aus der fiktiven Veräußerung vom 31. Dezember 2017, der noch nach dem alten (d. h. bis 31. Dezember 2017 gültigen) Investmentsteuerrecht vorzunehmen ist. In der Steuerbescheinigung des Jahres 2020 werden die 13 Euro akkumulierter Mehrbetrag in der Höhe der Kapitalerträge und in der nachrichtlichen Angabe „Bei Veräußerung/Rückgabe von Anteilen, Summe der als zugeflossen geltenden, noch nicht dem Steuerabzug unterworfenen Erträge aus Anteilen an ausländischen thesaurierenden Investmentfonds in Fällen des § 7 Abs. 1 Satz 1 Nr. 3 InvStG 2004 ..." ausgewiesen.

Die laufenden Erträge aus ausländischen thesaurierenden Investmentvermögen sind nicht in der „Höhe der Kapitalerträge" enthalten, weil sie auch nicht dem Steuerabzug unterliegen; diese Erträge sind als nachrichtliche Angabe in der Steuerbescheinigung enthalten („Ausländische thesaurierende Investmentfonds vorhanden ..."). Für Bescheinigungszeiträume ab 2018 gilt auch bei ausländischen thesaurierenden Investmentfonds ein umfassender abgeltender Steuereinbehalt; somit ist diese Angabe dann nicht mehr vorgesehen.

462 Erträge aus Lebensversicherungsverträgen sind nicht in die „Höhe der Kapitalerträge" einzubeziehen, wenn die Auszahlung nach zwölf Jahren Vertragslaufzeit und Vollendung des 60. Lebensjahres des Steuerpflichtigen erfolgt (bei Vertragsabschluss ab dem Jahr 2012: 62. Lebensjahr). In diesen Fällen sind die Voraussetzungen für eine hälftige Besteuerung des Unterschiedsbetrages gegeben. Diese Erträge sind lediglich in der Zeile „Höhe der Kapitalerträge aus Lebensversicherungen i. S. d. § 20 Abs. 1 Nr. 6 Satz 2 EStG" auszuweisen.

463 Der „Gewinn aus Aktienveräußerungen i. S. d. § 20 Abs. 2 Satz 1 Nr. 1 EStG" ist gesondert auszuweisen. Ausgewiesen wird der positive Unter-

Steuerbescheinigung für Privatkonten/-depots

schiedsbetrag zwischen Aktienveräußerungsgewinnen und Aktienveräußerungsverlusten. Der Unterschiedsbetrag kann niemals höher sein als die „Höhe der Kapitalerträge". Der Anleger kann diese Gewinne im Rahmen der Veranlagung mit ggf. bei einer anderen Bank erzielten Aktienverlusten verrechnen, wenn er sowohl von der Bank, mit der er die Aktiengewinne erwirtschaftet hat, als auch von der Bank, mit der er die Aktienverluste erwirtschaftet hat, die Ausstellung einer Steuerbescheinigung verlangt.

Beispiel (vereinfacht):

Kundenbeziehung zu Bank A:	
Aktienveräußerungsgewinne	500 Euro
Gewinn aus der Veräußerung von Wertpapieren (außer Aktien)	250 Euro

Ausweis in der Steuerbescheinigung:	
„Höhe der Kapitalerträge" (nach Verlustverrechnung/ vor FSA)	750 Euro
„davon: Gewinn aus Aktienveräußerungen im Sinne des § 20 Abs. 2 Satz 1 Nr. 1 EStG"	500 Euro
„Kapitalertragsteuer"	187,50 Euro

Kundenbeziehung zu Bank B:	
Aktienveräußerungsgewinne	300 Euro
Aktienveräußerungsverluste	700 Euro

Ausweis in der Steuerbescheinigung:	
„Höhe der Kapitalerträge"	0 Euro
„davon: Gewinn aus Aktienveräußerungen im Sinne des § 20 Abs. 2 Satz 1 Nr. 1 EStG"	0 Euro
„Höhe des nicht ausgeglichen Verlustes ohne Verlust aus der Veräußerung von Aktien"	0 Euro
„Höhe des nicht ausgeglichen Verlustes aus der Veräußerung von Aktien im Sinne des § 20 Abs. 2 Satz 1 Nr. 1 EStG"	400 Euro

Steuerbescheinigung

> In der Gesamtbetrachtung hat der Kunde nur 100 Euro Gewinn aus Aktienveräußerungen erzielt. Bei Einreichung beider Steuerbescheinigungen beim Finanzamt wird dem Kunden die Kapitalertragsteuer auf die Differenz in Höhe von (500 Euro ./. 100 Euro =) 400 Euro erstattet. Die Erstattung beträgt im Beispielsfall 100 Euro.

464 Die Zeile „Ersatzbemessungsgrundlage im Sinne des § 43a Abs. 2 Satz 7, 10, 13 und 14 EStG" (ab 2018 mit dem Zusatz: „nach Teilfreistellung und i. S. d. des § 56 Abs. 3 Satz 4 InvStG 2018") ist als Bruttobetrag, d. h. vor Berücksichtigung von Verlusten und Freistellungsauftrag, anzugeben. Zu folgenden Sachverhalten sind in dieser Zeile Angaben zu machen:

▷ Pauschalbemessung bei Verkauf ohne Nachweis der Anschaffungskosten. Hier werden 30 Prozent der Einnahmen aus der Veräußerung dem Kapitalertragsteuerabzug unterworfen, vgl. § 43a Abs. 2 Satz 7 EStG.

▷ Pauschalbemessung, wenn bei Depotübertrag mit Gläubigerwechsel eine Veräußerung fingiert wird und ein Börsenpreis nicht vorliegt. In diesem Fall bemisst sich die Kapitalertragsteuer nach 30 Prozent der Anschaffungskosten, vgl. § 43a Abs. 2 Satz 10 EStG.

▷ Pauschalbemessung bei Veräußerung, wenn nach vorangegangenem Depotübertrag mit Gläubigerwechsel bei dem aufnehmenden Kreditinstitut mangels Börsenpreis keine fingierten Anschaffungskosten vorliegen. In diesem Fall werden 30 Prozent der Einnahmen aus der Veräußerung der Kapitalertragsteuer unterworfen, vgl. § 43a Abs. 2 Satz 13 EStG.

▷ Schließlich kommt die Pauschalbemessung auch bei der Veräußerung zur Anwendung, wenn die auszahlende Stelle die Wirtschaftsgüter vor dem 1. Januar 1994 erworben oder veräußert und seitdem ununterbrochen verwahrt und verwaltet hat. In diesem Fall kann die auszahlende Stelle den Steuerabzug nach 30 Prozent der Einnahmen aus der Veräußerung oder Einlösung der Wertpapiere und Kapitalforderungen bemessen, vgl. § 43a Abs. 2 Satz 14 EStG.

465 Die Ersatzbemessungsgrundlage i. S. d. § 43a Abs. 2 Satz 7, 10, 13 und 14 EStG wird unabhängig von einem Kapitalertragsteuerabzug ausgewiesen. Kommt es bei der Veräußerung eines Wertpapiers zur Anwendung der Ersatzbemessungsgrundlage und sind bei dem Gläubiger im Verlustverrechnungstopf Verluste gespeichert, so kommt es zu einer Verrechnung der pauschal ermittelten Bemessungsgrundlage mit den gespeicherten Verlusten und es erfolgt insoweit kein Kapitalertragsteuerabzug. Der Anleger kann in diesem Fall auch keine Erstattung der (nicht) einbehaltenen Kapitalertragsteuer beantragen. Im Falle des Nachweises einer gerin-

Steuerbescheinigung für Privatkonten/-depots

geren Bemessungsgrundlage müsste das Finanzamt u. E. die zu „unrecht" im Steuerabzug mit der Ersatzbemessungsgrundlage verrechneten Verluste wieder aufleben lassen und die wiederaufgelebten Verluste vortragen. Sie würden aber nicht in den Verlustverrechnungstopf (vgl. Rdn. 316 ff.) zurückgeführt werden.

Durch Erklärungen gegenüber dem Finanzamt kann der Steuerpflichtige im Rahmen der Veranlagung die Fälle der Ersatzbemessungsgrundlage aufklären und eine zutreffende Besteuerung herbeiführen. Denn der Anleger hat nach § 32d Abs. 4 EStG die Möglichkeit, nach Anwendung einer Ersatzbemessungsgrundlage eine Nachveranlagung zum Abgeltungsteuersatz zu beantragen. Ist insgesamt in der Steuerbescheinigung ein Kapitalertragsteuerabzug ausgewiesen, muss bei der Veranlagung unterstellt werden, dass dieser Steuerabzug vorrangig auf mit der Ersatzbemessungsgrundlage besteuerte Erträge entfällt. Denn eine konkrete Zuordnung der erhobenen Kapitalertragsteuer zu einzelnen Geschäftsvorfällen ist aufgrund der Berechnung der Kapitalertragsteuer auf Summenbasis nicht möglich, vgl. Rdn. 438. 466

Bei Gemeinschaftskonten von Ehegatten oder Lebenspartnern ist die einbehaltene **Kirchensteuer** anteilsmäßig gesondert auszuweisen. Bei Zugehörigkeit der Ehegatten/Lebenspartner zu derselben Religionsgemeinschaft ist nur eine Summe in der Steuerbescheinigung auszuweisen, weil ohnehin der gesamte Kirchensteuerabzug derselben kirchensteuererhebungsberechtigten Religionsgemeinschaft zugutekommt. Bei konfessionsverschiedener Ehe hat zuerst die Angabe für den Ehemann zu erfolgen. Bei Lebenspartnern orientiert man sich in puncto Reihenfolge daran, wer von den beiden Lebenspartnern im Kopf der Steuerbescheinigung zuerst in der Zeile „Name und Anschrift der Gläubiger" genannt wird. In der Zeile „Kirchensteuer zur Kapitalertragsteuer" ist eine entsprechende Reihenfolge zu berücksichtigen. Neben der einbehaltenen Kirchensteuer ist auch die kirchensteuererhebende Religionsgemeinschaft in Klartext (z. B. Evangelische Landeskirche in Baden) anzugeben. Klartexte, die 100 Zeichen überschreiten, können geeignet abgekürzt werden. Vgl. das Muster I für Steuerbescheinigungen, Anhang 3.3.1. 467

Angaben zu den **ausländischen Steuern** werden einschließlich der fiktiven ausländischen Quellensteuern, soweit sie ohne Beachtung bestimmter Anrechnungsvoraussetzungen angerechnet werden dürfen, ausgewiesen. Hierbei ist zu beachten, dass die Voraussetzungen für die Anrechnung fiktiver Quellensteuern in den einzelnen DBA unterschiedlich geregelt sind. 468

Steuerbescheinigung

469 Sind ausländische Quellensteuern angefallen, aber mangels Erhebung von Kapitalertragsteuern nicht angerechnet worden, so werden „anrechenbare und noch nicht angerechnete ausländische Steuern" in der gleichnamigen Zeile der Steuerbescheinigung ausgewiesen. Der Anleger kann bei einem solchen Ausweis eine Anrechnung im Rahmen der Veranlagung zur Einkommensteuer beantragen, wenn er abgeführte Kapitalertragsteuern aus einer anderen Bankverbindung nachweisen kann.

470 Ist für den Anleger im Vorjahr versehentlich eine ausländische Quellensteuer angerechnet worden, obwohl die Anrechnungsvoraussetzungen nicht gegeben waren, ist das Kreditinstitut verpflichtet, im Zeitpunkt der Erkenntnis die Überanrechnung durch Verrechnung mit dem aktuellen Quellensteuertopf und – soweit dies nicht möglich ist – durch Nachbelastung von Kapitalertragsteuern zu korrigieren (vgl. Rdn. 245 ff.). Zu diesem Zweck wird eine bereits erfolgte Anrechnung ausländischer Quellensteuer im Jahr der Korrekturvornahme rückgängig gemacht und als Negativbetrag in der Zeile „Summe der angerechneten ausländischen Steuer" ausgewiesen.

Soweit eine Berücksichtigung und somit eine Korrektur in Form einer Nachbelastung von Kapitalertragsteuern nicht erfolgen kann, wird ein Negativbetrag in der Zeile „Summe der anrechenbaren und noch nicht angerechneten ausländischen Steuer" ausgewiesen. Eine Korrektur des vorangegangenen Fehlers wird dann im Rahmen der Veranlagung zur Einkommensteuer durch das Finanzamt durch eine entsprechende Erhöhung der geschuldeten Einkommensteuer vorgenommen. In der Steuerbescheinigung wird auf die Verpflichtung zur Veranlagung hingewiesen. Vgl. BMF-Schreiben vom 15. Dezember 2017, Rz. 38, siehe Anhang Nr. 2.2.

471 Sind besondere Anrechnungsvoraussetzungen geregelt, dürfen Kreditinstitute solchermaßen ausgestaltete fiktive Quellensteuern überhaupt nicht auf die Kapitalertragsteuer anrechnen. In diesen Fällen erfolgt auch kein Ausweis dieser fiktiven Quellensteuern in der Steuerbescheinigung. Der Bankkunde muss die Anrechnungsvoraussetzungen in diesen Fällen im Rahmen der Veranlagung zur Einkommensteuer nachweisen, vgl. Rdn. 407.

472 Werden dem Anleger in das Eigenkapital geleistete Einlagen zurückgewährt, so ist eine solche Zahlung nicht als Kapitalertrag zu qualifizieren. Es erfolgt ein Ausweis der Einlagenrückgewähr in der Zeile **„Leistungen aus dem Einlagekonto (§ 27 Abs. 1–7 KStG)"**. Leistungen aus dem Einla-

Steuerbescheinigung für Privatkonten/-depots

genkonto sind deshalb nicht steuerpflichtig und müssen auch in der Steuererklärung nicht angegeben werden.

Das Kästchen „**Ausländischer thesaurierender Investmentfonds vorhanden**" ist dann anzukreuzen, wenn bei einer Jahressteuerbescheinigung nach Muster I oder einer depotbezogenen Jahressteuerbescheinigung nach Muster III entsprechende Anteile an Investmentvermögen am 31. Dezember des Jahres im Depotbestand des Gläubigers vorhanden sind. Diese Angabe entfällt für Bescheinigungszeiträume ab 2018. 473

Bei einer Einzelsteuerbescheinigung ist diese Zeile obsolet.

Schließlich sind im Falle der Veräußerung/Rückgabe von Anteilen an ausländischen thesaurierenden Investmentvermögen die sog. akkumulierten Erträge in der Zeile „**Summe der als zugeflossen geltenden ... § 7 Abs. 1 Satz 1 Nr. 3 InvStG**" anzugeben, welche im Zeitpunkt dem Kapitalertragsteuerabzug unterliegen. Diese akkumulierten Erträge sind auch in der „Höhe der Kapitalerträge" enthalten und für den Fall der Veranlagung zur Einkommensteuer in der Anlage KAP von der „Höhe der Kapitalerträge" abzuziehen. Denn diese akkumulierten Erträge sind in entsprechender Höhe bereits in den vorangegangenen Veranlagungszeiträumen zu versteuern. Um eine Doppelbesteuerung zu vermeiden, muss der Anleger den Steuerabzug im Rahmen der Veranlagung überprüfen lassen und sich die Kapitalertragsteuer erstatten lassen. Diese Angaben sind auch nach Inkrafttreten der Investmentsteuerreform relevant. Das Gesetz ordnet zwar eine fiktive Veräußerung der Fondsanteile (somit auch der Anteile an ausländischen thesaurierenden Investmentvermögen) per 31. Dezember 2017 an, der Steuerabzug auf die bis zum 31. Dezember 2017 thesaurierten Erträge erfolgt aber erst bei tatsächlicher Veräußerung/Rückgabe der Fondsanteile. Somit ist auch erst in der Steuerbescheinigung, die für das Jahr der tatsächlichen Veräußerung/Rückgabe der Fondsanteile erstellt wird, die Angabe der akkumulierten ausschüttungsgleichen Erträge vorzunehmen. 474

Werden Investmentfonds nach § 8 Abs. 8 Satz 1 InvStG 2004 in eine Investitionsgesellschaft umgewidmet, so gelten die betroffenen Anteile am Investmentfonds als veräußert, ohne dass das Kreditinstitut eine Kapitalertragsteuer einbehält (Veräußerungsfiktion). Hintergrund ist, dass § 1 Abs. 1b Satz 1 Nr. 1 bis 9 InvStG 2004 bestimmte Anlagebestimmungen für Investmentfonds enumerativ aufzählt und es bei einer entsprechenden Änderung der Anlagebedingungen zu einer solchen Umwidmung kommen kann. In der Steuerbescheinigung müssen die Besteuerungs- 475

Steuerbescheinigung

grundlagen für diese fingierte Veräußerung tabellarisch dargestellt werden. Der Anleger ist durch das Ankreuzfeld auf die Steuererklärungspflicht hinzuweisen. Der Anleger muss den in der Steuerbescheinigung ausgewiesenen Veräußerungsgewinn und den Zwischengewinn in der Steuererklärung angeben. Von Amts wegen wird die darauf entfallende Einkommensteuer vom Finanzamt zinslos gestundet.

Sowohl der tabellarische Ausweis des Veräußerungsgewinns bzw. des Zwischengewinns als auch der Hinweistext können dann entfallen, wenn die Kunden mit gesondertem Schreiben über das Vorliegen eines Tatbestandes des § 8 Abs. 8 InvStG informiert werden, vgl. durch BMF-Schreiben vom 15. Dezember 2017, Rz. 74, wiedergegeben im Anhang unter 2.2.

476 Wird eine Investitionsgesellschaft in einen Investmentfonds umgewidmet, ändert also eine Investitionsgesellschaft ihre Anlagebedingungen dergestalt ab, dass sie die Anlagebestimmungen erstmals gemäß § 1 Abs. 1 Satz 1 Nr. 1 bis 9 InvStG 2004 erfüllt, so gelten die Anteile an der Investitionsgesellschaft als veräußert und die Anteile an dem Investmentfonds zum Rücknahmepreis am Ende des Geschäftsjahres, in dem der Feststellungsbescheid unanfechtbar geworden ist, als angeschafft (§ 20 Satz 4 InvStG 2004).

In der Steuerbescheinigung müssen für die betroffenen Anteile der Veräußerungsgewinn sowie der Stichtag tabellarisch dargestellt werden. Der Anleger ist durch das Ankreuzfeld auf die Steuererklärungspflicht hinzuweisen. Von Amts wegen wird die darauf entfallende Einkommensteuer vom Finanzamt zinslos gestundet, bis der Anleger seine Anteile am Investmentfonds tatsächlich veräußert hat.

Sowohl der tabellarische Ausweis des Veräußerungsgewinns als auch der Hinweistext können dann entfallen, wenn die Kunden mit gesondertem Schreiben über das Vorliegen eines Tatbestandes des § 20 InvStG 2004 informiert werden, vgl. durch BMF-Schreiben vom 15. Dezember 2017, Rz. 74, wiedergegeben im Anhang unter 2.2.

477 Im Zuge der Investmentsteuerreform können ab dem Bescheinigungsjahr 2018 folgende ergänzende nachrichtliche Angaben erforderlich werden:

▷ Nachrichtliche Angaben zu bestandsgeschützten Alt-Anteilen. Bei Fondsanteilen, die bereits vor dem 1. Januar 2009 im Bestand des Steuerpflichtigen waren, ist der Veräußerungsgewinn aus der fiktiven Veräußerung zum 31. Dezember 2017 nicht steuerpflichtig. Allerdings un-

Steuerbescheinigung für Privatkonten/-depots

terliegen die ab 1. Januar 2018 eintretenden Wertzuwächse (ausgehend vom Rücknahmepreis zum 31. Dezember 2018 als fiktivem Anschaffungswert) der Abgeltungsteuer. Dieser Gewinn aus der Veräußerung wird auf Antrag des Steuerpflichtigen im Rahmen eines persönlichen Freibetrags von 100.000 Euro in der Veranlagung steuerfrei gestellt. Da die Veräußerungsgewinne aus bestandsgeschützten Alt-Anteilen im Steuerabzugsverfahren in die Verlustverrechnung einbezogen werden, benötigt der Steuerpflichtige für Zwecke der Veranlagung eine Angabe der im Bescheinigungsjahr realisierten Gewinne aus bestandsgeschützten Alt-Anteilen. Vgl. hierzu auch Kapitel 2.2.13.8.2.

▷ Alt-Anteile, die ab 2009 angeschafft wurden, sind nicht bestandsgeschützt. Auch diese Anteile gelten aufgrund der Reform des InvStG zum 31. Dezember 2017 als fiktiv veräußert. Der steuerpflichtige Veräußerungsgewinn ist allerdings im Jahr der tatsächlichen Veräußerung zu versteuern. Beim Privatanleger unterliegt dieser Gewinn der Abgeltungsteuer. Für Anleger, für die der Steuerabzug keine abgeltende Wirkung entfaltet, ist eine Feststellung des fiktiven Veräußerungsgewinns durch das Veranlagungsfinanzamt des Steuerpflichtigen erforderlich. Der Gewinn (Verlust) aus der Veräußerung dieser nicht bestandsgeschützten Alt-Anteile ist in der Steuerbescheinigung auszuweisen. In Fällen, in denen als fiktiver Veräußerungsgewinn eine Ersatzbemessungsgrundlage angesetzt wurde, sind ebenfalls ergänzende Angaben in der Steuerbescheinigung vorgesehen. Für die Bank besteht in diesen Fällen eine Pflicht zur Ausstellung der Steuerbescheinigung.

▷ Zudem sind Angaben für Fälle der nachträglichen Erstattung von Kapitalertragsteuer auf Ausschüttungen von Investmentfonds, die sich nachträglich als Substanzauskehr herausstellen (Fälle des § 44b Abs. 1 EStG), vorgesehen.

▷ Bestimmte **Investmentvermögen in der Rechtsform einer Personengesellschaft** sind mit Inkrafttreten des neuen InvStG zum 1. Januar 2018 aus dem Anwendungsbereich des InvStG herausgefallen. Auf Ausschüttungen und Veräußerungserlöse wird in diesen Fällen kein Steuereinbehalt vorgenommen. Damit der Steuerpflichtige in diesen Fällen seiner Deklarationspflicht nachkommen kann, sind nachrichtliche Angaben zu Ausschüttungen und Veräußerungserlös vorgesehen.

Gewinn aus Aktienveräußerungen i. S. d. § 20 Abs. 2 Satz 1 Nr. 1 EStG sind mit Wirkung ab 1. Januar 2019 **nachrichtlich als Hilfsgröße vor Verrechnung mit sonstigen Verlusten auszuweisen**. Hierdurch wird dem Umstand Rechnung getragen, dass nach der aktuellen BFH-Rechtsprechung die auf Bankebene vorgenommene Verlustverrechnung in der Veranla-

Steuerbescheinigung

gung noch einmal geändert werden kann. Hierdurch soll eine aus Sicht des Steuerpflichtigen optimierte Verlustverrechnung (im Rahmen des Verfahrens nach § 32d Abs. 4 EStG) ermöglicht werden.

Beispiel:
Kunde K hat bei Bank A folgende Kapitalerträge erzielt:

10.000 Euro Aktiengewinn

2.000 Euro Aktienverluste

5.000 Euro sonstige Verluste

Bei Bank B hat K folgende Kapitalerträge erzielt:

8.000 Euro Aktienverluste

5.000 Euro laufende Erträge

Kunde K beantragt bei Bank B fristgerecht (bis 15.12. des betreffenden Jahres) eine kombinierte Steuer- und Verlustbescheinigung (Höhe der Kapitalerträge 5.000 Euro, nicht ausgeglichene Aktienverluste 8.000 Euro, Kapitalertragsteuer 1.250 Euro). Von Bank A erhält er eine Steuerbescheinigung (Höhe der Kapitalerträge 3.000 Euro, davon Aktiengewinne 3.000 Euro, nachrichtlich Aktiengewinne vor Verrechnung mit sonstigen Verlusten 8.000 Euro). Über die Veranlagung kann K die Verrechnung der Aktiengewinne mit den Aktienverlusten beantragen, soweit eine solche Verrechnung bei Bank A noch nicht erfolgt ist (nämlich in Höhe von 8.000 Euro der Aktiengewinne). Die ursprüngliche Verrechnung mit den sonstigen Verlusten wird rückgängig gemacht. Die wiederauflebenden sonstigen Verluste (5.000 Euro) können mit den bei Bank B besteuerten laufenden Erträgen verrechnet werden. Im Ergebnis erhält K die bei Bank A und B gezahlten Steuerbeträge vollständig erstattet.

11.1.2 Steuerbescheinigungen in besonderen Fällen

478   Bei Mietkautionskonten, die auf den Namen des Vermieters angelegt wurden, ist die Steuerbescheinigung auf den Namen des Mieters (Treugeber) auszustellen, sofern das Kreditinstitut weiß, wer der Treugeber (Mieter) ist. Der Vermieter hat in diesen Fällen dem Mieter die Steuerbescheinigung zur Verfügung zu stellen.

Weiß das Kreditinstitut nicht, ob der Kontoinhaber Anspruch auf die Zinsen hat, ist die Steuerbescheinigung auf den Namen des Treuhänders (Kontoinhaber) auszustellen mit dem Vermerk „Treuhandkonto". Auch in diesem Fall hat der Vermieter dem Mieter die Steuerbescheinigung zur Verfügung zu stellen.

Werden die Mietkautionen mehrerer Mieter auf demselben Konto des Vermieters angelegt, so ist dieser als Vermögensverwalter verpflichtet, gegenüber dem für ihn zuständigen Finanzamt eine Erklärung zur einheitlichen und gesonderten Feststellung der Kapitalerträge abzugeben. Sieht das Finanzamt nach § 180 Abs. 3 Satz 1 Nr. 2 AO von einer einheitlichen und gesonderten Feststellung der Kapitaleinkünfte ab, kann es dies gegenüber dem Vermieter durch negativen Feststellungsbescheid feststellen. In diesem Fall hat der Vermieter dem Mieter eine Ablichtung des Bescheids und der Steuerbescheinigung des Kreditinstituts zur Verfügung zu stellen sowie den anteiligen Kapitalertrag und die anteilige Kapitalertragsteuer, welche auf den Mieter entfällt, mitzuteilen.

In derselben Weise wird auch bei einem Wohnungseigentümergemeinschaftskonto verfahren. Wird von einer gesonderten Feststellung der von der Wohnungseigentümergemeinschaft (WEG) erzielten Kapitalerträge aus der Anlage der Instandhaltungsrücklage abgesehen, reicht es aus, wenn der Verwalter der WEG die anteiligen Einnahmen aus Kapitalvermögen nach dem Verhältnis der Miteigentumsanteile aufteilt und dem einzelnen Wohnungseigentümer mitteilt. | 479

11.1.3 Berichtigung von fehlerhaften Steuerbescheinigungen

Entspricht eine Steuerbescheinigung nicht den gesetzlichen Anforderungen, ist sie zu berichtigen, um einen ggf. daraus entstehenden fiskalischen Schaden oder einen Schaden zulasten des Anlegers abzuwenden. Das Kreditinstitut muss eine fehlerhafte Steuerbescheinigung gegenüber dem Anleger berichtigen durch Herausgabe einer berichtigten Bescheinigung. Auch die Verwendung des falschen Musters ist ein zu berichtigender Fehler. Die berichtigte Steuerbescheinigung ist als solche zu kennzeichnen (Beispiel: „Berichtigte Steuerbescheinigung"). Der Anleger ist aufzufordern, die fehlerhafte Steuerbescheinigung innerhalb von einem Monat ab Zusendung der berichtigten Steuerbescheinigung an die Bank zurückzugeben, verbunden mit dem Hinweis, dass nach Ablauf dieser Frist andernfalls das für den Anleger zuständige Wohnsitzfinanzamt schriftlich benachrichtigt wird. Die Rückforderung der fehlerhaften Steu- | 480 erbescheinigung scheidet aus der Natur der Sache heraus aus, wenn es sich um eine elektronisch übermittelte Steuerbescheinigung handelt (vgl. auch den Gesetzeswortlaut des § 45a Abs. 6 EStG: „Eine Bescheinigung, die den Absätzen 2 bis 5 nicht entspricht, hat der Aussteller durch eine berichtigte Bescheinigung zu ersetzen und *im Fall der Übermittlung in Papierform zurückzufordern.*").

481 Sind in der Steuerbescheinigung die Kapitalerträge und die anrechenbare Kapitalertragsteuer zu niedrig ausgewiesen, kann von einer Berichtigung der Steuerbescheinigung nach den oben dargestellten Grundsätzen (Neuerteilung und Rückforderung der fehlerhaften Bescheinigung) abgesehen werden, wenn eine ergänzende Bescheinigung ausgestellt wird, in die neben den übrigen Angaben nur der Unterschied zwischen dem richtigen und dem ursprünglich bescheinigten Betrag aufgenommen wird. Die ergänzende Bescheinigung ist als solche zu kennzeichnen (Beispiel: „Ergänzende Steuerbescheinigung"). Die ursprünglich ausgestellte Bescheinigung behält in diesen Fällen weiterhin Gültigkeit und muss von der Bank nicht zurückgefordert werden.

482 Die Berichtigung einer ausgestellten Steuerbescheinigung ist hingegen nicht vorzunehmen, wenn der „Fehler" nach dem im Abschnitt 2.5 erläuterten besonderen Korrekturverfahren behoben wurde.

11.2 Steuerbescheinigungen für betriebliche Konten und Einkünfte aus Vermietung und Verpachtung sowie für Steuerausländer

483 Die Steuerbescheinigung nach Muster III dient der Bescheinigung von Kapitalerträgen, die den Einkünften aus Land- und Forstwirtschaft, Gewerbebetrieb, selbstständiger Arbeit sowie Vermietung und Verpachtung zuzurechnen sind. Sie dient auch der Bescheinigung von Kapitalerträgen gemäß § 43 Abs. 1 Satz 1 Nr. 1, 1a und 2 EStG gegenüber Steuerausländern. Ab 2018 gilt sie auch für Kapitalerträge, die von Investmentfonds und Spezial-Investmentfonds erzielt werden.

11.2.1 Steuerbescheinigung für betriebliche Konten

484 Für betriebliche Einkünfte ist bei den „neuen Kapitalertragsteuertatbeständen" kein Steuerabzug vorzunehmen, falls der Steuerpflichtige eine

entsprechende Freistellungserklärung abgibt, vgl. Rdn. 204 ff. Bei Erträgen aus Termingeschäften, die den Einkünften aus Vermietung und Verpachtung zuzurechnen sind, kann bei Vorliegen einer Freistellungserklärung vom KapSt-Abzug Abstand genommen werden. In diesen Fällen müssen die freigestellten Kapitalerträge nicht in der Steuerbescheinigung ausgewiesen werden. Im Übrigen sind Erträge aus Limited Liability Companies (LLPs), Limited Partners (LPs) und Master Limited Partnerships (MLPs) als ausländische Dividenden auszuweisen; da die steuerliche Behandlung in der Veranlagung zu klären ist, erfolgt allerdings kein Ausweis in der Zeile „davon: Erträge, die dem Teileinkünfteverfahren unterliegen". Ausschüttungen und Vorabpauschalen nach dem ab 1. Januar 2018 geltenden neuen InvStG werden ebenso wie Veräußerungsgewinne aus der Rückgabe/Veräußerung von Investmentanteilen gesondert ausgewiesen. Bei Investmenterträgen ab 2018 ist nach § 43a Abs. 2 Satz 1 2. HS EStG ausschließlich die für Privatanleger geltenden Teilfreistellungssätze anzuwenden. Die materiellrechtlich zutreffenden Teilfreistellungssätze können nur in der Veranlagung geltend gemacht werden. Hierzu sind weitere nachrichtliche Angaben in der Steuerbescheinigung vorgesehen (Ausschüttungen, Vorabpauschalen sowie Veräußerungsgewinne, jeweils gesondert für Aktien-, Misch- Immobilien- und sonstigen Investmentfonds). Fiktive Veräußerungsgewinne von Alt-Anteilen (vgl. § 56 Abs. 2 und 6 InvStG) sind getrennt nach Differenzmethode und Ersatzbemessungsgrundlage auszuweisen. Dies ist grundsätzlich zu kritisieren, weil sich hierdurch das Instrument der Steuerbescheinigung immer weiter von seinem ursprünglichen Zweck – Nachweis des von der Bank vorgenommenen Steuereinbehalts – entfernt und zu einer allgemeinen Veranlagungshilfe mutiert.

Sofern bei einem Spezial-Investmentfonds die Transparenzoption ausgeübt wurde, gelten die inländischen Beteiligungseinnahmen und sonstigen inländischen Erträge unmittelbar den Anlegern als zugeflossen. Für diesen Fall sind nach § 31 Abs. 1 Satz 2 InvStG 2018 folgende ergänzende Angaben in der Steuerbescheinigung erforderlich:

1. Name und Anschrift des Spezial-Investmentfonds als Zahlungsempfänger,

2. Zeitpunkt des Zuflusses des Kapitalertrags bei dem Spezial-Investmentfonds,

3. Name und Anschrift der am Spezial-Investmentfonds beteiligten Anleger als Gläubiger der Kapitalerträge,

4. Gesamtzahl der Anteile des Spezial-Investmentfonds zum Zeitpunkt des Zuflusses und Anzahl der Anteile der einzelnen Anleger sowie
5. Anteile der einzelnen Anleger an der Kapitalertragsteuer.

485 Keine Steuerbescheinigung (mangels Steuerabzug) wird ausgestellt, wenn Gläubiger und Schuldner der Kapitalerträge bzw. Gläubiger und die auszahlende Stelle im Zeitpunkt des Zufließens identisch sind, vgl. § 43 Abs. 2 Satz 1 EStG. Dasselbe gilt, sofern hinsichtlich der „neuen Kapitalertragsteuertatbestände" (vgl. Rdn. 200) vom Kapitalertragsteuerabzug abgesehen wird, weil Gläubiger der Kapitalerträge ein inländisches Kreditinstitut oder inländisches Finanzdienstleistungsinstitut oder auch eine inländische Kapitalanlagegesellschaft ist (Interbankenbefreiung).

11.2.2 Steuerbescheinigung für Steuerausländer

486 Beschränkt steuerpflichtige Gläubiger von inländischen Aktiendividenden (Erträge i. S. d. § 43 Abs. 1 Satz 1 Nr. 1a EStG) können für nach dem 31. Dezember 2011 zufließende Kapitalerträge gemäß § 50d Abs. 1 Satz 2, 3 EStG eine Kapitalertragsteuererstattung nur gegen Vorlage einer Steuerbescheinigung i. S. d. § 45a Abs. 2 EStG beim Bundeszentralamt für Steuern beantragen. Davor konnten die Erstattungsanträge auch unter Beifügung der Wertpapierabrechnungen beantragt werden.

487 Soweit die Einkünfte des beschränkt Steuerpflichtigen (Steuerausländer) dem KapSt-Abzug nach § 43 EStG unterliegen, enthalten die Doppelbesteuerungsabkommen (DBA) in der Regel. Einschränkungen hinsichtlich der Höhe des Steuerabzugs oder den vollständigen Ausschluss des Steuerabzugs. Die Bundesrepublik hat damit in den jeweiligen DBA teilweise auf ihr Besteuerungsrecht verzichtet, indem sie es auf einen der Höhe nach beschränkten Steuerabzug zurückgeführt oder es ganz aufgegeben hat.

488 Der Steuerabzugsverpflichtete kann und muss in den genannten Fällen den Steuerabzug ohne Rücksicht darauf vornehmen, ob der Gläubiger als Empfänger des Kapitalertrags eine Steuer in Höhe der Abzugsteuer schuldet oder eine teilweise oder vollständige Entlastung aufgrund eines DBA besteht oder nicht. Das Gesetz sieht daher ein „zweistufiges" Verfahren vor, nämlich in der 1. Stufe eine Einbehaltung und Abführung der Steuer, dann in einer 2. Stufe die Erstattung durch das BZSt. Die Vorschrift bestimmt in Abs. 1 Satz 10 ausdrücklich, dass eine Verkürzung dieser Zweistufigkeit nicht zulässig ist.

Steuerbescheinigungen

Um den Gläubiger in die Lage zu versetzen, diesen Erstattungsanspruch gegenüber dem BZSt geltend zu machen, ist es bei Beteiligungserträgen notwendig, dass das BZSt der einzelnen Wertpapiergattung den auf diese Wertpapiere entfallenden Kapitalertragsteuerbetrag zuordnen kann. Zu diesem Zweck sind die Kapitalertragsteuern für Kapitalerträge gemäß § 43 Abs. 1 Satz 1 Nr. 1, 1a und 2 EStG nach WKN, Zuflusstag und Höhe tabellarisch aufzugliedern im Falle einer zeitraumbezogenen Steuerbescheinigung. **489**

Hinsichtlich der Erträge aus Genossenschaftsanteilen können folgende Informationen in die Tabelle eingetragen werden: **490**

▷ statt Name des Wertpapiers der Geschäftsanteil und die Genossenschaftsbank, bei der der Geschäftsanteil unterhalten wird;

▷ statt der Wertpapierkennnummer/ISIN die Kontonummer des Geschäftsanteils sowie

▷ im Feld „Stückzahl" kann mangels Stückenotierung eine Angabe entfallen (weil jedes genossenschaftliche Mitglied nur eine einzige Mitgliedschaft unterhält).

Gleiches gilt für Genussrechte, welche nicht als Wertpapiere ausgestaltet sind.

Die tabellarische Darstellung der Kapitalerträge gemäß § 43 Abs. 1 Satz 1 Nr. 1, 1a EStG im Falle der zusammengefassten Bescheinigung kann auch an das Ende der Steuerbescheinigung verschoben werden. Fondserträge, die dem Kapitalertragsteuerabzug unterlegen haben, können in einer Summe in der Zeile „Kapitalerträge im Sinne des § 43 Abs. 1 Satz 1 Nr. 1, 1a EStG" ausgewiesen werden. Eine Aufteilung nach der Art der Kapitalerträge ist nicht notwendig. Vgl. BMF-Schreiben vom 15. Dezember 2017, Rz. 62, wiedergegeben im Anhang unter Nr. 2.2. Ab 1. Januar 2018 unterliegen Investmenterträge nicht mehr der beschränkten Steuerpflicht. **491**

Die Rdn. 475 und 476 gelten für Steuerbescheinigungen nach Muster III entsprechend.

Für die bei inländischen Kreditinstituten verwahrten Wertpapierbestände ausländischer Kreditinstitute ist bis zur Höhe der auf die Kapitalerträge abgeführten Kapitalertragsteuer auf Antrag des ausländischen Kreditinstitutes in Vertretung des Anteilseigners eine Einzelsteuerbescheinigung durch das inländische Kreditinstitut auszustellen. Die Steuerbescheinigung ist von dem ausstellenden Kreditinstitut durch das neue Ankreuzfeld im Kopf der Bescheinigung entsprechend zu kennzeichnen; sie muss **492**

Steuerbescheinigung

außerdem erkennen lassen, welches Kreditinstitut die Gutschrift erhalten hat. Vgl. BMF-Schreiben vom 15. Dezember 2017, Rz. 68, wiedergegeben im Anhang unter Nr. 2.2.

493 In den Fällen der ausländischen Zwischenverwahrung von Wertpapieren kann von dem inländischen Kreditinstitut, das als letzte inländische Stelle gemäß § 44 Abs. 1 Satz 4 Nr. 3 EStG vor der Zahlung in das Ausland einen Steuerabzug vorgenommen hat, eine Sammelsteuerbescheinigung über den vorgenommenen Kapitalertragsteuerabzug ausgestellt werden (vgl. Rdn. 401). Soweit keine Sammelsteuerbescheinigung ausgestellt wurde, kann die letzte inländische Stelle i. S. d. § 44 Abs. 1 Satz 4 Nr. 3 EStG eine Einzelsteuerbescheinigung über den von ihr vorgenommenen Steuerabzug für den Anteilseigner ausstellen. Auch diese Steuerbescheinigung ist von der ausstellenden Stelle nach § 45a Abs. 2 und § 44a Abs. 6 EStG entsprechend zu kennzeichnen. Vgl. BMF-Schreiben vom 15. Dezember 2017, Rz. 68, wiedergegeben im Anhang unter Nr. 2.2.

Rdn. 480 und 481 gelten im Falle einer fehlerhaften Erteilung einer Steuerbescheinigung gegenüber einem Steuerausländer entsprechend mit der Maßgabe, dass nicht das Finanzamt des Anlegers, sondern das Bundeszentralamt für Steuern zu benachrichtigen ist.

12 Depotüberträge

Es ist zu unterscheiden zwischen dem Übertrag von Depotbeständen, bei dem der Depotgläubiger identisch bleibt (Depotübertrag ohne Gläubigerwechsel, vgl. Rdn. 497 ff.) und dem Übertrag von Depotbeständen auf einen anderen Gläubiger (Depotübertrag mit Gläubigerwechsel, vgl. Rdn. 510 ff.).

494

Wechselt der Gläubiger nicht, werden die steuerlichen Anschaffungsdaten grundsätzlich von dem abgebenden Depot in das aufnehmende Depot übernommen. Dies gilt auch, wenn das Empfängerdepot bei einem anderen inländischen Kreditinstitut geführt wird. In bestimmten Fällen können auch bei gläubigeridentischen Überträgen von ausländischen Depots auf inländische Depots die Anschaffungsdaten übernommen werden. Grundsätzlich gelten diese Regeln für Depotüberträge, die ab 2009 beauftragt werden. Die Finanzverwaltung verlangt allerdings, dass auch bei Depotüberträgen, die vor 2009 stattgefunden haben, die Anschaffungsdaten nachträglich zu berücksichtigen sind, sofern das abgebende Institut diese Daten noch rechtzeitig vor Veräußerung/Einlösung dem aufnehmenden Institut mitteilt, vgl. BMF-Schreiben vom 18. Januar 2016, Rz. 188, wiedergegeben im Anhang unter 2.1.

495

Hinweis:

Bei Depotbeständen, die vor 2009 von einem anderen Institut übertragen wurden und bei denen im Zuge des Übertrags kein Gläubigerwechsel stattgefunden hat, kann es sich im Einzelfall anbieten, im Vorfeld einer Veräußerung/Einlösung mit dem abgebenden Institut Kontakt aufzunehmen, ob die Anschaffungsdaten in diesen Fällen noch nachgeliefert werden können. Dann kann die anderenfalls notwendige Anwendung der Ersatzbemessungsgrundlage (die regelmäßig eine Veranlagung für den betroffenen Kunden zur Folge hat) vermieden werden. Ein solches „Nachfassen" beim abgebenden Institut ist allerdings dann entbehrlich, wenn sich ein Bestandsschutz bereits aus dem vor 2009 liegenden Einbuchungsdatum eindeutig ableiten lässt (z. B. bei vor 2009 übertragenen Aktienbeständen).

Depotüberträge auf einen anderen Gläubiger (hierunter fällt auch der Wechsel der Gläubigerzusammensetzung, z. B. vom gemeinsamen Depot A, B erfolgt Übertrag auf Einzeldepot A) werden ab dem Jahr 2009 in bestimmten Fällen wie Veräußerungen behandelt, § 43 Abs. 1 Satz 4 EStG. Diese Regelungen gelten für alle nach dem 31. Dezember 2008 vorgenommenen Depotüberträge. Hierdurch soll vermieden werden, dass durch Veräußerungen ohne Einschaltung der Bank mit anschließendem Depotübertrag der Kapitalertragsteuerabzug vermieden wird. Es besteht allerdings die Möglichkeit für den abgebenden Depotgläubiger, den Übertrag als unentgeltlichen Depotübertrag gegenüber dem Kreditinstitut zu erklären, § 43 Abs. 1 Satz 5 EStG. In diesem Fall besteht grundsätzlich eine Meldepflicht des beauftragten Kreditinstituts gegenüber den Finanzbehörden, damit die hieraus (möglicherweise) resultierende Schenkungsteuer festgesetzt werden kann. Die Meldepflichten des beauftragten depotführenden Instituts – und hieraus resultierend auch die Angabepflichten des abgebenden Depotinhabers – wurden für Depotüberträge ab 2012 deutlich erweitert (vgl. Rdn. 519 ff.).

496 Die im Folgenden beschriebenen Regelungen gelten auch, wenn die Wertpapiere nicht im Privatvermögen, sondern im Betriebsvermögen gehalten werden.

12.1 Depotüberträge ohne Gläubigerwechsel

497 Bei einem Depotübertrag ohne Gläubigerwechsel überträgt der Gläubiger die ihm gehörenden Wertpapiere auf ein anderes für ihn geführtes Depot. Dabei spielt es keine Rolle, ob das andere Depot bei derselben Bank oder bei einer anderen Bank geführt wird. Die Übertragung auf ein Depot bei derselben Bank hat zur Folge, dass die Anschaffungsdaten (Anschaffungskosten, Anschaffungszeitpunkt) in das aufnehmende Depot übertragen werden.

Die Übertragung auf ein Depot bei einer anderen Bank hat zur Folge, dass Anschaffungsdaten (Anschaffungskosten, Anschaffungszeitpunkt) an das aufnehmende Kreditinstitut mitgeteilt werden, § 43a Abs. 2 Satz 3 EStG.

Die Übernahme bzw. Mitteilung der Anschaffungsdaten hat den Zweck, dass bei einem ggf. nachfolgenden Verkauf der Wertpapiere aus dem aufnehmenden Depot heraus der korrekte Gewinn errechnet und dem Steuerabzug unterworfen wird. Hierdurch wird die Anwendung von Ersatzbemessungsgrundlagen, die Veranlagungsfälle zur Folge hätte, vermieden.

Die Regelungen finden auch Anwendung, wenn der Kunde Wertpapiere von seinem privaten Depot auf sein betriebliches Depot überträgt und umgekehrt.

Übertrag ohne Gläubigerwechsel

Obwohl der Übertrag der Wertpapiere in diesem Fall nicht als Veräußerung aus dem abgebenden Depot angesehen wird, kommt bei der Übertragung die Fifo-Methode zur Anwendung, um zu gewährleisten, dass im Falle unterschiedlicher Anschaffungszeitpunkte bei derselben Wertpapiergattung die „richtigen" Anschaffungsdaten mitgeliefert werden.

Die übertragenen Wertpapiere werden in diesem Fall mit ihren historischen Anschaffungszeitpunkten in die Fifo-Verbrauchsfolge des aufnehmenden Depots eingebucht. Befinden sich im Zeitpunkt der Einbuchung bereits Wertpapiere derselben Gattung in dem aufnehmenden Depot, ordnen sich die neu hinzukommenden Wertpapiere mit ihren Anschaffungszeitpunkten in die bestehende Anschaffungsreihe ein. Enthält das aufnehmende Depot bereits Wertpapiere mit einem identischen Anschaffungsdatum, ist die Reihenfolge nach Uhrzeit festzulegen.

498

Depotüberträge

Bestand abgebendes Depot vor Übertrag	Anschaffungsdatum	Uhrzeit
A-Aktien	1. Februar 2009 1. März 2009 1. April 2009	15.00 15.00 16.00

Bestand aufnehmendes Depot vor Übertrag	Anschaffungsdatum	Uhrzeit
A-Aktien	1. Januar 2009 1. März 2009	14.00 14.00

Bestand im aufnehmenden Depot nach Depotübertrag	Anschaffungsdatum	Uhrzeit
A-Aktien	1. Januar 2009 1. Februar 2009 1. März 2009 1. März 2009 1. April 2009	14.00 15.00 14.00 15.00 16.00

499 Erfolgt der Übertrag von einem ausländischen Institut, können in bestimmten Fällen die Anschaffungsdaten ebenfalls dem aufnehmenden inländischen Institut übermittelt werden. Dies betrifft Fälle, bei denen das abgebende Kreditinstitut seinen Sitz in einem anderen Mitgliedstaat der Europäischen Gemeinschaft, in einem anderen Vertragsstaat des EWR-Abkommens (Island, Norwegen, Liechtenstein) oder in einem Vertragsstaat nach Art. 17 Abs. 2 Ziffer (i) der EU-Zinsrichtlinie (Richtlinie 2003/48/EG vom 3. Juni 2003), das ist z. B. die Schweiz, hat, § 43a Abs. 2 Satz 5 EStG. Nach den gesetzlichen Regelungen ist hierzu eine Bescheinigung des abgebenden ausländischen Instituts erforderlich. Ein amtliches Muster ist für diese Bescheinigung nicht vorgeschrieben. Die Bescheinigung darf ebenfalls von einer in diesen Ländern ansässigen Zweigstelle eines inländischen Kreditinstituts oder Finanzdienstleistungsinstituts ausgestellt werden. Die Finanzverwaltung lässt auch eine elektronische Übermittlung zu (vgl. BMF-Schreiben vom 18. Januar 2016, Rz. 193, siehe Anhang Nr. 2.1). Wichtig: Die Regelung zur Übernahme von Anschaffungsdaten beim Übertrag aus dem Ausland betrifft ausschließlich Fälle des gläubigeridentischen Übertrags; die Regelung

Depotüberträge ohne Gläubigerwechsel

findet keine Anwendung im Fall einer Erbschaft, weil dann ein Depotübertrag mit Gläubigerwechsel vorliegt (Folge somit: Einbuchung ohne Anschaffungsdaten).

Bescheinigt das abgebende ausländische Kreditinstitut/die ausländische Zweigstelle die Anschaffungsdaten nur in ausländischer Währung, muss das aufnehmende Kreditinstitut selbstständig die Anschaffungskosten zum Zeitpunkt der Anschaffung in Euro umrechnen, vgl. § 20 Abs. 4 Satz 1, 2. HS EStG.

Bei einem Depotübertrag von einem Kreditinstitut/einer Zweigstelle mit Sitz außerhalb der nachstehend bei Rdn. 501 genannten Staaten zu einem inländischen Kreditinstitut dürfen die Anschaffungsdaten nicht übernommen werden. Die historischen Anschaffungsdaten können nicht fortgeführt werden. Auch eine Einbuchung der übertragenen Wertpapiere mit ihren historischen Anschaffungszeitpunkten in die Fifo-Verbrauchsfolge des aufnehmenden Depots ist deswegen nicht möglich. Stattdessen werden die eingebuchten Wertpapiere mit dem Einbuchungsdatum in die bestehende Verbrauchsreihenfolge des aufnehmenden Depots eingeordnet. 500

Da die Anschaffungskosten nicht übernommen werden können, muss bei einer späteren Veräußerung aus dem (aufnehmenden) Depot zwingend die Pauschalbemessungsgrundlage angewendet werden, d. h. 30 Prozent des Veräußerungspreises.

Es ergeben sich folgende Übertragungsmöglichkeiten: 501

abgebendes Kreditinstitut mit Sitz (einschl. Zweigstelle) in	aufnehmendes Kreditinstitut mit Sitz in	Nachweis der Anschaffungsdaten beim aufzunehmenden Kreditinstitut
Deutschland	Deutschland	ja, Mitteilung
Andorra	Deutschland	ja, Bescheinigung*
Belgien	Deutschland	ja, Bescheinigung*
Bulgarien	Deutschland	ja, Bescheinigung*
Dänemark	Deutschland	ja, Bescheinigung*
Estland	Deutschland	ja, Bescheinigung*
Finnland	Deutschland	ja, Bescheinigung*
Frankreich	Deutschland	ja, Bescheinigung*

Depotüberträge

abgebendes Kreditinstitut mit Sitz (einschl. Zweigstelle) in	aufnehmendes Kreditinstitut mit Sitz in	Nachweis der Anschaffungsdaten beim aufzunehmenden Kreditinstitut
Griechenland	Deutschland	ja, Bescheinigung*
Irland	Deutschland	ja, Bescheinigung*
Island	Deutschland	ja, Bescheinigung*
Italien	Deutschland	ja, Bescheinigung*
Lettland	Deutschland	ja, Bescheinigung*
Liechtenstein	Deutschland	ja, Bescheinigung*
Litauen	Deutschland	ja, Bescheinigung*
Luxemburg	Deutschland	ja, Bescheinigung*
Malta	Deutschland	ja, Bescheinigung*
Monaco	Deutschland	ja, Bescheinigung*
Niederlande	Deutschland	ja, Bescheinigung*
Norwegen	Deutschland	ja, Bescheinigung*
Österreich	Deutschland	ja, Bescheinigung*
Polen	Deutschland	ja, Bescheinigung*
Portugal	Deutschland	ja, Bescheinigung*
Rumänien	Deutschland	ja, Bescheinigung*
San Marino	Deutschland	ja, Bescheinigung*
Schweden	Deutschland	ja, Bescheinigung*
Schweiz	Deutschland	ja, Bescheinigung*
Slowakei	Deutschland	ja, Bescheinigung*
Slowenien	Deutschland	ja, Bescheinigung*
Spanien	Deutschland	ja, Bescheinigung*
Tschechische Republik	Deutschland	ja, Bescheinigung*
Ungarn	Deutschland	ja, Bescheinigung*
Vereinigtes Königreich	Deutschland	ja, Bescheinigung*
Zypern	Deutschland	ja, Bescheinigung*

Depotüberträge ohne Gläubigerwechsel

abgebendes Kreditinstitut mit Sitz (einschl. Zweigstelle) in	aufnehmendes Kreditinstitut mit Sitz in	Nachweis der Anschaffungsdaten beim aufzunehmenden Kreditinstitut
anderen Ländern	Deutschland	nein, keine Übernahme der Anschaffungsdaten möglich
* Alternativ lässt die Finanzverwaltung auch die elektronische Übermittlung zu.		

Sofern „Altbestände" (bestandsgeschützte Wertpapiere, die vor dem 1. Januar 2009 angeschafft wurden) übertragen werden, teilt die abgebende Zahlstelle auch dies mit (Kennzeichen „Altfall" bzw. einheitliches fiktives Anschaffungsdatum 31. Dezember 2008). 502

Im BMF-Schreiben vom 18. Januar 2016, Rz. 184a, wiedergegeben im Anhang Nr. 2.1, finden sich umfangreiche Ausführungen zur Übermittlung der Anschaffungsdaten bei Übertragung von Investmentfonds von einem anderen inländischen Kreditinstitut ohne Gläubigerwechsel (sowie bei unentgeltlichem Übertrag): 503

Unter den Begriff der Anschaffungsdaten sind sämtliche bei Anschaffung der **Investmentanteile** vorliegenden Daten zu fassen. Im Einzelnen sind die folgenden Positionen als für den Kapitalertragsteuerabzug verbindliche Anschaffungsdaten zu übermitteln und zu berücksichtigen:

▷ der Anschaffungszeitpunkt,

▷ die Anschaffungsdaten der zum jeweiligen Anschaffungszeitpunkt erworbenen Investmentanteile,

▷ die Anzahl der zum jeweiligen Anschaffungszeitpunkt erworbenen Investmentanteile.

Darüber hinaus ist bei Depotüberträgen bis einschließlich dem 31. Dezember 2017 auch

▷ der bei Erwerb der Anteile gezahlte Zwischengewinn i. S. d. § 1 Abs. 4 InvStG 2004 mitzuteilen. Außerdem sollte der Immobiliengewinn zum Anschaffungszeitpunkt übermittelt werden. Es wird jedoch nicht beanstandet, wenn,

▷ der Immobiliengewinn nicht übermittelt wird, sondern von dem aufnehmenden Kreditinstitut anhand des Anschaffungszeitpunkts bestimmt wird.

Depotüberträge

Für Investmentanteile, die im Rahmen einer steuerneutralen Verschmelzung gemäß §§ 14, 17a InvStG 2004 erworben worden sind, gehören zu den Anschaffungsdaten auch die für die Veräußerungsgewinnermittlung nach § 8 Abs. 5 InvStG 2004 erforderlichen Korrekturgrößen für den Zeitraum zwischen Anschaffung und Verschmelzung der Anteile an dem übertragenden Investmentvermögen. Die Korrekturgrößen können gesondert oder durch Anpassung i. S. d. § 8 Abs. 5 InvStG 2004 des zu übermittelnden Ausgabe- bzw. Kaufpreises der Anteile an dem übertragenden Investmentvermögen mitgeteilt werden. Daneben sind die zum Zeitpunkt der Verschmelzung noch nicht dem Steuerabzug unterworfenen akkumulierten ausschüttungsgleichen Erträge sowie der Zeitpunkt der letzten steuerneutralen Verschmelzung mitzuteilen.

Bei Depotüberträgen ab dem 1. Januar 2018 sind folgende zusätzliche Angaben zu übermitteln:

▷ der Gewinn aus der fiktiven Veräußerung zum 31. Dezember 2017 i. S. d. § 56 Abs. 3 Satz 1 InvStG 2018 und die akkumulierten ausschüttungsgleichen Erträge nach § 7 Abs. 1 Satz 1 Nr. 3 InvStG 2018 (§ 56 Abs. 4 Satz 3 InvStG 2018),

▷ die Anschaffungskosten i. S. d. § 56 Abs. 2 Satz 2 oder 3 InvStG 2018 zum 1. Januar 2018,

▷ der Gewinn aus der fiktiven Veräußerung i. S. d. § 22 Abs. 3 InvStG 2018,

▷ die Anschaffungskosten i. S. d. § 22 Abs. 2 InvStG 2018,

Es wird nicht beanstandet, wenn keine Daten zum Zwischengewinn nach § 56 Abs. 4 Satz 1 Nr. 2 InvStG 2018 i. V. m. § 7 Abs. 1 Satz 1 Nr. 4 InvStG 2004 übermittelt werden.

Wenn der Anschaffungszeitpunkt bei vor dem 1. Januar 2009 angeschafften Investmentanteilen nicht vorliegt und das abgebende Kreditinstitut lediglich eine Anschaffung vor dem 1. Januar 2009 mitteilt, bedarf es keiner Übermittlung der akkumulierten ausschüttungsgleichen Erträge. Die akkumulierten ausschüttungsgleichen Erträge sind in diesem Fall von dem aufnehmenden Kreditinstitut nach § 7 Abs. 1 Satz 1 Nr. 3 Satz 1 InvStG 2004 zu ermitteln.

Die übermittelten Anschaffungsdaten sind im Rahmen des Kapitalertragsteuerabzugs für die Ermittlung des (späteren) Gewinns aus der Rückgabe oder Veräußerung der Investmentanteile für die übernehmende inländische auszahlende Stelle grundsätzlich bindend. Ändert der Investment-

Depotüberträge ohne Gläubigerwechsel

fonds die Angaben zum Zwischengewinn oder zum Immobiliengewinn, so hat das aufnehmende Kreditinstitut die korrigierten Werte zu berücksichtigen. Wenn das abgebende Kreditinstitut korrigierte Anschaffungsdaten übermittelt, dann sind diese korrigierten Werte dem Steuerabzug zugrunde zu legen.

Werden bei Ablauf einer fondsgebundenen Lebensversicherung anstelle der Auszahlung der Versicherungsleistung die Fondsanteile an den Versicherungsnehmer übertragen, hat die aufnehmende depotführende Stelle die von der Versicherungsgesellschaft mitgeteilten Anschaffungsdaten zu berücksichtigen, vgl. BMF-Schreiben vom 18. Januar 2016, Rz. 186, siehe Anhang Nr. 2.1. **504**

Bei Finanzinnovationen sind immer alle Anschaffungswerte zu übermitteln. **505**

Überträgt der Kunde seine im Depot befindlichen Wertpapiere vollständig auf ein auf ihn lautendes Depot bei einem anderen Kreditinstitut, so hat das abgebende Kreditinstitut dem übernehmenden Kreditinstitut auf Verlangen des Kunden die Höhe des noch nicht ausgeglichenen Verlusts mitzuteilen, § 43a Abs. 3 Satz 6 EStG. Durch die Mitteilung des Verlustüberhangs gegenüber dem aufnehmenden Kreditinstitut und die entsprechende Fortführung des Verlusttopfes sollen die Veranlagungsfälle reduziert werden. Die Verlustmitteilung und Verlustfortführung durch das aufnehmende Kreditinstitut kommt nur in Betracht, wenn alle von dem übertragenden Kreditinstitut verwahrten Wertpapiere aus sämtlichen Wertpapierdepots des Kunden auf ein oder mehrere Wertpapierdepots bei dem aufnehmenden Kreditinstitut übertragen werden. Verbleiben einzelne Wertpapiere in einem oder mehreren Depots des Bankkunden, so kommen eine Mitteilung des Verlustüberhangs und eine Fortführung des Verlusttopfes durch das aufnehmende Kreditinstitut auch bei Stellung eines Antrags durch den Kunden nicht in Betracht. **506**

Die Verlustmitteilung erfolgt nur, wenn der Kunde dies wünscht („auf Verlangen"). Ein Formerfordernis bei der Beantragung der Verlustmitteilung besteht nicht. Der Kunde kann die Verlustmitteilung auch mündlich (fernmündlich) beantragen. Die Antragstellung ist getrennt möglich für den allgemeinen Verlusttopf und den Aktienverlusttopf. Erfolgt der vollständige Depotübertrag auf verschiedene Kreditinstitute, können der allgemeine Verlustverrechnungstopf und der Aktienverlusttopf auf verschiedene Kreditinstitute übertragen werden, vgl. BMF-Schreiben vom 18. Januar 2016, Rz. 236, siehe Anhang Nr. 2.1. **507**

Depotüberträge

Stellt der Gläubiger trotz der mit dem Übertrag der Wertpapiere verbundenen Beendigung der Geschäftsbeziehung keinen Antrag auf Übertrag der Verlusttöpfe, werden diese geschlossen. Zum Jahresende wird eine Verlustbescheinigung erteilt, BMF-Schreiben vom 18. Januar 2016, Rz. 238, siehe Anhang Nr. 2.1.

Bei einem Übertrag des Gesamtbestands eines Einzeldepots eines Ehegatten auf das Gemeinschaftsdepot oder umgekehrt wird der Verlust nicht mitgeteilt.

508 Die vom abgebenden Kreditinstitut noch nicht angerechnete ausländische Quellensteuer kann ebenfalls dem aufnehmenden Kreditinstitut mitgeteilt werden, vgl. BMF-Schreiben vom 18. Januar 2016, Rz. 121, siehe Anhang Nr. 2.1. Für den Quellensteuertopf darf jedoch kein Vortrag in das neue Jahr vorgenommen werden.

509 Es gilt daher grundsätzlich im Falle der Übernahme von Anschaffungsdaten folgendes Ermittlungsschema für die bei einer späteren Veräußerung realisierten Gewinne:

Einnahmen aus der Veräußerung
./. unmittelbar im Zusammenhang mit dem Veräußerungsgeschäft stehende Aufwendungen
./. mitgeteilte bzw. bescheinigte Anschaffungskosten
= Gewinn/Verlust

Falls keine Übernahme der Anschaffungsdaten möglich ist, ergibt sich bei einer späteren Veräußerung nach der Pauschalbemessungsgrundlage folgender kapitalertragsteuerpflichtige Gewinn:

Gewinn = Einnahmen aus der Veräußerung x 30 Prozent

12.2 Depotüberträge mit Gläubigerwechsel

510 Werden von einem Kreditinstitut verwahrte oder verwaltete Wirtschaftsgüter (i. d. R. Wertpapiere) auf einen anderen Gläubiger übertragen, fingiert der Gesetzgeber eine Veräußerung, also eine entgeltliche Übertragung, § 43 Abs. 1 Satz 4 EStG. Hierdurch soll vermieden werden, dass durch Veräußerungen ohne Einschaltung der Bank mit anschließendem

Depotüberträge mit Gläubigerwechsel

Depotübertrag der Kapitalertragsteuerabzug umgangen wird. Die Veräußerungsfiktion gilt auch beim Übertrag von nicht für den marktmäßigen Handel bestimmten schuldbuchfähigen Bundes- und Landespapieren. Sie ist jedoch nicht anzuwenden beim Übertrag von nicht verbrieften Kapitalforderungen (zum Beispiel bei Sparbriefen und Schuldscheindarlehen). In diesen Fällen ist daher weder ein Steuerabzug noch eine Anzeige der Unentgeltlichkeit an das Betriebsstättenfinanzamt vorzunehmen, vgl. BMF-Schreiben vom 18. Januar 2016, Rz. 200, siehe Anhang Nr. 2.1.

Für die Frage, ob ein Gläubigerwechsel vorliegt, ist auf den zivilrechtlichen Gläubiger abzustellen. Dies lässt sich daraus ableiten, dass das Kreditinstitut generell auf den zivilrechtlichen Gläubiger abstellt, vgl. BMF-Schreiben vom 3. Dezember 2014, Rz. 1, siehe Anhang Nr. 2.2. Teilt der Inhaber eines bestehenden Depots der Bank mit, dass es sich künftig um ein von ihm als Treuhänder für einen Dritten verwaltetes Depot (Treuhanddepot) handelt und erfolgt hierauf eine Umschlüsselung in ein Treuhanddepot, liegt dennoch kein Depotübertrag i. S. d. § 43 Abs. 1 Satz 4 EStG vor, weil sich hierbei aus Sicht der Bank der zivilrechtliche Gläubiger des Depots nicht ändert.

Ein Depotübertrag mit Gläubigerwechsel liegt auch vor, wenn das Wirtschaftsgut/Wertpapier zwischen Einzeldepots zweier Ehegatten/eingetragener Lebenspartner oder von einem Einzeldepot eines Ehegatten/eingetragenen Lebenspartners auf ein Ehegatten-Gemeinschaftsdepot bzw. Lebenspartner-Gemeinschaftsdepot (oder umgekehrt) übertragen wird. Der Übertrag zwischen Ehegatten bzw. eingetragenen Lebenspartnern wird aber grundsätzlich als unentgeltlicher Depotübertrag behandelt, BMF-Schreiben vom 18. Januar 2016, Rz. 168, siehe Anhang Nr. 2.1. Nur bei einer ausdrücklichen Erklärung des übertragenden Ehegatten/eingetragenen Lebenspartners, dass es sich um einen entgeltlichen Übertrag handelt, gilt diese Vermutung nicht.

In der Praxis ist zwischen dem entgeltlichen und dem unentgeltlichen Übertrag zu unterscheiden.

12.2.1 Entgeltlicher Depotübertrag

Der Depotübertrag ist wie eine Veräußerung der Wertpapiere zu behandeln, wenn der Depotinhaber nicht mitteilt, dass der Übertrag unentgeltlich erfolgt. Als Veräußerungspreis wird der niedrigste Börsenkurs an einer deutschen Börse einschließlich XETRA-Handel zum Zeitpunkt der Übertragung angesetzt.

Depotüberträge

Hierbei wird grundsätzlich auf den Börsenkurs des Vortags der Ausbuchung abgestellt. Bei nichtbörsennotierten IHS ist auf den von der emittierenden Stelle festgestellten Wert abzustellen, vgl. BMF-Schreiben vom 18. Januar 2016, Rz. 184, siehe Anhang Nr. 2.1. Bei Anteilen an Investmentvermögen ist der aktuelle Rücknahmepreis anzusetzen, vgl. BMF-Schreiben vom 18. Januar 2016, Rz. 185, siehe Anhang Nr. 2.1. Auf den Unterschiedsbetrag zwischen den Einnahmen „aus der Veräußerung" (Börsenkurs zum Übertragszeitpunkt) und den Anschaffungskosten ist ein Steuerabzug vorzunehmen, es sei denn, die übertragenen Papiere unterliegen dem Bestandsschutz. Liegt ein Börsenkurs nicht vor, bemisst sich die Kapitalertragsteuer nach 30 Prozent der Anschaffungskosten (Pauschal-Bemessungsgrundlage).

512 Daraus ergibt sich folgendes Schema für die Ermittlung des Gewinns aus einem Depotübertrag:

	Niedrigster Börsenkurs des Vortags/festgestellter Wert (IHS)/aktueller Rücknahmepreis (Anteil am Investmentvermögen)
./.	unmittelbar im Zusammenhang mit dem Depotwechsel stehende Aufwendungen
./.	Anschaffungskosten
=	Gewinn/Verlust

Falls keine Übernahme der Anschaffungsdaten möglich ist, ergibt sich folgender Gewinn:

Gewinn = Einnahmen aus der Veräußerung x 30 Prozent

Der Gewinn ist wie ein normaler Veräußerungsgewinn bei der Verlustverrechnung (Verlusttöpfe) und bei der Freibetragsverwaltung (Sparerpauschbetrag) zu berücksichtigen.

513 Bei einem entgeltlichen Depotübertrag von Stückzinspapieren ist der Börsenpreis zuzüglich Stückzinsen als Einnahmen aus der Veräußerung anzusetzen, § 43a Abs. 2 Satz 8 EStG.

Depotüberträge mit Gläubigerwechsel

    Niedrigster Börsenkurs/Börsenkurs des Vortags/festgestellter Wert (IHS)/aktueller Rücknahmepreis (Anteil am Investmentvermögen)
+ (fiktiv) vereinnahmte Stückzinsen
./. unmittelbar im Zusammenhang mit dem Depotwechsel stehende Aufwendungen
./. Anschaffungskosten
= Gewinn/Verlust

Die übernehmende auszahlende Stelle hat ihrerseits als Anschaffungskosten den von der abgebenden Stelle ermittelten Börsenpreis zum Zeitpunkt der Einbuchung anzusetzen, § 43a Abs. 2 Satz 11 EStG.

Bei sog. Altbeständen wie auch bei Neubeständen sind die Stückzinsen zu ermitteln und an die aufnehmende Bank zu übermitteln. Bei der aufnehmenden Bank werden die Stückzinsen dann als negativer Kapitalertrag in den allgemeinen Verlusttopf eingestellt.

Eine Übernahme des Börsenkurses ist nur möglich, wenn die abgebende Stelle diesen ermittelt und dem Kapitalertragsteuerabzug zugrunde gelegt hat. Hieraus folgt, dass bei einem entgeltlichen Übertrag aus dem Ausland auf ein im Inland belegenes Depot eine Einbuchung mit dem Börsenkurs nicht vorgenommen werden kann. Denn das ausländische Institut ist keine auszahlende Stelle nach § 43a Abs. 2 Satz 12 EStG, die den Kapitalertragsteuerabzug praktiziert. Bei einem entgeltlichen Übertrag aus einem ausländischen Depot werden somit keine Anschaffungskosten eingebucht. Bei einem späteren Verkauf ist nach § 43a Abs. 2 Satz 13 EStG die Pauschalbemessungsgrundlage zur Bemessung der Kapitalertragsteuer anzuwenden.

Depotüberträge

Übertrag mit Gläubigerwechsel

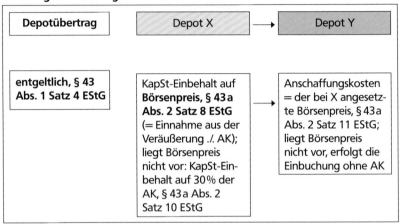

Depotübertrag	Depot X → Depot Y	
entgeltlich, § 43 Abs. 1 Satz 4 EStG	KapSt-Einbehalt auf Börsenpreis, § 43a Abs. 2 Satz 8 EStG (= Einnahme aus der Veräußerung ./. AK); liegt Börsenpreis nicht vor: KapSt-Einbehalt auf 30% der AK, § 43a Abs. 2 Satz 10 EStG	Anschaffungskosten = der bei X angesetzte Börsenpreis, § 43a Abs. 2 Satz 11 EStG; liegt Börsenpreis nicht vor, erfolgt die Einbuchung ohne AK

514 Kann bei einem als entgeltlich zu behandelnden Depotübertrag die Ersatzbemessungsgrundlage nicht ermittelt werden, da keine Anschaffungskosten vorliegen und auch der Veräußerungspreis (Börsenkurs) nicht festgestellt werden kann, kommt wegen der fehlenden Bemessungsgrundlage für den Kapitalertragsteuerabzug nur eine Meldung des Depotübertrags an das Betriebsstättenfinanzamt des Kreditinstituts in Betracht, § 44 Abs. 1 Satz 7 ff., vgl. BMF-Schreiben vom 18. Januar 2016, Rz. 195, siehe Anhang Nr. 2.1.

515 Werden Wertpapiere übertragen, die der übertragende Anleger vor dem 1. Januar 2009 angeschafft hat, ermittelt das abgebende Institut den Börsenkurs – auch wenn aufgrund der Übergangsregelung keine Versteuerung erfolgt – und übermittelt diesen an das aufnehmende Institut. Das aufnehmende Institut bucht die Wertpapiere mit dem neuen Anschaffungsdatum (Tag der Einbuchung) ein, § 43a Abs. 2 Satz 11 EStG. Ein Steuerabzug ist jedoch bei Finanzinnovationen erforderlich. Bei Zertifikaten muss ein Steuereinbehalt erfolgen, wenn sie ab dem 15. März 2007 erworben und erst nach dem 30. Juni 2009 übertragen werden. Beim Übertrag von bereits vor 2009 erworbenen Anteilen an Investmentvermögen muss der Steuereinbehalt auf den Zwischengewinn und bei ausländischen thesaurierenden Investmentvermögen auf den akkumulierten ausschüttungsgleichen Ertrag erfolgen. Bei der aufnehmenden Bank ist der Zwischengewinn in den allgemeinen Verlusttopf einzustellen.

Depotüberträge mit Gläubigerwechsel

Übertrag mit Gläubigerwechsel bei Altfällen
Erwerb des Wertpapiers vor dem 1. Januar 2009 – Übertrag nach dem 1. Januar 2009

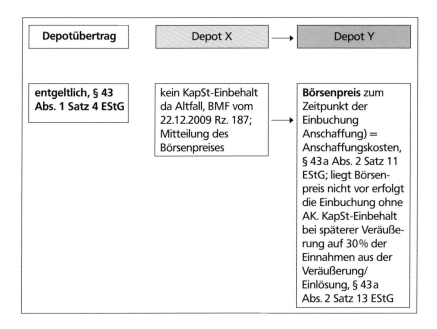

Depotübertrag	Depot X	→	Depot Y
entgeltlich, § 43 Abs. 1 Satz 4 EStG	kein KapSt-Einbehalt da Altfall, BMF vom 22.12.2009 Rz. 187; Mitteilung des Börsenpreises	→	**Börsenpreis** zum Zeitpunkt der Einbuchung Anschaffung) = Anschaffungskosten, § 43a Abs. 2 Satz 11 EStG; liegt Börsenpreis nicht vor erfolgt die Einbuchung ohne AK. KapSt-Einbehalt bei späterer Veräußerung auf 30 % der Einnahmen aus der Veräußerung/ Einlösung, § 43a Abs. 2 Satz 13 EStG

Depotüberträge

516 Folgende Übertragungsfälle sind in der Praxis anzutreffen:

Aufnehmendes Kreditinstitut / Abgebendes Kreditinstitut	Kunde A: keine Aussage zur Unentgeltlichkeit	Kunde A: Mitteilung der Unentgeltlichkeit
Kunde A Depot bei derselben Bank	keine Veräußerungsfiktion, Übernahme der Anschaffungsdaten	
Kunde A Depot bei anderer Bank	keine Veräußerungsfiktion, Mitteilung/Bescheinigung der Anschaffungsdaten, nur bei abgebendem Kreditinstitut außerhalb EU/EWR-Raum ist eine Übernahme der Anschaffungsdaten nicht möglich.	
Kunde B Depot bei derselben Bank	Veräußerungsfiktion, Kapitalertragsteuerabzug; Bemessungsgrundlage ist der Börsenpreis zum Zeitpunkt der Ausbuchung abzüglich Anschaffungskosten, keine Mitteilung der Anschaffungsdaten, als Anschaffungskosten im aufnehmenden Depot gilt der Börsenpreis zum Zeitpunkt der Einbuchung	keine Veräußerungsfiktion, sondern unentgeltlicher Vorgang, keine Kapitalertragsteuer, Mitteilung des Geschäftsvorfalls durch die auszahlende Stelle an Betriebsstättenfinanzamt, Übernahme der Anschaffungsdaten aus dem Depot des A

Depotüberträge mit Gläubigerwechsel

Aufnehmendes Kreditinstitut	Kunde A: keine Aussage zur Unentgeltlichkeit	Kunde A: Mitteilung der Unentgeltlichkeit
Abgebendes Kreditinstitut		
Kunde B Depot bei anderer Bank	Veräußerungsfiktion, Kapitalertragsteuerabzug, Bemessungsgrundlage ist Börsenpreis zum Zeitpunkt der Ausbuchung bzw. Vortag abzüglich Anschaffungskosten), keine Mitteilung der Anschaffungsdaten, als Anschaffungskosten im aufnehmenden Depot gilt der Börsenpreis zum Zeitpunkt der Einbuchung	keine Veräußerungsfiktion, sondern unentgeltlicher Vorgang, keine Kapitalertragsteuer, Mitteilung des Geschäftsvorfalls durch die auszahlende Stelle an Betriebsstättenfinanzamt, Mitteilung der Anschaffungsdaten an aufnehmendes Institut

Bei Wertpapierleihe-, Wertpapierpensions- und Repogeschäften liegt steuerrechtlich in allen Varianten ein Depotübertrag auf einen anderen Gläubiger vor, der nach § 43 Abs. 1 Satz 4 EStG als Veräußerung fingiert wird. Beim Entleiher erfolgt eine Einbuchung mit dem Börsenpreis als Anschaffungskosten, § 43a Abs. 2 Satz 11 EStG. Bei entsprechender Mitteilung kann der Vorgang auch als unentgeltlicher Depotübertrag mit Meldung an das Finanzamt abgewickelt werden, § 43 Abs. 1 Sätze 5 und 6 EStG.

Ausnahme: Das BMF hat mit Schreiben vom 18. Januar 2016, Rz. 171, siehe Anhang Nr. 2.1, für die Wertpapierleihe bestätigt, dass der Entleihevorgang und die Rückgabe steuerlich neutral behandelt werden können, sofern das depotführende Kreditinstitut in den Leihevorgang als Entleiher eingeschaltet ist. Hier weiß das Institut, dass die Wertpapiere nicht aufgrund eines Veräußerungsgeschäftes, sondern aufgrund eines Darlehensvertrages zivilrechtlich übereignet werden.

Dies gilt auch, wenn das Kreditinstitut der Verleiher der Wertpapiere ist. Werden die aufgrund der Wertpapierleihe eingebuchten Wertpapiere im Zeitraum des Leihgeschäfts zwischenzeitlich veräußert, ist hinsichtlich der Ermittlung des Veräußerungsgewinns die Ersatzbemessungsgrundlage

Depotüberträge

nach § 43a Abs. 2 Satz 7 EStG anzuwenden. Deckt sich der Steuerpflichtige mit den Wertpapieren für Zwecke der Rückübertragung ein, hat das Kreditinstitut die hierfür angefallenen Anschaffungskosten nachträglich dem Veräußerungsgeschäft zuzuordnen. Im Rahmen der Kapitalertragsteueranmeldung ist die Erhebung der Kapitalertragsteuer insoweit zu korrigieren, als anstelle des Ansatzes der Ersatzbemessungsgrundlage der tatsächliche Veräußerungsgewinn unter Berücksichtigung der tatsächlichen Anschaffungskosten anzusetzen ist. Kann die Zuordnung des späteren Eindeckungsgeschäfts zu dem vorangehenden Veräußerungsgeschäft ausnahmsweise nicht durch das Kreditinstitut vorgenommen werden oder unterbleibt die Zuordnung, weil das Eindeckungsgeschäft in einem späteren Kalenderjahr als der Verkauf erfolgt, wird das Erfüllungsgeschäft als entgeltlicher Depotübertrag (§ 43 Abs. 1 Satz 4 EStG) behandelt. Dabei wird als Ersatzwert für den Veräußerungserlös der Börsenkurs angesetzt. Die Zuordnung des Eindeckungsgeschäfts zu dem vorangehenden Veräußerungsgeschäft kann in diesem Fall vom Kunden in der Veranlagung vorgenommen werden (§ 32d Abs. 4 EStG), vgl. BMF-Schreiben vom 18. Januar 2016, Rz. 172, siehe Anhang Nr. 2.1.

518 Bei einem Leerverkauf verfügt der Kunde nicht über den veräußerten Bestand an Wertpapieren. Der Verkaufsauftrag muss sofort als Veräußerungsgeschäft abgewickelt werden. Da dem Veräußerungsgeschäft kein Depotbestand und somit auch keine Anschaffungskosten gegenüberstehen, ist der Verkauf zunächst mit der Ersatzbemessungsgrundlage abzurechnen, § 43a Abs. 2 Satz 7 EStG. Die spätere Erfüllung der Lieferpflicht – nach einem Eindeckungsgeschäft (Wertpapier-Kassakauf oder Wertpapierleihe) – wird als entgeltlicher Depotübertrag abgewickelt. Dabei wird als Ersatzwert für den Veräußerungserlös der Börsenkurs angesetzt (je nach Art des Eindeckungsgeschäfts werden entweder konkrete Anschaffungskosten oder der Börsenkurs gegengerechnet). Die Zuordnung des späteren Eindeckungsgeschäfts zu dem vorangehenden Veräußerungsgeschäft kann regelmäßig zweifelsfrei nur vom Kunden in der Veranlagung vorgenommen werden.

Kann das Kreditinstitut in Ausnahmefällen das Eindeckungsgeschäft des Kunden dessen Leerverkauf zuordnen, kann die Abrechnung des Leerverkaufs nach den allgemeinen Regeln (Veräußerungspreis minus Anschaffungskosten) vorgenommen werden.

12.2.2 Unentgeltlicher Depotübertrag

519 Wenn der Depotinhaber seinem Kreditinstitut gegenüber mitteilt, dass es sich um einen unentgeltlichen Vorgang handelt, wird der Übertrag von

dem Kreditinstitut nicht als Veräußerung behandelt. Es wird daher keine Kapitalertragsteuer einbehalten (vgl. § 43 Abs. 1 Satz 5 EStG). Die Erklärung muss vom abgebenden Depotinhaber bzw. einem Verfügungsberechtigten stammen. Dies gilt auch für ein Gemeinschaftsdepot. Ein Verfügungsberechtigter kann diese Erklärung mit Wirkung für die Gemeinschaft abgeben.

Das Kreditinstitut darf auf die Angaben des Kunden, dass es sich um einen unentgeltlichen Übertrag handelt, vertrauen. Gibt der Kunde an, dass es sich um einen teilentgeltlichen Vorgang handelt, so ist der Depotübertrag für Zwecke des Kapitalertragsteuerabzugs als entgeltlicher Depotübertrag zu behandeln. Eine Korrektur des ggf. infolge der fingierten Veräußerung vorgenommenen Kapitalertragsteuerabzugs kann in diesen Fällen nur im Rahmen der Veranlagung erfolgen. Vgl. hierzu Rdn. 295.

Für Depotüberträge, die die Kunden ab 1. Januar 2012 beauftragen, gelten folgende Neuerungen: **520**

▷ Der Depotübertrag darf nur dann als „unentgeltlicher" Depotübertrag ausgeführt werden, wenn der übertragende Depotkunde bestimmte persönliche Daten zu seiner Person und zur Person des Empfängers (bzw. zu den Empfängern, wenn es sich um mehrere Personen handelt) gegenüber der beauftragten Depotbank benennt.

▷ Der Inhalt der (elektronisch vorzunehmenden) Meldung des unentgeltlichen Depotübertrags an das Betriebsstättenfinanzamt wird deutlich erweitert, indem neben den (erweiterten) persönlichen Angaben auch Angaben zu den übertragenen Wertpapieren (Wert zum Zeitpunkt der Übertragung, Anschaffungskosten) zu erfolgen haben.

Bei den Angabepflichten des übertragenden Depotinhabers handelt es sich um folgende Daten: **521**

▷ Name, Geburtsdatum, Anschrift und Steueridentifikationsnummer des Übertragenden

▷ Name, Geburtsdatum, Anschrift und Steueridentifikationsnummer des Empfängers sowie Bezeichnung des Kreditinstituts und der Nummer des Depots.

▷ Soweit bekannt, soll auch das „persönliche Verhältnis" (Verwandtschaftsverhältnis, Ehe, Lebenspartnerschaft) zwischen Übertragendem und Empfänger angegeben werden. Diese Angabe soll es dem Finanzamt, das für die Festsetzung von Schenkungsteuer nach dem ErbStG zuständig ist, erleichtern, die zutreffende Steuerklasse für den Schenkungsvorgang und damit den zutreffenden persönlichen Freibetrag im

Schenkungsteuer-Veranlagungsverfahren berücksichtigen zu können. Wie die gesetzliche Formulierung „soweit bekannt" andeutet, handelt es sich hierbei um keine Pflichtangabe im strikten Sinne; die frühzeitige Angabe durch den auftraggebenden Kunden kann jedoch spätere Rückfragen und ggf. insgesamt ein späteres Schenkungsteuer-Veranlagungsverfahren vermeiden (wenn der Wert der übertragenen Wertpapiere innerhalb des schenkungsteuerlichen Freibetrags verbleibt).

Beispiel:
Kunde A möchte Depotbestände mit einem aktuellen Wert von 50.000 Euro an seinen Sohn verschenken. Hierzu beauftragt er – unter Angabe der gesetzlich geforderten Daten – einen unentgeltlichen Depotübertrag auf das Depot des Sohnes.

Die Angabe des Verwandtschaftsverhältnisses (persönliches Verhältnis des Erwerbers zum Schenker gemäß § 15 Abs. 1 ErbStG = Kind i. S. d. Steuerklasse I Nr. 2) dürfte keine Schwierigkeiten bereiten und ermöglicht dem Finanzamt aufgrund der dann später erfolgenden Kontrollmitteilung die Berücksichtigung des Freibetrags von 400.000 Euro (§ 16 Abs. 1 Nr. 2 ErbStG).

522 Erfolgen die notwendigen Angaben durch den beauftragenden Depotkunden nicht, ist eine Behandlung des Depotübertrags als „unentgeltlicher" Depotübertrag unzulässig. Es bleibt dann nur die Möglichkeit – wenn der Kunde trotz fehlender Daten auf der sofortigen Ausführung des Übertrags besteht – der Abwicklung als entgeltlicher Depotübertrag (vgl. Rdn. 511 ff.). Eine spätere Korrektur dürfte in der Praxis jedoch auf erhebliche abwicklungstechnische Schwierigkeiten stoßen, zumal wenn das Empfängerdepot bei einem anderen Kreditinstitut geführt wird. Im Zweifel sollte der Kunde daher angehalten werden, zunächst alle erforderlichen Daten beizubringen und den Depotübertrag erst dann zu beauftragen. Die Übernahme der historischen Anschaffungsdaten ist nur bei unentgeltlichen Überträgen im Inland möglich. Werden die Wertpapiere aus dem Ausland ins Inland schenkweise übertragen, so ist die Übernahme der historischen Anschaffungskosten nicht möglich. Vgl. BMF-Schreiben vom 18. Januar 2016, Rz. 193, wiedergegeben im Anhang unter Nr. 2.1.

523 In folgenden Fällen sind Angaben des Kunden aus der Natur der Sache heraus entbehrlich:

▷ Sofern die Daten dem beauftragten Kreditinstitut bereits vorliegen, ist eine Angabe durch den Kunden natürlich entbehrlich. Das gilt auch

Depotüberträge mit Gläubigerwechsel

für eine von dem Kunden bereits erteilte Steueridentifikationsnummer (z. B. aufgrund eines Freistellungsauftrags).

▷ Soweit sich der unentgeltliche Depotübertrag ausschließlich auf Altbestände bezieht. In diesem Fall ist keine Meldung des Depotübertrags an die Finanzverwaltung erforderlich, vgl. BMF-Schreiben vom 18. Januar 2016, Rz. 169, wiedergegeben im Anhang unter 2.1.

▷ Sind Übertragender und/oder Empfänger Steuerausländer, denen keine Steuer-Identifikationsnummer von der deutschen Finanzverwaltung erteilt wurde, ist die Angabe ebenfalls entbehrlich (so die Begründung zum Jahressteuergesetz 2010). Das gilt auch für deutsche Diplomaten, denen keine Steueridentifikationsnummer erteilt wurde, Rz. 166 des BMF-Schreibens vom 18. Januar 2016, wiedergegeben im Anhang unter 2.1.

▷ Soweit Personengesellschaften, Körperschaften und andere Unternehmen, die nicht über eine Steueridentifikationsnummer bzw. ein Geburtsdatum verfügen, an dem Übertrag beteiligt sind, ist die Angabe ebenfalls entbehrlich.

▷ Soweit bei Nachlassfällen keine Meldung des unentgeltlichen Depotübertrags erforderlich ist, vgl. hierzu Rdn. 528.

Nach § 93c Abs. 1 Nr. 3 AO hat die „mitteilungspflichtige Stelle … den Steuerpflichtigen darüber zu informieren, welche für seine Besteuerung relevanten Daten sie an die Finanzbehörden übermittelt hat oder übermitteln wird Diese Information hat in geeigneter Weise, mit Zustimmung des Steuerpflichtigen elektronisch, und binnen angemessener Frist zu erfolgen". Die mitteilungspflichtige Stelle ist im vorliegenden Fall die den unentgeltlichen Depotübertrag ausführende abgebende Bank.

Hinweis:

Die vom DG VERLAG zur Verfügung gestellten Formulare enthalten für den Fall des unentgeltlichen Depotübertrags Hinweise auf die nach § 43 Abs. 1 Satz 6 EStG bestehende Meldepflicht der Bank bei unentgeltlichen Depotübertragen. Damit wird der vorgenannten gesetzlichen Informationspflicht Rechnung getragen.

Handelt es sich bei dem abgebenden und/oder dem aufnehmenden Depot um ein Gemeinschaftsdepot, ist insgesamt nur von einem einzigen Depotübertrag auszugehen. Eine Aufteilung z. B. nach Übertragungsquoten ist nicht vorzunehmen. Allerdings sind nach Aussage des BMF für 524

Depotüberträge

sämtliche Depotinhaber auf Auftraggeber- und Empfängerseite die vorstehend genannten Daten anzugeben.

Beispiel:
Eheleute A und B übertragen im Wege des unentgeltlichen Depotübertrags aus ihrem gemeinsamen Depotbestand eine X-Aktie, fünf Y-Aktien sowie eine Schuldverschreibung über 10.000 Euro auf ein Depot ihres Kindes C.

Lösung:
Es ist in diesem Fall somit nicht erforderlich, den Depotübertrag in zwei Einzelüberträge aufzuteilen und für jeden Anteil eine separate Mitteilung zu erstellen. Es handelt sich in Abstimmung mit der Finanzverwaltung vielmehr nur um einen Übertrag und folglich nur eine Meldung an das Betriebsstätten-Finanzamt. Es sind allerdings die Steueridentifikationsnummern von A, B und C gegenüber der beauftragten Depotbank mitzuteilen (soweit bei der Depotbank noch nicht vorhanden). Auch das Verwandtschaftsverhältnis des Empfängers C zu den Übertragenden sollte – aus den oben dargelegten Gründen – angegeben werden (z. B.: „Verwandtschaftsverhältnis zu Depotinhaber A = Kind/Verwandtschaftsverhältnis zu Depotinhaber B = Kind").

Depotübertrag zwischen Ehegatten

525 Ein Depotübertrag zwischen Ehegatten gilt für Zwecke des Kapitalertragsteuerabzugs als unentgeltliche Übertragung, vgl. BMF-Schreiben vom 18. Januar 2016, Rz. 168, wiedergegeben im Anhang unter 2.1. Das BMF verlangt dennoch die Angabe der Steueridentifikationsnummern der Ehegatten.

Beispiel:
Ehegatten A und B verfügen über ein gemeinsames Depot. Jeder Ehegatte hat daneben ein Einzeldepot bei der Bank. Ehegatte A beauftragt die Depotbank, Wertpapiere von seinem Einzeldepot auf das gemeinschaftliche Depot der Ehegatten zu übertragen. Eine Angabe zur Unentgeltlichkeit erfolgt nicht.

Lösung:
Es liegt ein Depotübertrag mit Gläubigerwechsel vor, weil die übertragenen Wertpapiere von dem Einzeldepot eines Ehegatten in das gemeinsame Depot beider Ehegatten übertragen werden. Ausgehend von der Vermutungsregelung der Finanzverwaltung (Rz. 168 des BMF-Schreibens vom 18. Januar 2016) ist eine unentgeltliche Übertragung anzunehmen. Sofern die Bank über die Steueridentifikationsnummern beider Ehegatten verfügt (z. B. aufgrund eines ab 2011 erteilten ge-

Depotüberträge mit Gläubigerwechsel

meinsamen Freistellungsauftrags der Eheleute) kann der Depotübertrag ohne weiteres als „unentgeltlicher Depotübertrag" durchgeführt werden. Liegt der Bank die Steueridentifikationsnummer des einen und/oder des anderen Ehegatten nicht vor, muss sie die fehlenden Angaben vor der Durchführung des Übertrags anfordern.

Werden Wertpapiere übertragen, die auch bei tatsächlicher Veräußerung nach den Anwendungsregelungen in § 52 Abs. 28 EStG (vgl. Rdn. 535 ff.) nicht der Abgeltungsteuer unterliegen (Anschaffung vor dem 1. Januar 2009 – sog. Altfälle), erfolgt keine Anzeige an das Finanzamt. Der Bestandsschutz für sog. Altfälle bleibt bei einem unentgeltlichen Depotübertrag auch bei dem neuen Inhaber erhalten, § 20 Abs. 4 Satz 6 EStG. Sofern der Übertrag als unentgeltlich zu behandeln ist, wird bei Altfällen ein Kennzeichen für die Berücksichtigung des Bestandsschutzes an das aufnehmende Kreditinstitut geliefert.

526

Unentgeltlicher Übertrag mit Gläubigerwechsel bei Altfällen: Erwerb des Wertpapiers vor dem 1. Januar 2009 – Übertrag nach dem 31. Dezember 2008

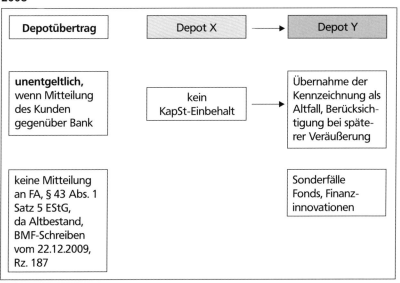

Depotüberträge

Depotübertrag aus Anlass von Erbfällen

527 Kommt es im Rahmen von Erbfällen zu einem Depotübertrag, ist von einem unentgeltlichen Depotübertrag i. S. d. § 43 Abs. 1 Satz 5 EStG auszugehen. Eine Meldung nach § 43 Abs. 1 Satz 6 EStG ist nicht erforderlich, da beim Tod des Kunden bereits nach § 33 ErbStG eine Mitteilung an das Erbschaftsteuerfinanzamt zu erfolgen hat. Auch die Vorlage eines Erbscheins ist nicht erforderlich. Vgl. BMF-Schreiben vom 18. Januar 2016, Rz. 165, siehe Anhang Nr. 2.1.

528 Die Kennzeichnung bzw. Umschlüsselung eines Kontos/Depots als „Nachlassabwicklungskonto/-depot" stellt noch keinen Depotübertrag i. S. d. § 43 Abs. 1 Satz 4 EStG dar. Erfolgt zunächst eine Übertragung auf das Depot einer Miterbengemeinschaft und zu einem späteren Zeitpunkt eine Übertragung auf einen Miterben, kann nur bei der ersten Übertragung von der Vermutungsregel der Finanzverwaltung ausgegangen werden; der zweite Übertrag auf den Miterben erfolgt nach den allgemeinen Vorschriften (d. h. es bedarf ggf. einer Erklärung der Unentgeltlichkeit von Seiten der abgebenden Depotinhaber).

Übersicht zu Depotübertrag aus Anlass eines Nachlassfalles

Nr.	Sachverhalt	Meldepflicht nach § 43 Abs. 1 Satz 6 EStG?	
1	Umschlüsselung eines Einzeldepots auf Nachlass/Übertragung der Nachlassdepot-Werte auf ein Nachlass-Depot	Keine Meldepflicht. Keine steuerliche Auswirkung, da lediglich Statusänderung; die Übertragung auf ein Nachlassdepot stellt keinen Gläubigerwechsel dar; keine Meldepflicht nach § 43 Abs. 1 Satz 6 EStG, aber ggf. Meldeverpflichtung nach § 33 ErbStG	370a
2	Übertragung eines Nachlassdepots auf den Erben.	Keine Meldepflicht, da der Vorgang bereits von der § 33-ErbStG-Meldung erfasst ist. Dies gilt auch dann, wenn im Einzelfall wegen Nichterreichung der Meldewerte nach § 33 ErbStG insoweit keine Meldung erfolgt. Vorlage einer Erblegitimation (z. B. Erbschein) wird in diesem Zusammenhang (steuerrechtlich!) nicht mehr gefordert (Änderung der Auffassung der Finanzverwaltung gemäß BMF-Schreiben vom 9. Dezember 2014, durch das u. a. Rz. 165 des Abgeltungsteuererlasses geändert wurde, siehe Anhang Nr. 2.1). Achtung: Selbstverständlich muss eine zivilrechtliche Befugnis zur Verfügung über die Bestände des Nachlassdepots vorhanden sein!	
3	Übertragung eines Nachlassdepots auf Erbengemeinschaft	Keine Meldepflicht. Wie Fall 2.	

Nr.	Sachverhalt	Meldepflicht nach § 43 Abs. 1 Satz 6 EStG?
4	(a) Übertragung eines Nachlassdepots auf Erbengemeinschaft „A + B"; (b) Zu einen späteren Zeitpunkt erfolgt Weiterübertragung der Bestände von Gemeinschaftsdepot „A + B" auf Einzeldepot „B"	(a) Keine Meldepflicht. Wie Fall 2. (b) Meldepflicht. Hierbei handelt es sich um eine selbstständig zu beurteilende Folgeübertragung, die nicht mehr per se dem Nachlassvorgang zugerechnet werden kann. Daher kann auch nicht unterstellt werden, dass diese Übertragung durch die § 33-ErbStG-Meldung erfasst ist. Folge: Grundsätzlich Behandlung als Veräußerung des A und B an B, es sei denn: ausdrückliche Erklärung der Abgebenden (A, B), dass der Übertrag unentgeltlich erfolgen soll (dann Meldepflicht nach § 43 Abs. 1 Satz 6 EStG, Ausnahme: reine Altbestände).
5	Übertragung eines Nachlassdepots durch den Bevollmächtigten (aufgrund einer Vollmacht über den Tod hinaus oder aufgrund einer Vollmacht auf den Todesfall) auf sich selbst (überlebender Ehegatte lässt Depotbestände vom gemeinsamen Ehegattendepot nach Tod des Ehepartners auf sich selbst übertragen).	Keine Meldepflicht. Wie Fall 2.
6	Übertragung eines Nachlassdepots durch den Bevollmächtigten (aufgrund einer Vollmacht über den Tod hinaus oder aufgrund einer Vollmacht auf den Todesfall) auf einen Dritten.	Keine Meldepflicht. Wie Fall 2.

Depotüberträge mit Gläubigerwechsel

Nr.	Sachverhalt	Meldepflicht nach § 43 Abs. 1 Satz 6 EStG?
7	Übertragung eines Nachlassdepots (Oder-Depot), wenn der Übertrag auf den überlebenden Berechtigten erfolgt.	Keine Meldepflicht. Wie Fall 2.
8	Übertragung eines Nachlassdepots (Oder-Depot), wenn der Übertrag auf eine dritte Person erfolgt.	Keine Meldepflicht. Wie Fall 2.

Depotübertag aus Anlass von Treuhandverhältnissen

Überträgt ein Treugeber zur Begründung eines Treuhandverhältnisses Wertpapiere auf den Treuhänder, so liegt ein Depotübertrag mit Gläubigerwechsel vor. Eine Meldung dieses Depotübertrags ist jedoch in den Fällen, in denen sowohl der Treuhänder als auch der Treugeber bekannt sind (offene Treuhand) und eine Übertragung zwischen Treugeber und Treuhänder erfolgt, nicht erforderlich, Rz. 165 des BMF-Schreibens vom 18. Januar 2016, siehe Anhang Nr. 2.1. 530

Dasselbe gilt, wenn die Wertpapiere nach Beendigung des Treuhandverhältnisses wieder auf den Treugeber zurück übertragen werden.

Depotübertrag auf mehrere Empfänger

Werden die Wertpapiere vom Gläubiger unentgeltlich auf mehrere Empfänger übertragen, erfolgt die Zuordnung der Anschaffungsdaten auf der Grundlage einer entsprechenden Erklärung des Auftraggebers (Schenkers) über die gewollte Aufteilung der Wertpapiere bzw. Wertpapiertranchen auf die verschiedenen Empfänger. In Erbfällen ist eine entsprechende konkrete Verfügung des Erblassers zu berücksichtigen. Liegt diese nicht vor, ist auf eine einvernehmliche Erklärung der Empfänger (Erben) abzustellen. 531

13 Übergangsvorschriften

Die Übergangsvorschriften haben für die Beantwortung folgender Fragen Bedeutung: **532**
▷ Welche Kapitalerträge unterliegen dem Steuerabzug?
▷ Welcher Steuersatz ist anzuwenden?
▷ Ergibt sich beim privaten Kapitalanleger eine abgeltende Wirkung durch den Steuerabzug?

13.1 Laufende Erträge

Die ab 2009 fälligen laufenden Erträge (z. B. Zinsen, Dividenden) unterliegen der Abgeltungsteuer. Auf den Zeitpunkt des Erwerbs der zugrunde liegenden Kapitalforderung kommt es daher nicht an.   **533**

Hinweis:

Noch nicht abschließend geklärt ist die Frage, wann bei Kapitalforderungen, die über keinen festen Nennbetrag verfügen, eine laufende Zahlung vorliegt. Denn die Abgrenzung zwischen laufendem Ertrag und Kapitalrückzahlung ist bei diesen Produkten nicht eindeutig möglich. Die Finanzverwaltung hat in früheren Antwortschreiben an die kreditwirtschaftlichen Verbände die Ansicht vertreten, dass bei einem sog. Bonuszertifikat (Vollrisikozertifikat, bei dem während und/oder am Ende der Laufzeit unter bestimmten Bedingungen ein Zusatzertrag – „Bonus" – gezahlt wird) die Bonuszahlungen als laufender Ertrag zu behandeln sind. Diese Aussage ist in das umfassende Anwendungsschreiben der Finanzverwaltung zur Abgeltungsteuer (BMF-Schreiben vom 18. Januar 2016, siehe Anhang Nr. 2.1) nicht aufgenommen worden.

Übergangsvorschriften

13.2 Stillhalterprämien

534 Die ab 2009 zufließenden Stillhalterprämien unterliegen der Abgeltungsteuer. Besonderheiten bestehen bei Glattstellungsaufwendungen, die sich auf vor 2009 bereits begründete Stillhalterpositionen beziehen. Obwohl die Stillhalterprämie in diesem Fall noch nach altem Recht zu versteuern ist (als sonstige Einkünfte gemäß § 22 Nr. 3 EStG) werden die Aufwendungen für das Glattstellungsgeschäft im allgemeinen Verlusttopf berücksichtigt – und dadurch mit Kapitalerträgen verrechnet, die der Abgeltungsteuer unterliegen.

13.3 Veräußerungsgewinne

535 Bei Veräußerungsgeschäften kommt es in der Regel darauf an, ob das veräußerte Wirtschaftsgut bereits vor dem 1. Januar 2009 angeschafft wurde.

13.3.1 Anteile an Körperschaften, festverzinsliche Wertpapiere

536 Die Veräußerung von Aktien unterliegt dann der Abgeltungsteuer, wenn diese ab 2009 vom Kunden erworben werden. Gleiches gilt für die Einlösung oder Veräußerung von festverzinslichen Wertpapieren (z. B. IHS).

Aus der Gesetzesbegründung zu § 52 Abs. 28 Satz 16 EStG ist zu entnehmen, dass das bislang nach dem sog. Disagio-Erlass der Finanzverwaltung (BMF-Schreiben vom 24. November 1986) steuerfreie Disagio auch bei Veräußerung/Einlösung ab 2009 steuerfrei bleiben soll (vgl. Bericht des BT-FA, BT-Drucks. 16/5491), wenn der Anleger das Wertpapier vor dem 1. Januar 2009 erworben hat.

Durch das Jahressteuergesetz 2010 soll geregelt werden, dass die aus der Veräußerung einer vor 2009 erworbenen festverzinslichen Anleihe (Nicht-Finanzinnovation) vereinnahmten Stückzinsen isoliert als Veräußerungsgewinn der Besteuerung unterliegen. Vgl. zu dieser streitigen Frage die Ausführungen in Rdn. 51.

13.3.2 Einlösung und Veräußerung von Finanzinnovationen

537 Bei Kapitalforderungen, die nach bis Ende 2008 geltender Rechtslage als Finanzinnovationen behandelt wurden, gibt es keinen Bestandsschutz, da

Veräußerungsgewinne

die Veräußerung/Einlösung bereits vor Einführung der Abgeltungsteuer zum 1. Januar 2009 steuerpflichtig war. Das bedeutet, dass die Einlösung und Veräußerung von Finanzinnovationen auch dann der Abgeltungsteuer unterliegt, wenn der Erwerb der Forderung vor 2009 erfolgt ist. Dabei spielt es keine Rolle, ob bei dem einzelnen Produkt nach der Rechtsprechung des Bundesfinanzhofs eine Trennung zwischen Vermögens- und Ertragsebene möglich ist, vgl. § 52 Abs. 28 Satz 16, 2. HS EStG.

Die Finanzverwaltung ordnet auch die **fremdkapitalähnlichen Genussrechte und Gewinnobligationen** den Übergangsvorschriften für Finanzinnovationen zu, vgl. BMF-Schreiben vom 18. Januar 2016, Rz. 319, siehe Anhang Nr. 2.1. Folge dieser Auffassung: Auch bei einem vor 2009 erworbenen Recht greift bei Veräußerung ab 2009 die Abgeltungsteuer auf den Veräußerungsgewinn. Damit erfolgt eine Abkehr zu der früheren Rechtslage beim Zinsabschlag, wonach durch eine Sondervorschrift die Veräußerung von fremdkapitalähnlichen Genussrechten und Gewinnobligationen von der Besteuerung als Kapitalertrag ausgenommen wurden. 538

13.3.3 Zertifikate

Für sog. Vollrisikozertifikate, deren steuerliche Beurteilung sich vor 2009 ausschließlich nach den Bestimmungen über private Veräußerungsgeschäfte (§ 23 EStG) richtete, wurde der Bestandsschutz eingeschränkt. Einen uneingeschränkten Bestandsschutz genießen nur die vor dem 15. März 2007 erworbenen Zertifikate. Für die ab 15. März 2007 erworbenen Zertifikate gilt eine abgeltungsteuerfreie Veräußerungs- und Einlösungsfrist bis zum 30. Juni 2009. Zu beachten ist allerdings der Vorrang der Besteuerung als privates Veräußerungsgeschäft. 539

Beispiel:
Kunde K hat am 1. Oktober 2008 ein Vollrisiko-DAX-Zertifikat erworben, Laufzeit bis 31. Dezember 2009.

Das Zertifikat wird von K an folgendem Tag verkauft:

(a)   am 20. Juni 2009

(b)   am 30. September 2009

(c)   am 2. Oktober 2009

In den Fällen (a) und (b) unterliegt der Verkauf nicht der Abgeltungsteuer. Im Fall (a) erfolgt die Veräußerung innerhalb der „Schonfrist", die bis zum 30. Juni 2009 läuft. Im Fall (b) erfolgt die Veräußerung zwar nach Ablauf der „Schonfrist", aber noch innerhalb eines Jahres seit Erwerb des Zertifikats. Da das Zertifikat vor 2009 von K erworben wurde,

Übergangsvorschriften

ist in den Fällen (a) und (b) die Besteuerung der Veräußerung noch nach der alten Bestimmung zu privaten Veräußerungsgeschäften vorzunehmen, § 23 Abs. 1 Satz 1 Nr. 2 EStG a. F., vgl. § 52 Abs. 28 Satz 17 EStG. Diese Besteuerung geht der Abgeltungsteuer vor; es erfolgt somit in diesen Fällen kein KapSt-Abzug. Die Besteuerung erfolgt im Rahmen der Veranlagung zum persönlichen Steuersatz.

Im Fall (c) unterliegt die Veräußerung der Abgeltungsteuer, weil die „Schonfrist" und auch die Jahresfrist gemäß § 23 Abs. 1 Satz 1 Nr. 2 EStG a. F. abgelaufen ist.

Beispiel:
Kunde K hat am 1. Mai 2008 ein Vollrisiko-DAX-Zertifikat erworben, Laufzeit bis 31. Dezember 2009.

Das Zertifikat wird von K an folgendem Tag verkauft:

(a) am 20. Juni 2009

(b) am 30. September 2009

Im Fall (a) ist die Veräußerung insgesamt steuerfrei. Die Jahresfrist gemäß § 23 Abs. 1 Satz 1 Nr. 2 EStG a. F. ist abgelaufen. Im Fall (b) ist die Veräußerung abgeltungsteuerpflichtig, weil der Verkauf nach Ablauf der „Schonfrist" erfolgt und die Jahresfrist abgelaufen ist.

13.3.4 Isolierte Veräußerung von Dividendenscheinen und Zinsscheinen

540 Bei der Veräußerung von Dividendenscheinen und Zinsscheinen (Coupons), gilt die Abgeltungsteuer, wenn die Coupons ab 2009 fällig sind. Bei vor 2009 fälligen Zins-Coupons im Tafelgeschäft kommt auch künftig der 35-prozentige „nachholende" Steuerabzug zur Anwendung. Der Steuerabzug wirkt nicht abgeltend.

13.3.5 Termingeschäfte

541 Der Abgeltungsteuer unterliegen Termingeschäfte, wenn diese Geschäfte ab 2009 neu abgeschlossen wurden (z. B. Kauf einer Kaufoption am 2. Januar 2009). Von Termingeschäften zu unterscheiden sind Zertifikate, die im Gegensatz zu Termingeschäften Festgeschäfte darstellen (vgl. Rdn. 539).

Veräußerungsgewinne

13.3.6 Veräußerung und Rückgabe von Anteilen an Investmentvermögen

Die Bestandsschutzregeln für Anteile an Investmentvermögen wurden durch die Investmentsteuerreform grundlegend geändert. Alle Anteile gelten zum 31. Dezember 2017 als fiktiv veräußert und zum 1. Januar 2018 als fiktiv neu angeschafft. Für ursprünglich vor 2009 erworbene Anteile (sog. bestandsgeschützte Alt-Anteile) gilt ein Bestandsschutz in Bezug auf die vor dem 1. Januar 2018 eingetretenen Wertzuwächse (für danach eintretende Wertzuwächse gilt ein besonderer persönlicher Freibetrag i. H. v. 100.000 Euro, der in der Veranlagung geltend gemacht werden kann). Besonderheiten gelten in folgenden Fällen: 542

Bestimmte Geldmarktfonds: Dies betrifft Investmentvermögen, deren Anlagepolitik auf die Erzielung einer Geldmarktrendite ausgerichtet ist und deren Erträge überwiegend aus einer Kombination von Termingeschäfts- und Wertpapierveräußerungsgewinnen generiert werden. Das ist der Fall, wenn die außerordentlichen Erträge aus diesen Geschäften im letzten vor dem 19. September 2008 endenden Geschäftsjahr höher waren als die ordentlichen Erträge. Hier gilt ein Bestandsschutz nur für vor dem 19. September 2008 erworbene Anteile. Der Bestandsschutz gilt jedoch nur für Veräußerungen/Rückgaben vor dem 11. Januar 2011. Diese Anteile kommen bei einer Veräußerung/Rückgabe ab 2018 auch nicht in den Genuss des persönlichen Freibetrags von 100.000 Euro, da es sich nicht um bestandsgeschützte Alt-Anteile handelt.

Eine Sonderregelung gilt auch für sog. Millionärsfonds, d. h. 543

▷ inländische und ausländische Spezial-Sondervermögen,

▷ inländische Spezial-Investment-Aktiengesellschaften,

▷ Investmentvermögen, bei denen durch Gesetz, Satzung, Gesellschaftsvertrag oder Vertragsbedingungen die Beteiligung natürlicher Personen von der Sachkunde des Anlegers abhängig ist,

▷ Investmentvermögen, für die eine Mindestanlagesumme von 100.000 Euro oder mehr vorgeschrieben ist.

Hier gilt der Bestandsschutz nicht, wenn die Anteile nach dem 9. November 2007 erworben wurden, § 21 Abs. 2a InvStG 2004.

Die Veräußerung oder Rückgabe der vorstehend genannten Investmentanteile ist stets steuerpflichtig. Der steuerpflichtige Veräußerungsgewinn kann allerdings auf den Wert der vom Investmentvermögen thesaurierten 544

Übergangsvorschriften

Gewinne aus der Veräußerung von Wertpapieren, Termingeschäften und Bezugsrechten auf Anteile an Kapitalgesellschaften begrenzt werden, die das Investmentvermögen nach dem 31. Dezember 2008 angeschafft bzw. abgeschlossen hat, sofern der Anleger diesen niedrigeren Wert nachweist.

Auf diesen Veräußerungsgewinn wird keine Kapitalertragsteuer einbehalten werden. Er unterliegt aber bei Anlegern, die ihre Investmentanteile im Privatvermögen halten, im Rahmen der Veranlagung der 25-prozentigen Abgeltungsteuer.

Diese Anteile kommen bei einer Veräußerung/Rückgabe ab 2018 ebenfalls nicht in den Genuss des persönlichen Freibetrags von 100.000 Euro, da es sich nicht um bestandsgeschützte Alt-Anteile handelt.

13.4 Übersicht über die Übergangsregelungen zur Abgeltungsteuer

545 Die verschiedenen Anwendungsfälle der Übergangsregelungen lassen sich wie folgt darstellen:

Übersicht über die Übergangsregelungen zur Abgeltungsteuer

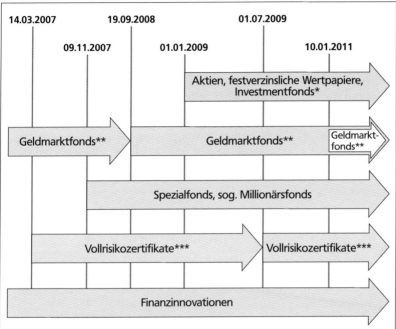

* Der Veräußerungsgewinn unterliegt der Abgeltungsteuer, wenn die Wertpapiere nach dem 31. Dezember 2008 angeschafft wurden. Zu beachten ist, dass alle Anteile an Investmentfonds – auch soweit vor 2009 vom Anleger angeschafft – zum 31. Dezember 2017 fiktiv als veräußert und zum 1. Januar 2018 fiktiv als angeschafft gelten; bei ursprünglicher Anschaffung vor 2009 bleiben die bis 31. Dezember 2017 eingetretenen Wertzuwächse beim Privatanleger steuerfrei, ab 1. Januar 2018 neu entstehende Wertzuwächse werden bei Privatanlegern bis zu einem persönlichen Freibetrag von 100.000 Euro auf Antrag in der Veranlagung steuerfrei gestellt.

** Bei Geldmarktfonds, die ab dem 19. November 2009 angeschafft wurden, unterliegt der Veräußerungsgewinn der Abgeltungsteuer. Geldmarkfonds, die vor dem 19. November 2009 angeschafft wurden, können bis zum 10. Januar 2011 abgeltungsteuerfrei veräußert werden. Bei Veräußerung nach dem 10. Januar 2011 unterliegen die

Übergangsvorschriften

Wertzuwächse, die nach dem 10. Januar 2011 entstehen, der Abgeltungsteuer.
*** Vollrisikozertifikate, die vor dem 15. März 2007 erworben wurden, unterliegen bei Veräußerung/Einlösung nicht der Abgeltungsteuer. Vollrisikozertifikate, die nach dem 14. März 2007 aber vor dem 1. Januar 2009 erworben wurden, können bis zum 30. Juni 2009 steuerfrei veräußert oder eingelöst werden; die Veräußerung oder Einlösung nach diesem Zeitpunkt unterliegt der Abgeltungsteuer, es sei denn die einjährige Haltefrist des § 23 EStG ist noch nicht abgelaufen. Vollrisikozertifikate, die ab dem 1. Januar 2009 erworben werden, unterliegen bei Veräußerung/Einlösung generell der Abgeltungsteuer.

14 Private Veräußerungsgeschäfte

Einkünfte aus privaten Veräußerungsgeschäften i. S. d. § 23 EStG gehören zu den sonstigen Einkünften und nicht zu den Einkünften aus Kapitalvermögen; der Kapitalertragsteuerabzug kommt schon deshalb nicht in Betracht. Private Veräußerungsgeschäfte können ab dem Veranlagungszeitraum 2009 noch in folgenden Fallgruppen vorkommen:

546

14.1 Veräußerung von Immobilien innerhalb der zehnjährigen Spekulationsfrist

Die Rechtslage ist hier unverändert. Das bedeutet, dass die Veräußerung von Grundstücken und Gebäuden innerhalb von zehn Jahren nach der Anschaffung bzw. Herstellung als privates Veräußerungsgeschäft steuerbar ist. Die Veräußerung selbstgenutzter Wohnimmobilien unterliegt nicht der Besteuerung als privates Veräußerungsgeschäft.

547

14.2 Veräußerung von „anderen Wirtschaftsgütern"

Hierzu gehören insbesondere realisierte Wertsteigerungen aus der Veräußerung von Rohstoffen, Kunstgegenständen und allen anderen Wirtschaftsgütern, z. B. Containern. Die Spekulationsfrist beträgt für die beweglichen Wirtschaftsgüter ein Jahr. Werden die Wirtschaftsgüter allerdings zur Erzielung von Einkünften (z. B. aus Vermietung und Verpachtung) genutzt, verlängert sich die einjährige Spekulationsfrist auf zehn Jahre.

548

14.3 Realisierte Wertveränderungen auf Fremdwährungskonten/ Abgrenzungsfragen

549 Auch die Veräußerung von Fremdwährungsbeständen auf Fremdwährungskonten innerhalb der Spekulationsfrist unterliegt nach der Gesetzesbegründung zukünftig der Besteuerung als privates Veräußerungsgeschäft. Realisierte Wertschwankungen der Devisenkontobestände eines Kunden werden demnach nicht mit Kapitalertragsteuer belegt. Nach Aussage des Bayerischen Landesamtes für Steuern in einer Verfügung vom 12. März 2013 soll auch bei verzinslich angelegten Fremdwährungsbeständen weiterhin die Spekulationsfrist von einem Jahr gelten, obwohl § 23 Abs. 1 Satz 1 Nr. 2 Satz 3 EStG aussagt, dass bei Einkünfteerzielung aus dem Wirtschaftsgut die Spekulationsfrist zehn Jahre beträgt (vgl. Rdn. 548). Allerdings unterscheidet das Landesamt hierbei zwischen dem Fremdwährungsguthaben und der (verzinslich angelegten) Kapitalforderung; die Zinsen würden nicht aus dem Guthaben (= Wirtschaftsgut i. S. d. § 23 Abs. 1 Satz 1 Nr. 2 EStG), sondern aus der Forderung (= Wirtschaftsgut i. S. d. § 20 Abs. 1 Nr. 7 EStG) erzielt. Ein etwaiger Gewinn aus der Veräußerung der Forderung soll danach zu den Einkünften aus Kapitalvermögen gehören, § 20 Abs. 2 Satz 1 Nr. 7 EStG.

Stellungnahme:

Die Unterscheidung zwischen unverzinslichem und verzinslich angelegtem Guthaben ergibt sich u. E. nicht aus den Aussagen des BMF. Nach früherer Auffassung des BFH (Urteil vom 2. Mai 2000, BStBl. II S. 614) führte die verzinsliche Anlage eines Fremdwährungsbetrages gerade nicht zur Anschaffung eines (anderen) Wirtschaftsguts. Anschaffungs- und Veräußerungsvorgang setzen vielmehr einen „marktoffenen" Umtauschvorgang (z. B. Umtausch Euro in USD oder umgekehrt) voraus. Folglich ist auch keine Währungskursumrechnung im Zeitpunkt der Tätigung einer verzinslichen Anlage vorzunehmen, wenn sich hierbei die Währung nicht ändert. Auch nach § 20 Abs. 4 Satz 1 EStG ist eine Kursumrechnung nur im Zeitpunkt der Anschaffung bzw. der Veräußerung des Wirtschaftsguts vorzunehmen. Die Erfassung von Währungsschwankungen auf Konten würde die Institute zudem vor kaum lösbare praktische Schwierigkeiten stellen. Hierauf haben die kreditwirtschaftlichen Spitzenverbände gegenüber der Finanzverwaltung stets hingewiesen.

Soweit Währungsgewinne oder -verluste innerhalb der Spekulationsfrist (unstreitig bei einem unverzinsten Fremdwährungsbetrag ein Jahr, offen ob bei Verzinsung zehn Jahre) durch Veräußerung realisiert werden, sind diese Einkünfte in der Einkommensteuererklärung mit dem persönlichen Steuersatz zu deklarieren, sofern die Summe bzw. der Saldo aus allen in einem Veranlagungsjahr realisierten privaten Veräußerungsgeschäften (Gesamtgewinn) mindestens die Freigrenze von 600 Euro erreicht. Da ab dem Jahr 2009 die Jahresbescheinigung nach § 24c EStG wegfällt, entfällt auch eine Ausweispflicht der Bank für diese Vorgänge.

Bezogen auf Fremdwährungsforderungen stellt sich die Frage, wie Fremdwährungsgeschäfte, die nicht dem Kapitalertragsteuerabzug unterliegen, von den der Kapitalertragsteuer zu unterwerfenden Tatbeständen abzugrenzen sind, vgl. Rdn. 80. 550

Zu den Besonderheiten beim Erwerb von Wertpapieren gegen Hingabe von Devisenbeständen vgl. Rdn. 288. 551

14.4 Devisentermingeschäfte

Kommt es bei einem Devisenterminkauf zur Lieferung des Devisenbetrages, ergibt sich hieraus ein Fremdwährungsguthaben, das nicht Gegenstand des Steuerabzugs ist. Wird ein vorhandenes Fremdwährungsguthaben auf Termin verkauft und kommt es zur Lieferung, so liegt allenfalls ein privates Veräußerungsgeschäft vor. Kapitalertragsteuer ist nicht einzubehalten. Kommt es nicht zur Lieferung der Währung, sondern wird aufgrund eines Devisentermingeschäfts ein Differenzausgleich in Euro gezahlt, liegt hingegen ein Steuerabzugtatbestand – Ertrag aus Termingeschäft – vor. Zu den Abgrenzungsfragen im Einzelnen vgl. Rdn. 80. 552

14.5 Fremdwährungskredite

Währungsschwankungen, die im Zusammenhang mit der Aufnahme und Rückführung von Fremdwährungskrediten stehen, werden nicht von der Abgeltungsteuer erfasst. 553

14.6 Fremdwährungsanleihen

Realisierte Währungsgewinne und Währungsverluste werden im Rahmen der Abgeltungsteuer nur bei Kapitalanlagen, die in fremder Währung notieren (z. B. Fremdwährungsanleihen) erfasst. Dies erfolgt über die nach dem Gesetz vorzunehmende Umrechnung der Fremdwährungskurse 554

Private Veräußerungsgeschäfte

bei Anschaffung und Veräußerung dieser Kapitalforderungen. Die erweiterte Veräußerungsgewinnbesteuerung, über die künftig auch bei Anleihen Währungsgewinne zu erfassen sind, ist jedoch nach der Übergangsregelung (vgl. Rdn. 535 ff.) nicht auf festverzinsliche Anleihen anzuwenden, die vor dem Jahr 2009 erworben wurden. Im Ergebnis sind somit bei festverzinslichen Wertpapieren Fremdwährungskursschwankungen nur von der Abgeltungsteuer erfasst, wenn die Anleihen nach dem 31. Dezember 2008 erworben werden.

15 ABC der Kapitalanlagen

Die Einführung der Abgeltungsteuer zum 1. Januar 2009 wirkt sich – wie in der nachfolgenden Tabelle dargestellt – unterschiedlich auf die verschiedenen Anlageformen aus:

Bankprodukt	Produktbeschreibung	Besteuerungshinweise
Abzinsungspapiere	Wertpapier, das unter seinem Nennwert ausgegeben und zum Nennwert eingelöst wird.	Siehe Zero-Bond
Agio-Anleihen	Verzinsliche Schuldverschreibungen, die mit dem Nennwert emittiert, aber zu einem über dem Nennwert liegenden Kurs zurückgezahlt werden, z. B. Umtauschanleihe, (Variante 1) bzw. mit einem Aufgeld (Agio) emittiert werden und zum Nennwert eingelöst werden (Variante 2).	Laufende Erträge, welche aufgrund der Zinsvereinbarung gezahlt werden, sind gemäß § 20 Abs. 1 Nr. 7 EStG steuerpflichtig und unterliegen dem Kapitalertragsteuerabzug in Höhe von 25 Prozent zzgl. SolZ und ggf. Kirchensteuer. Im Falle der Einlösung, Veräußerung oder Abtretung stellt der Unterschiedsbetrag zwischen dem Erlös (einschl. vereinnahmter Stückzinsen) und den Anschaffungskosten abzüglich der Veräußerungskosten Kapitaleinkünfte gemäß § 20 Abs. 2 Satz 1 Nr. 7 EStG dar. In Variante 2 stellt das Aufgeld einen Teil der Anschaffungskosten für die Anleihe dar.

ABC der Kapitalanlagen

Bankprodukt	Produktbeschreibung	Besteuerungshinweise
Aktienanleihen/ Reverse Convertable Bonds	In der Regel kurzlaufende Schuldverschreibungen, die mit einer hohen Verzinsung und einem Aktienandienungsrecht des Emittenten ausgestattet sind	Laufende Erträge, welche aufgrund der Zinsvereinbarung gezahlt werden, sind gemäß § 20 Abs. 1 Nr. 7 EStG steuerpflichtig und unterliegen dem Kapitalertragsteuerabzug in Höhe von 25 Prozent zzgl. SolZ und ggf. Kirchensteuer.
		Hält der Ersterwerber eine sog. Hochzinsanleihe mit Rückzahlungswahlrecht des Emittenten und werden im Rahmen der Ersetzungsbefugnis statt der Rückzahlung des Nennbetrages Aktien angedient, gilt die Anleihe als zu ihren Anschaffungskosten veräußert (§ 20 Abs. 4a Satz 3 EStG). Durch die Andienung der Aktien entsteht somit kein Verlust. Als Anschaffungskosten der angedienten Wertpapiere gilt ebenfalls das Entgelt für den Erwerb der Anleihe. Gewinne aus der Veräußerung, Abtretung oder Einlösung werden gemäß § 20 Abs. 4 Satz 1 EStG in voller Höhe erfasst und dem Kapitalertragsteuerabzug in Höhe von 25 Prozent zzgl. SolZ und ggf. Kirchensteuer unterworfen. Besonders in Rechnung gestellte Stückzinsen sind Teil des Veräußerungserlöses.

ABC der Kapitalanlagen

Bankprodukt	Produktbeschreibung	Besteuerungshinweise
		Wichtiger Hinweis: Verluste aus der Veräußerung der Aktienanleihe oder Rückzahlung der Anleihe in bar sind allgemein verrechenbar. Im Falle der Aktienandienung entsteht (zunächst) noch kein steuerlich relevanter Verlust. Erst bei Veräußerung der angedienten Aktien entsteht ggf. ein – nur mit Aktiengewinnen verrechenbarer – Aktienverlust.
Aktienoptionen	Optionsrecht, dessen Basiswert eine bestimmte Aktie ist; häufig auch Vergütungsinstrument (Stock Option).	Siehe Optionsrecht **Stock Option:** Der bei Zufluss als Arbeitslohn berücksichtigte geldwerte Vorteil ist einschließlich der steuerfreien Teile als Anschaffungskosten anzusetzen.
Aktienswaps	Vereinbarungen zwischen einem Sicherungsnehmer (Kunde mit Aktienbestand) und einem Sicherungsgeber (Bank), wonach der Sicherungsgeber die Chancen und Risiken aus der Aktienposition gegen Gewährung eines festen oder variablen Zinssatzes übernimmt.	**Auf Differenzausgleich gerichteter Aktienswap:** Die vom Sicherungsnehmer vereinnahmte Dividende unterliegt bei diesem der Besteuerung. Die vom Sicherungsnehmer an den Sicherungsgeber geleisteten Dividendenausgleichszahlungen und Ausgleichszahlungen für Kurssteigerungen der Aktie sind steuerlich als allgemeiner Verlust aus Termingeschäft gemäß § 20 Abs. 2 Satz 1 Nr. 3 EStG zu berücksichtigen. Die vom Sicherungsgeber an den Sicherungsnehmer geleisteten Ausgleichszahlungen für Kursminderungen und Zinszahlungen sind beim Sicherungsnehmer als Erträge aus Termingeschäft gemäß § 20 Abs. 2 Satz 1 Nr. 3 EStG zu berücksichtigen.

ABC der Kapitalanlagen

Bankprodukt	Produktbeschreibung	Besteuerungshinweise
		Auf physische Lieferung gerichteter Aktienswap: Liefert der Sicherungsnehmer bei Fälligkeit des Aktienswaps Aktien zum vereinbarten Basispreis, liegt aus dessen Sicht ein Terminverkauf der Aktien vor. Aus Sicht des Sicherungsgebers liegt dann ein Anschaffungsgeschäft bezüglich der vom Sicherungsnehmer gelieferten Aktien vor. Dabei sind die während der Laufzeit des Aktienswaps geleisteten bzw. empfangenen Zahlungen bei der Ermittlung der Anschaffungskosten für die Aktien zu berücksichtigen.
Anleihe	Allgemeine Bezeichnung für eine Schuldverschreibung (Obligation). Die Verzinsung kann unterschiedlich ausgestaltet sein (z. B. feste Verzinsung oder variable Verzinsung).	Siehe: Festverzinsliche Anleihe Für Schuldverschreibungen mit einem variabel ausgestalteten Zins siehe: Floater.

ABC der Kapitalanlagen

Bankprodukt	Produktbeschreibung	Besteuerungshinweise
Annuitäten-Bond	Zum Nennwert ausgegebene Schuldverschreibungen, die nach einer zunächst zins- und tilgungsfreien Zeit ratenweise vom Emittenten mit Zins und Kapital (Annuität) zurückgezahlt werden. Die Rückzahlung erfolgt nach einem bestimmten Tilgungsplan, der bzgl. der einzelnen Rate den Tilgungs- und Zinsanteil bestimmt (OFD Kiel vom 3. Juli 2003).	Lediglich der Zinsteil der Annuität ist gemäß § 20 Abs. 1 Nr. 7 EStG zu versteuern, nicht jedoch der Tilgungsteil. Der Zinsteil unterliegt dem Kapitalertragsteuerabzug in Höhe von 25 Prozent zzgl. SolZ und ggf. Kirchensteuer. Der Tilgungsteil mindert jedoch die Anschaffungskosten des Bonds. Gewinne aus der Veräußerung, Abtretung oder Einlösung werden gemäß § 20 Abs. 4 Satz 1 EStG in voller Höhe erfasst und dem Kapitalertragsteuerabzug in Höhe von 25 Prozent zzgl. SolZ und ggf. Kirchensteuer unterworfen. Besonders in Rechnung gestellte Stückzinsen sind Teil des Veräußerungserlöses.
Aufzinsungspapier	Wertpapiere, die zum Nennwert ausgegeben und am Ende der Laufzeit zu einem höheren Betrag eingelöst werden.	Sowohl bei Einlösung als auch bei Zwischenveräußerung liegt ein Veräußerungsgewinn/-verlust gemäß § 20 Abs. 2 Satz 1 Nr. 7 EStG vor, der kapitalertragsteuerpflichtig ist.
Bandbreitenoptionsschein (Range Warrant)	Verbriefte Optionen, die meist auf Indizes oder Währungskurse lauten, für die der Emittent eine bestimmte Bandbreite vorgibt. Befindet sich der Referenzwert am Fälligkeitstag innerhalb der vereinbarten Bandbreite, hat dessen Inhaber das	Gewinne aus der Veräußerung, Abtretung oder Einlösung werden gemäß § 20 Abs. 2 Nr. 3b i. V. m. § 20 Abs. 4 Satz 1 EStG in voller Höhe erfasst und dem Kapitalertragsteuerabzug in Höhe von 25 Prozent zzgl. SolZ und ggf. Kirchensteuer unterworfen. Dies gilt unabhängig von der Zusicherung des Ausübungsbetrages durch den Emittenten. Gilt bei Erwerb ab 2009.

ABC der Kapitalanlagen

Bank-produkt	Produktbeschreibung	Besteuerungshinweise
	Recht, von dem Emittenten neben der Rückzahlung des überlassenen Kapitalvermögens die Zahlung eines zusätzlichen Betrages (Ausübungsbetrag) zu verlangen.	
Bond Warrant	Siehe Optionsanleihen	
Boost-Optionsschein	Verbriefte Optionen, bei denen für die Aktie, Anleihe oder Währung eine bestimmte Bandbreite festgelegt wird. Der Käufer des Optionsscheins erhält für jeden Tag während der Laufzeit der Option, an dem der Basiswert innerhalb der Bandbreite notiert, einen bestimmten Geldbetrag gutgeschrieben. Verlässt der Kurs des Basiswertes die Spanne, so endet die Option und der Käufer erhält den bis dahin gutgeschriebenen Betrag ausgezahlt.	Der Gewinn oder Verlust ist gemäß § 20 Abs. 2 Satz 1 Nr. 3 Buchst. a 2. Alt. EStG steuerpflichtig und unterliegt dem Kapitalertragsteuerabzug in Höhe von 25 Prozent zzgl. SolZ und ggf. Kirchensteuer. Gilt bei Erwerb ab 2009.
Bundesschatzanweisung	Siehe Schatzanweisungen	

ABC der Kapitalanlagen

Bankprodukt	Produktbeschreibung	Besteuerungshinweise
Bundesschatzbrief Typ A	Schuldverschreibungen des Bundes, die als unverbriefte Forderung in das öffentliche Schuldbuch der Bundesschuldenverwaltung eingetragen werden. Die Laufzeit beträgt sechs Jahre, es ist eine steigende Verzinsung mit jährlicher Zinsauszahlung vereinbart (Zinsstaffel).	Die jährlichen Zinszahlungen sind gemäß § 20 Abs. 1 Nr. 7 EStG steuerpflichtig und unterliegen dem Kapitalertragsteuerabzug in Höhe von 25 Prozent zzgl. SolZ und ggf. Kirchensteuer. Gewinne aus der Veräußerung, Abtretung oder Einlösung stellen in voller Höhe Einkünfte gemäß § 20 Abs. 2 Satz 1 Nr. 7 EStG dar und unterliegen dem Kapitalertragsteuerabzug in Höhe von 25 Prozent zzgl. SolZ und ggf. Kirchensteuer.
Bundesschatzbrief Typ B	Schuldverschreibungen des Bundes, die als unverbriefte Forderung in das öffentliche Schuldbuch der Bundesschuldenverwaltung eingetragen werden. Die Laufzeit beträgt sieben Jahre, es ist eine steigende Verzinsung mit Zinsansammlung und Zinsauszahlung am Ende der Laufzeit vereinbart.	Gewinne aus der Veräußerung, Abtretung oder Einlösung stellen in voller Höhe Einkünfte gemäß § 20 Abs. 2 Satz 1 Nr. 7 EStG dar und unterliegen dem Kapitalertragsteuerabzug in Höhe von 25 Prozent zzgl. SolZ und ggf. Kirchensteuer.
Cap	Vereinbarung einer Zinsobergrenze	Siehe Zinsbegrenzungsvereinbarungen

ABC der Kapitalanlagen

Bankprodukt	Produktbeschreibung	Besteuerungshinweise
Capped Warrant (gekappter Optionsschein)	Bei den Capped Warrants handelt es sich um eine **Kombination** einer Kaufoption und einer Verkaufsoption zumeist auf Indizes (z. B. DAX). Gegen Zahlung einer Optionsprämie erwirbt der Käufer der Capped Warrants das Recht, am Verfallstag durch Ausübung der Option vom Emittenten eine Zahlung zu verlangen.	Siehe Bandbreitenoptionsschein
	Ein Recht auf Abnahme oder Lieferung von Wertpapieren besteht bei den Capped Warrants nicht. Kauf- und Verkaufsoptionen lauten auf unterschiedlich hohe Basispreise und sind mit Preisbegrenzungen (sog. Caps) ausgestattet, die jeweils mit dem Basispreis der anderen Option übereinstimmen. Durch diese Kombination beider Optionen sichert sich der Käufer, der bis zur Ausübung am Verfallstag sowohl Kauf- als auch Verkaufsoption innehat, einen im Voraus bestimmbaren Ertrag.	

Bank-produkt	Produktbeschreibung	Besteuerungshinweise
	Beispiel: Capped Warrant auf den DAX **Call:** Anrecht auf Erhalt des Differenzbetrags, um den der DAX am 30. Mai 2009 den Basiskurs von 3000 Punkten überschreitet, maximal (Cap) 600 Euro. **Put:** Anrecht auf Erhalt von 1 Euro für jeden Punkt, den der DAX am Ausübungstag (30. Mai 2009) den Basiskurs von 3600 Punkten unterschreitet, maximal jedoch 600 Euro (Cap). Gesamtkaufpreis des gekappten Optionsscheins: 423 Euro Der Inhaber der beiden Warrants erhält am Ausübungstag – gleichgültig, wie sich der DAX entwickelt – einen Betrag in Höhe von 600 Euro. Hierin ist ein Ertrag in Höhe von 177 Euro (600 – 423) enthalten.	

ABC der Kapitalanlagen

Bankprodukt	Produktbeschreibung	Besteuerungshinweise
Certificate of Deposit (CD)/Einlagenzertifikat	Von einer Bank ausgestellte, nicht börsennotierte Inhaberpapiere, die eine Einlage von Geld für eine bestimmte Zeit zu einem bestimmten Zinssatz bestätigen. Sie lauten grundsätzlich auf den Inhaber und sind uneingeschränkt übertragbar. Einlagenzertifikate können sowohl mit einer Festverzinsung als auch mit einer variablen Verzinsung ausgestaltet sein.	Siehe Einlagenzertifikate
CLOU (Currency Linked Outperformance Unit)	Siehe Money-back-Zertifikate	
Collar	Kombination aus einem Cap und einem Floor; vgl. Cap und Floor	Siehe Zinsbegrenzungsvereinbarungen

ABC der Kapitalanlagen

Bankprodukt	Produktbeschreibung	Besteuerungshinweise
Comax-Anleihe	Variabel verzinste Bankschuldverschreibung mit einer Laufzeit von fünf Jahren. Die Zinscoupons werden an den DAX angepasst. Der einzelne Zinscoupon entspricht der Hälfte des prozentualen DAX-Anstiegs zwischen zwei Zinsterminen bzw. zwischen dem Emissionszeitpunkt und dem ersten Zinstermin. Ist der DAX zwischen diesen Terminen nicht gestiegen, so erfolgt keine Zinszahlung. Steigt der DAX zwischen der Zinsperiode beispielsweise um 20 Prozent-Punkte, so erhält der Anleger eine Verzinsung von 10 Prozent. Sinkende DAX-Stände haben auf die Verzinsung oder Kapitalrückzahlung keinen Einfluss. Das eingesetzte Kapital wird am Ende der Laufzeit zurückgezahlt.	Laufende Erträge, welche aufgrund der Zinsvereinbarung gezahlt werden, sind gemäß § 20 Abs. 1 Nr. 7 EStG steuerpflichtig und unterliegen dem Kapitalertragsteuerabzug in Höhe von 25 Prozent zzgl. SolZ und ggf. Kirchensteuer. Gewinne aus der Veräußerung, Abtretung oder Einlösung stellen in voller Höhe Einkünfte gemäß § 20 Abs. 2 Satz 1 Nr. 7 EStG dar und unterliegen dem Kapitalertragsteuerabzug in Höhe von 25 Prozent zzgl. SolZ und ggf. Kirchensteuer.

ABC der Kapitalanlagen

Bankprodukt	Produktbeschreibung	Besteuerungshinweise
Commercial Paper (CP)	Abgezinste nicht börsennotierte Inhaberschuldverschreibung mit Geldmarktcharakter und einer Laufzeit von sieben Tagen bis unter zwei Jahren.	Gewinne aus der Veräußerung, Abtretung oder Einlösung stellen in voller Höhe Einkünfte gemäß § 20 Abs. 2 Satz 1 Nr. 7 EStG dar und unterliegen dem Kapitalertragsteuerabzug in Höhe von 25 Prozent zzgl. SolZ und ggf. Kirchensteuer.
Commodities-Optionen	Optionsrecht, dessen Basiswert Rohstoff, Edelmetall etc. ist.	Siehe Optionsrecht
Commodity-Swap	Siehe Zins-Währungs-Swap	
Condor-Anleihe	Anleihen, die üblicherweise in einer Niedrigzinsphase begeben werden. Der Käufer erhält eine über der aktuellen Marktverzinsung für die entsprechende Laufzeit liegende Verzinsung auf einen bestimmten Nominalbetrag. Dafür wird eine bestimmte Rückzahlungsvereinbarung dahingehend getroffen, dass die Rückzahlung nur dann zu pari erfolgt, wenn der Aktienindex zum Fälligkeitszeitpunkt in einer bestimmten vorab definierten Bandbreite steht. Für jeden	Laufende Erträge, welche aufgrund der Zinsvereinbarung gezahlt werden, sind gemäß § 20 Abs. 1 Nr. 7 EStG steuerpflichtig und unterliegen dem Kapitalertragsteuerabzug in Höhe von 25 Prozent zzgl. SolZ und ggf. Kirchensteuer. Gewinne aus der Veräußerung, Abtretung oder Einlösung stellen in voller Höhe Einkünfte gemäß § 20 Abs. 2 Satz 1 Nr. 7 EStG dar und unterliegen dem Kapitalertragsteuerabzug in Höhe von 25 Prozent zzgl. SolZ und ggf. Kirchensteuer. Besonders in Rechnung gestellte Stückzinsen sind Teil des Veräußerungserlöses.

Bank-produkt	Produktbeschreibung	Besteuerungshinweise
	Punkt, den der Aktienindex bei Fälligkeit außerhalb dieser Bandbreite liegt, reduziert sich der Rückzahlungsbetrag um einen vorab bestimmen Prozentsatz vom Nominalvolumen; eine Nachzahlungsverpflichtung ist ausgeschlossen.	
Contract for Differences (CFD)	Sonderform eines Futures, bei dem die Unterschiede zwischen einem festgelegten Referenzkaufpreis für einen bestimmten Basiswert und dem während der Laufzeit des Vertrages schwankenden Marktpreis für diesen Basiswert ausgeglichen werden.	Es gelten die steuerlichen Regeln für Futures.
Convertible Bond	Siehe Wandelanleihen	

Bankprodukt	Produktbeschreibung	Besteuerungshinweise
Covered Warrant (gedeckter Optionsschein)	Selbstständig handelbare Optionsscheine, die den Inhaber berechtigen, bereits im Umlauf befindliche Aktien eines oder mehrerer Unternehmen an einem bestimmten Zeitpunkt zu einem im Voraus festgelegten Preis (Basispreis) zu beziehen. Die Aktien müssen in einem Sperrdepot des Optionsgebers hinterlegt werden (Deckung). Häufig hat der Optionsgeber das Recht, einen Barausgleich (Cash Settlement) leisten zu dürfen.	Im Falle der Lieferung sind sowohl die Kosten für den Optionsschein als auch der Basispreis Anschaffungskosten für die gelieferten Aktien. Im Falle des Barausgleichs liegt ein Termingeschäft gemäß § 20 Abs. 2 Satz 1 Nr. 3 EStG vor, durch das der Anleger einen Differenzausgleich erlangt. Der Gewinn ergibt sich aus der Differenz des Barausgleichs und den Kosten für den Optionsschein. Der Gewinn unterliegt – bei Erwerb ab 2009 – der Kapitalertragsteuer in Höhe von 25 Prozent zzgl. SolZ und ggf. Kirchensteuer.
Credit-Default-Swap	Übernahme eines Kreditrisikos aus einem bestimmten Kreditereignis („Credit Event") gegen Zahlung eines festgelegten Betrages („Credit Fee")	Stellung des Sicherungsnehmers: wie Inhaber eines Verkaufsoptionsrechts Stellung des Sicherungsgebers: wie Stillhalter eines Verkaufsoptionsrechts
Cross-Currency-Swap	Siehe Zins-Währungs-Swap	

ABC der Kapitalanlagen

Bankprodukt	Produktbeschreibung	Besteuerungshinweise
Currency Future Contract	Devisentermingeschäfte mit der Verpflichtung, einen Währungsbetrag an einem bestimmten Termin zu einem vereinbarten Kurs zu kaufen oder zu verkaufen. In der Regel liegt den Beteiligten jedoch nichts an der physischen Lieferung der Devisen. Sie stellen das Geschäft deshalb vor oder im Zeitpunkt der Lieferung durch den Abschluss eines Verkaufs des zuvor erworbenen Kontrakts glatt oder lösen ihre Position durch den Rückkauf eines leer verkauften Kontrakts auf.	Kommt es bei Fälligkeit des Future-Kontraktes zur Zahlung eines Differenzausgleiches, erzielt der Empfänger einen abgeltungsteuerpflichtigen Gewinn i. S. d. § 20 Abs. 2 Nr. 3a EStG, der der Kapitalertragsteuer in Höhe von 25 Prozent zzgl. SolZ und ggf. Kirchensteuer unterliegt. Gilt für ab 2009 abgeschlossene Kontrakte. Im Ausnahmefall der Lieferung der Währung sind die auf den Future-Kontrakt geleisteten Zahlungen (inkl. Nebenkosten) beim Käufer des Futures Anschaffungskosten der Währung. Der spätere Verkauf der Währung ist ein privates Veräußerungsgeschäft, wenn zwischen Lieferung der Währung und Veräußerung nicht mehr als ein Jahr liegt, vgl. § 23 Abs. 1 Satz 1 Nr. 2 EStG.
Currency Interest Rate Swap (Zins-Währungs-Swap)	Siehe Zins-Währungs-Swap	
Currency Swap	Siehe Zins-Währungs-Swap	

ABC der Kapitalanlagen

Bankprodukt	Produktbeschreibung	Besteuerungshinweise
DAX-Future	Termingeschäfte an der EUREX, bezogen auf den Kurs des DAX-Index.	Da der DAX als Basiswert nicht lieferbar ist, sind Gewinne oder Verluste aus der Glattstellung oder aus dem zu erbringenden Barausgleich steuerlich als Gewinn oder Verlust aus Termingeschäften zu berücksichtigen, vgl. § 20 Abs. 2 Satz 1 Nr. 3a EStG (bei Erwerb ab 2009).
DAX-Hochzinsanleihe	Siehe Full-Index-Anleihen, Indexzertifikate	
Derivat	Siehe Futures, Forwards, Optionsanleihen	
Devisenoption	Optionsrecht, dessen Basiswert eine bestimmte Währung ist.	Siehe Optionsrecht
Devisen-Swap	Siehe Zins-Währungs-Swap	
Disagioanleihe	Herkömmliche, verzinsliche Schuldverschreibungen, die zur Feineinstellung des Zinssatzes (Anpassung an die aktuelle Kapitalmarktzinssituation im Zeitpunkt der Emission) mit einem Disagio (Emissionsdisagio) auf den Nennwert emittiert werden.	Das Disagio ist Kapitalertrag, der ab 2009 stets in voller Höhe und unabhängig von der Einhaltung der bis Ende 2008 geltenden Disagiostaffel steuerlich erfasst wird. Für vor dem 1. Januar erworbene Anleihen mit einem Disagio innerhalb der Disagio-Staffel greift eine Übergangsvorschrift.

Bank-produkt	Produktbeschreibung	Besteuerungshinweise
Doppel-währungs-anleihe (Dual Currency Issue Bond)	Fest oder variabel verzinsliche Anleihen, bei denen die Zinsen und/oder die Rückzahlung des Kapitals in einer anderen Währung erfolgen, als die Kapitaleinzahlung durch den Gläubiger. Es sind zwei Ausgestaltungsmöglichkeiten zu unterscheiden: a) Die Anleihe wird als festverzinsliche Anleihe ausgestaltet, bei der die Emission, die Zinszahlung oder die Rückzahlung in unterschiedlicher Währung zu einem im Voraus festgelegten Kurs erfolgt. b) Die Anleihe wird derart ausgestaltet, dass die Tilgung nur dann in anderer Währung erfolgt, wenn ein bestimmter Währungskurs erreicht wird (ungewisses Ereignis).	Unabhängig von der Ausgestaltung der Anleihe sind die laufenden Erträge, welche aufgrund der Zinsvereinbarung gezahlt werden, gemäß § 20 Abs. 1 Nr. 7 EStG steuerpflichtig und unterliegen dem Kapitalertragsteuerabzug in Höhe von 25 Prozent zzgl. SolZ und ggf. Kirchensteuer. Die Fremdwährung ist zum Zeitpunkt des Zuflusses nach dem Devisenbriefkurs in Euro umzurechnen. Im Falle der Einlösung, Veräußerung oder Abtretung ist der Unterschiedsbetrag zwischen dem Veräußerungserlös und den Anschaffungskosten abzüglich der Veräußerungskosten (= Gewinn) steuerpflichtig (§ 20 Abs. 4 Satz 1 EStG). Bei festverzinslichen Anleihen gilt dies im Falle des Erwerbs der Anleihe ab 2009.

ABC der Kapitalanlagen

Bankprodukt	Produktbeschreibung	Besteuerungshinweise
Einlagenzertifikat (Certificate of Deposit)	Von einer Bank ausgestellte, nicht börsennotierte Inhaberpapiere, die die Einlage von Geld für eine bestimmte Zeit zu einem bestimmten festen oder variablen Zinssatz bestätigen.	Laufende Erträge, welche aufgrund der Zinsvereinbarung gezahlt werden, sind gemäß § 20 Abs. 1 Nr. 7 EStG steuerpflichtig und unterliegen dem Kapitalertragsteuerabzug in Höhe von 25 Prozent zzgl. SolZ und ggf. Kirchensteuer. Gewinne aus der Veräußerung, Abtretung oder Einlösung stellen in voller Höhe Einkünfte gemäß § 20 Abs. 2 Satz 1 Nr. 7 EStG dar und unterliegen dem Kapitalertragsteuerabzug in Höhe von 25 Prozent zzgl. SolZ und ggf. Kirchensteuer. Bei festverzinslichen Einlagenzertifikaten gilt dies für den Erwerb ab 2009. Besonders in Rechnung gestellte Stückzinsen sind Teil des Veräußerungserlöses.
Equity Swap	Siehe Aktienswap	

ABC der Kapitalanlagen

Bankprodukt	Produktbeschreibung	Besteuerungshinweise
Festverzinsliche Anleihe	Alle verzinslichen Schuldverschreibungen mit laufendem, gleich bleibendem Zins.	Laufende Erträge, welche aufgrund der Zinsvereinbarung gezahlt werden, sind gemäß § 20 Abs. 1 Nr. 7 EStG steuerpflichtig und unterliegen dem Kapitalertragsteuerabzug in Höhe von 25 Prozent zzgl. SolZ und ggf. Kirchensteuer. Gewinne aus der Veräußerung, Abtretung oder Einlösung werden gemäß § 20 Abs. 4 Satz 1 EStG in voller Höhe erfasst und dem Kapitalertragsteuerabzug in Höhe von 25 Prozent zzgl. SolZ und ggf. Kirchensteuer unterworfen, wenn die Anleihe ab 2009 erworben wurde. Besonders in Rechnung gestellte Stückzinsen sind Teil des Veräußerungserlöses.
Financial Future (Finanztermingeschäft, z. B. auf Devisen, Zinsen)	Siehe Future	
Finanzierungsschatz	Nicht börsennotierte, kurz laufende abgezinste Schuldverschreibungen des Bundes ohne laufende Verzinsung	Gewinne aus der Veräußerung, Abtretung oder Einlösung stellen in voller Höhe Einkünfte gemäß § 20 Abs. 2 Satz 1 Nr. 7 EStG dar und unterliegen dem Kapitalertragsteuerabzug in Höhe von 25 Prozent zzgl. SolZ und ggf. Kirchensteuer.

ABC der Kapitalanlagen

Bankprodukt	Produktbeschreibung	Besteuerungshinweise
Floater (Floating-Rate-Notes)	Variabel verzinsliche Schuldverschreibungen (Anleihen), bei denen der Zinssatz in bestimmten Zeitabständen der Entwicklung des Kapitalmarktzinses (Libor oder Fibor) angepasst wird. Die Anpassung erfolgt entweder a) unmittelbar an den Referenzzinssatz oder b) durch Abzug eines Referenzzinssatzes von einem Nominalzins der Anleihe (Reverse Floater).	Die Besteuerung von Floating Rate Notes ist im Wesentlichen mit der bei festverzinslichen Wertpapieren identisch. Laufende Erträge, welche aufgrund der Zinsvereinbarung gezahlt werden, sind gemäß § 20 Abs. 1 Nr. 7 EStG steuerpflichtig und unterliegen dem Kapitalertragsteuerabzug in Höhe von 25 Prozent zzgl. SolZ und ggf. Kirchensteuer. Gewinne aus der Veräußerung, Abtretung oder Einlösung stellen in voller Höhe Einkünfte gemäß § 20 Abs. 2 Satz 1 Nr. 7 EStG dar und unterliegen dem Kapitalertragsteuerabzug in Höhe von 25 Prozent zzgl. SolZ und ggf. Kirchensteuer. Besonders in Rechnung gestellte Stückzinsen sind Teil des Veräußerungserlöses. Die Rechtsprechung des BFH, wonach Verluste oder Gewinne aus der Veräußerung von Reverse-Floatern nicht steuerbar sind, ist mit Einführung der Abgeltungsteuer obsolet geworden.
Floor	Vereinbarung einer Zinsuntergrenze	Siehe Zinsbegrenzungsvereinbarungen
Forward Rate Agreement (FRA)	Siehe Zinsoptionen	

ABC der Kapitalanlagen

Bankprodukt	Produktbeschreibung	Besteuerungshinweise
Forward (nicht standardisiertes außerbörsliches Termingeschäft)	Ein Forward stellt im Gegensatz zu einer Option für den Käufer die **feste Verpflichtung** dar, nach Ablauf einer Frist einen bestimmten Basiswert zum vereinbarten Preis abzunehmen oder zu liefern.	Wird bei Fälligkeit eines Forward-Contracts ein Differenzausgleich gezahlt, erzielt der Empfänger einen Gewinn und der Zahlende einen Verlust aus einem Termingeschäft gemäß § 20 Abs. 2 Nr. 3 Buchst. a EStG, wenn der Erwerb des Kontraktes ab 2009 erfolgt. Wird der Basiswert geliefert, sind die auf den Forwards-Contract geleisteten Zahlungen sowie die Nebenkosten des Forwards-Contract beim Käufer Anschaffungskosten des Basiswerts.
Fremdwährungsanleihe	Anleihen, die in ausländischer Währung begeben werden. Die in ausländischer Währung erfolgenden Zinszahlungen werden dem Anleger in Euro nach dem am Fälligkeitstag geltenden Devisenumrechnungskurs gutgeschrieben.	Die steuerliche Behandlung von Fremdwährungsanleihen unterscheidet sich nicht von Euro-Anleihen, mit der Ausnahme, dass der Währungsunterschied zwischen Erwerb und Veräußerung/Einlösung in der Bemessungsgrundlage erfasst wird, § 20 Abs. 4 Satz 1 2. HS EStG.

ABC der Kapitalanlagen

Bankprodukt	Produktbeschreibung	Besteuerungshinweise
Full-Index-Link-Anleihe	Anleihen, bei denen sowohl der Ertrag als auch die Rückzahlung des Kapitals an einen bestimmten Index gekoppelt ist. Je nach Entwicklung des Index erhält der Kapitalanleger entweder einen positiven Ertrag oder verliert sein gesamtes Kapital. Es ist weder die (anteilige) Rückzahlung des Kapitals noch die Verzinsung garantiert. Es handelt sich demnach um ein rein spekulatives Papier mit dem Risiko des Totalausfalls.	Laufende Erträge, welche aufgrund der Zinsvereinbarung gezahlt werden, sind gemäß § 20 Abs. 1 Nr. 7 EStG steuerpflichtig und unterliegen dem Kapitalertragsteuerabzug in Höhe von 25 Prozent zzgl. SolZ und ggf. Kirchensteuer. § 20 Abs. 1 Nr. 7 EStG erfasst in seinem Anwendungsbereich ab 2009 auch rein spekulativ ausgestaltete Kapitalforderungen, vgl. Rdn. 36. Gewinne aus der Veräußerung, Abtretung oder Einlösung stellen in voller Höhe Einkünfte gemäß § 20 Abs. 2 Satz 1 Nr. 7 EStG dar und unterliegen dem Kapitalertragsteuerabzug in Höhe von 25 Prozent zzgl. SolZ und ggf. Kirchensteuer. Es gelten die besonderen Übergangsvorschriften für Zertifikate.
Future	Futures stellen – im Gegensatz zu Optionen – für Käufer und Verkäufer gegenseitig bindende Festgeschäfte mit bestimmter Laufzeit dar. Futures können (wie Optionen) auf einen Differenzausgleich oder (seltener) auf die Lieferung eines Basiswertes gerichtet sein.	Der Erwerb ist zunächst steuerlich irrelevant. Die während der Laufzeit zu leistenden Sicherheitszahlungen sind steuerlich irrelevant. Kommt es bei Fälligkeit des Kontraktes zur Zahlung eines Differenzausgleiches, liegt beim Empfänger ein steuerpflichtiger Ertrag gemäß § 20 Abs. 2 Nr. 3a EStG und beim Zahlenden ein allgemeiner steuerlicher Verlust vor (gilt bei ab 2009 abgeschlossenen Kontrakten). Entsprechendes gilt bei Glattstellung eines Future-Kontraktes.

ABC der Kapitalanlagen

Bank-produkt	Produktbeschreibung	Besteuerungshinweise
		Kommt es ausnahmsweise zur Lieferung des Basiswertes, sind die Aufwendungen für den Future-Kontrakt beim Erwerber des Basiswertes Bestandteil der Anschaffungskosten des Basiswertes. Beim liefernden Kontraktpartner liegt ein Veräußerungsgeschäft hinsichtlich des gelieferten Basiswertes vor.
Future-Style Option	Optionstyp, bei dem der Optionsinhaber keine Optionsprämie leistet, sondern – ähnlich wie bei Future-Kontrakten – eine Sicherheitsleistung hinterlegt.	Es gelten die allgemeinen Ausführungen zu Optionsrechten entsprechend.
Gekappter Optionsschein	Siehe Capped Warrants	

ABC der Kapitalanlagen

Bankprodukt	Produktbeschreibung	Besteuerungshinweise
Genussschein	Genussscheine sind in einer Urkunde verbriefte und dadurch börsengängige Genussrechte. Genussrechte gewähren in der Regel gegen eine zeitlich befristete Überlassung von Kapital einen festen oder variablen Gewinnanteil, wobei die Bemessungsgrundlage für die Höhe des variablen Anteils der Bilanzgewinn, der Jahresüberschuss oder die Gesamtkapitalrendite der emittierenden Körperschaft sein kann. Der Genussrechtsinhaber erhält für die Kapitalüberlassung bestimmte Gläubigerrechte. Genussrechte können a) zinsähnlich ausgestaltet sein, d. h. kein Recht am Gewinn und Liquiditätserlös verbriefen, oder b) dividendenähnlich ausgestaltet sein, d. h. kein Recht am Gewinn und Liquiditätserlös gewähren.	Laufende Erträge sind in der Variante a) gemäß § 20 Abs. 1 Nr. 7 EStG, in der Variante b) gemäß § 20 Abs. 1 Nr. 1 EStG steuerpflichtig und unterliegen dem Kapitalertragsteuerabzug in Höhe von 25 Prozent zzgl. SolZ und ggf. Kirchensteuer. Gewinne aus der Veräußerung, Abtretung oder Einlösung werden in Variante a) unabhängig vom Zeitpunkt der Anschaffung (kein Bestandsschutz) gemäß § 20 Abs. 2 Nr. 7 EStG, in Variante b) gemäß § 20 Abs. 2 Nr. 1 EStG erfasst und dem Kapitalertragsteuerabzug in Höhe von 25 Prozent zzgl. SolZ und ggf. Kirchensteuer unterworfen. Verluste werden in beiden Alternativen in den allgemeinen Verlustverrechnungstopf eingestellt.

ABC der Kapitalanlagen

Bankprodukt	Produktbeschreibung	Besteuerungshinweise
Gewinnobligation	Schuldverschreibungen, die neben einer festen Verzinsung mit einer gewinn- oder dividendenabhängigen Zusatzverzinsung ausgestattet sind. Die Zusatzverzinsung richtet sich nach der Höhe der Gewinnausschüttungen des Emittenten. Schüttet der Emittent keine Gewinne aus oder zahlt er keine Dividende, so erfolgt auch keine Zusatzverzinsung.	Laufende Erträge, welche aufgrund der Zinsvereinbarung gezahlt werden, sind gemäß § 20 Abs. 1 Nr. 7 EStG steuerpflichtig und unterliegen dem Kapitalertragsteuerabzug in Höhe von 25 Prozent zzgl. SolZ und ggf. Kirchensteuer. Gewinne aus der Veräußerung, Abtretung oder Einlösung stellen in voller Höhe Einkünfte gemäß § 20 Abs. 2 Satz 1 Nr. 7 EStG dar und unterliegen dem Kapitalertragsteuerabzug in Höhe von 25 Prozent zzgl. SolZ und ggf. Kirchensteuer. Ein Bestandsschutz für vor 2009 erworbene Obligationen besteht nicht. Besonders in Rechnung gestellte Stückzinsen sind Teil des Veräußerungserlöses.
Hochzinsanleihe	Siehe Wandelanleihe	
Index-Optionsschein	Siehe Optionsrecht allgemein	

ABC der Kapitalanlagen

Bankprodukt	Produktbeschreibung	Besteuerungshinweise
Indexzertifikat	Schuldverschreibungen, bei denen die Verzinsung und die Höhe der Kapitalrückzahlung am Ende der Laufzeit vom Stand eines bestimmten Index, z. B. DAX abhängig sind.	Laufende Erträge, welche aufgrund der Zinsvereinbarung gezahlt werden, sind gemäß § 20 Abs. 1 Nr. 7 EStG steuerpflichtig und unterliegen dem Kapitalertragsteuerabzug in Höhe von 25 Prozent zzgl. SolZ und ggf. Kirchensteuer. Gewinne aus der Veräußerung, Abtretung oder Einlösung stellen in voller Höhe Einkünfte gemäß § 20 Abs. 2 Satz 1 Nr. 7 EStG dar und unterliegen dem Kapitalertragsteuerabzug in Höhe von 25 Prozent zzgl. SolZ und ggf. Kirchensteuer. Es gelten die besonderen Übergangsvorschriften für Zertifikate.
Money-Back-Zertifkat	Sammelbegriff für verzinsliche Anleihen, bei denen die Verzinsung an einen Index gekoppelt ist und der Emittent die Rückzahlung des eingesetzten Kapitals zusagt.	Laufende Erträge, welche aufgrund der Zinsvereinbarung gezahlt werden, sind gemäß § 20 Abs. 1 Nr. 7 EStG steuerpflichtig und unterliegen dem Kapitalertragsteuerabzug in Höhe von 25 Prozent zzgl. SolZ und ggf. Kirchensteuer. Gewinne aus der Veräußerung, Abtretung oder Einlösung stellen in voller Höhe Einkünfte gemäß § 20 Abs. 2 Satz 1 Nr. 7 EStG dar und unterliegen dem Kapitalertragsteuerabzug in Höhe von 25 Prozent zzgl. SolZ und ggf. Kirchensteuer. Besonders in Rechnung gestellte Stückzinsen sind Teil des Veräußerungserlöses.
Niedrigzinsanleihe	Siehe Wandelanleihe	

ABC der Kapitalanlagen

Bankprodukt	Produktbeschreibung	Besteuerungshinweise
Option auf Futures	Der Optionsinhaber hat das Recht, zu einem definierten Zeitpunkt in einen Future-Kontrakt einzutreten.	Es gelten die allgemeinen Ausführungen zum Optionsrecht sinngemäß.
Optionsanleihe	Herkömmliche, regelmäßig niedrig festverzinsliche Schuldverschreibungen, die neben der Verzinsung mit dem Recht (Option) ausgestattet sind, vom gleichen oder einem anderen Emittenten weitere Anleihen, Aktien, Währungen, Edelmetalle oder andere Basiswerte mit oder ohne Zuzahlung zu einem im Voraus festgelegten Preis erwerben zu können. Der Erwerber erhält zwei Wirtschaftsgüter (Anleihe und Optionsrecht), auf die der einheitliche Emissionskurs der Anleihe für die Besteuerung aufzuteilen ist.	Laufende Erträge, welche aufgrund der Zinsvereinbarung gezahlt werden, sind gemäß § 20 Abs. 1 Nr. 7 EStG sowohl in Variante a) als auch b) steuerpflichtig und unterliegen dem Kapitalertragsteuerabzug in Höhe von 25 Prozent zzgl. SolZ und ggf. Kirchensteuer. Gewinne aus der Veräußerung, Abtretung oder Einlösung werden in beiden Varianten a) und b) gemäß § 20 Abs. 4 Satz 1 EStG in voller Höhe erfasst und dem Kapitalertragsteuerabzug in Höhe von 25 Prozent zzgl. SolZ und ggf. Kirchensteuer unterworfen. Dies gilt auch dann, wenn die Differenz des rechnerischen Emissionskurses zum ausbedungenen Rückzahlungskurs der Anleihe innerhalb der (nicht mehr geltenden) Disagiostaffel liegt. Bei Ausübung der Option vgl. unter Optionsrecht.

ABC der Kapitalanlagen

Bank-produkt	Produktbeschreibung	Besteuerungshinweise
	a) Bei offen ausgewiesenem Aufgeld (Überpari-Emission) stellt das Aufgeld den Preis für das Optionsrecht dar, vorausgesetzt, die Anleihe wird marktgerecht verzinst.	Wenn eine Aufteilung der (einheitlichen) Anschaffungskosten von Anleihemantel und Optionsrecht nicht möglich ist, werden die AK dem Anleihemantel zugeordnet.
	b) Bei der Pari-Emission beinhaltet der Ausgabepreis der Optionsanleihe das Entgelt für die Anleihe und das Optionsrecht.	
Optionsrecht – allgemein (Optionsrechtsinhaber und Stillhalter)	Allgemeine Darstellung der steuerlichen Auswirkungen von Optionsrechten auf die beteiligten Parteien (Optionsrechtsinhaber und Stillhalter)	**Optionsrechtsinhaber:** Zahlung der Optionsprämie und die geleisteten Nebenkosten sind Anschaffungskosten des Wirtschaftsguts „Optionsrecht". Erhält der Optionsinhaber einen Barausgleich, liegt ein KapStpflichtiger Ertrag/Verlust aus einem Termingeschäft vor (Barausgleich./. Aufwendungen für das Optionsrecht) (bei Erwerb des Optionsrechts ab 2009). Besonderheit bei EUREX-Optionen: Die Glattstellung durch Verkauf einer Option aus der gleichen Serie mit Glattstellungsvermerk (Closing-Vermerk) führt zu einem KapStpflichtigen Gewinn/Verlust aus der Veräußerung des Optionsrechts (bei Erwerb des Optionsrechts ab 2009).

Bankprodukt	Produktbeschreibung	Besteuerungshinweise
		Kommt es bei Ausübung eines Kaufoptionsrechts zur physischen Lieferung des Basiswerts (Underlying) sind die Aufwendungen für das Optionsrecht als Anschaffungskosten des Basiswertes beim Optionsrechtsinhaber zu berücksichtigen.
		Kommt es bei Ausübung eines Verkaufsoptionsrechts zur physischen Lieferung des Basiswerts (Underlying) sind die Aufwendungen für das Optionsrecht als Transaktionskosten beim (liefernden) Optionsrechtsinhaber zu berücksichtigen (nur wenn die Veräußerung steuerpflichtig ist). Der Verfall des Optionsrechtes ist nach aktueller Sicht der Finanzverwaltung und des BFH (Urteile vom 12. Januar 2016, IX R 48/14, IX R 49/14, IX R 50/14) steuerlich zu berücksichtigen; der Ref-E des JStG 2019 sieht allerdings einen Ausschluss der Verlustberücksichtigung ab 2020 vor. **Stillhalter („Verkäufer" des Optionsrechts):** Die erhaltene Stillhalterprämie ist vom Stillhalter als laufende Einnahme zu versteuern. Ein glattstellendes Gegengeschäft zur Sicherung der Einnahmen aus dem Stillhaltergeschäft wird im Zahlungszeitpunkt im allgemeinen Verlusttopf berücksichtigt.

Bank-produkt	Produktbeschreibung	Besteuerungshinweise
		Die Leistung eines Barausgleichs an den Optionsinhaber ist nach Auffassung der Finanzverwaltung steuerlich unbeachtlich (eine andere Sicht mit Blick auf die Abgeltungsteuer deutete der BFH in einer Pressemitteilung zum Urteil vom 13. Februar 2008, IX R 68/07, an). Kommt es bei Ausübung eines Kaufoptionsrechts zur physischen Lieferung des Basiswerts (Underlying), liegt beim Stillhalter ein Veräußerungsgeschäft hinsichtlich des Basiswertes vor.
		Kommt es bei Ausübung eines Verkaufsoptionsrechts zur physischen Lieferung des Basiswerts (Underlying), liegt beim Stillhalter ein Anschaffungsgeschäft hinsichtlich des Basiswertes vor. Der Verfall des Optionsrechtes wirkt sich beim Stillhalter steuerlich nicht aus.
Partizipationsschein	Siehe Indexzertifikate	
PEP (Protected Equity Participation)	Siehe Money-Back-Zertifikate	
PIP (Protected Index Participation)	Siehe Money-Back-Zertifikate	
Range Warrant	Siehe Bandbreiten-Optionsscheine	

Bankprodukt	Produktbeschreibung	Besteuerungshinweise
Reverse-Floater	Siehe Floater	
Schatzanweisung (festverzinslich und unverzinslich)	Inhaberschuldverschreibungen mit kurzer oder mittlerer Laufzeit, die vom Bund oder den Ländern oder anderen Institutionen zur Deckung eines vorübergehenden Geldbedarfs ausgegeben werden. Sog. unverzinsliche Schatzanweisungen sind abgezinste Wertpapiere. Verzinsliche Schatzanweisungen werden dagegen als Kassenobligationen bezeichnet.	Unverzinsliche Schatzanweisungen siehe Zero-Bond. Festverzinsliche Schatzanweisungen siehe festverzinsliche Anleihen
Spread	**Bull-Call-Spread:** Gleichzeitiger Kauf und Verkauf einer Kaufoption auf denselben Basiswert, aber mit unterschiedlichem Basispreis (Strike); Strike des gekauften Call < Strike des verkauften Call.	Siehe Optionen allgemein

Bank-produkt	Produktbeschreibung	Besteuerungshinweise
	Bear-Put-Spread: Gleichzeitiger Kauf und Verkauf einer Verkaufsoption auf denselben Basiswert, aber mit unterschiedlichem Basispreis (Strike); Strike des gekauften Put > Strike des verkauften Put.	
Straddle	**Long Straddle:** Gleichzeitiger Kauf einer Kaufoption und einer Verkaufsoption auf denselben Basiswert mit identischem Basiswert und gleichem Verfalldatum. **Short Straddle:** Gleichzeitiger Verkauf einer Kaufoption und einer Verkaufsoption auf denselben Basiswert mit identischem Basiswert und gleichem Verfalldatum.	Siehe Optionen allgemein
Strangle	Gleichzeitiger Kauf einer Kaufoption und einer Verkaufsoption auf denselben Basiswert mit gleichem Verfalldatum aber unterschiedlichem Basispreis.	Siehe Optionen allgemein
Swap	Siehe Aktienswap, Commodity-Swap, Total-Return-Swap, Zinsswap, Zins-Währungs-Swap	Steuerliche Behandlung ist bei den einzelnen Swap-Arten erläutert

ABC der Kapitalanlagen

Bankprodukt	Produktbeschreibung	Besteuerungshinweise
Swaption	Optionsrecht, das dem Inhaber den Eintritt in einen Swap zu bestimmten festgelegten Bedingungen ermöglicht. Payer-Swaption: Käufer erhält die Sicherheit von festen Zinsen. Receiver-Swaption: Käufer sichert sich gegen sinkende Zinsen ab.	Bis zum Eintritt in den Swap gelten die allgemeinen Regeln für Optionsrechte. Ab dem Eintritt in den Swap gelten die Regeln für Swaps entsprechend.
Tilgungsanleihe mit gestreckter Rückzahlung	Zum Nennwert emittierte Schuldverschreibungen, die in der Regel nach einer zins- und tilgungsfreien Phase ratenweise vom Emittenten mit Zins- und Kapital (Annuität) zurückgezahlt werden.	Lediglich der Zinsteil der Annuität ist gemäß § 20 Abs. 1 Nr. 7 EStG zu versteuern, nicht jedoch der Tilgungsteil. Der Zinsteil unterliegt dem Kapitalertragsteuerabzug in Höhe von 25 Prozent zzgl. SolZ und ggf. Kirchensteuer. Gewinne aus der Veräußerung, Abtretung oder Einlösung werden gemäß § 20 Abs. 4 Satz 1 EStG in voller Höhe erfasst und dem Kapitalertragsteuerabzug in Höhe von 25 Prozent zzgl. SolZ und ggf. Kirchensteuer unterworfen. Besonders in Rechnung gestellte Stückzinsen sind Teil des Veräußerungserlöses.

ABC der Kapitalanlagen

Bankprodukt	Produktbeschreibung	Besteuerungshinweise
Total Return Swap	Der Sicherungsnehmer (Risikoverkäufer) tauscht die Erträge aus einem zugrunde liegenden Referenzaktivum (z. B. Zinskupon) sowie die Wertsteigerungen (Kursgewinne) mit dem Sicherungsgeber (Risikokäufer) gegen periodische Zahlungen eines festen oder variablen Festzinses und den Ausgleich der Wertminderungen des Referenzaktivums.	Es gelten die allgemeinen Regeln für Swaps.

Bank-produkt	Produktbeschreibung	Besteuerungshinweise
Umtauschanleihe (Hochzinsanleihe und Niedrigzinsanleihe)	Hochzinsanleihen sind Schuldverschreibungen mit einem regelmäßig über dem Marktzins liegenden Zinssatz und einem Wahlrecht des Emittenten zwischen Rückzahlung des Kapitals und der Übertragung einer vorher festgelegten Anzahl von Aktien. Niedrigzinsanleihen sind Schuldverschreibungen mit festem, unter dem marktüblichen Zins im Zeitpunkt der Emission liegenden Zinssatz und einem Wahlrecht des Gläubigers zur Kapitalrückzahlung oder Übertragung einer vorher festgelegten Anzahl von Aktien.	Siehe Aktienanleihen

ABC der Kapitalanlagen

Bankprodukt	Produktbeschreibung	Besteuerungshinweise
Wandelanleihe	Festverzinsliche Schuldverschreibungen mit dem Recht, innerhalb einer fest vorbestimmten Laufzeit (Wandlungsfrist) oder zu einem bestimmten Zeitpunkt, die Anleihe unter im Einzelnen festgelegten Konditionen in Aktien des Emittenten umzutauschen.	Laufende Erträge, welche aufgrund der Zinsvereinbarung gezahlt werden, sind gemäß § 20 Abs. 1 Nr. 7 EStG steuerpflichtig und unterliegen dem Kapitalertragsteuerabzug in Höhe von 25 Prozent zzgl. SolZ und ggf. Kirchensteuer. Im Falle des Umtauschs gilt als Anschaffungskosten der angedienten Wertpapiere das Entgelt für den Erwerb der Wandelanleihe. Gewinne aus der Veräußerung, Abtretung oder Einlösung werden gemäß § 20 Abs. 4 Satz 1 EStG in voller Höhe erfasst und dem Kapitalertragsteuerabzug in Höhe von 25 Prozent zzgl. SolZ und ggf. Kirchensteuer unterworfen, wenn der Erwerb der Anleihe ab 2009 erfolgt. Besonders in Rechnung gestellte Stückzinsen sind Teil des Veräußerungserlöses.
Warrant-Bond	Siehe Optionsanleihen	
Zero-Bond (auch Nullkupon-Anleihe genannt)	Ab- oder aufgezinste Schuldverschreibung ohne laufende Zinszahlung, bei denen der Kapitalanleger dem Emittenten ein weit unter dem Nennbetrag liegendes Kapital zur Nutzung überlässt. Die Kapitalrückzahlung erfolgt zum Nennwert.	Gewinne aus der Veräußerung, Abtretung oder Einlösung stellen in voller Höhe Einkünfte gemäß § 20 Abs. 2 Satz 1 Nr. 7 EStG dar und unterliegen dem Kapitalertragsteuerabzug in Höhe von 25 Prozent zzgl. SolZ und ggf. Kirchensteuer.

ABC der Kapitalanlagen

Bankprodukt	Produktbeschreibung	Besteuerungshinweise
Zinsbegrenzungsvereinbarung	Zinsbegrenzungsvereinbarungen sind Verträge, in denen sich einer der Vertragspartner (der Verkäufer) verpflichtet, an einen anderen Vertragspartner (Käufer) Ausgleichszahlungen zu leisten, wenn ein bestimmter Zinssatz eine gewisse Höhe über- oder unterschreitet. Grundformen: Caps, Floors, Collars	Zinsbegrenzungsvereinbarungen sind wie Optionsrechte bzw. wie mehrere hintereinander gestaffelte Optionsrechte zu behandeln. **Rechtsstellung des Käufers einer Zinsbegrenzungsvereinbarung bei Erwerb ab 2009:** Stellung eines Optionsrechtsinhabers. Wegen der u. U. langen Laufzeit der Vereinbarungen erfolgt aus Vereinfachungsgründen eine Besteuerung nach Cashflow-Grundsatz. Sobald der Käufer die erste Ausgleichszahlung erhält, wird die gezahlte Optionsprämie in voller Höhe steuerlich abgezogen. Ein hierbei entstehender Verlust ist im allgemeinen Verlusttopf zu berücksichtigen. Kommt es zu keiner Ausgleichszahlung, ausgelten nach geänderter Auffassung der Finanzverwaltung die Grundsätze wie beim Verfall von Optionsrechten. **Rechtsstellung des Verkäufers einer Zinsbegrenzungsvereinbarung:** Stellung eines Stillhalters. Die bei Vertragsabschluss vereinnahmte Optionsprämie unterliegt in voller Höhe dem Steuerabzug. Ausgleichszahlungen sind nach geänderter Auffassung der Finanzverwaltung steuerlich als Verlust aus Termingeschäft nach § 20 Abs. 2 Satz 1 Nr. 3 Buchst. a EStG zu berücksichtigen.

ABC der Kapitalanlagen

Bank-produkt	Produktbeschreibung	Besteuerungshinweise
Zinsoption	Optionsrecht, das dem Optionsinhaber die Sicherung eines bestimmten Zinssatzes ermöglicht, z. B. indem der Abschluss eines Zinstermingeschäfts zu einem bestimmten Zinssatz verlangt werden kann oder der Kauf festverzinslicher Wertpapiere zu einem festgelegten Kurs.	Es gelten die allgemeinen steuerlichen Regeln für Optionsgeschäfte.
Zinsphasenanleihe	Mischform zwischen variabel verzinslichen und festverzinslichen Anleihen. Die Laufzeit beträgt in der Regel 10 Jahre. Während der Laufzeit ändert sich die Verzinsung mindestens zweimal, regelmäßig jedoch dreimal. **Beispiel:** Emission der Anleihe 1999 Laufzeit 10 Jahre Verzinsung: 1999 bis 2001: 5,5 Prozent 2002 bis 2004: Variabel unter Zugrundlegung des 6-Monat-Fibors 2005 bis zum Ende der Laufzeit: 7,5 Prozent	Laufende Erträge, welche aufgrund der Zinsvereinbarung gezahlt werden, sind gemäß § 20 Abs. 1 Nr. 7 EStG steuerpflichtig und unterliegen dem Kapitalertragsteuerabzug in Höhe von 25 Prozent zzgl. SolZ und ggf. Kirchensteuer. Gewinne aus der Veräußerung, Abtretung oder Einlösung stellen in voller Höhe Einkünfte gemäß § 20 Abs. 2 Satz 1 Nr. 7 EStG dar und unterliegen dem Kapitalertragsteuerabzug in Höhe von 25 Prozent zzgl. SolZ und ggf. Kirchensteuer.

ABC der Kapitalanlagen

Bankprodukt	Produktbeschreibung	Besteuerungshinweise
Zinsswap	Vereinbarung zwischen zwei Parteien, die sich auf den zeitlich begrenzten Austausch von Zinszahlungen beziehen (Beispiel: Tausch von variablen Zinsen gegen festen Zins). Dabei können die festgelegten Zahlungszeitpunkte beider Vertragspartner variieren (z. B. leistet ein Vertragspartner Vorauszahlungen – sog. Upfront-payments oder balloon-payments – der andere Vertragspartner dagegen entsprechend seinen Zinsfälligkeiten – jährlich, halbjährlich, quartalsweise, monatlich).	Nach Abstimmung mit der Finanzverwaltung ist – entsprechend den Regelungen zu Zinsbegrenzungsvereinbarungen – an die während der Laufzeit der Vereinbarung jeweils erhaltenen und geleisteten Zinsbeträge anzuknüpfen. Upfront- oder Balloon-Payments sind zum jeweiligen Zahlungszeitpunkt beim Empfänger als positiver Ertrag und beim Zahlenden als Aufwendung (allgemein verrechenbarer Verlust) steuerlich zu berücksichtigen („Cashflow-Ansatz"). Dies gilt auch für die Leistung von Transaktionskosten.

ABC der Kapitalanlagen

Bankprodukt	Produktbeschreibung	Besteuerungshinweise
Zins-Währungs-Swap	Vereinbarung zwischen zwei Parteien, die sich auf den Tausch und – bei Beendigung – Rücktausch von wertgleichen Kapitalbeträgen unterschiedlicher Fremdwährungen zu einem jeweils festgelegten Kurs (Pari-Terminkurs) bezieht. Während der Laufzeit werden zu festgelegten Zeitpunkten „Swapzinsen" getauscht. Die Vereinbarung kann dabei auf einen Differenzausgleich oder auf die Lieferung von Fremdwährungsbeträgen gerichtet sein.	**Zins-Währungs-Swap, der auf Differenzausgleich gerichtet ist:** Nach Abstimmung mit der Finanzverwaltung ist an die während der Laufzeit der Vereinbarung jeweils erhaltenen und geleisteten Swapzinsen anzuknüpfen. Die Swapzinsen sind beim Empfänger als positiver Ertrag und beim Zahlenden als Aufwendung (allgemein verrechenbarer Verlust) steuerlich zu berücksichtigen („Cashflow-Ansatz"). **Zins-Währungs-Swap, der auf Lieferung von Währungsbeträgen gerichtet ist:** Beinhalten die Swapzahlungen die Leistung von Währungsbeträgen (z. B. ein Vertragspartner leistet Euro und der andere Vertragspartner US $), liegen Fremdwährungsgeschäfte vor, die nicht der Abgeltungsteuer unterliegen.

16 Automatisierter Abruf von Kontoinformationen

Nach Einführung einer Abgeltungsteuer ist eine Kontrolle der im Inland erzielten Kapitalerträge grundsätzlich nicht mehr erforderlich. Damit könnte im Grundsatz auch die Nutzung des Kontenregisters nach § 24c KWG für steuerliche Zwecke vollständig entfallen. Das Gesetz zur Einführung einer Abgeltungsteuer (Unternehmensteuerreformgesetz) sieht hierzu Folgendes vor:

556

§ 93 Abs. 7 AO beschränkt die Befugnisse der Finanzbehörden zur Durchführung von Kontenabrufen auf die Fälle, in denen – so die Begründung – weiterhin das Bedürfnis gesehen wird, Konten und Depots zu ermitteln, um eine gleichmäßige Steuerfestsetzung und -erhebung zu gewährleisten. Kontenabrufe sollen danach zukünftig (nur) noch in folgenden Fällen durchgeführt werden:

▷ wenn der Anleger nach § 32d Abs. 6 EStG die Veranlagung wählt, um die Regelbesteuerung der Kapitalerträge zu beantragen. In diesem Fall muss der Steuerpflichtige sämtliche Kapitalerträge erklären, § 32d Abs. 6 Satz 3 und 4 EStG. Die Finanzbehörden können prüfen, ob neben den erklärten Einkünften noch andere Einkünfte nach § 20 EStG vorliegen, vgl. § 93 Abs. 7 Satz 1 Nr. 1;

▷ wenn der Steuerpflichtige zustimmt;

▷ wenn die Kapitalerträge nicht mit abgeltender Wirkung besteuert wurden, § 32d Abs. 2 EStG, vgl. Rdn. 253 ff.;

▷ zur Feststellung von Kapitalerträgen und Veräußerungsgewinnen in den Jahren vor der Einführung der Abgeltungsteuer.

Darüber hinaus ist eine Kontenabfrage zur Erhebung von bundesgesetzlich geregelten Steuern oder Rückforderungsansprüchen bundesgesetzlich geregelter Steuererstattungen und Steuervergütungen (z. B. Kindergeld nach dem EStG) zulässig. Voraussetzung für die Abfrage ist in allen vorgenannten Fällen, dass ein Auskunftsersuchen an den Steuerpflichtigen nicht zum Ziel geführt hat oder keinen Erfolg verspricht. Zulässig ist eine Kontenabfrage immer dann, wenn der Steuerpflichtige dem Kontenabruf zustimmt.

557 Aufgrund des StUmgBG kann ein automatisierter Kontenabruf auch erfolgen

▷ zur Ermittlung, in welchen Fällen ein **inländischer** Steuerpflichtiger **Verfügungsberechtigter** oder **wirtschaftlich Berechtigter** i. S. d. GwG

▷ eines Kontos oder Depots eines **Steuerausländers** (natürliche Person, Personengesellschaft, Körperschaft, Personenvereinigung oder Vermögensmasse mit Wohnsitz, gewöhnlichem Aufenthalt, Sitz, Hauptniederlassung oder Geschäftsleitung außerhalb des Geltungsbereichs dieses Gesetzes) ist, oder

▷ im Rahmen der Ermittlung unbekannter Steuerfälle im Rahmen der Steuer- oder Zollfahndung (§ 208 Abs. 1 Satz 1 Nr. 3 AO).

Mithilfe des letztgenannten Kontenabrufs allein können aber keine unbekannten Steuerfälle aufgedeckt werden (so die Gesetzesbegründung zum StUmgBG).

558 Der Kontenabruf ist in den vorgenannten Fällen nur zulässig, wenn er erforderlich ist. Das ist immer nur der Fall, wenn eine Sachverhaltsaufklärung durch ein Auskunftsersuchen an den Steuerpflichtigen nicht zum Erfolg geführt hat oder keinen Erfolg verspricht. Das bedeutet, dass die Finanzverwaltung sich bei Fragen zunächst an den Steuerpflichtigen wenden muss und nicht direkt eine Kontenabfrage durchführen darf.

559 Der Kontenabruf steht im Ermessen der Finanzbehörde. Er kann nur anlassbezogen und zielgerichtet erfolgen und muss sich auf eine eindeutig bestimmte Person beziehen. Bei der Ausübung des Ermessens sind die Grundsätze der Gleichmäßigkeit der Besteuerung, der Verhältnismäßigkeit der Mittel, der Erforderlichkeit, der Zumutbarkeit, der Billigkeit und von Treu und Glauben sowie das Willkürverbot und das Übermaßverbot zu beachten. Das bedeutet, dass die Behörde zunächst prüfen muss, ob die nötige Aufklärung nicht auch auf einem anderen die Bank und den Kunden weniger belastenden Weg erzielt werden kann. Der Kontenabruf darf darüber hinaus nicht in einem erkennbaren Missverhältnis zu dem durch die Sachverhaltsaufklärung erzielbaren Ergebnis stehen.

560 Die Erforderlichkeit, die von der Finanzbehörde im Einzelfall im Wege einer Prognose zu beurteilen ist, setzt aber keinen begründeten Verdacht dafür voraus, dass steuerrechtliche Unregelmäßigkeiten vorliegen. Es genügt vielmehr, wenn aufgrund konkreter Momente oder aufgrund allge-

Automatisierter Abruf von Kontoinformationen

meiner Erfahrungen ein Kontenabruf angezeigt ist (vgl. BVerfG-Beschluss vom 13. Juni 2007, 1 BvR 1550/03, 1 BvR 2357/04, 1 BvR 603/05, BStBl. II 2007, S. 896). Die allgemeine Erfahrung muss von der Finanzverwaltung belegt werden können. Danach muss in den entsprechenden Fällen eine Erfahrung vorliegen, dass es in diesen Fällen in der Vergangenheit in einem erhöhten Maße zu Steuerverkürzungen kam.

Ein Kontenabruf nach § 93 Abs. 7 AO ist auch zulässig, um Konten oder Depots zu ermitteln, hinsichtlich derer der Steuerpflichtige zwar nicht Verfügungsberechtigter, aber wirtschaftlich Berechtigter ist. Dies gilt auch dann, wenn der Verfügungsberechtigte nach § 102 AO die Auskunft verweigern könnte (z. B. im Fall von Anderkonten von Anwälten). Denn ein Kontenabruf erfolgt bei dem Kreditinstitut und nicht bei dem Berufsgeheimnisträger. Das Kreditinstitut hat aber kein Auskunftsverweigerungsrecht und muss daher auch nach § 93 Abs. 1 Satz 1 AO Auskunft geben darüber, ob bei festgestellten Konten eines Berufsgeheimnisträgers eine andere Person wirtschaftlich Berechtigter ist. Das Vertrauensverhältnis zwischen dem Berufsgeheimnisträger und seinem Mandanten bleibt dadurch nach der Rechtsprechung des Bundesverfassungsgerichts zum Kontenabruf unberührt. Ein Kontenabruf ist daher auch im Besteuerungsverfahren eines Berufsgeheimnisträgers i. S. d. § 102 AO grundsätzlich zulässig. Bei der gebotenen Ermessensentscheidung ist in diesem Fall zusätzlich eine Güterabwägung zwischen der besonderen Bedeutung der Verschwiegenheitspflicht des Berufsgeheimnisträgers und der Bedeutung der Gleichmäßigkeit der Besteuerung unter Berücksichtigung des Verhältnismäßigkeitsprinzips vorzunehmen (vgl. BVerfG-Urteil vom 30. März 2004, 2 BvR 1520/01, 2 BvR 1521/01, BVerfGE 110, 226, und BFH-Urteil vom 26. Februar 2004, IV R 50/01, BStBl. II 2004, S. 502). Über Anderkonten eines Berufsgeheimnisträgers i. S. d. § 102 AO, die durch einen Kontenabruf im Besteuerungsverfahren des Berufsgeheimnisträgers festgestellt werden, soll die Finanzbehörde aber keine Kontrollmitteilungen fertigen, vgl. AEAO zu § 93, Nr. 2.

561

§ 93 Abs. 8 AO zählt außersteuerliche Zwecke auf, für die ein Kontenabruf zulässig ist. Hierzu zählt die Überprüfung, ob die Anspruchsvoraussetzungen in den nachfolgend aufgeführten Fällen vorliegen:

562

▷ Arbeitslosengeld II,

▷ Sozialhilfe,

▷ Förderung nach dem Bundesausbildungsförderungsgesetz und nach dem Aufstiegsfortbildungsförderungsgesetz,

▷ Wohngeld.

Automatisierter Abruf von Kontoinformationen

563 Weitergehend bestehen Abrufberechtigungen für Polizei und Verfassungsschutz sowie in Vollstreckungsverfahren. Vgl. hierzu § 93 Abs. 8 Satz 1 Nr. 2 und 3, Satz 2 AO.

Für andere Zwecke soll ein Abrufersuchen nur zulässig sein, soweit dies durch ein Bundesgesetz ausdrücklich bestimmt wird. Vor dem Abrufersuchen ist zukünftig der Betroffene auf die Möglichkeit eines Kontenabrufs hinzuweisen. Der Hinweis kann allerdings auch durch einen ausdrücklichen Hinweis in einem amtlichen Formular oder Merkblatt erfolgen. Nach Durchführung eines Kontenabrufs ist der Betroffene vom Ersuchenden über die Durchführung des Kontenabrufs zu benachrichtigen. Ein entsprechender Hinweis bzw. eine Benachrichtigung kann nur unterbleiben, wenn

▷ die ordnungsgemäße Erfüllung der Aufgaben des Auskunftsersuchenden gefährdet wird,

▷ die öffentliche Sicherheit und Ordnung durch die Information gefährdet oder dem Wohle des Bundes oder eines Landes Nachteile bereitet würden oder

▷ die Tatsache des Kontenabrufs nach einer Rechtsvorschrift, insbesondere wegen der überwiegenden berechtigten Interessen eines Dritten, geheim gehalten werden muss und deswegen das Interesse des Betroffenen zurücktreten muss.

Vorgeschrieben wird zukünftig ausdrücklich, dass die Durchführung des Abrufersuchens und dessen Ergebnis vom Ersuchenden zu dokumentieren sind.

564 Die Finanzbehörde kann unter den vorgenannten Voraussetzungen bei den Kreditinstituten über das Bundeszentralamt für Steuern folgende Bestandsdaten zu Konten- und Depotverbindungen abrufen:

▷ die Nummer eines Kontos oder Depots, das der Verpflichtung zur Legitimationsprüfung i. S. d. § 154 Abs. 2 Satz 1 AO unterliegt,

▷ den Tag der Errichtung und den Tag der Auflösung des Kontos oder Depots,

▷ den Namen, sowie bei natürlichen Personen den Tag der Geburt, des Inhabers und eines Verfügungsberechtigten sowie

▷ den Namen und die Anschrift eines abweichend wirtschaftlich Berechtigten (§ 8 Abs. 1 GwG).

Kontenbewegungen und Kontenstände können auf diesem Weg nicht ermittelt werden.

Automatisierter Abruf von Kontoinformationen

Die Finanzbehörde soll zunächst dem Beteiligten Gelegenheit geben, Auskunft über seine Konten und Depots zu erteilen und ggf. entsprechende Unterlagen (z. B. Konto- oder Depotauszüge) vorzulegen, es sei denn, der Ermittlungszweck würde dadurch gefährdet. Hierbei soll auch bereits darauf hingewiesen werden, dass die Finanzbehörde einen Kontenabruf durchführen lassen oder bei Verweigerung der Zustimmung zu einem Kontenabruf die Besteuerungsgrundlagen schätzen kann, wenn die Sachaufklärung durch den Beteiligten nicht zum Ziel führt, § 93 Abs. 7 Satz 1 Nr. 5 AO.

565

Hat sich durch einen Kontenabruf herausgestellt, dass Konten oder Depots vorhanden sind, die der Beteiligte auf Nachfrage nicht angegeben hat, ist er über das Ergebnis des Kontenabrufs zu informieren, § 93 Abs. 9 Satz 2 AO. Hierbei ist der Beteiligte darauf hinzuweisen, dass die Finanzbehörde das betroffene Kreditinstitut um Auskunft ersuchen kann, wenn ihre Zweifel durch die Auskunft des Beteiligten nicht ausgeräumt werden, § 93 Abs. 1 Satz 1 AO. Würde durch eine vorhergehende Information des Beteiligten der Ermittlungszweck gefährdet oder ergibt sich aus den Umständen des Einzelfalles, dass eine Aufklärung durch den Beteiligten selbst nicht zu erwarten ist, kann sich die Finanzbehörde unmittelbar an die betreffenden Kreditinstitute wenden bzw. andere erforderliche Maßnahmen ergreifen, § 93 Abs. 9 Satz 3 Nr. 1 AO. In diesen Fällen ist der Beteiligte nachträglich über die Durchführung des Kontenabrufs zu informieren.

Wurden die Angaben des Beteiligten durch einen Kontenabruf bestätigt, ist der Beteiligte gleichwohl über die Durchführung des Kontenabrufs zu informieren, z. B. durch folgende Erläuterung im Steuerbescheid: „Es wurde ein Kontenabruf nach § 93 Abs. 7 AO durchgeführt."

Die Rechtmäßigkeit eines Kontenabrufs kann vom Finanzgericht im Rahmen der Überprüfung des Steuerbescheides oder eines anderen Verwaltungsaktes, zu dessen Vorbereitung der Kontenabruf vorgenommen wurde, oder isoliert im Wege der Leistungs- oder (Fortsetzungs-)Feststellungsklage überprüft werden (vgl. BVerfG-Beschluss vom 4. Februar 2005, 2 BvR 308/04, unter Abs. 19).

566

Stichwortverzeichnis

(Die Zahlen verweisen auf die Randnummern neben dem Text.)

Abgrenzung Privatvermögen – Betriebsvermögen 208
Ablaufdepot (bei Lebensversicherung) 27
ADRs 345
Aktienanleihe 153
Aktienfuture 68
Aktiensplit 168
Aktienswap 74
Aktientopf (Verlustverrechnung) 344
All-in-fee (Vermögensverwaltungsvertrag) 289
Alt-Finanzinnovation 298
Anderdepot/-konto 451, 454
Anrechnung der Kapitalertragsteuer
– Einschränkungen (Cum/Cum-Gestaltungen) 275
Anteile an Genossenschaften 14, 221
Anteile an Kapitalgesellschaften 14, 221
Anteilstausch (Kapitalmaßnahmen) 161
Anteilsübertragung auf Aktionäre (Kapitalmaßnahmen) 156
Antizipationszinsen 39
Anwartschaft auf Beteiligungen 48

Arbeitslosengeld II (Kontenabrufverfahren) 562
Ausbildungsfreibetrag (Kontenabrufverfahren) 556
Auskunftsverweigerungsrecht (Kontenabrufverfahren) 561
Ausländer siehe: Steuerausländer
ausländische Quellensteuer 201, 405
– Anrechnung fiktiver Quellensteuer 407
– Anrechnungshöchstbetrag 409
– Korrekturverfahren 245
ausländische Rechtsform (Befreiung vom Kapitalertragsteuerabzug) 210
außergewöhnliche Belastung (Kontenabrufverfahren) 556

Back-to-back-Finanzierung 255
Balloon-Zinsswap 72
Bausparvertrag
– Befreiung vom Kapitalertragsteuerabzug 261
Befreiung vom Kapitalertragsteuerabzug 198
– Anstalt 212
– ausländische Rechtsform 210
– Bausparvertrag 261
– betriebliche Gewinneinkünfte 199

Stichwortverzeichnis

- eingetragene Genossenschaft 210
- eingetragener Kaufmann 204
- Einkünfte aus Vermietung und Verpachtung 199
- Einzelunternehmer 204
- Freiberufler 204
- Freistellungsbescheid 213
- Freistellungsbescheinigung 212
- Freistellungserklärung 205
- Genossenschaften 210
- Gesellschaft bürgerlichen Rechts 205
- Gewinneinkünfte 198
- GmbH & Co. KG 205
- Handwerker 204
- Heilpraktiker 204
- Kapitalgesellschaft 210
- Kommanditgesellschaft 205
- Körperschaften i. S. d. § 1 Abs. 1 Nr. 4 und 5 KStG 212
- Künstler 204
- Limited 210
- neue Kapitalertragsteuertatbestände 200
- Notaranderkonto 201
- offene Handelsgesellschaft 205
- Personengesellschaft 205
- private Vermögensverwaltung 208
- Privatvermögen 208
- Rechtsanwalt 204
- Steuerberater 204
- Steueridentifikationsnummer 207
- Stiftung 212
- Unternehmergesellschaft 210
- Verein 212
- Vermietung 209
- Versicherungsverein auf Gegenseitigkeit 210
- Zweckvermögen 212

Befreiungsmöglichkeiten im Überblick 215
Beitragsdepot (Lebensversicherung) 27
Belegschaftsaktien (Verbrauchsfolgeverfahren) 306
Beratungsvertrag (Vermögensverwaltungsvertrag) 292
Berechnung von Kapitalertragsteuer 438 ff.
Berichtigungsaktie (Kapitalmaßnahmen) 151
Berufsgeheimnisträger (Kontenabrufverfahren) 561
beschränkte Steuerpflicht (siehe auch: Steuerausländer) 216 ff.
Bestandsprovision 20
Bestandsschutz 539, 543
beteiligungsähnliche Genussrechte 16
betriebliche Konten (Steuerbescheinigung) 484
Betriebsaufgabe (Depotübertrag) 303, 304
Betriebsvermögen 259
- Abgrenzung Privatvermögen – Betriebsvermögen 208, 259
- Entnahme aus Betriebsvermögen 303
- Freistellung vom Steuerabzug 200
- Korrekturverfahren 240, 246
Bezugsrecht 152
- Kapitalmaßnahmen 149, 152
- Verlustverrechnung 344
Bonusaktien (Kapitalmaßnahmen) 156
Bundesschatzbrief (ABC der Kapitalanlagen) 555
Bund-Future 68

Call-Option 46, 555

Stichwortverzeichnis

Closing-Vermerk 58
Caps 61
Collars 61
Commodity-Swaps 79
Contractual Trust Arrangement 202
Cross-Currency-Swap 77
CTA 202
Cum/Cum-Geschäfte 275

Darlehen zwischen nahestehenden Personen 253
Darlehensgewährung an Privatpersonen 252
Defektivzinsen 39
Depotübertrag 494 ff.
– Altfälle 517, 526
– aus dem Ausland 499 ff.
– bei Betriebsaufgabe 303, 304
– entgeltlich 515
– Ehegatten 507, 510
– Erbfall 528, 530
– Fifo-Methode 498
– Meldung 519
– mit Gläubigerwechsel 510
– ohne Gläubigerwechsel 497
– Steuerausländer 523
– Treuhandfälle 530
– unentgeltlich 519
– Wertpapierleihe 517
Devisenbriefkurs 282
Devisenkonto 549
Devisentermingeschäft
– Abgrenzungsfragen 80
– Private Veräußerungsgeschäfte 552
Differenzausgleich (Termingeschäfte)
– Aktienswap 75, 79
– Devisentermingeschäft 552
– Financial Future 66

– Gewinn aus Termingeschäft 312
– Optionsgeschäft 58
– Stillhalter 46
Diplomaten (Steuerausländer) 217
Disagio (Übergangsvorschriften) 536
Discount-Zertifikat 154
Dividenden 12, 14
– ausländische Dividende 35
– Genossenschaftsdividende 14
– inländische Dividende 14
Dividendenschein 440
Doppelwährungsanleihe 37
Down-Rating-Anleihe 37
Dual-Index-Floating-Rate-Notes 37
Durchschnittssteuersatz (Wahlveranlagung) 268

effektive Stücke 137
eigenkapitalähnliche Genussrechte 48
eingetragene Genossenschaft (Befreiung vom Kapitalertragsteuerabzug) 210
eingetragene Lebenspartnerschaft (Verlustverrechnung) 325
eingetragener Kaufmann (Befreiung vom Kapitalertragsteuerabzug) 204
Einlösungen effektiver Stücke 136 ff.
51,00 Euro-Regelung bei Genossenschaftsdividenden 12
Einzelsteuerbescheinigung 453
Einzelunternehmer (Befreiung vom Kapitalertragsteuerabzug) 204
Emissionsrendite 297

Stichwortverzeichnis

Entnahme in das Privatvermögen (Depotüberträge) 303
Entschädigungszahlungen 190
Erbengemeinschaften
- Depotüberträge 528
- kein loser Personenzusammenschluss 9
Erbfall (Depotüberträge) 528 ff.
Ersatzbemessungsgrundlage 264, 465
Erstattung von Kapitalertragsteuer 385 ff.
- Drittverwahrung im Ausland 401
- Investmenterträge (Substanzauskehr) 103
- nachträgliche Einreichung von Bescheinigungen oder Nachweisen 400
- nachträgliche Erstattung 385, 387
- Sammelantragsverfahren 385
- Sammelsteuerbescheinigung 401
- Steueranmeldung 397
- Treuhandkonten 391
- vereinfachtes Erstattungsverfahren 385, 392
- Vornahme der Erstattung 396
- Zwischenverwahrung im Ausland 401
Erwerbs- und Wirtschaftsgenossenschaft 14
EUREX 56
EU-Zinsrichtlinie 251, 499
Fälligkeit (Zuflussregeln) 281

fehlende Anschaffungsdaten 313
fehlerhafter Steuerabzug 230
Feststellungsbescheid nach § 60a AO 377
festverzinsliche Wertpapiere 536

Fifo-Methode 305, 498
fiktive ausländische Quellensteuer
- Anrechnung 407
- Steuerbescheinigung 468
Financial Futures 64, 65
Finanzierungsaufwand 273
Finanzinnovation 297, 298, 537
Floater 37
Floors 61
Forwards 64
Freiberufler (Befreiung vom Kapitalertragsteuerabzug) 204
Freistellung von Betriebsvermögen 210
Freistellungsauftrag 264, 360
- Abstandnahme vom KapSt-Abzug aufgrund FSA 360 ff.
- Änderung 368
- Befristung 366
- bei Vereinen 360
- elektronisches Verfahren 369
- Erstattung von KapSt aufgrund FSA 398 ff.
- gemeinsamer 365
- nachträgliche Einreichung 364
- SteuerID 370 ff.
- Tod des Kunden 374 ff.
- Widerruf 367
- zeitliche Befristung 366
Freistellungsbescheid (Körperschaftsteuer) 394
Freistellungsbescheinigung (Körperschaft) 212
Freistellungserklärung (Betriebsvermögen) 205
Fremdvergleich (Darlehen zw. nahestehenden Personen) 253
Fremdwährungsanleihe 554
Fremdwährungskonto 549
Fremdwährungskredit 553
Fremdwährungsumrechnung 282, 286

Stichwortverzeichnis

- Beispiel zur Fremdwährungsumrechnung 288
Future auf ETF-börsengehandelte Investmentfonds 68
Future- und Forwards-Geschäfte 64
- Initial Margin 65

Gebietskörperschaft 376
Geldmarktfonds 542
Gemeinde 376
Gemeinschaftsdepots-/konten
- Steuerbescheinigung 459
- unentgeltlicher Depotübertrag 519
- Verlustbescheinigung 322
- Verlustmitteilung an anderes Institut 507
- Verlustverrechnung 325
Gemeinschaftsdepots/-konten von Ehegatten/eingetragenen Lebenspartnern
- Depotübertrag mit Gläubigerwechsel 510
- Kirchensteuereinbehalt 422 ff.
- Steuerbescheinigung 459, 467
- Verlustmitteilung 507
- Verlustverrechnung 326
Genussrecht 24, 37
Gesellschaft bürgerlichen Rechts (Befreiung vom Kapitalertragsteuerabzug) 205
Gesellschafter
- beruflich tätiger (Wahlveranlagung) 273
Gewinnanteile 14
Gewinnausschüttung 14
Gewinnobligation 24
Girosammelverwahrung 305
glattstellendes Gegengeschäft (Termingeschäfte) 44
Gleitzinsschuldverschreibung 37

Gratisaktie (Kapitalmaßnahmen) 151
Grenzsteuersatz 269
Günstigerprüfung 263, 266, 268

Haftung 230
- beim Kapitalertragsteuereinbehalt 230
- Haftungsmaßstab 230
Halbeinkünfteverfahren 46

Initial Margin (Futures/Forwards) 65
Inkassoverfahren (Einlösung effektiver Stücke) 138
Insolvenzverfahren (Teilrückzahlung) 53
Interbankenbefreiung 214 f.
Interbankenprivileg 214 f.
Investmentanteile 542
- Abstandnahmeverfahren 90
- Abwicklung von Fonds 103
- Aktienfonds 98
- Anlegerebene 92
- Ausschüttungen 93
- Depotübertrag 111
- Eingangsteuersatz 88
- Erstattungsverfahren 91
- Freibetrag (100 TEUR) 106
- Geldmarktfonds, steueroptimierte 107
- Immobilienfonds 98, 100
- Investmentanteilbestandsnachweis 89
- Investmentsteuergesetz 2004 115 ff.
- Investmentsteuergesetz 2018 81 ff.
- Millionärsfonds 107
- Mischfonds 98
- nachholender Steuereinbehalt 110

Stichwortverzeichnis

- partielle Steuerpflicht des Fonds 86
- Spezial-Investmentfonds 112
- Transparenzoption 113
- Statusbescheinigung 87
- steuerbegünstigte Anleger 89
- steuerbefreite Anteilsklassen 90
- steuerbefreite Investmentfonds 90
- Teilfreistellung 98
- Änderung Teilfreistellungssatz 101
- Übergangsregeln 104
- Übersicht altes und neues Recht 114
- Veräußerungsgewinne 97
- Verschmelzung von Fonds 102
- Vorabpauschalen 94

Investmentclub 172
- Ausscheiden eines Mitglieds 183
- Auszahlungen 176
- Besteuerung 172
- Einheitliche und gesonderte Feststellung 177
- Eintritt 180
- Erwerb der Beteiligung 180
- Veräußerung von Wertpapieren 173
- Verein 187
- Verrechnung von Verlusten 182, 325
- Zuzahlungen 175

Jahresbescheinigung (§ 24c EStG) 80
Jahressteuerbescheinigung 453
junge Aktien 152

kanadische Income Trusts 412

Kapital- und Rentenversicherung 28
Kapitalerhöhung 151, 152
Kapitalerhöhung aus Gesellschaftsmitteln 151
Kapitalerhöhung gegen Einlage 152
Kapitalerträge aus einem in Ausland geführten Konto/Depot 251
Kapitalerträge im Inland ohne Steuerabzug 252
Kapitalertragsteuer
- Anmeldung 440
- Erstattung 385
Kapitalforderung 36, 50, 153
- aufgezinste 296
- abgezinste 296
- nicht verbriefte 510
Kapitalgesellschaft 210
Kapitalisierungsgeschäft 27
Kapitalmaßnahmen 148 ff.
- Abspaltung 159
- Anteilstausch 161
- Anteilsübertragung auf Aktionäre 156
- Aktienanleihe 153
- Berichtigungsaktien 151
- Bezugsrecht 152
- Spin-off 159
- Übersicht 168
- Verschmelzung 165
- Verschmelzung Investmentvermögen 102
Kapitalversicherung 28
kaufmännisch runden 439, 442
Kaufoption 58
Kindergeld 556
Kirchensteuer 413 ff.
- Steuerbescheinigung 467
Kirchensteuermerkmal

Stichwortverzeichnis

- automatisierter Abgleich 413, 434 ff.
Kirchensteuersatz 414, 415
Kombizins-Anleihe 37
Kommanditgesellschaft 205
Kondor-Anleihe 37
konfessionsverschiedene Ehe 467
Konsul 217
Kontenabrufverfahren 556 ff.
- Arbeitslosengeld II 562
- Ausbildungsfreibetrag 556
- Auskunftsverweigerungsrecht 561
- außergewöhnliche Belastung 556
- Berufsgeheimnisträger 561
- Rechtmäßigkeit 566
Kontenregister nach § 24c KWG 556
Kopien 380
Korrekturvorschrift
- Anwendungszeitpunkt 248
- ausländische Fonds 235
- ausländische Steuer 245
- Bankverschulden 237
- Beendigung Geschäftsbeziehung 235
- Beispielsfälle 240
- betriebliche Anleger 235
- Ersatzbemessungsgrundlage 235
- Gemeinsamer Freistellungsauftrag 241 ff.
- Grundzüge 232
- Haftungsvorschriften 230, 247
- Karenzzeit 236
- Kundenstatus 246
- Nichtvornahme 235
- Schematische Darstellung 239
- Steuerausländer 235
- Tod eines Ehegatten 241 ff.

- wesentliche Beteiligung (§ 17 EStG) 248
Körperschaft 317, 376, 536
Körperschaften i. S. d. § 1 Abs. 1 Nr. 4 und 5 KStG 212
Körperschaftsteuer
- befreite inländische Körperschaften 376
- befreite Personenvereinigungen 376
- befreite Vermögensmassen 376
Körperschaftsteuer-Freistellungsbescheid 359
Kulanzvereinbarung 189
Kunstgegenstände 548
Künstler 204

Land- und Forstwirt 204, 259
Landkreis 376
Laufende Erträge 533
Lebenspartner 7, 467
Lebensversicherung 462
- Ablaufdepot 27
- Beitragsdepot 27
Lebensversicherungsunternehmen 447
Leerverkauf 518
Leistungen aus dem Einlagekonto 472
Liechtenstein 499
Lieferung der Aktien 75
Limited 210
Limited Liability Company (LLC) 15
Limitgebühren 287
loser Personenzusammenschluss 9

Marktrendite 298
- in ausländischer Währung 299
marktübliche Konditionen 258

Stichwortverzeichnis

Mietkautionskonto 9, 324, 342, 478
Millionärsfonds 543
Minus-Stückzinsen 39
Money-Back-Zertifikat 37
nachholender Kapitalertragsteuerabzug 461
Nachlassfall
– Depotübertrag 528 ff.
nahestehende Personen 253, 258
NATO-Truppe 218
negativer Kapitalertrag 317
Negativzinsen 42
neue Kapitalertragsteuertatbestände 200
nichtbörsennotierte IHS 511
nichteheliche Lebensgemeinschaft 325
Nießbrauchbestellung 451
Nießbrauchdepot 451, 454
Nießbrauchkonto 201, 454
Norwegen 499, 501
Notar 451
Notaranderkonto 201
NV-Bescheinigung 376 ff.
– Tod des Kunden 383
– Verlustverrechnung 348

offene Handelsgesellschaft 205
Optionsanleihe 153
Optionsgeschäft 56, 57
Optionsrecht 43
– Verfall 58
Optionsschein 56
OTC-Geschäft 56

Parkdepot 27
partiarisches Darlehen 26, 254, 255
per country limitation 409

Personengesellschaft 169, 205, 219
Personenhandelsgesellschaft 219
Personenmehrheit 427
Personenzusammenschluss 9
Pflichtveranlagung 252
private Veräußerungsgeschäfte 546
private Vermögensverwaltung 208
Privatkonto 260, 447
Progressionsvorbehalt 267
Put-Option 46
qualifizierter Anteilstausch 166

Quellensteuertopf 508

Rechtsanwalt 204
regelmäßige Erträge 280
Regeltarif 266, 273
REIT AG 344
Religionsgemeinschaft 416
Rentenversicherung mit Kapitalwahlrecht 28
Repogeschäft 517
Riester 33
Risikoanlagen 36
Rückzahlung (Kapitalforderung) 36, 50, 285, 305
Rürup 33

Schadenersatzleistungen 189
Schadenersatzvereinbarung 194
Schattentopf (NV-Fälle) 348
Schuldscheindarlehen 37, 296, 510
Schulklasse 9
Schweiz 499, 501
selbstständig Tätiger 259
Sichteinlage 37
Solidaritätszuschlag 438
Sonderausgabe 414

Stichwortverzeichnis

sonstige Kapitalforderung 36, 50
sonstige Bezüge 14, 17
Sozialhilfe 562
Sparbriefe 37, 50, 295
Sparclub 9, 325
Sparer-Pauschbetrag 264, 279, 360
Sparkonten 37
Spesen 287
Spin-off 156, 159
Sportgruppe 9
Squeeze-out 19
Steuerabzug vom Kapitalertrag 8
Steuerbefreite Körperschaft 213
Steuerausländer 216 ff.
– Diplomaten 217
– Gewinnobligationen 221
– Konsul 217
– Korrekturverfahren 235
– NATO-Truppe 218
– Steuerabzug 216 ff.
– Steuerbescheinigung 449, 486
– Tafelgeschäft 140
Steuerberater 204
Steuerbescheinigung 322, 447, 453, 478
– ausländische Quellensteuer 469, 470
– ausländische Zwischenverwahrung 457, 493
– bei Anderdepot/-konto 451, 454
– bei betrieblichen Konten 484
– Berichtigung 480, 481, 493
– Investitionsgesellschaft 476
– Investmentfonds 475
– Lebenspartner 467
– Steuerausländer 449, 486
– Wohnungseigentümergemeinschaft 479
Steuerdaten-Übermittlungsverordnung 440

Steuereinbehalt 10
Steuererklärung 441
Steueridentifikationsnummer 207
steuerliches Einlagekonto 17
Steuerstatus 226
– Tod 226
– Umzüge 227
Stiftung 212, 354, 355
stille Beteiligung 254
stiller Gesellschafter 26, 221, 255
Stillhaltergeschäft 43, 283
Stillhalterprämie 43, 63, 283, 534
Stockdividenden 168
Stückzinsen 51, 293
Stückzinstopf 315
Stufenzinsanleihe 37
Substanzauskehr 310
Swapgeschäft 71

Tafelgeschäft 136, 137, 315
Tarifbegrenzung 252
Teileinkünfteverfahren 12
Teilrecht 151, 344
Teilrückzahlung einer Anleihe 53
Teilschuldverschreibung 24
Terminbörse 64
Termineinlage 37
Termingeschäft 55 ff.
– Abschlusskosten 73
– Aktienfuture 68
– Aktienswap 74
– Ausgleichszahlung 62, 63
– Ausübung einer Kaufoption 59
– Ausübung einer Verkaufsoption 60
– Balloon-Zinsswap 72
– Barausgleich 75
– Basiswert 60
– Bund-Future 68
– Caps 61
– Closing-Vermerk 58
– Collars 61

Stichwortverzeichnis

- Commodity-Swaps 79
- Cross-Currency-Swap 77
- Erwerb der Option 58
- EUREX 56
- Festgeschäft 56
- Financial Futures 64, 65
- Floors 61
- Forwards 64
- Future auf ETF-börsengehandelte Investmentfonds 68
- Future- und Forwards-Geschäft 57
- Futures 64, 65
- glattstellendes Gegengeschäft 44
- Glattstellung 65
- Glattstellungsgeschäft 44
- Glattstellungsvermerk 58
- Initial Margin 65
- Kaufoption 58
- Lieferung der Aktien 75
- „opening" 58
- Optionsrecht 43
- Optionsschein 56
- OTC-Geschäft 56
- Stillhalter 63
- Swap 71
- Swapgeschäft 57
- Swap-Vertrag 56
- Upfront-payment 73
- Upfront-Zinsswap 72
- Variation Margin 65
- Verfall des Optionsrechts 58
- Verkaufsoption 58
- Zinsbegrenzungsvereinbarung 57
- Zinsoberbegrenzung 61
- Zinsoption 61
- Zinsswap 72
- Zinsunterbegrenzung 61
thesaurierende Investmentvermögen 119 ff.

Tod eines Ehegatten 343
Tod eines Gemeinschafters 325
Tod eines Kunden 343
Transaktionskosten 287, 305, 317
Treuhand (-depot, -konto, -verhältnis)
- Depotübertrag 530
- Kapitalertragsteueranmeldung 445
- keine Befreiung vom Steuerabzug 201, 353
- kein Kirchensteuereinbehalt 427
- Steuerbescheinigung 451, 454
- Steuereinbehalt 220
- Verlustverrechnung 324, 342

Übergangsvorschriften 532
- Bestandsschutz 539, 543
Übernahme des Börsenkurses 513
Übertrag der Verlusttöpfe 323
Übertragung von Hypotheken und Grundschulden 252
Überzahlerbescheinigung 376
Umrechnungskurs 299
umsatzlose Sparkonten 39
Umschuldung von Anleihen 162
Umtauschanleihe 153
UNO 218
Unternehmergesellschaft 210
Unterschiedsbetrag 285
Upfront-payment 73
Upfront-Zinsswap 72

Variation Margin 65
Veranlagung zum Abgeltungsteuersatz 264
Veranlagung zur Einkommensteuer 251
Veranlagungsverfahren 29
Veräußerungsfiktion 510

Stichwortverzeichnis

Veräußerungsgewinn 279, 285, 535
Veräußerungsgewinn bei Investmentanteilen 316
Verbrauchsfolgeverfahren 305
– Belegschaftsaktien 306
verdeckte Einlage 302
verdeckte Gewinnausschüttung 17, 262
Verein 212
Verfall des Optionsrechts 58
Verfügungsberechtigter 322
Verhältnismäßigkeit 559
Verkaufsoption 58
Verkaufsprovision 287
Verlust aus Stillhaltergeschäft 47
Verlustbescheinigung 264, 322, 343, 458
Verlustfortführung 513
Verlustmitteilung 512
Verlusttopf 325, 326, 343
Verlustverrechnung 314 ff.
– ADRs 344
– Aktientopf 344
– Aktienverlust 344
– Aktienverlustverrechnungstopf 316
– allgemeiner Verlust 460
– Altverlust 322
– Anderdepot/-konto 324
– Antrag 343
– Bezugsrecht 344
– Ehegatten 326
– Tod eines 343
– ehegattenübergreifend 327
– eingetragene Lebenspartnerschaft 325
– Gemeinschaftsdepot 325
– Gemeinschaftskonto 325, 326
– Investmentclub 182, 325
– Körperschaften 317
– negativer Kapitalertrag 317
– nichteheliche Lebensgemeinschaft 325
– Nichtveranlagungsbescheinigung 348
– Optimierung der Aktienverlustverrechnung 346
– Reihenfolge der Geschäftsvorfälle 346
– REIT AG 344
– Rückzahlung 305
– Schattentopf 348
– Sparclub 325
– Stückzinstopf 315
– Tafelgeschäft 315
– Teilrecht 344
– Tod eines Ehegatten 343
– Tod eines Gemeinschafters 325
– Tod eines Kunden 343
– Transaktionskosten 349
– Treuhandkonto 324, 342
– Übertrag der Verlusttöpfe 323
– Verfügungsberechtigter 322
– Verlustbescheinigung 322, 343
– Verlustfortführung 513
– Verlustmitteilung 512
– Verlustverrechnungstopf 316
– Verlustvortrag 322
– Vorschusszinsen 318
– WEG 324, 342
Vermietung und Verpachtung 209, 259, 261, 484
vermögensverwaltender Versicherungsvertrag 30
Vermögensverwalter 478
Vermögensverwaltungsvertrag 289
Verschmelzung 148, 165
Verschmelzung ausländischer Investmentvermögen 134
Verschmelzung inländischer Investmentvermögen 133

Stichwortverzeichnis

Versicherungsverein auf Gegenseitigkeit 210
Vollrisikozertifikat 36, 37, 539
– mit Andienungsrecht 154
Vorschusszinsen 318

Wahldividende 156
Wahlveranlagung 265
wahlweise Veranlagung 263
Währungsgewinn 554
Währungsschwankungen 301
Wandelanleihe 24, 153
Wechsel des Steuerstatus 229
– vom Inländer zum Ausländer 229
Wechsel vom Ausländerstatus zum Inländerstatus 229
WEG 324, 342
Weltbankanleihe 143
Werbungskosten 273
– Sparer-Pauschbetrag 264, 279, 360
– tatsächlich entstandene 279
Wertpapierleihegeschäft 517, 518
Wertpapierpensionsgeschäft 517
Wertzuwachsbesteuerung 294
wesentlich beteiligter Anteilseigner 254
wesentliche Beteiligung an Kapitalgesellschaften (§ 32d EStG) 254
wirtschaftlicher Geschäftsbetrieb 379
Wohngeld 562
Wohnsitz 216
Wohnungseigentümergemeinschaft 324, 342

Zahlungstag 454
Zeitpunkt der Kapitalmaßnahme 167
Zerlegung des Kapitalertragsteueraufkommens 443
Zerobond 295
Zertifikat 37, 539
Zinsen 10
Zinsbegrenzungsvereinbarung 57, 61, 62
Zinscoupons 137
Zinsoberbegrenzung 61
Zinsoption 61
Zinsschein 50
Zinsswap 72
Zinsunterbegrenzung 61
ziviles Gefolge 218
zivilrechtlicher Gläubiger 451
Zuflusszeitpunkt 233
Zusatzzins 40
Zweckvermögen 212
Zweigstelle außerhalb der EU 499
Zwischengewinn (Investmentfonds) 123, 131, 142, 503